중국
민족의 이해와 재해석

내일을여는지식 사회 28

중국 민족의 이해와 재해석

공봉진 지음

KSi 한국학술정보㈜

머리말

민족이란 무엇인가? 고대민족을 민족이라 부를 수 있는가? 하는 질문을 수없이 해 본다. 현재의 관점에서 고대의 인간공동체를 어떻게 부를 것인가? 민족이라 부를 수 있는가? 민족이 아니면 부족이라 부를 것인가? 이러한 여러 의문에 대한 해답을 명확하게 말할 수 있을까?

명확하게 말하기는 곤란하지만, 적어도 고대 동아시아에는 오늘날 민족이라 불리는 사람들처럼 무리를 지어 동일한 민족의식을 지닌 집단들이 있었다. 그런데 이러한 집단들을 오늘날 어느 나라 그리고 어떤 민족의 관점에서 보느냐에 따라 고대민족을 민족으로 보기도 하고, 부족 혹은 인간집단으로 볼 수도 있다. 예를 들면, 중국에서는 한족(漢族)의 선민족이라 일컫는 화하족(華夏族)을 하나의 민족체로 해석하였지만, 화하족과 동시대에 존재하였던 동이족 등의 고대민족을 민족체로 보지 않았다. 이러한 민족관은 근현대에 들어와 중국에서 형성되었던 한족 중심의 민족주의에 의해 만들어진 것이었다. 그리고 한족이라는 상상의 공동체 그리고 정치적 공동체를 만들었다.

오늘날 중국에서는 한족 중심의 민족관에서 확대된 중화민족의 관점에서 고대 중국과 동아시아의 역사와 문명을 해석하고 있다. 이때 중화민족의 개념은 총체적 개념이 아닌 실존적 개념이다. 중국 건국 이래로 한족과 소수민족이 동일한 국가체제에서 동화와 융합을 거쳐 새로운 민족체가 되었다고 본 것이다. 중국정부는 중화민족의 역사와 문명을 재정립하기 위해서 중화민족주의적 색채가 농후한 여러 프로젝트를 진행하였다. 이 과정에서 중국 내 고대민족과 역사민족 및 소수민족의 역사와 문화를 중화민족 속에 포함시켰다. 특히 동북공정을 통해 한국의 역사와 문화 및 민족정체성을 왜곡하거나 부정하고 있다. 그렇기 때문에 한국에서는 중국의 한족(漢族)우월주의와 중화민족주의적 역사관과 세계관 그리고 민족관을 경계해야 한다.

고대 역사와 민족을 해석하려면 실증주의에 근거해야 하지만, 남아 있는 기록이 거의 없기 때문에, 무한한 상상력을 동원해야 한다. 설령 문헌 기록이 있다 하더라도 기록한 사람들이 누구냐에 따라 기술된 내용이 실제와 달라질 수 있고, 또 어떠한 선입견과 편견을 갖고 있느냐에 따라 달라진다. 나라마다 민족을 얘기할 때, 객관적 입장을 견지하기는 힘들고 자민족우월주의에 빠질 가능성이 매우 높다. 특히 고대민족의 역사와 민족을 거론할 때는 더욱 그러하다.

오늘날의 중국민족에 대한 해석은 한족의 민족관과 역사관이라는 선입견과 편견에 의해 이루어졌다. 이를 극복하기 위해서는 중국에서 서구의 민족이라는 개념이 언제 들어왔고, 한족과 중화민족이라는 용어가 언제 등장하였으며, 중화민족주의적 민족관과 역사관은 어떻게 만들어졌는지를 파악해야 한다. 그리고 한족과 소수민족은 어떻게 분류되었는가를 잘 알아두어야 한다. 이를 위해서는 중국 건국 초기에 실시되었던 민족식별에 대한 올바른 이해가 필요하다.

이 책은 중국민족에 대한 이해와 중국민족의 재해석을 위해 필요한 내용들을 다룬다. 전체 내용들은 필자의 박사학위논문과 그동안 발표하였던 민족 관련 논문을 수정 보완한 것이다. 본 책은 전체 총 4부로 구성되어 있다.

제1부는 민족개황 부분으로 일반적으로 알려져 있는 중국의 민족현황에 대해서 살펴보고, 민족의 개념 그리고 중국에서의 민족연구 논쟁을 살펴본다.

제2부는 중국민족을 판별하고 분류하였던 민족식별을 살펴본다. 특히 민족식별의 개념과 기준, 필요성과 전개과정, 결과와 의의 그리고 민족식별 유형을 살펴본다.

제3부는 중국민족정책을 살펴본다. 주요 내용으로는 중국 건국 전후의 민족정책, 1980년대, 1990년대의 민족정책, 2000년대 이후의 중국민족정책을 살펴보며, 중국 내 재중동포인 조선족에 대한 민족정책을 살펴본다.

제4부는 중국민족을 재해석하기 위해 필요한 내용을 다루고 있는데, 주로 기존에 발표하였던 논문을 수정 보완한 것이다. 한족과 중화민족 그리고 대만의 정명운동 등에 대해서 살펴보았다. 또한 동아시아의 민족문제의 해결 방안을 정리하였다.

이 책에서는 소수민족의 문화적 특성은 다루지 않았다. 소수민족의 문화는 민족마다 지역마다 다양하다. 중국 소수민족 중에는 동일한 민족이지만 서로 다른 지역에 거주한 이유로 인해 문화풍속이 서로 다른 경우가 있고, 다른 민족이지만 동일한 지역에서 오랜 기간 동안 함께 거주한 이유로 동일한 문화를 갖고 있기도 하다.

중국민족연구는 매우 중요하지만 연구자가 많지 않은 편이다. 특히 고대민족과 소수민족 간의 민족정체성 관계에 관한 연구는 매우 중요함에도 불구하고 연구자는 소수에 불과하다. 중국민족을 올바르게 이해하고 연구하기 위해서는 한족과 중화민족에 대한 올바른 이해가 선행되어야 한다. 이미 알려져 있는 민족적 특징을 무조건 받아들인다면 오히려 선입견과 편견으로 작용하게 되어 민족연구를 하는 데 어려움이 따르게 된다. 민족연구의 오류를 최대한 줄이기 위해서는 기존의 한족과 중화민족 중심의 민족관에서 탈피하여 객관적 시각을 견지해야 할 것이다.

마지막으로 이 책이 출판되도록 도와주신 한국학술정보(주), 실무를 맡으신 권성용 님과 안선영 님 그리고 양은정 님께 감사드린다.

2009년 12월 12일, 墨兒중국연구소에서
공봉진

목 차

제 4 부　중국민족의 재해석 / 179

한족과 55개 소수민족*

한족(漢族)	마료족(仏佬族, 무라오족)
장족(壯族, 장족)	석백족(錫伯族, 시뽀족)
만주족(滿族, 만족)	가이극자족(柯爾克孜族, 커얼커즈족)
회족(回族, 후이족)	달알이족(達斡爾族, 다우르족)
묘족(苗族, 먀오족)	경파족(景頗族, 징포족)
위구르족(維吾爾族)	모남족(毛南族, 마오난족)
토가족(土家族, 투쟈족)	살랍족(撒拉族, 사라족)
이족(彝族, 이족)	포랑족(布朗族, 부랑족)
몽고족(蒙古族, 멍꾸족)	탑길극족(塔吉克族, 타지크족)
장족(藏族, 티베트족)	아창족(阿昌族, 아창족)
포의족(布依族, 뿌이족)	보미족(普米族, 푸미족)
동족(侗族, 뚱족)	악온극족(鄂溫克族, 원크족)
요족(瑤族, 야오족)	노족(怒族, 누족)
조선족(朝鮮族)	경족(京族, 징족)
백족(白族, 바이족)	기낙족(基諾族, 지누오족)
합니족(哈尼族, 하니족)	덕앙족(德昂族, 더앙족)
합살극족(哈薩克族, 하사크족, 카자흐족)	보안족(保安族, 바오안족)
려족(黎族, 리족)	아라사족(俄羅斯族, 러시아족)
태족(傣族, 따이족)	유고족(裕固族, 위꾸족)
사족(畲族, 써족)	오자별극족(烏孜別克族, 우즈벡족)
율속족(傈僳族, 리수족)	문파족(門巴族, 먼빠족)
흘료족(仡佬族, 꺼라오족)	악륜춘족(鄂倫春族, 어룬춘족)
동향족(東鄉族, 뚱샹족)	독룡족(獨龍族, 두롱족)
랍호족(拉祜族, 라후족)	탑탑이족(塔塔爾族, 타타르족)
수족(水族, 수이족)	혁철족(赫哲族, 허쩌족)
와족(佤族, 와족)	고산족(高山族, 가오산족)
납서족(納西族, 나시족)	락파족(珞巴族, 루오빠족)
강족(羌族, 창족)	
토족(土族, 투족)	미식별민족(未識別民族)
	참조: 객가인, 마사족(摩梭族), 자바인 등

---

* 이 책에서는 민족명칭이나 인명, 지명 등을 한국식 독음을 사용하여 표기하였다.

대만 원주민족

원주민족(原住民族, 1997년 7월 21일)

- 1935년 대만 일본총독부에서 '高砂族靑年團幹部懇親會'를 개최. '고사족(高砂族)' 용어 등장
- 1945년 일본 패망 후, 중화민국의 대만지배 때 고사족을 고산족(高山族) 혹은 산포(山胞)로 부름
- 1954년 대만 원주민 9족 확인
- 1987년 '대만인, 원주민, 선주민, 산포'라는 명칭 선호
- 1994년 8월 산포(山胞)를 원주민으로 수정
- 1997년 7월 21일 원주민을 원주민족으로 바꿈
- 2001년(민국 90) 1월 1일 '원주민신분법(原住民身分法)'을 제정 시행
- 2004(원주민 신분 인정 법안 발표)
- 2006년 대만 원주민 인구 469,467명(평지원주민: 221,002명, 산지원주민: 248,465명)
- 2007년 살기래아족(撒奇萊雅族)을 추가로 인정
- 현재 대만에서는 원주민족을 아미족(阿美族), 태아족(泰雅族), 배만족(排灣族), 포농족(布農族), 비남족(卑南族), 로개족(魯凱族), 추족(鄒族), 새하족(賽夏族), 아미족(雅美族, 달오족(達悟族)), 소족(邵族, 2001), 갈마란족(噶瑪蘭族, 2002), 태로각족(太魯閣族, 2004) 및 기타 행정원이 정한 민족을 가리키고 있다.

고산족(高山族)	평포족(平埔族)
1954년 대만당국 9개 족군 규정 태아(泰雅) 새하(賽夏) 포농(布農) 조족(曹族) 로개(魯凱) 배만(排灣) 비남(卑南) 아미(雅美) 아미(阿美)	이임계(李壬癸) 7족 14지로 분류 잡와란(卡瓦蘭, Kavalan) 개달격란(凱達格蘭, Ketagalan) 파포란(巴布蘭, Baburan) 박재해(拍宰海, Pazeh) 홍아(洪雅, Hoanya) 서랍아(西拉雅, Siraya) 소족(邵族, Thao)

참조 1) 중국민족 관련 지도[1])

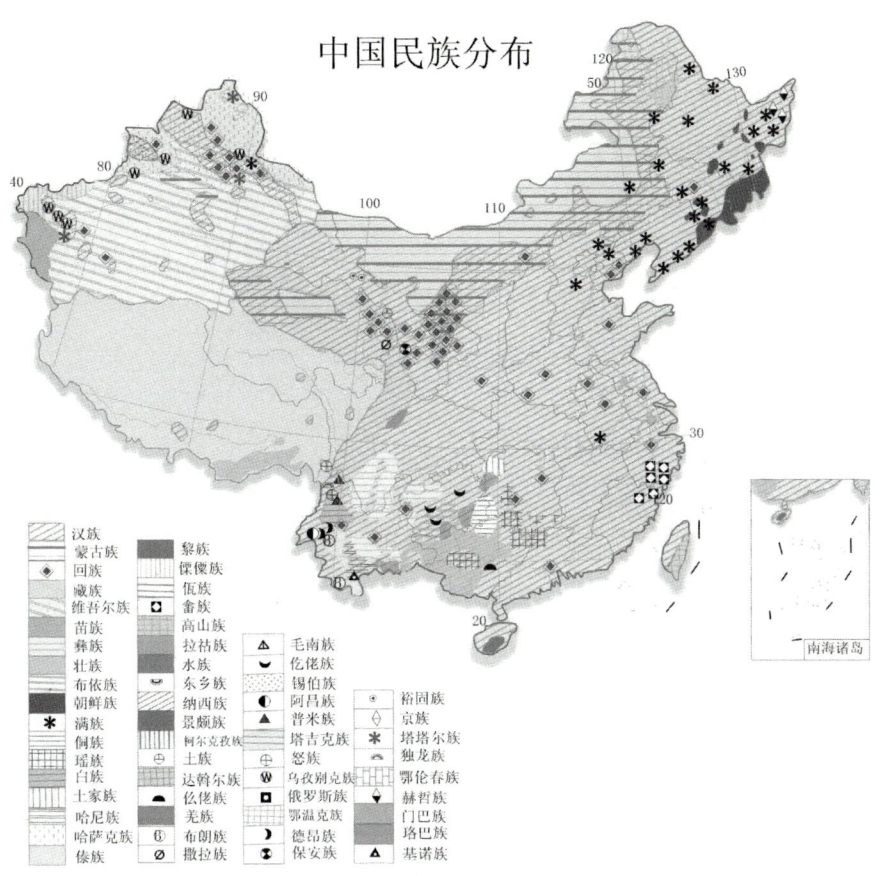

中国民族分布

1) http://www.9tour.cn/Wiki_Map/City3/26032/1/(검색일: 2009. 8. 25.)

참조 2) 서장(티베트)자치구와 신강위구르자치구[2]

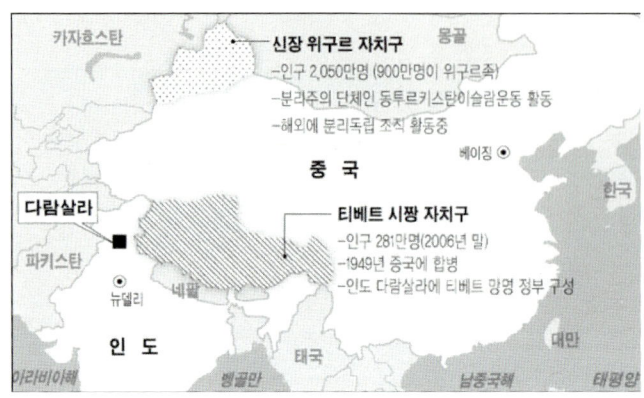

참조 3) 중국 소수민족 분포도[3]

2) http://media.daum.net/foreign/asia/view.html?cateid=1042&newsid=20080314224905513&cp
   =hankooki 한국일보, "티베트 독립시위 유혈사태"(검색일: 2008. 3. 18.)

3) http://news.khan.co.kr/kh_news/khan_art_view.html?artid=200907071807225&code=
   970204(검색일: 2009. 8. 26.)

제1부
민족의 개념과 민족연구 논쟁

제1부에서는 일반적으로 알려져 있는 중국 민족을 살펴보고, 서구의 민족 개념이 언제 중국으로 유입되었는지를 살펴본다. 아울러 중국 건국 이후의 민족연구논쟁을 살펴본다.

제1장 중국4)민족개황: 알려진 중국민족에 대하여

1. 민족현황과 민족구역자치법

1) 중국민족현황

오늘날 중국은 '중화민족'을 강조하며 단일민족을 지향하지만, 여전히 한족(漢族)과 55개 소수민족(少數民族, 중국에서는 영문으로 'minority nationalities'로 번역)으로 이루어져 있는 다민족국가이다. 지난 1988년 비효통(費孝通)이 총체적 개념이 아닌 실존적 의미가 담긴 새로운 중화민족개념을 제기하였을 때, 중국 정부는 이를 기초로 하여 중화민족의 역사와 문화를 재정립하고, 애국주의 교육과 민족융합정책을 통해 단일화된 '중화민족 만들기'를 진행하고 있다.

중국에서 한족과 55개 소수민족의 민족정체성 분류는 1953년 이래로 실시되었던 민족식별작업에 의해서였다. 1949년 중국 건국 당시에 중국정부가 공식적으로 인정하였던 소수민족은 9개에 불과하였다. 9개 민족은 '몽고족, 회족(回族), 티베트족(藏族), 유오이족(維吾爾族, 이하 '위구르족'이라 지칭), 묘족(苗族), 요족(瑤族), 이족(彝族), 조선족, 만주족(滿洲族)'이었다. 중국에서의 소수민족은 한족에 비해 인구수가 적은 한족 이외의 민족을 의미한다. 9개 소수민족 중 조선족은 오늘날 한국에서 '재중동포'라 부르는 사람들로

---

4) 여기서 '중국'이라 함은 1949년 10월 1일에 건국된 중화인민공화국을 가리킨다. 1992년 한국과 중국이 수교하기 이전까지만 하여도 (자유)중국은 대만을 지칭하였다. 그리고 1949년 이전의 중국을 지칭할 때에는 왕조명을 사용하기로 하고, 왕조명을 사용할 수 없는 경우에는 '중국대륙'이라는 표현을 사용하기로 한다.

동북 3성에 있던 한민족(韓民族)이다. 이들 대부분은 한국과 북한으로부터 국적을 받지 못한 무국적자였다. 조선족들은 중국공산당이 국가를 건국하는 데 많은 도움을 주었기 때문에 중국을 구성하는 민족구성원이 되었다.

오늘날 중국 56개 민족을 'ㅇㅇ족'이라 부르는 것은 1953년에 이래로 실시되었던 '민족식별'에 의해서였다. 민족식별이란 중국에 거주하고 있던 어떤 민족인지 알 수 없는 인간공동체와 여러 개의 민족명칭을 갖고 있던 민족들이 과연 어떤 민족인지 민족성분을 판별하고 분류하며 민족명칭을 국가가 공인한 작업이었다. 1979년에 기낙족(基諾族)이 55번째 소수민족으로 판별되었고, 이후 1982년 국무원이 55개의 소수민족을 공식적으로 인정하였다. 이로써 중국에는 공식적으로 55개 소수민족이 있게 되었다.

오늘날 중국 소수민족이 거주하는 지역은 대체적으로 중국 변경 지역이다. 그래서 소수민족문제는 중국 안보문제와 직접적으로 관련이 있다. 티베트족과 신강 위구르족이 민족운동을 전개하였을 때 중국정부가 무력으로 강경하게 대응하는 이유는 바로 중국 안보에 직접적으로 영향을 주기 때문이었다. 이들 민족이 독립을 하게 되면 인접국가와의 국경선이 중국 중심부로 들어올 뿐만 아니라 서부지역에 매장되어 있는 많은 지하자원을 잃게 된다. 또 몽골족 등의 다른 소수민족에게도 커다란 영향을 줄 수 있다. 그래서 중국정부는 민족통합정책을 펼치며 이들 민족을 중화민족화하려 한다. 그리고 2009년 7·5 신강우루무치사건 이후 정치과목의 일부였던 민족단결교육을 독립시켰다.

소수민족이 거주하는 지역은 대체적으로 경제가 낙후되어 있다. 지난 1980년대 개혁개방정책을 진행할 때 중국정부는 동부연해도시를 중심으로 경제발전을 도모하였다. 그 결과로 소수민족 거주지역과 동부지역의 경제격차는 매우 심하였다. 그래서 중국정부는 서부대개발정책을 통해 서부지역에 주로 거주하는 소수민족 지역의 경제발전을 이루고자 하였다.

그런데 중국정부가 민족평등과 민족단결을 위한 여러 정책을 실시하였음에도 불구하고 최근에 들어와 중국에서는 민족문제가 거세게 불거지고 있다. 티베트와 신강위구르족과 같이 주권회복운동을 하는 민족도 있지만, 한족 중심의 중국 사회에 대한 불만을 터뜨리는 민족도 있다. 그리고 또 서부대개발정책에 의해 소수민족지역으로 이주한 한족들이 소수민족의 경제권을 장악하면서 소수민족의 불만은 증가하는 사례가 늘어나고 있다. 게다가 한족이 소수민족으로 가장하여 소수민족 우혜정책의 혜택을 누리는 사례도 발생하고 있다. 예를 들면, 대학입시 때 소수민족에게 가산점을 주고 있는 것을 한족들이 소수민족인 것처럼 위장하였다가 적발되는 사건이 발생하였다.

오늘날 중국 소수민족사회는 한족이 소수민족지역으로 이주하거나, 소수민족이 다른 지역으로 이주하면서 상호간의 교류가 활발해지고 있고, 이로 인해 소수민족 전통사회는 많이 변모하고 있다. 그리고 한족 학교로 진학하여 공부하면서 점차적으로 자민족의 전통문화풍속을 잃어가는 추세이고, 자신들의 전통언어나 문자를 사용하는 횟수도 줄어들고 있다. 이러한 소수민족을 '민고한(民考漢)'이라 부르고 있다. '민고한'이란 '소수민족(民)'이면서, 한족말로 대학입시를 치른다(考漢)'는 뜻이다.[5] 민고한이란 용어는 소수민족 학생이 한족 학교에서 한어를 공부하기 시작하면서 등장하였다. 중국정부의 입장에서는 이러한 현상들이 단일민족의 개념으로 사용하고자 하는 '중화민족'으로 동화되고 융합하여 가는 현상으로 보고 있지만, 일부 소수민족은 이러한 현상에 부담을 느끼고 있다. 그러나 중국정부는 건국 이래로 동일한 국가구조 속에서 한족과 소수민족이 동화와 융화를 거쳐 새로운 민족체인 '중화민족'이 되었다고 간주하면서 민족융화정책을 보다 더 강하게 실시하고 있다.

2) 중국 소수민족의 특징

중국 소수민족의 특징은 "1) 분포지역이 넓고 점유면적이 넓다. 2) 대잡거와 소집거 형태이다. 3) 자원과 광물이 매우 풍부하다. 4) 변경에 가깝고 인구가 희소하며, 경제와 문화가 비교적 낙후되어 있다."고 알려져 있다.

중국 소수민족은 전국 직할시, 각 성, 자치구에 거주하고 있으며, 대부분의 현급 단위에 두 가지 이상의 민족이 거주하고 있다. 오늘날 중국 소수민

---

5) http://learning.wenda.sogou.com/question/34656417.html 반대로 소수민족어로 교육받은 전통적인 소수민족을 '민고민(民考民)'이라고 부른다. (2009/10/30).

족은 주로 5개 소수민족자치구를 포함하여 운남성, 귀주성, 청해성, 사천성, 감숙성, 동북 3성, 호남성, 호북성, 해남성 등지에 분포해 있다. 중국에는 155개의 민족자치지역이 있는데, 그중 자치구가 5개, 자치주 30개, 자치현(기: 自治縣(旗))이 120개이다. 이를 합친 면적은 646.95만㎢로 중국 전체 면적의 64.3%이다.[6]

지도 1) 중국 5개 소수민족자치구[7]

성급행정구역에 속하는 소수민족자치구 5개를 살펴보면 다음과 같다.

내몽고자치구(內蒙古自治區)는 1947년 5월 1일에 자치구가 되었다. 하지만 중국건국이후 많은 지역들이 이웃하고 있는 성들에게 분할되어 면적이 줄었다가 복귀되어 1979년 5월 30일 다시 내몽고자치구로 구분되어졌다. 이때부터 외몽골과 내몽골은 완전히 다른 국가가 되었다. 성도는 호화호특(呼和浩特)이다. 약칭은 '몽(蒙)'이라고 한다. 면적은 1,183,000㎢로 신강과 티베트에 이어 3위이다. 내몽고자치구는 흑룡강성, 요녕성, 길림성, 하북성, 산서성, 섬서성, 영하회족자치구, 감숙성과 남쪽으로 접해 있으며, 북쪽은 몽골, 러시아와 접하고 있다. 유명한 왕소군의 무덤이 있고 1973년에 발견

---

6) http://www.21blue.com/lw/lw9/ws6/200612/11771.shtml(검색일: 2009. 8. 20.)

7) http://www.szer.edu.cn/upfile/8t/dili/xueshengzuopin05.htm(검색일: 2009. 8. 25.)

된 대요문화(大窯文化)유적지가 있다. 대요문화유적지는 호화호특시 동부 외곽 두 곳의 구석기시대 문화유적지의 총칭이다.

신강위구르자치구(新疆維吾爾自治區)는 1955년에 자치구가 되었고, 약칭 은 '신(新)'이다. 성도는 '아름다운 목장'이란 뜻을 가진 우루무치(烏魯木齊) 이다. 이 지역 인구의 3분의 2는 위구르족이다. '위구르'는 '단결'이란 뜻이 다. 예부터 '서역'이라 불리던 지역의 일부이기도 하다. 면적은 약 166만㎢ 로서 전체 면적의 6분의 1을 차지하고, 주변 8개국과 인접해 있다. 황사 근 원지의 하나인 '들어가면 살아 돌아올 수 없는 곳'이라 불리는 타클라마칸 사막이 있다. 신강자치구박물관에는 '미이라 전시실'이 있는데, 여기에는 '합밀(哈密)'에서 출토된 '잠자는 미인'으로 유명한 약 3000년 전의 것으로 보이는 미이라가 있다. 서유기에 나오는 화염산(火焰山)이 이곳에 있는데, 천불동의 입구에는 손오공과 삼장법사 일행의 석상이 만들어져 있다.

광서장족자치구(廣西壯族自治區)는 1958년에 자치구가 되었고, 성도는 남녕(南宁)이며 약칭은 '계(桂)'이다. 서쪽은 운남성, 북쪽은 귀주성, 호남성, 동쪽은 광동성과 접하며, 남쪽은 통킹만에 접한다. 남서는 베트남과 국경을 접한다. 중부지역에 속하지만 서부대개발정책에는 서부에 포함된다. 계림시 (桂林市)는 세계에서도 유명한 관광도시이자 역사문화도시로서 "계림의 산 수는 천하제일이다(桂林山水甲天下)."라는 명성을 갖고 있다. 이곳의 전주 (全州)는 한국 전라북도 전주와 지형 문화 등이 매우 유사하다. 이곳의 요족 (瑤族)으로 불리는 사람들은 백제의 후예로 알려졌다.

영하회족자치구(寧夏回族自治區)는 1949년 9월 23일에 중국영토로 편입 되었을 당시에는 원래의 명칭인 영하성을 그대로 사용하였다. 그러다가 1958년 10월 25일, 영하회족자치구가 되었다. 성도는 은천(銀川)이고, 약칭 은 '녕(寧)'이다. '영하(寧夏)'란 '서하 평정, 영원한 안녕'의 의미이다. 북쪽 으로는 몽골, 동쪽으로는 내몽고자치구와 섬서성, 남쪽과 서쪽으로는 감숙성 과 맞닿아 있다. 영하는 회족이 집거하는 지역으로 회족이 전 자치구의 3분 의 1을 차지한다. 중국 진(秦)대부터 명(明)대까지의 역대 장성이 영하회족 자치구에 모여 있다. 그래서 '중국장성박물관(中國長城博物館)'이라는 명칭이 있다. 1038년 당항족(黨項族)이 영하를 중심으로 대하(大夏)왕국을 건국하여 서하의 역사문화유산이 많이 남이 있다.

서장자치구(西藏自治區)는 1950년 중화인민공화국에 합병되었고, 1965년에는 이른바 '티베트자치구'가 설정되었다. 성도는 랍살(拉薩, 라싸)이고, 약칭은 '장(藏)'이다. 서장자치구는 북동쪽으로 신강위구르자치구, 북서쪽으로 청해성, 동쪽은 사천성, 동남쪽은 운남성과 접하며, 남쪽은 미얀마, 인도 아삼 주, 부탄, 네팔, 카슈미르 지역과 국경을 접한다. 2006년 7월 1일 청장철도(靑藏鐵道)가 개통되면서, 이 지역으로 한족이 대거 이주하고 있다. 서장자치구에는 티베트족이 대부분이고, 한족은 두 번째로 많다. 일부는 문파족, 락파족 등이 있다. 라싸 시내에 있는 포탈라궁은 달라이라마의 겨울 궁전으로 1994년에 유네스코의 세계유산에 등록되었다.

중국 소수민족은 인구는 적지만 분포하는 지역이 넓다. 전국 인구 중에서 한족 인구가 118,295만 명이고, 총인구의 90.56%를 차지하고, 각 소수민족의 인구는 12,333만 명이고 총인구의 9.44%를 차지한다. 제5차 인구조사와 비교하면, 한족(漢族)인구는 2,355만 명이 증가하였고, 2.03% 증가하였다. 각 소수민족 인구는 1,690만 명이 증가하였고, 15.88% 증가하였다.[8]

다음 <표-1>은 2000년에 실시되었던 중국 제5차 전국인구조사 내용이다.

〈표-1〉 제5차 인구조사 총인구수(2000년, 단위: 명)

전국 인구	1,242,612,226	전국 인구	1,242,612,226
한족(漢族)	1,137,386,112	마료족(仏佬族)	207,352
장족(壯族)	16,178,811	석백족(錫伯族)	188,824
만주족(滿族)	10,682,262	가이극자족(柯爾克孜族)	160,823
회족(回族)	9,816,805	달알이족(達斡爾族)	132,394
묘족(苗族)	8,940,116	경파족(景頗族)	132,143
위구르족(維吾爾族)	8,399,393	모남족(毛南族)	107,166
토가족(土家族)	8,028,133	살랍족(撒拉族)	104,503
이족(彝族)	7,762,272	포랑족(布朗族)	91,882
몽고족(蒙古族)	5,813,947	탑길극족(塔吉克族)	41,028
장족(藏族)	5,416,021	아창족(阿昌族)	33,936
포의족(布依族)	2,971,460	보미족(普米族)	33,600

8) http://www.chinareform.org.cn/cirdbbs/dispbbs.asp?boardID=4&replyID=262178&ID=88091&skin=1　2005年全国1%人口抽样调查主要数据公报　中华人民共和国国家统计局(검색일: 2006. 3. 16.)

전국 인구	1,242,612,226	전국 인구	1,242,612,226
동족(侗族)	2,960,293	악온극족(鄂溫克族)	30,505
요족(瑤族)	2,637,421	노족(怒族)	28,759
조선족(朝鮮族)	1,923,842	경족(京族)	22,517
백족(白族族)	1,858,063	기낙족(基諾族)	20,899
합니족(哈尼族)	1,439,673	덕앙족(德昻族)	17,935
합살극족(哈薩克族)	1,250,458	보안족(保安族)	16,505
려족(黎族)	1,247,814	아라사족(俄羅斯族)	15,609
태족(傣族)	1,158,989	유고족(裕固族)	13,719
사족(畲族)	709,592	오자별극족(烏孜別克族)	12,370
율속족(傈僳族)	634,912	문파족(門巴族)	8,923
흘료족(仡佬族)	579,357	악륜춘족(鄂倫春族)	8,196
동향족(東鄉族)	513,805	독룡족(獨龍族)	7,426
랍호족(拉祜族)	453,705	탑탑이족(塔塔爾族)	4,890
수족(水族)	406,902	혁철족(赫哲族)	4,640
와족(佤族)	396,610	고산족(高山族)	4,461
납서족(納西族)	308,839	락파족(珞巴族)	2,965
강족(羌族)	306,072	未識別(미식별)	734,438
토족(土族)	241,198	중국 국적 취득자	941

지도 2) 중국민족인구수와 분포도[9]

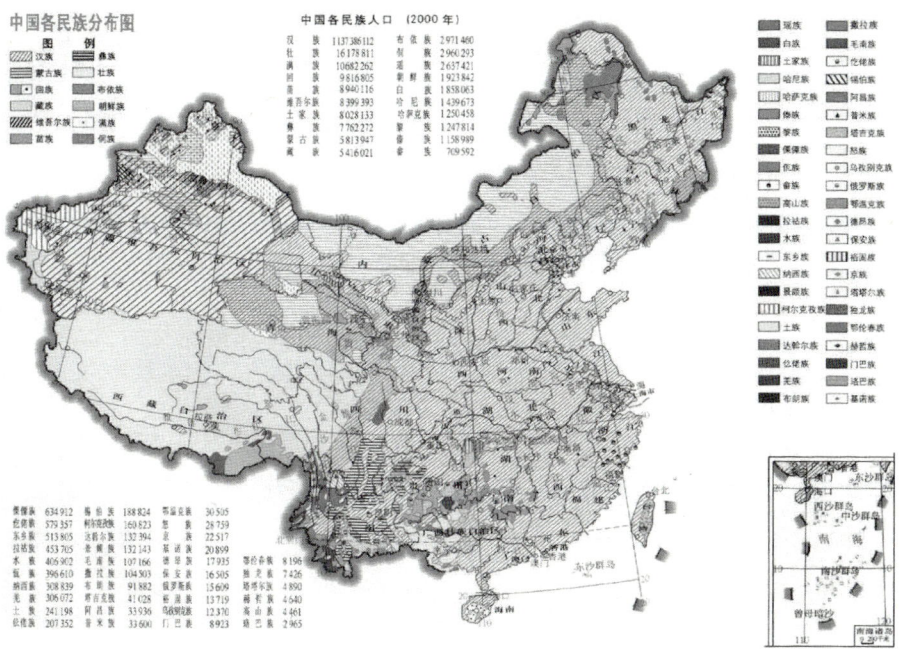

9) http://www.cn5612.com/Untitled - fb.html(검색일: 2009. 8. 20.)

중국의 산아제한정책은 소생(少生: 아이 적게 낳기), 만육(晚育: 아이 늦게 낳기)을 기본으로 삼고 있다. 중국에서는 부부가 아기를 가지려면 일단 당국의 허가를 받아야 한다. 지난 20년간 부족한 용지와 용수 공급 등을 이유로 도시에서는 아이 1명, 지방에서는 아이 2명까지 허락하는 인구정책을 취해 왔다. 그런데 소수민족은 2명을 낳을 수 있으나 민족의 숫자에 따라 조금씩 달라진다. 인구가 1000만 명 이하의 소수민족으로, 한 부부가 두 명의 자녀를 낳는 것을 허락하였다. 개별적으로 3명을 낳을 수 있고, 4명을 낳는 것을 허용하지 않았다.

3) 민족구역자치법

현재 중국의 소수민족이 자신들의 전통문화를 유지할 수 있었던 것은 중국 건국 이후 정부가 정해 놓은 법률에 의해서였다. 물론 인륜 혹은 인권과 직접적인 관계가 있는 소수민족문화는 중국법률에 의해 수정되고 있으나, 오지(奧地) 등지에 분포하는 소수민족은 여전히 자신들의 전통문화를 고수하고 있다.

중국정부는 1952년 2월에 통과된 '중화인민공화국 민족구역자치실시요강(中華人民共和國民族區域自治實施要綱, 이하 '실시요강'이라 지칭)'에서 소수민족의 거주지역에 '자치구-자치주-자치현' 등을 두어 중앙정부의 통일적 지도하에 지배한다는 체제를 만들었다. 중국 내 소수민족자치지역의 기본조건은 해당 소수민족의 전체 인구 중 구성 비율이 40% 이상 되어야 한다. 소수민족 자치지역의 행정 책임자는 그 지역 소수민족이지만 인사·재정 등 실권은 한족이 가진다. 최근에는 민족융합정책에 따라 소수민족자치지역이 붕괴되는 현상도 있고, 여러 소수민족이 한 지역에 잡거하는 현상도 늘어나고 있다.

한편, '실시요강'을 기초로 하여 1984년에 '중화인민공화국 민족구역자치법(中華人民共和國 民族區域自治法), 이하 '민족구역자치법'[10]을 반포하

---

10) http://www.china.com.cn/zhuanti2005/txt/2005-05/27/content_5022525.htm "中華人民共和國民族區域自治法" 1984년 5월 31일 제6기 전국인민대표대회 제2차 회의에서 채택되었고, 2001년 2월 28일 제9기 전국인민대표대회 상무위원회 제20차 회의 "〈중화인민공화국민족구역자치법〉을 수정할 데 관한 결정"에 의하여 수정되었다.

였다. 민족구역자치법은 "서언, 제1장 총칙, 제2장 민족자치지방의 건립과 자치기관의 구성, 제3장 자치기관의 권리, 제4장 민족자치지방의 인민법원과 인민검찰원, 제5장 민족자치지방 내의 민족관계, 제6장 상급국가기관의 직책, 제7장 부칙"으로 이루어져 있다. 이 법에서 중국은 5개 자치구와 30개 자치주, 120개 자치현 및 1100여 개의 민족향을 두고 있다.

서언에는 "중화인민공화국은 전국 여러 민족인민이 공동으로 건립한 통일된 다민족국가이다. 민족구역자치는 중국공산당이 마르크스 – 레닌주의 이론에 근거해 중국 민족문제를 해결하고자 제정한 기본정책이며 국가의 기본정치제도이기도 하다. 민족구역자치란 국가의 통일된 영도하에 여러 소수민족 집거구에 구역자치를 실시해 자치기관을 설립하고 자치권리를 행사하는 것을 말한다. 민족구역자치를 실시하는 것은 국가에서 여러 소수민족이 자체 내부사무를 관리하는 권리를 충분히 존중하고 보장하여 주는 구현이며 여러 민족의 평등과 단결 및 공동번영의 원칙을 보여주는 것이다. 민족구역자치의 실시는 각 민족 인민들이 나라의 주인공적 태도로 평등, 단결, 상호 협조의 정신으로 사회주의 민족관계를 발전시키며 국가의 통일을 공고히 하고 민족자치지방과 나라의 사회주의 건설 사업을 발전시키는 데 모두 커다란 역할을 일으켰다. 향후, 민족구역자치제도를 계속 견지하고 완벽화함으로써 국가의 사회주의 현대화 건설사업을 추진하는 데 더욱 큰 역할을 일으키게 하여야 한다. 민족구역자치제도를 견결히 실시해 민족구역자치지방에서 본 지방 실정에 따라 국가의 법률과 정책을 정확하게 관철, 집행하는 동시에 소수민족 각급 간부와 여러 업종의 전문 인재, 기술 노동자를 많이 양성해 내야 하며 민족자치지방에서 반드시 자력갱생, 간고분투의 정신을 발양하여 본 지방을 발전시켜 나라건설에 공헌해야 한다. 국가에서는 나라의 국민경제와 사회발전 계획에 좇아 민족자치지방의 경제, 문화 등의 발전을 이끌어 주어야 한다. 민족단결을 수호함에 있어서 대(大)민족주의를 반대해야 할 뿐만 아니라 대(大)한족주의도 반대해야 하며 지방민족주의도 반대하여야 한다. 민족자치지방의 여러 민족 인민들은 중국공산당의 영도 아래 마르크스 – 레닌주의, 모택동사상과 인민민주독재를 견지해야 하며, 개혁개방을 견지하고 중국 특색의 사회주의 길을 견지해 사회주의 현대화 건설에 이바지해야 하며, 사회주의 시장경제를 발전시키며, 사회주의 민주와 법제 건설을 강화하고 사회주의 정신문명건설을 강화하며, 민족자치지방의 경제와 사회발전을 가속화하여 단결되고 번영한 민족자치지방을 건설하며, 여러 민족의 공동한 번영을 위하여, 조국을 부유하고 강대하며 민주적이고 문명한 사회주의국가로 건설하기 위하여 분투하여야 한다. 중화인민공화국민족구역자치법은 헌법에서 규정한 민족구역자치제도를 실시하는 기본법률이다."라고 되어 있다.

제1장 2조에는 "민족구역자치지방은 자치구, 자치주, 자치현으로 나뉜다. 각 민족자치지방은 모두 중화인민공화국의 불가분리의 구성 부분이다."라고 하여 소수민족의 영토 분리운동을 불허하고 있다. 또 10조에는 "민족자치지방의 자치기관은 본 지방 여러 민족이 모두 자기 민족 언어문자를 사용하고 발전시킬 수 있는 자유와 자기 민족의 풍속습관을 보유, 개량할 수 있는 자유를 담보해 주어야 한다."고 되어 있다.

제2장 제12조에는 "소수민족 집거구역은 그 지방 민족관계, 경제발전, 역사 사실을 참고로 하여 한 개 혹은 몇 개 소수민족 집거구역으로 자치지방을 세울 수 있다. 민족자치지방 내 기타 소수민족 집거구역은 상응한 자치지방 혹은 자치향을 세울 수 있다."고 되어 있다. 제37조에는 "소수민족학생을 위주로 모집하는 학교(반급)와 기타 교육기관은 조건이 되면 소수민족문자로 된 교과서를 채용하고 또 소수민족 언어로 강의해야 하며 상황에 따라 소학교 저급학년 혹은 고급학년에서부터 한어(漢語)과를 개설하여 전국에서 통용되는 표준말과 규범한자를 보급한다."고 되어 있다.

제5장 49조에는 "민족자치지방의 자치기관은 각 민족 간부들을 교육하고 격려하여 그들로 하여금 상호 민족의 언어문자를 배우게 한다. 한족간부는 당지 소수민족의 언어문자를 배우고 소수민족간부는 본민족 언어문자를 배우고 사용하며 아울러 전국에서 통용되는 표준말과 규범화된 한자도 배워야 한다."고 되어 있다.

2. 소수민족 언어와 문자

'중국의 언어'라는 책에서는 현재 중국 56개 민족 130여 종의 언어가 존재한다고 밝히고 있다. 이 책은 모두 7권으로 되어 있고, 중국사회과학원 민족학, 인류학연구소의 손굉개(孫宏開), 호증익(胡增益), 황행(黃行)이 편집책임자였고, 약 100여 명이 집필에 참가하였다. 손굉개는 130종의 언어 중 상당 부분은 이미 사라졌거나 사라질 위험에 처해 있다고 언급하였다. 그는 소수민족 언어와 국가가 정해 놓은 공용어가 함께 존재할 수 있다면 중국문화적 다양성에서 중요한 기점이 될 것이라고 하였다. 55개 소수민족 중에서 24개의 민족만이 자신들의 고유한 언어를 대표하는 문자가 있다. 그리고 24개 민족 중에는 현재 33개 종류의 문자를 사용하고 있는데, 이는 어떤 민족이 하나 이상의 문자를 사용하는 경우가 있기 때문이다. 예를 들면, 태족은 4종류의 문자를 사용하고 경파족은 2종류의 문자를 사용하고 있다.[11] 아래 <표 - 2>와 <표 - 3>은 현재 중국민족의 어족과 문자에 관한 것이다

〈표 - 2〉 중국 각 민족 언어[12]

종류	범 위
한 장(漢藏) 어계	1. 한어: 한족공동어, 8대방언. 회족, 대부분의 만족과 사족이 한어를 통용한다. 2. 장동어족(壯侗語族) 1) 장태어지(壯傣語支): 장어(壯語), 포의어(布依語), 태어(傣語) 2) 동수어지(侗水語支): 동어(侗語), 수어(水語), 마료어(仫佬語), 모남어(毛南語), 랍가어(拉珈語) 3) 려어지(黎語支): 려어(黎語) 3. 장면어족(藏緬語族) 1) 장어지(藏語支): 장어(藏語), 가융어(嘉戎語), 문파어(門巴語) 2) 이어지(彝語支): 이어(彝語), 율속어(傈僳語), 납서어(納西語), 랍호어(拉祜語), 합니어(哈尼語), 기낙어(基諾語) 3) 면어지(緬語支): 아창어(阿昌語), 재와어(載佤語) 4. 묘요어족(苗瑤語族) 1) 묘어지(苗語支): 묘어(苗語), 포노오(布努語) 2) 요어지(瑤語支): 요어(瑤語), 면어(勉語). 어지의 확정을 기다리는 언어: 사어(畬語). 어족의 확정을 기다리는 언어: 흘료어(仡佬語)

---

11) 戴慶廈 외 3명. 『中國少數民族語言文字應用研究』. 雲南民族出版社. 2000. p.25.
12) 陳育寧. 『民族史學槪論』. 寧夏人民出版社. 2001. pp.248 - 249.

종류	범 위
알타이어계	1. 돌궐어족 　1) 서흉어지(西匈語支): 위구르어(維吾爾語), 합살극어(哈薩克語), 살랍어(撒拉語), 오자벽극어(烏孜 　　別克語), 탑탑이어(塔塔爾語) 　2) 동흉어지(東匈語支): 가이극자어(柯爾克孜語), 서부 살랍어(撒拉語, 달호이(堯呼爾)), 도와어(圖佤語) 2. 몽고어족: 몽고어, 달알이어(達斡爾語), 토족어(土族語), 동향어(東鄕語), 보안어(保安語), 동부 살 　랍어(撒拉語, 은격이(恩格爾)) 3. 만－퉁구스어족 　1) 퉁구스어지: 악륜춘어(顎倫春語), 악온극어(顎溫克語) 　2) 만어지: 만어, 석백어(錫伯語), 혁철어(赫哲語)
남아어계	맹고면어족(孟高棉語族) 와덕앙어지(佤德昻語支): 와어(佤語), 덕앙어(德昻語), 포랑어(布朗語)
남도어계	인도네시아어족: 고산족 여러 언어 아미사어(阿眉斯語), 배만어(排灣語), 포눈어(布嫩語)
인구어계	1. 슬라브어족: 아라사어(俄羅斯語), 러시아어 2. 이랑어족(伊朗語族, 이란어족): 탑길극어(塔吉克語)
어계의 확정을 기다리는 어계	경어(京語), 조선어

〈표－3〉 중국민족의 문자 현황

민족명칭	사용문자의 명칭	문자 창조 여부	문자유형	자모유형
몽고족	몽고문, 탁특문(托忒文)			시리아 자모
석백족	석백문			
장족(藏族)	장문			고인도자모
태족	태력문(傣仂文), 태나문(傣那文), 태붕문(傣繃文), 금평태문(金平傣文)			시리아 자모
위구르족	위구르문		병	아랍자모
합살극족	합살극문			
가이극자족	가이극자문		음	
아라사족	아라사문			사라부자모
조선족	조선문		문	방괴형병음문자
토족	토문	O		라 틴 자 모
랍호족	납호문		자	
납서족	납서문	O		
율속족	율속문, 로율속문(老傈傈文)	율속문(傈傈文)		
합니족	합니문(哈尼文)	O		
경파족	경파문, 재와문(載瓦文)	경파문(景頗文)		
백족	백문	O		
와족	와문	O		

민족명칭	사용문자의 명칭	문자 창조 여부	문자유형	자모유형
묘족	검동묘문(黔東苗文) 상서묘문(湘西苗文) 천검전묘문(川黔滇苗文) 전동북묘문(滇東北苗文)	모두	병 음 문 자	라 틴 자 모
요족	요문	○		
장족(壯族)	장문	○		
동족	동문	○		
포의족	포의문	○		
려족	려문	○		
이족	이문		음절문자	

3. 1949년 중국 건국 이전의 소수민족사회 성격

중국 건국 이후 한족과 소수민족사회는 많이 변모하였다. 그러나 건국 이전의 각 민족사회는 민족에 따라 특징이 있었다. 많은 민족은 자신들의 전통사회를 유지하고 있었다. 다음 <표-4>는 중국 각 민족의 1949년 이전의 사회성격에 대한 내용이다.[13]

<표-4> 56개 민족 경제 형태와 인구(명)

민족	1949년 이전 사회성질	인구(1953)
한	반봉건반식민지	450,000,000
장(藏)	봉건농노제 사회	2,775,622
문파	계급분화가 불명확	3,809(1964)
락파	부계가장노예제사회	2,065(1982)
경파	농촌공사가 계급사회과도기로 향함	101,852
이	대소량산은 노예사회, 다른 곳은 봉건지주경제	3,254,269
합니	봉건지주경제, 서쌍판납거주자는 봉건영주경제	481,220
납서	봉건지주경제, 부분적으로는 영주경제	143,453
율속	봉건지주경제, 대소량산 주위와 노강은 가정노예	317,465
랍호	봉건지주경제, 태족의 토사통치를 받는 원시공사잔재	139,060
보미	한족지구와 동일	14,298(1964)
독룡	부계가정공사해체단계	2,413
노	부계가정공사잔여단계	12,737

---

13) 歐潮泉, 『基礎民族學』, 貴州人民出版社, 1999, pp.262-267.

민족	1949년 이전 사회성질	인구(1953)
토가	한족지구와 동일	598,900
묘	한족지구와 동일	2,511,339
요	봉건지주경제, 광서서부는 여전히 원시사회잔여	715,933
사	한족지구와 동일	219,658
장(壯)	한족지구와 동일	6,611,455
태	봉건영주경제, 봉건지주경제와 섞여있음	478,966
포의	한족지구와 동일	1,247,339
동	한족지구와 동일	822,802
수	한족지구와 동일	133,566
모남	한족지구와 동일	18,408
흘료	한족지구와 동일	20,822
여	94% 인구의 지구는 한족과 동일, 오지산은 합무제(合畝第) 실행	360,950
경	봉건지주경제	4,343
와	아와산에는 원시잔여, 그 외는 봉건지주경제	286,158
포랑	봉건지주경제, 농촌공사(서쌍판납)	35,069
덕앙	봉건영주경제, 농촌공사잔재	2,900
고산	평포(平埔)는 한족과 동일, 산구는 원시공사잔여	329
몽고	봉건영주경제에서 지주경제로 전환	1,462,956
달알이	봉건지주경제	44,164
마료	한족지구와 동일	43,168
토	부근 한족지구와 동일	53,277
동향	한족지구와 동일	155,761
보안	한족지구와 동일	4,966
유고	목구봉건부락사회, 농구봉건지주경제	3,861
기낙	농촌공사단계	11,974(1982)
아창	봉건영주경제 혹은 지주경제	17,741
백	봉건지주경제	677,220
강	봉건지주경제	35,660
위구르	봉건지주경제, 부분은 봉건영주경제	3,640,125
합살극	종법봉건제	509,375
살랍	봉건지주경제	30,568
오자별극	반봉건식민지	13,626
탑탑이	반봉건반식민지	6,929
가이극자	봉건목주경제, 부락경제 있음	70,944
탑길극	반봉건반식민지	14,462
아라사		22,656
회	한족과 동일	3,559,350
만	반봉건반식민지	2,418,913
석백	봉건지주경제	19,022

민족	1949년 이전 사회성질	인구(1953)
혁철	원시씨족 잔재	450
악온극	다수는 봉건사회 진입, 수렵자는 원시잔여	6,298
악륜춘	부계씨족공사	2,262
조선	봉건지주경제	1,120,405

4. 1990년 이후의 소수민족 민족성분 규정

　　1953년 이래로 민족성분과 민족명칭은 민족식별조사를 토대로 국가가 공인하였다. 이러한 민족식별작업은 문화대혁명 기간 동안에는 없었다. 문화대혁명이 끝난 이후 1979년에 기낙족이 독립된 민족으로 판별되기도 하였지만, 그 이후로는 민족식별작업은 이루어지지 않았다. 다만 1980년대에 들어와서 민족연구를 새롭게 실시하면서 민족성분의 회복과 민족명칭의 변경 작업은 있었다. 이러한 작업은 모든 소수민족을 대상으로 조사하였다기보다는 원하는 소수민족들에 한해서만 집중적으로 재조사하였다. 그런 과정에서 자신들의 원래 민족성분을 되찾는 사례들도 있었지만, 여전히 자신들의 민족성분을 회복하지 못하는 사례들도 있었다.

　　오늘날 중국의 민족성분은 민족식별작업이 아닌 '중국공민의 민족성분 확정에 관한 규정(關於中國公民確定民族成份的規定)'(1990년 5월 10일)에 의해 결정된다. 그 내용을 살펴보면 다음과 같다.[14]

　　첫째, 공민의 민족성분 확정은 반드시 국가가 정식으로 인정한 민족의 족칭(族稱)에 준한다. 국가가 아직 확정하지 않은 족칭을 자기의 민족성분으로 삼을 수는 없다. 그리고 개인의 민족성분은 아버지 혹은 어머니의 민족성분에만 의거하여 정해진다.

　　둘째, 다른 민족의 공민과 결혼해서 태어난 자녀, 혹은 다른 민족의 아이를 데려다 키운 경우는, 만 18세 이전에는 부모 혹은 양부모가 상의하여 민족성분을 결정한다. 만 18세가 되면 본인이 자유롭게 결정할 수 있다. 그런

---

14) 吳仕民. 『中國民族政策讀本』. 中央民族大學出版社. 1998. pp.20－21.

데 만 20세가 되면 민족성분을 더 이상 바꿀 수 없다.

셋째, 다른 민족의 공민이 재혼할 경우, 쌍방의 원래 자녀는 양자와 같다. 그 민족성분은 18세 이전에는 모친과 계부 혹은 부친과 계모가 서로 상의하여 결정한다. 쌍방 간 원래 있었던 아이가 이미 만 18세가 되었다면, 더 이상 원래의 민족성분을 바꿀 수 없다. 다른 민족의 성년들 간에 생겨난 수양관계, 혼인관계는 각자의 민족성분을 변하게 하지 않는다.

넷째, 원래부터 이미 확정되어 있던 어떤 소수민족 성분의 사람이, 마음대로 기타 민족성분으로 변경할 수 없다.

5. 화교(華僑), 화인(華人), 화예(華裔)

중국에서는 해외에서 살고 있는 중국계 사람들을 지칭하는 용어가 몇 가지 된다. 일반적으로 사용하는 명칭은 '화교(華僑)'이다. 처음에는 해외 중국계 사람 전체를 가리키는 통칭적인 개념이었다가 최근에는 '화인(華人)'과 구분하여 사용한다. 화교라는 개념은 중국에서 태어났다가 여러 가지 이유로 중국을 떠나 외국에서 살고 있는 교포를 가리키는데, 대체적으로 중국국적을 그대로 갖고 있는 사람들이다. 화교의 범주에 들어가는 사람들은 중국인 1세들이 대부분이다. 중국은 화교를 '중화민족'의 특징을 갖고 있으며, 해외에 살고 있지만 여전히 중국의 국적을 가진 사람들이라고 한다. 이들은 중국의 공민 신분을 가지고 있기 때문에 이들의 정당한 권리가 침해되었을 때에는 중국정부의 보호를 받을 수 있다.

화인이란 혈통적으로는 중국인이지만, 현지 국적을 취득해 현지 국가에서 살아가는 사람들이다. 즉 화인이란 중국국적을 갖고 있지 않은 중국인이다. 그리고 '화예(華裔)'가 있는데, 이들은 화교와 화인들의 후예들을 가리킨다. 화인은 현지의 국적을 갖고 있기 때문에 정당한 권리를 침범당했더라도 중국정부로부터 보호받기는 불가능하다. 그러나 이들은 자신들이 중화민족이라는 의식이 강하기 때문에 국적이 다르지만 중국민족으로서 살아가고 있다.

제2장 민족(nation)의 개념

오늘날 '중국을 구성하는 사람'을 '국민'의 의미로서 '중국인'이라 부르고, 민족의 의미로 '중국민족'이라 부른다. 그리고 중국민족은 중화민족의 의미로 사용되면서, '국민＝민족'의 의미가 담긴 국민국가의 성격을 띤 민족개념이다.

오늘날 중국 내 '민족'을 연구할 때 보통 'ethnic'이라는 용어를 사용하는 경향이 많다. 하지만 중국이 건국될 당시만 하더라도 '국적'과 '국가'의 의미가 포함되어 있는 'nation'을 사용하였다. 이는 '국민국가' 혹은 '민족국가'의 성립과 밀접한 관련이 있다. 이 장에서는 '민족'의 개념을 살펴보고, 중국문헌에서 나타나는 '민족'의 용어에 대해서 살펴본다.

1. '민족(nation)' 용어의 기원

'민족'이라는 단어를 영어로 표기할 때 주로 'nation'이라 하는데, 이 단어는 라틴어 'natio'에서 파생된 것으로 알려져 있다.[15] 라틴어 'Nasci'의 과거분사(natus)에서 변한 이 단어는 'to be born'이란 의미를 갖고 있다. 즉 '동일한 출생지 혹은 어떤 특정 지역을 갖고 있는 인간공동체'를 가리킨다.[16]

---

15) 허종국·방종영. "인간공동체·種族·民族·그리고 中華民族."『한국과 국제정치』. Vol.14. No.1. 경남대학교 극동문제연구소. 1988. p.351.

16) 胡岩. 2003. "民族與民族槪念的發展." http://www.dxpll.com/hysq/xstt/h30054.htm. ≪學習時報≫ (검색일: 2003. 11. 30.)

'nation'에서는 "동일한 민족이 되기 위해서는 동일한 지역이 있어야만 한다."는 것을 강조한다.

중세에는 '마을의 친족집단'을 표현할 때 'natio villae'를 사용하였다. 16세기에서 18세기 후반 프랑스혁명시기까지의 'natio'는 'nation'(nacion, nazione)으로 사용하였다. 'nation'은 '동일한 지역'에서 '영토'의 의미가 있게 되면서 정치적인 의미까지도 포함하게 되었다.[17]

16세기와 17세기에는 'nation'은 '국내의 사람'을 가리켰고, 어떤 특정한 종족(種族)의 특징에 대해서는 관여하지 않았다. 프랑스혁명 때 폴란드가 분리되면서부터 'nation'은 'country(國家)'와 동일한 뜻으로 사용되었다. 이때 'nation'은 정치조직과 국가(state)를 의미하였고, '인민'과는 상대적인 의미로 사용되었다. 프랑스 대혁명 이후 '인권과 공민권의 선언'에서 "모든 주권은 본질적으로 국가(nation)에 속한다."고 선포하였는데, 이후 여러 사전에서는 'nation'을 "민족은 서로 동일한 피가 흐르고, 동일한 국가에서 태어나며, 동일한 하나의 정부 하에서 생활하는 많은 가정"이라고 하면서 정치적 의미를 부여하였다. 또한 'nation'은 실질적으로 어떤 사회의 '군체(群體)', '집체(集體)' 혹은 국가의 개념을 가리키게 되었다.[18]

2. '민족' 용어의 종류

영문 문헌 중에는 민족과 관련된 용어로 'nation' 이외에 자주 사용되는 것으로 다음과 같이 3개가 있다.[19]

첫째는 'ethnicity'이다. 1933년에 출판된 ≪Oxford English Dictionary≫에서는 이 단어가 보이지 않지만, 1972년에 출판된 ≪보유(補遺, Supplement)≫와 1973년에 출판된 ≪American Heritage Dictionary of the English

---

17) 王聯. 1999. "關於民族和民族主義的理論." http://www.chinasociology.com/ZLK2/XM002.TXT. 中國社會學網(검색일: 2003. 11. 30.)

18) 王聯(1999)(검색일: 2003. 11. 30.)

19) 馬戎. 『民族與社會發展』. 民族出版社. 2001. pp.118 – 119.

Language≫에서는 보인다. 이 단어는 1953년에 David Riseman에 의해 처음으로 사용되었다. 'ethnicity'는 민족 족군(an ethnic group)의 성질 혹은 특징을 표시하는 데 사용되었지만 구체적인 '민족 족군'을 가리키는 것은 아니었다. 민족 족군을 표시하는 단어로서 영문 문헌 중에 가장 많이 보이는 것은 'ethnic group'으로서 '민족군체'로 번역되었다.

둘째는 'race'이다. '종족(種族)'이라고 번역되고, 인종을 구별할 때 주로 사용되었다. 예를 들면, '백인, 흑인, 황인'의 체질을 구분하였다. 미국 ≪콜롬비아백과전서≫에서는 'race'에 관한 단어를 '인류를 조성하는 일종의 군체'라고 표현하였다. 종족 사이의 차이는 생리적으로 서로 다르고, 각각 유전적인 체질의 특징을 갖고 있다는 것이다. 인류학자들은 세계에는 3개의 종족, 즉 백인종(the Caucasoid), 황인종(the Mongoloid), 흑인종(the Negroid)이 있다고 여겼다.

셋째는 'nationality'이다. '민족'으로 번역하는 이 단어는 50년대 이전의 저서에서는 많이 보이지만, 60년대 이후에는 많이 보이지 않는다. 그러나 60년대 이래로 미국에서 출판된 마르크스레닌주의의 경전저작의 영역본 중에는 여전히 '민족'을 가리킬 때는 'nationality'를 사용하고 있다. 이유는 구소련의 학자들이 '민족'을 영문으로 번역할 때, 모두 'nationality'로 통일하였기 때문이다. 중국에서는 구소련에서 사용하던 단어를 그대로 사용하였다. 그래서 민족을 번역할 때 'nationality'로 통일하였고, 소수민족을 'minority nationalities'로 번역하였다.

이와 같이 3개의 단어를 많이 사용하지만, 60년대 이래로 서방의 민족문제를 연구하는 영문문헌 속에서는 'ethnicity'와 'ethnic groups'가 가장 많이 출현하고 있다. 근래에는 '민족'을 영문으로 표기할 때, 'ethnic group'을 많이 사용하고 있는데, 'ethnic group'은 'nation의 인간공동체'를 가리킨다. 한 국가 내의 구성원으로서의 민족을 연구할 때 많이 사용하고 있다.

비효통(費孝通)은 '중화민족다원일체구조(中華民族多元一體格局)'에서 중국의 민족관계 현상을 언급하였다. 그는 1988년 홍콩 중문대학에서 "나는 앞으로 중화민족이라는 단어를 사용할 때 중국 강역 내에 민족으로 인정받은 11억 인민을 가리킨다. 그것이 포괄하는 것은 50여 개의 민족은 '다원'

이고, 중화민족은 '일체'라는 것이다. 그들은 비록 모두 민족이라 칭하고 있지만, 그러나 단계가 다르다."고 하였다.[20] 여기에서 비효통이 말한 민족단위는 'ethnic group'이었고, 중화민족은 'nation'이었다.

그는 "우리가 말한 '민족'이라는 단어의 역사는 발전수준이 서로 다른 민족집단에 적용할 뿐만 아니라, 또한 역사상 다른 시기의 민족집단에 적용시킨다. 이것은 넓은 의미의 광범위한 명사이다. 이러한 점에서 유럽 각국의 전통과는 다르다. '민족'이라는 개념은 서구자본주의가 발전하던 시기에 등장하였다. 서구민족국가의 건립은 유럽근대사의 특징이다. 우리 나라와 유럽 각국의 역사는 다르기 때문에, '민족'이라는 전통적인 함의 역시 구별이 되어야 한다."고 하였다.[21] 그는 민족이라는 단어가 서구에서 생성하였지만 서구와 중국과는 역사발전이 다르기 때문에 '민족'이라는 의미도 다르다는 것을 주장하였다.

오늘날 민족을 영어로 번역할 때 주로 사용되고 있는 단어인 'ethnic'을 육곡손(陸谷孫)이 주편한 ≪英漢大詞典≫에서는 형용사로 여기며, 'ethnic' 속에는 "(1) 종족(種族)의, 종족상(種族上)의, 인종학(人種學)의, (2) 이교도(異敎徒)의, 비기독도(非基督徒)의, (3) 본 민족(혹은 국가)의 문화전통의, 원시종족의 등"의 뜻이 있다고 밝히고 있다. 그리고 'ethnic group'에는 중국어로 '종족'의 요소가 있다는 것이다. 이 단어는 주로 사람들의 종교 신앙과 문화전통의 차이로 인해 인류 집단이 형성되었음을 나타내고 있다. 따라서 이러한 집단을 'nation(民族)'이라 말할 수 없다는 것이다.[22]

미국 학자들이 자주 사용하는 'ethnic group'이라는 명칭은 '어떤 속성에서 쟁의를 끌어내는 공동체'를 가리킨다. 예를 들면, 미국의 흑인, 캐나다의 퀘벡인, 전 남슬라브지역 내의 무슬림, 동남아 국가의 화인(華人) 등이다. 이들은 'nation(民族)'이라 할 수 없다. 그러나 이들은 어떤 민족의 특징을 갖고 있다. 따라서 이것을 중국어로 다르게 표기하기에는 매우 어렵다. 왜냐하

---

20) 費孝通. 『中華民族多元一體格局』. 中央民族大學出版社. 2003.
21) 費孝通(2003).
22) 王聯(1999)(검색일: 2003. 11. 30.)

면 '민족'과 '인간공동체'와 상응하는 단어를 중국어에서는 찾을 수 없기 때문이다. 스탈린은 "오늘날의 이태리 민족(nation)은 로마인, 게르만인, 희랍인, 아랍인 등으로 조성되었다."라고 하였는데, 이때 '○○人'은 오늘날의 'ethnic group'의 개념이지 'nation'의 개념은 아니었다. 하지만 이러한 문제는 영어와 중국어 간에 존재하는 번역문제 때문에 발생하였다. 영어에는 적지 않은 단어, 예를 들면, 'nation', 'nationality', 'people', 'tribe', 'ethnic', 'group', 'race' 등을 중국어로는 '민족'으로 표시하고 있다. 왜냐하면 이와 상응하는 단어로는 단지 '민족(民族)'밖에 없다는 것이다. 그런데 '민족'은 영어의 다양한 관련 단어를 포함할 수 없다. 이러한 언어 간의 불일치는 번역할 때에 어휘의 한계로 인해서 영어의 동의어를 중국어 속에서 잘못 사용하는 경우도 있다. 이러한 문제를 해결하기 위해서는 영어의 'nation'을 본래의 의미로 돌려놓아야 한다. 'nation'은 중국어의 '민족'에 해당하도록 하고, 'ethnic group' 등의 단어는 중국어의 기타 관련이 있는 개념으로 바꾸어 사용해야 한다. 스탈린은 민족과 종족을 엄격하게 구분하면서, 단일한 표준을 사용해 민족으로 삼는 것을 배제하였고, 민족의 개념을 명확하게 하려 하였다. 스탈린의 민족개념에는 '정치민족'과 '문화민족'이 포함되어 있다. 정치민족은 'nation', 문화민족은 'ethnic group'인 것이다. 따라서 정치민족과 문화민족을 명확하게 구분해야 하고, 'nation'과 'ethnic group'을 명확하게 구분해야 한다.[23] '민족'을 영문으로 표기할 때 여러 개로 사용되고 있다. 그런데 시기에 따라 민족을 지칭하는 용어와 그 의미가 다르기 때문에, 영문도 시기에 따라 달리 사용해야 한다.

3. 중국에서의 '민족' 용어 등장과 민족 분류

현재 중국에서 주로 사용하는 두 개의 단어는 '종족'과 '민족'이다. 종족은 영어의 'race'에 상응하는 것이다. 민족은 중국의 소수민족에게 응용될

---

23) 王聯(1999)(검색일: 2003. 11. 30.)

때, 영어의 'ethnicity' 혹은 'ethnic groups'에 비교적 가깝다. 그러나 중국의 관방에서는 정식으로 민족을 'nationality'로 번역한다.[24]

'민족'이라는 단어와 관련하여 한어(漢語)에는 다른 두 가지의 뜻이 있다. 하나는 서구어의 '국민(nation)', '시민(citizen/citoyen)', '국가주권을 부담하고 있는 사람'이다. 구체적으로 말하면, 중국국적을 가진 '중화민족'을 가리킨다. 이 시기의 민족은 '공민' 혹은 '인민'으로 치환할 수 있다. 다른 하나는 '소수민족'을 가리킨다. 예를 들면, 민족문제, 민족정책, 민족학, 민족단결, 민족법, 민족간부 등의 단어에서는 소수민족의 뜻이다. 중국의 민족이라는 단어는 정치상의 의미가 있다. 20세기에는 두 종류의 국가 명칭, 즉 중화민국(中華民國)과 중화인민공화국(中華人民共和國)이 있다. 어느 국명을 막론하고 모두 '중화', '민', '국'이라는 3개의 개념이 있다. 소위 '민족'은 정치상의 의의가 있는데, 하나는 소수민족이 민족이라는 지위를 획득하게 되면 민족대표를 구성하여 전국인민대표대회에 참석할 수 있는 권리를 갖게 되었고, 다른 하나는 민족은 중국에서 일정한 정치작용을 하게 됨을 의미하였다.[25]

'민족'이라는 단어가 중국에서 사용된 것은 대체적으로 청말이다. 그 이전의 중국 사료에서 '민족'의 개념을 나타내는 단어는 '민(民)'·'족(族)'·'종(種)'·'인(人)'·'부(部)'·'류(類)' 등의 단음절이거나 '민인(民人)'·'민군(民群)'·'민종(民種)'·'족종(族種)'·'족부(族部)'·'족류(族類)' 등의 쌍음절이었다. 그런데 '민'과 '족' 두 글자가 연이어서 사용되어, 오늘날의 '민족'을 표시하는 단어는 거의 보이지 않는다.[26]

서구 근대의 '민족' 개념을 뜻하는 단어가 중국에서 언제 등장하였고, 누가 먼저 사용하였는지는 문헌마다 조금씩 다르다. 일반적으로 중국에서 출판

24) 馬戎(2001). p.120.

25) 魯忠慧. 『中國民族政策之研究』. 民族出版社. 2003. p.3.

26) 고대 문헌에서 '民(민)'과 '族(족)'이 연이어 나타나는 경우도 가끔 있다. 예를 들면, 정현의 注인 ≪禮記・祭法≫에서 "大夫以下, 謂上至庶人也. 大夫不得特立社, 與民族居百家以上, 則共立一社, 今時里社是也."에 보이지만, 여기에서 말하는 것은 '民'이고, '族居'로 해석해야 한다. ≪中國大百科全書≫, 政治卷 (北京・上海: 中國大百科全書出版社, 1992), p.255. 方維規, "論近代思想史上的'民族', 'Nation'與 '中國'"에서 재인용. http://www.sis.pku.edu.cn/wanglian/mzzhy/readings/fangweigui.htm 北京大學國際關係學院(검색일: 2003. 11. 30.)

된 많은 민족 관련 서적에서는 양계초(梁啓超)가 최초로 사용하였다고 기록하고 있다. 1902년 ≪新民叢報≫에서 양계초의 ≪東籍月旦≫(1899)이라는 글이 실렸는데, 'nation'의 일본어 번역으로서 '민족'을 사용하였다는 것이다.[27]

반면, 손문이 쓴 ≪中國問題的眞解決≫(1904)에서 '민족'이라는 단어를 가장 먼저 사용하였다는 주장이 제기되기도 하였다. 하지만 이들보다도 더 이전에 보이는 것도 있는데, 청 도광(道光) 17년(1837) 9월 ≪東西洋考每月統記傳≫에 등재되었던 '約書亞降迦南國' 편에서, "昔以色列民族如行陸路渡約耳但河也."라는 내용이 있는데, 이때 '以色列民族'은 '이스라엘민족'이라는 뜻이다.[28] 현재로서는 이때가 '민족(民族)'이라는 단어가 최초로 등장하는 시기라 할 수 있다.

민족은 서구에서 들어온 근대 산물이기는 하지만, 일반적으로 중국에서는 중국의 민족 혹은 소수민족은 명·청 시기에 이미 형성되어 있었다고 여긴다. 단지 중국 성립 이전에는 '민족'에 대한 통일된 개념과 정의가 없었기 때문에 민족명칭이 혼란스러웠다고 보았다. 특히 국가적 차원에서 중국 성립 이후의 민족식별과 같은 과정도 없었고, 공식적인 승인도 없었기 민족성분과 명칭은 매우 복잡하였다는 것이다.

서구의 '민족' 개념이 들어오기 전까지 중국대륙에는 많은 인간공동체들이 존재하였다. 이러한 인간공동체를 지칭하는 대표적인 용어는 '동이(東夷), 서융(西戎), 남만(南蠻), 북적(北狄)'이다. 어떤 사람들은 이러한 단어를 방위개념으로 해석하고 있다. 하지만 이들이 민족체인지 아니면 단순한 방위적 개념으로 쉽게 판단해서는 안 될 것이다. 이들을 어떻게 정하느냐에 따라 한족과 고대민족의 정체성에 대한 해석이 달라진다.

학자들은 고대민족이나 역사민족을 문화적 관점에서 '민족'의 개념을 정의 내리고 있다. 주(周)의 문화를 갖고 있으면 '중국(中國)' 혹은 '중화(中華)'가 되는 것이고, 그렇지 못하면 '야만', '미개'의 민족으로 간주하였다. 또 한(漢)

---

27) 方維規. "論近代思想史上的'民族', 'Nation'與'中國'" http://www.sis.pku.edu.cn/wanglian/mzzhy/readings/fangweigui.htm 北京大學國際關係學院(검색일: 2003. 11. 30.)

28) 方維規(검색일: 2003. 11. 30.)

대의 기미(羈縻)정책으로 주변 민족을 멸시하고 경시하는 명칭을 사용하였다.

중국의 전통사상 범주에서 '중국(中國)' 혹은 '중원(中原)' 두 단어가 내포하고 있는 것은 Amthony Smith의 '민족(nation)'의 개념과 비교적 가깝다. 중국 전통에서 말하는 '중국' 혹은 '중원'은 스미스와 여러 영문사전에서 나오는 'nation'을 함의하고 있다. 즉 1) 역사형성의 영토(神州(신주)), 2) 공동의 신화전설과 역사기억(삼황오제), 3) 공동의 문화전통(유학으로 대표하는 '교화(敎化)'), 4) 모든 성원이 갖추고 있는 법률권리와 의무(普天之下, 莫非王土), 5) 공동의 경제생활(사농공상)의 구조이다. 어떤 이민족이 중원으로 들어와 주인이 된다('入主中原') 하더라도, 이러한 여러 가지 요소를 자세하게 보존해 왔다는 것이다.[29)]

이러한 개념은 오늘날 전통의 중국적 세계질서관을 거론할 때 많이 적용되어 왔다. 하지만 한족 중심의 관점에서 해석되고 있기 때문에 '중국', '중원'은 곧 한족의 중심세계가 되었고, 문화적으로 다른 지역에 비해 우월한 것처럼 해석되었다. 반면에 이민족들은 한족의 주변부에 속하고, '미개', '야만'으로 해석되었다.

중국 이전의 민족에 대해 살펴보면, 청대의 ≪嘉慶會典≫에서는 전국의 민족구성을 호(戶)의 형식으로 12개로 분류하였다. 군(軍), 민(民), 장(匠). 조(灶), 어(漁)와 같은 5종류의 호(戶, 주로 한, 만, 몽골족을 가리킴)가 있고, 이 외에도 회(回), 장(藏), 강(羌), 묘(苗), 요(瑤), 려(黎), 이(夷) 등 7종류의 민족호(民族戶)가 있었다. 청대 통치자는 이번(理蕃)을 설치하여 몽골족과 티베트 두 민족을 우대하였고, 위구르족 등 이슬람교를 믿는 민족을 신뢰하였지만, 한족과 기타 소수민족에 대해서는 압력과 배제의 태도를 취하였다. 하지만 이러한 민족의 존재에 대해서는 묵인하였다. 그래서 편민호(編民戶)와 연호(煙戶)의 방법을 사용해서 승인을 하였다. 이러한 이유로, 청대에는 실제적으로는 만, 몽, 티베트, 회, 한, 강, 묘, 요, 여, 백, 위구르, 석백, 혁철, 악륜춘, 고륜(庫倫), 악온극 등 15개 민족으로 구성되어 있다고 보았다.[30)]

---

29) 馬戎(2001). p.155.

30) 王紅曼. 『新中國民族政策槪論』. 中央民族大學出版社. 2000. p.99.

청말 민초 기간의 민족론 중에서, 한인이 인식하고 있던 중국의 이민족은 '만, 몽, 회, 장(藏)' 네 가지 족이었다. 혁명파는 그들이 각자의 언어, 영역, 종교, 생활습관을 갖고 있다고 여겼다. 그러나 손문의 논술 중에서는 중국 서남에 거주하는 묘, 요, 이(彝) 등은 '이미 동화되었다' 혹은 '문명이 낮다'라고 서술하고 있다. 이 시기의 지식인들은 ethnic에 대한 인식의 끊임없는 토론을 하는 동시에 국제연맹에서 위임통치의 이론을 근거로 하여, ethnic을 ABC로 분류하였다. 이러한 분류는 한인의 일방적인 관점에서 비롯된 것이었다. 그리고 분류할 때, '집단영역의 지정학적 중요성', '문화의 정도', '인류지혜의 낙후'를 기준으로 삼았다. 그것을 살펴보면 다음과 같다.[31]

A급: 한족
B급: 만, 몽, 회(신강의 무슬림과 중국 본부의 한회(漢回)), 티베트이다. 독자적인 거주지역과 문화가 있다고 여겨졌다. 혹은 한어를 이해하는 인구가 비교적 높은 ethnic이라는 것이다. 이 집단이 거주하는 지역은 지정학적으로 중요하다.
C급: 중국 본부의 서남에 흩어져 거주하는 묘, 요, 이(夷) 등의 ethnic이다. 이들을 '문명이 없는' 집단으로 간주하였다.

'오족공화론'에서는 중화민족을 조성하는 'ethnic'을 A급과 B급으로 한정하였다. 손문의 이상으로 꿈꾸던 '중화민족＝국족(國族)'은 형성은 바로 B급이 자발적으로 A급에 융합되고 동화된다는 동의어로 보았다. 1949년 이후의 중국에서는 이 세 개의 급인 ethnic 전부는 'ethnicity'로서 평등한 것이다. 그러나 만약에 과거로 추적해 가면, 중국공산당이 처한 시대배경은 다르기 때문에, 이러한 ABC의 'ethnic'에 있는 것은 어떤 시기에는 'nation'이고 어떤 시기에는 'ethnicity'이라서 일정하지 않다.

중화민국시기에는 민족 분류와 구성에 대해서 여러 가지 주장이 있다. 첫 번째는 '오족설(五族說)'이다. 중화민족을 '한족, 만족, 몽고족, 회족, 티베트족(藏族)' 다섯 개로 나누었는데, 다른 소수민족을 모두 다섯 종류의 분계로 보았다. 두 번째는 '육족설(六族說)'로서, 중국민족을 한족, 만족, 몽고족, 회

---

31) 鲁忠慧(2003). pp.158 - 159.

족, 티베트족, 묘족으로 나누었다. 세 번째는 '팔족설(八族說)'로서 중화민족을 한, 만, 몽, 회, 티베트, 묘, 라면(羅緬), 북탄(僰撣) 등으로 나누었다. 네 번째는 '오족(五族) + 원시민족설'로서 중화민족에는 한족, 만족, 몽고족, 회족, 티베트족 다섯 개 민족 이외에도, 서남, 동북, 서북 등 지역의 20여 종의 '원시민족'을 추가한다는 것이다. 다섯 번째는 '이십팔족설(二十八族說)'로서, 언어문자에 의거하여 중화민족에는 '한, 만, 몽. 회, 티베트, 묘, 위구르, 조선' 등의 28개 민족이 있다는 것이다. 이상으로 중화민국시기에는 중화민족에는 모두 40여 종의 민족이 있다. 그들은 한, 만, 몽고, 회, 티베트, 위구르, 합살극, 가이극자, 아라사, 석백, 탑탑이, 오자별극, 이, 백, 합니, 납서, 포의, 태, 율속, 와, 랍호, 경파, 묘, 동, 장(壯), 요, 여, 사, 고산, 아창, 보미, 노, 포랑, 붕룡(崩龍), 독룡, 기낙, 수, 조선, 악륜춘, 악온극, 혁철, 흘료 등의 민족이다. 그러나 이러한 민족은 단지 전문가가 자신이 조사한 자료를 근거로 하여 인정한 것이지, 국민당 정부가 법률적으로 인정한 적은 없었다.[32]

1937년 제사화(齊思和)가 발표한 ≪種族與民族≫ 이후, 글에서 여기고 있는 '민족'은 정치개념이고, 인류집단의 심리현상의 관점이다. 국민당은 이러한 민족개념을 부분적으로 받아들이고 있다. 제사화가 강조한 항일의식을 갖추고 있는 것과 손문이 강조한 가족의 혈연관계에 처해 있는 인간을 새롭게 민족이라 하였다.[33]

대만에서는 '민족'이라는 용어 대신에 '국족(國族)'을 사용하고 있다. '국족'은 손문이 1924년의 ≪民族主義第一講≫에서 처음 보인다. 손문은 'nation'을 '국족'으로 표현하였고, "민족주의는 곧 국족주의이다."고 표현하였다.[34] 손문은 족보에 의거하여 특정한 조상인 '장(張), 왕(王), 진(陳), 이(李)'와 같은 가족이 단위가 되어 형성된 종족들을 연합해서 '국족'이 된다고 하였다.[35]

1930년대에 원업유(袁業裕)는 '국족'은 동일한 지역에 거주하고, 생산기술

32) 王紅曼(2000). pp.99 - 100.
33) 魯忠慧(2003). pp.138 - 139.
34) 馬戎(2001). p.116.
35) 魯忠慧(2003). p.139.

이 서로 동일하며, 기타 각 방면에서 서로 유사한 사람들이라고 하였다. 민족은 역사 과정 중에서 자연스럽게 변화되어 이루어진 사회의 형태이고, 공동의 혈연, 생활, 언어, 종교와 풍속습관에서 결합되어 일치된 집단을 가리킨다. 번역상의 'nation'은 대체적으로 주권이 있는 정치국가의 인민을 가리킨다. 그리고 'nationality'라는 단어는 동일한 언어와 동일한 습속을 가진 민족을 가리킨다고 하였다.[36] 이때 원업유는 'nation'을 '국족'으로 번역하였다.

반광단(潘光旦)은 1936년에 3개의 명사, 즉 '국가', '종족(種族)', '민족'이 서로 섞여 사용되고 있다고 하였다. 국가는 민족과 쉽게 혼용되어 사용되고 있는데, 예를 들어 서구의 'nation'을 어떤 사람은 '국가', '민족' 혹은 '국족'으로 번역한다는 것이다. 국가는 정치적·법률적·경제적인 의미이고, 종족은 생물학적·인류학적 의미이다. 그리고 민족은 이 둘 사이에 있다고 하였다.[37]

모택동은 민족과 관련하여 ≪湘江評論≫에서 발표한 ≪民衆大聯合≫의 글에서 '중화민족(中華民族)'이라는 명칭을 사용하였고, 또 1939년 ≪中國革命和中國共産黨≫에서 중국은 하나의 다민족이 결합하여 이루어진 광대한 인구를 가진 국가이다. 몽고, 회, 장(藏), 위구르, 묘, 이(彝), 동(僮, 후에 장족(壯族)), 중가(仲家, 포의족과 운남성 일부 장족(壯族)의 옛 명칭), 조선 등의 민족을 열거하면서 중국에는 수십 종의 민족이 있다고 하였다.[38] 모택동은 중국 내에 수십 종의 민족이 있다고 하였지만 그 숫자가 어느 정도 되는지는 정확하게 밝히지 않았다. 또 당시에 확정된 민족이라 하더라도 각 민족의 명칭은 매우 복잡하였기 때문에 판별하기가 쉽지 않았다. 당시 중국대륙에 거주하던 인간공동체의 명칭은 대체적으로 여러 형태가 있었는데, 어떤 것은 민족의 자칭이거나 타칭이었고, 또 어떤 것은 어떤 지계의 명칭이었다. 그리고 어떤 것은 지역적인 특징을 채용한 이름이었고, 어떤 것은 한어의 번역음이기도 하였다.[39]

---

36) 馬戎(2001). p.116.

37) 馬戎(2001). p.117.

38) 胡岩(2003)(검색일: 2003. 11. 30.)

39) 王建民·張海洋·胡鴻保.『中國民族學史』下卷. 雲南敎育出版社. 1998. p.118.

4. 민족연구 이론

1) 정체성(ethnic identity)에 관한 연구 이론

오늘날 민족정체성을 연구할 때 4가지의 이론적인 접근이 있다. 첫째는 공산주의자들이 주로 사용하는 이론인데, 스탈린의 민족특징 네 가지 요소이다. 중국 건국 초기 민족의 개념을 정의할 때 많이 사용되었다. 둘째는 문화인류학에서 주로 사용하는 '문화단위' 이론이다. 셋째는 정치학과 사회학에서 주로 사용하는 '상황적 접근'이다. 넷째는 문화모델과 상황접근을 절충한 '상호 작용' 이론이다.

이러한 이론의 구체적인 내용을 살펴보면 다음과 같다.[40]

첫째는 스탈린이 말한 민족특징 네 가지를 갖고 있느냐는 것이다. 이 이론은 스탈린과 소련 공산당이 사용하였던 민족식별의 방법이다. 1917년 볼셰비키 혁명 이후 소련연방공화국 내에는 많은 인종과 민족이 있었다. 소련 공산당은 소련 내에 거주하는 다수 민족을 통치하고, 강력한 국가를 건설하기 위해서 민족을 구분하고자 하였다. 이때 언어(language), 지역(locality), 경제(economy), 문화적 토대(cultural makeup) 등 4가지의 공통된 요소를 구비한 사람들을 소련의 정식 민족으로 규정하였다.

둘째는 '문화단위'로서의 접근이다. 문화인류학자들 중 Caravan Coon은 '모자이크론'을 주장하였는데, Coon(1958)은 각 종족집단의 구성원 자격은 고유한 기준에 따라 생물학적으로 규정된다고 주장했다. 다양한 종족집단으로 구성된 특정 지역은 종족집단의 고유한 문화적 범주에 의해 형성된 감정이나 태도, 생활양식 등이 중요한 구성요소를 이루고 있다. 이러한 구성요소에 대한 구체적인 이해가 없으면, 종족 간에 발생하는 여러 가지 문제를 제대로 이해할 수 없다고 보았다. 즉 각 종족집단은 자신의 진정한 정체성을 확립하기 위해 지역적 분포를 규정하고, 자신의 기원과 시간에 따른 변화, 그리고 자신의 근원적인(primordial) 특징들을 목록화한다는 것이다. 이러한

---

40) 홍석준. "도시내 종족연구의 이론과 방법: 문화인류학을 중심으로." 『IMPAC』. 겨울 제2호. 1998.

주장은 주로 민족지적 접근방법(ethnographic approach)을 활용하는 문화인류학자에게만 지지를 받았다.

Barth는 각 종족 집단 간에는 특정의 경계가 존재한다고 밝혔고, 종족간의 경계를 규정하는 중요한 범주로 '종족성(ethnicity)'이라는 개념을 강조하였다. 즉 성을 통해 각 집단은 고유의 정체성을 확보할 수 있으며, 다른 집단과 구분된다는 것이다. Geertz는 종족집단을 생물학적으로 이미 주어진 요소들에 의해 결정된 공통의 감정을 공유한 집단으로 규정하였다. 특정 종족의 기원과 혈통, 그리고 피부색과 같은 선천적인 요소는 사회경제적 조건의 변화와 무관한 불변의 문화적 유산으로 간주하였다. 각 종족집단은 근원적인 속성에 의해 서로 구별될 뿐만 아니라 그것으로 인한 문화적 차이로 인해 종족집단 간 경계가 나타나는 것으로 보았다. 즉 종족집단을 구분 짓는 종족성이란 문화적으로 고유한 특질을 포함하며, 그것은 본래적이고 선험적인 것이라는 것이다.

셋째는 상황적 접근방법이다. 이 접근방법은 종족의 문화가 종족정체성을 규정하는 것이 아니라 다양한 사회조직과 기구의 정책, 제도가 새로운 종족정체성을 만들어 낸다는 것이다. 그리고 종족들이 지니고 있는 정체성을 통제하고 억압하는 사실에 초점을 두고 있다. 이 이론은 기존에 종족들이 본래부터 갖고 있던 정체성으로 여겨지는 많은 요소들이 사회경제적인 변수에 의해 변화된다고 보았다. 종족정체성에 영향을 주는 주요 외부 환경 요인으로 경제, 정치, 계급(class), 계층 등이 있다.

넷째는 상호 작용적 접근방법이다. 1970년대 후반부터 80년대 이후 등장한 이 방법은 문화단위로서의 접근과 상황적 접근의 미비한 점을 보완하여 절충한 것이다.

이러한 민족정체성 네 가지의 이론을 통해서 민족의 개념을 비롯하여 생성, 성장, 변화, 소멸에 관한 연구를 하고 있다. 현재 중국의 일부 한족과 소수민족의 정체성은 민족식별이라는 작업을 거쳐 결정되었는데, 이때 적용된 민족이론은 스탈린의 민족특징 네 가지였다.

2) 다민족국가에서의 민족정책

다민족국가는 대체적으로 중심민족과 소수민족으로 나뉜다. 일반적으로 소수민족의 개념은 특정집단에 속한 개인의 문제로 보는 경우, 그 개인이 속한 특정집단의 의미는 첫째, 수적으로 인구의 절대다수를 차지하지 않아야 하며, 둘째, 인종적·언어적·종교적으로 다수 국민과 구별되는 특징을 가지며, 셋째, 그들 특유의 문화·관습·종교·언어상의 특징을 보존하려는 목적 하에 특정한 단체 결속에 대한 욕구를 표출하는 집단을 가리킨다고 하였다.[41]

다민족국가의 민족을 연구할 때, 오늘날에는 민족동화와 융합, 갈등이론, 문화다원론적인 관점에서 접근하고 있다. 그러나 민족정체성의 생성과 변화와 소멸에 관해서는 민족동화와 민족융합으로 접근하고 있다.

민족동화라는 것은 민족 혹은 그 일부가 자신의 특징을 잃어버리고 다른 민족으로 되는 것이다. 어떤 민족의 문화를 단순히 받아들이고, 어떤 민족의 일부로 변하게 되면 자신의 고유한 민족특징은 상실하게 된다. 이는 'A＋B＋C＋D＋E＝A'가 되는 것이다.[42]

민족동화에는 두 종류가 있다. 하나는 강제적인 동화이고, 다른 하나는 자연적인 동화이다. 전자는 통치계급이 폭력을 사용하여 민족을 압박하여 자신의 민족 언어·문자, 풍속습관과 생활방식을 포기하도록 하는 것이다. 이러한 동화는 필연적으로 반항이 일어나게 되고, 민족모순이 발생한다. 마르크스레닌주의는 이러한 동화정책을 반대하였다. 후자는 강제성이 없는 것으로 역사발전과정에서 한 민족에게 자연스럽게 동화된다는 것이다.[43]

역사상 일반적으로 낙후된 정복민족은 오히려 문명이 비교적 발달한 피정복민족에게 동화되었다. 이러한 예로 중국에서는 한족을 들고 있다. 오늘날 일반적으로 대부분의 고대민족과 역사민족이 한족에게 동화되었다고 해석하

---

41) 이은구. "국제소수민족정책에 관한 비판적 고찰: U.N. 및 유럽평의회를 중심으로." 『地域社會開發論叢』. 연세대학교 도시문제연구소. 1997. p.139.

42) 章魯. "談談民族同化和民族融合區別問題". 『中國民族關係史論文集』. 下集. 民族出版社. 1982. p.731.

43) 范榮春·李延貴. 『民族問題學說』. 貴州民族出版社. 1994. p.68.

고 있다. 즉 위진남북조 시기에 흉노(匈奴), 선비(鮮卑), 갈(羯), 저(氐), 강(羌) 등의 이민족이 중원으로 들어와서 왕조를 건립하고 통치하였다. 원과 청 시기에도 몽고와 만주족이 중원으로 들어와서 왕조를 세워 통치하였다. 이러한 시기에 한족은 피지배민족으로서 이민족으로부터 군사적·정치적으로 통치를 받았지만, 문명이 발달하였기 때문에 오히려 정복민족이 한족에게 동화되었다고 보았다. 마르크스는 "야만적인 정복자는 늘 그들에게 정복당한 민족의 비교적 발달한 문명에 정복된다. 이것은 영원한 역사규율이다."고 하였는데, 중국은 이러한 관점을 철저하게 한족 중심으로 보았던 것이다.[44]

반면 민족융합은 각개 민족은 평등한 원칙하에 진행되는 일종의 쌍방의 결합이다. 민족융합의 결과는 민족 A가 아니라, B도 C도 D도 E도 아닌, 새로운 민족 F가 탄생해야 한다. 즉 'A＋B＋C＋D＋E＝F'가 되어야 한다.[45]

민족융합은 모든 민족차별이 소멸하는 것이고 민족차별이 없는 새로운 인류가 형성되는 것을 말한다고 하였는데, 이는 중국 신화에서 일컫는 '대동사회'를 말하는 것이고, 사회주의자들이 말하는 '공산사회'를 가리킨다.[46] 손문이 오족공화론을 주장할 때, '한족＋만족＋몽고족＋회족＋장족(藏族)＝중화민족(中華民族)의 모형'으로서 민족융합을 실현하고자 한다고 하였다. 손문은 중국민족을 가리켜 "중국의 각 족이 융합되어 중화민족을 이루었다."고 하였는데, 손문이 제창한 중화민족은 '민족융합'이 아니라 오히려 '민족동화'에 근접하고 있다. 즉 한족이 중심이 된 중화민국을 건설하고, '국족(國族)'을 이룬다는 의미로서 한족 중심의 민족동화라 할 수 있다.

5. 중국의 민족관

오늘날 중국은 중국을 구성하는 민족체를 중화민족이라 부르며, 중국에서 발생한 민족의 역사와 문화를 '중화민족'적 시각에서 해석하고 있다. 특히

---

44) 范榮春·李延貴(1994). p.68.

45) 王柯. 『中國與國家: 中國多民族統一國家思想的系譜』. 中國社會科學出版社. 2001.

46) 章魯(1982). p.731.

비효통의 신(新)중화민족개념이 등장하고 나서, 중국대륙에서 형성되었던 여러 민족의 역사와 문명을 중화민족의 것으로 해석하였다. 이는 1990년대에 발간된 역사서에서 잘 나타나고 있고, 서북공정과 서남공정 및 동북공정 등의 프로젝트를 통해 중국 내 소수민족의 역사를 중화민족의 역사로 해석하였다. 이러한 중화민족주의적 민족관이 형성되기 이전에는 철저하게 '한족(漢族)' 중심의 민족관을 갖고 있었다. 즉 한족은 오랜 역사 기간 동안 주변 민족을 흡수하며 거대한 민족체가 되었다는 것이다. 북방민족이 통일왕조를 세웠다 하더라도 피지배계층인 한족에게 결국에는 동화되어 새로운 신(新)한족이 되었다고 보았다. 즉 중국에서는 오랜 역사 기간 동안 고대민족과 역사민족이 한족에게 동화되었거나 신(新)한족으로 융합되어, 오늘날 중국의 다수민족인 한족이 되었다고 본다. 이러한 한족에 대한 민족관을 '스폰지적 민족관'이라 부르기로 한다. 스폰지가 물을 빨아들인 뒤 형태가 변화 없듯이 한족도 주변 민족을 흡수하면서 한족은 변화가 없다고 여기기 때문이다. 이러한 민족관은 청말 민초 시기에 형성되었던 한족민족주의가 바탕이 되었던 것으로 당시 많은 지식인들이 한족 중심의 역사관과 민족관을 만들어 내었다. 아래 <그림-1>은 중국의 한족에 대한 민족관을 표시하였다.

<그림-1> 중국의 한족에 대한 민족관[47]

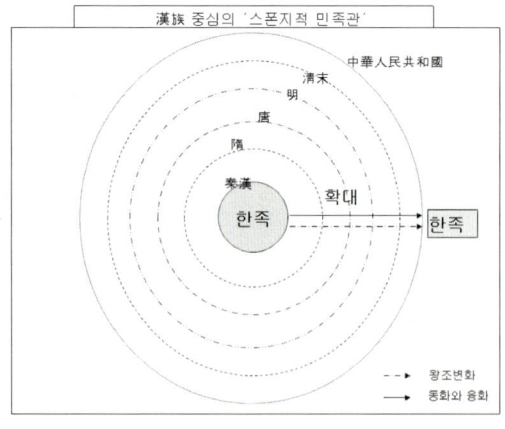

47) 공봉진. 『중국지역연구와 현대중국의 이해』. 오름출판사. 2007. p.230.

반면, 중국에서는 고대민족과 역사민족에 대한 인식이 다르다. 대부분의 고대민족은 춘추전국(春秋戰國)시대와 진한(秦漢)시대를 거치는 동안 한족의 선민족이라 여기고 있는 화하족(華夏族)과 융합하여 새로운 화하족이 되었고, 진한 시기를 거치는 동안 한족이 되었다는 것이다. 그리고 한(漢)왕조 이후, 분열과 통일시기를 거치면서 많은 역사민족들이 한족과 동화와 융합을 거쳐 새로운 한족이 되었다고 보았다. 설사 한족 이외의 민족이 통일왕조를 건국하였다 하더라도 결국에는 한족에게 동화되어 자신들의 민족체가 사라졌다고 여긴다. 이러한 고대민족과 역사민족에 대한 민족관을 '풍화작용적 민족관'이라 부른다. 대표적인 사례가 요나라를 세웠던 거란족이다. 중국에서는 민족식별을 할 때, 거란족이 한족에게 동화되어 한족으로 흡수되었다고 보았다. 아래 <그림-2>는 중국 소수민족에 대한 민족관을 나타내었다.

<그림-2> 중국의 소수민족에 대한 민족관[48]

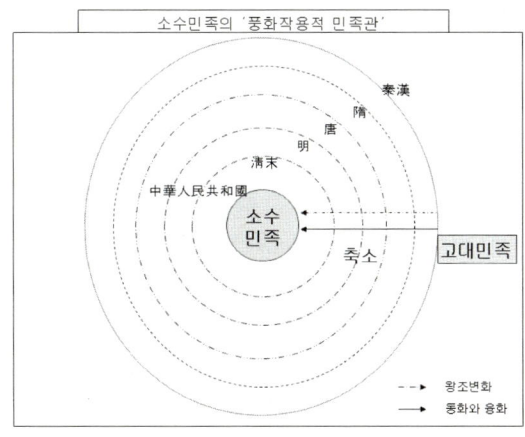

48) 공봉진(2007). p.231.

제3장 중국민족연구 논쟁

중국 건국 이후 민족의 개념과 형성에 대한 논쟁은 여러 단계에 걸쳐 일어났다. 그 논쟁을 살펴보면 다음과 같다.[49]

첫 번째 단계는 1954년 이전 시기로, "민족은 자본주의 상승시기에 형성되었다."는 것으로, 당시 중국 교과서에서는 '마르크스주의의 민족이론'을 주로 다루었다. 두 번째 단계는 1954년 이후 시기로, 한(漢)민족의 정체성에 관한 것과 민족의 형성시기에 관한 것이다. 이때 범문란(范文瀾)은 "한(漢)민족은 진한(秦漢) 시기에 형성되었다."고 주장하였다. 두 번째 단계에서는 민족에 관한 논쟁이 벌어졌는데, 하나는 민족이 자본주의 이전에 형성되었다는 것이고, 다른 하나는 자본주의 이전에 형성된 것은 민족이 아니라 부족이라는 것이다. 세 번째 단계는 1960년대 이후 시기로서, 1962년에 장로(章魯, 아함장(牙含章))는 "'민족'은 '부락'에서 발전되었다."고 주장하였다. 즉 엥겔스가 말한 "부락에서 민족과 국가로 발전하였다."는 것과 동일하다. 이러한 관념은 점차적으로 주도적인 자리를 차지하였다. 네 번째 단계는 1978년 이후 시기이다. 이 시기의 민족문제 관련 학술토론에서 어떤 사람은 "자본주의 이전은 '민족'이 아니라 '부족'이다."라고 주장하였다. 이를 좀 더 구체적으로 살펴보면 다음과 같다.

---

49) 施正一.『關於民族科學與民族問題研究』. 中央民族學院出版社. 1993. p.54.

1. 1950년대의 민족개념 논쟁

중국에서 민족에 관한 연구는 1930년대로 거슬러 간다. 여사면(呂思勉)은 중국 고대 문헌 속에 중국민족의 형성에 대한 언급이 있었다고 지적하였지만, 다른 사람들로부터 관심을 받지 못하였다. 그러다가 1949년 중국이 수립된 후 "한족은 언제 형성되었는가" 그리고 "소수민족을 '민족'이라 칭할 수 있는가" 하는 문제를 놓고 논쟁이 벌어졌다. 이를 시작으로 민족개념과 민족형성 문제에 관한 논쟁은 활발하게 진행되었다.[50]

오늘날 중국 한족에 대한 연구가 많이 이루어지고 있다. 특히 한족의 민족기원과 민족특징에 대한 논의가 이루어지고 있지만, 중국 건국 당시만 해도 한족의 민족정체성을 정확하게 확정짓지 못하였다. 뿐만 아니라 학자들 간에 민족과 한족의 형성에 대한 논쟁이 발생하기도 하였다.

중국 건국 초, 중국공산당이 중국대륙을 지배하면서 많은 학자들은 중국 대륙을 떠나 대만이나 외국으로 옮겨 갔다. 이로 인해 중국에는 많은 사회과학 학문 중에서 마르크스이론과 민족학 정도가 남았다. 이러한 이유로 민족연구를 할 때 자연스럽게 마르크스이론의 영향을 받게 되었다. 이 시기의 민족개념의 연구에서는 자본주의 이전의 노예사회와 봉건사회 공동체를 '부족'으로 보았고, 자본주의 발전시기에 '민족'이 형성되었다고 보는 것이 주된 내용이었다.

민족식별조사에 참가하였던 민족학자 황숙빙(黃淑娉)은 중국이 실시하였던 1950년대 민족식별에 대한 논의 기준을 언급하는 과정에서 "먼저 스탈린이 민족은 인간이 역사적으로 형성된 하나의 공동의 언어, 공동의 지역, 공동의 경제생활 및 공동문화의 공동심리소질에 관한 표현이 안정된 공동체라고 정의를 내린 것에서 출발해야 한다. 그리고 스탈린이 강조한 임의의 어떤 특징 하나를 단독으로 가져와서 민족으로 삼는 정의는 부족하다는 것을 충분히 주의해야 한다. 이러한 특징은 단지 하나가 부족한 민족은 민족이

---

50) http://www.e56.com.cn/minzu/Nation_Policy/Policy_detail.asp?Nation_Policy_ID=389(검색일: 2003. 7. 30.)

될 수 없다."고 하였다.[51] 하지만 중국에서 민족식별을 실시할 때 실질적으로는 민족특징 중 하나가 부족하거나 하나만을 갖고 있어도 독립된 민족으로 인정하였기 때문에 스탈린의 민족이론을 그대로 적용시킨 것은 아니었다.

영맹원(榮孟源)은 ≪關於斯大林的民族定義問題≫(1950)라는 글에서, "스탈린이 말한 민족특징은 공동언어, 공동지역, 공동경제생활, 및 공동문화에서 표현하는 공동심리상황이다. …… 이 이론으로 중화민족을 관찰하였을 때, 우리는 한족 및 회, 장(藏), 번(番), 이(彝) 각 민족을 동등하게 '민족'이라 칭할 수 있다."고 하였다. 그는 중화민족은 결코 한족만을 가리킨 것이 아니라, 한, 회, 몽, 장(藏), 묘, 이(彝) 등 몇십 개의 민족을 포함하고 있다고 말하였다.[52]

진교(陳郊)와 화강(華崗) 그리고 서백용(徐柏容) 등은 ≪新建設≫(1952)에서 민족과 민족형성문제에 관한 글을 적었는데, 진교와 화강은 봉건사회 내부에도 민족이 형성할 수 있다고 주장하였고, 서백용은 자본주의 이전 시기는 결코 민족이 존재할 수 없다고 말하였다.[53]

1950년대에는 민족식별이 공식적으로 실시하기 전까지는 민족이란 무엇이고 어떻게 형성되었는가에 대한 관심이 있었지만, 한족(漢族)과 민족의 개념에 대한 본격적인 논의는 1953년 민족식별을 공식적으로 실시한 이후에 활발하게 일어났다.

1954년 범문란은 ≪自秦漢以來中國成爲統一國家的原因≫(1954)이라는 글에서 스탈린의 민족에 관한 특징 네 가지로서 민족의 근거로 삼아야 한다고 하였다. 중국 한족은 특수한 역사조건에서 형성한 특수민족이라고 하였다. 이 특수한 민족은 네 개의 특징을 갖추었다. 즉 '동일한 문자 사용'(書同文, 공동의 언어), 장성 이내의 광대한 지역(공동지역), '수레의 폭 통일'(車同軌: 공동의 경제생활), '같은 윤리의식 행함'(行同論: 공동문화를 표현하는 공동의 심리소양)을 갖고 있다는 것이다. 그리고 한족은 진한 시기에 형성되었는데 중화경제의 유대는 봉건적인 공상업이 전국적으로 통하였기

---

51) http://www.e56.com.cn/minzu/Nation_Policy/Policy_detail.asp?Nation_Policy_ID＝389(검색일: 2003. 7. 30.)

52) 金炳鎬. 『民族理論研究二十年』. 北京: 中央民族大學出版社. 2000. p.137.

53) 金炳鎬(2000). pp.137-138.

때문이라고 하였다. 그는 중국근대자산계급은 비교적 강대하지 않고, 아직 민족유대작용이 일어나지 않았으며, 이러한 이유로 자산계급민족이 형성되었다고는 말할 수 없다. 한민족(漢民族)의 형성은 고대라고 하였다.[54]

2. 1960년대 이후 - 개혁개방 이전의 민족개념 논쟁

1960년대에는 민족의 형성이 자본주의 이전에 형성되었다는 관점이 크게 부각되었다. 야홍(野虹)은 ≪民族與民族問題≫(1960)에서 "민족은 자본주의 시대의 산물이다. 자본주의 생산관계의 탄생은 민족관계를 세웠고, 민족 공동체의 기초이다."라고 하였다.[55]

장로(章魯)는 ≪關於'民族'一詞的使用和飜譯情況≫(1962)이라는 글에서 "민족이라는 단어를 사용하고 번역할 때 나타난 문제는 마르크스, 엥겔스, 레닌, 스탈린이 민족문제에 관한 이론과 논술을 끌고 와서 분석을 하였다. 그리고 민족의 최초는 부락에서 발전되었다. …… 마르크스, 엥겔스는 전 자본주의 민족 혹은 현대자산계급의 민족을 통일해서 민족이라 하였다. 레닌도 마르크스와 레닌의 관점과 일치한다."고 하였다. 그는 또 같은 해에 "부락에서 민족을 결성하고, 부락연맹은 민족을 형성하는 첫걸음이고, 이것은 고대민족이 일반적으로 거쳐야 하는 발전단계"라고 하였다.[56]

방덕소(方德昭)는 ≪關於民族和民族形成問題的一些意見≫(1963)이라는 글에서 "민족은 원시사회의 말기, 계급사회의 초기에 형성되었다. 역사적으로 노예제민족, 봉건제민족, 자산계급민족, 사회주의민족이 존재하였던 것은 혈연관계가 아닌 인간공동체이다. 동시에 고대민족은 스탈린이 언급한 네 가지 특징을 갖고 있다. 민족의 본질은 사회제도와 직접적으로 연관되어 있다. 사회제도의 변화에 따라 바뀐다."고 하였다.[57]

---

54) 金炳鎬(2000). pp.138-139.

55) 金炳鎬(2000). p.139.

56) 楊荊楚. "牙含章同志對民族問題理論的貢獻". 『民族硏究動態』 2. 中國社會科學院民族硏究所·中國民族硏究團體聯合會. 1990. p.7.

시정일(施正一)은 ≪論原始民族≫(1964)이라는 글에서 "부락에서 부족연맹을 거쳐 발전해서 이루어진 것인 원시민족이다. 결국 원시사회형태의 발전단계에 처해 있다."고 하였다. 이러한 민족은 스탈린의 민족정의가 지향하고 있는 자산계급민족 혹은 현대민족과 같지 않지만 공통점은 있다. 즉 고대민족도 자신의 공동언어, 공동지역, 공동경제생활이 있다. 그러나 현대민족과는 달리 언어는 풍부하지 못하고 지역은 통일되지 않고 공고되지 않았다. 경제도 그다지 밀접하지 않다. 고대민족이 구비한 민족성격은 현대민족의 공동심리소양과는 다르다고 하였다.[58]

같은 해, 양곤(楊堃)은 민족을 'ethnos'의 개념으로 사용하면서, 원시민족과 문명민족으로 나누었다. 원시민족 속에는 세부적으로 몽매민족(蒙昧民族, 씨족)과 야만민족(부락)으로 나누고, 문명민족에는 초기계급사회민족(부족)과 자산계급민족, 그리고 사회주의민족으로 나누었다.[59]

1950년대와 1960년대 중기 이전의 민족개념에 대한 연구는 대체적으로 민족형성연구와 관련이 있다. 민족개념에 대한 인식과 연구는 학자들마다 다른 각도에서 스탈린의 민족정의를 인식하고 이해하며 연구하였다.[60] 그리고 1960년대 중반부터 1970년대 중반까지 문화대혁명시기 동안에는 민족개념이나 형성에 대한 논쟁은 주춤하게 되었고, 민족동화와 말살정책으로 민족에 관한 연구는 거의 없었다.

3. 1980년대의 민족개념 논쟁

1978년 대외개방정책 이후, 중국에서의 민족개념에 대한 연구가 다시 활발하게 이루어졌다. 80년대에 들어와서는 마르크스, 엥겔스, 레닌, 스탈린의 민족개념 정의에 대한 재인식과 재연구가 이루어졌다.

---

57) 金炳鎬(2000). p.140.
58) 金炳鎬(2000). p.140.
59) 楊堃. 『民族學調査方法』. 中國社會科學出版社. 1992. p.45.
60) 金炳鎬(2000). p.139.

마인(馬寅)은 ≪關於民族定義的幾個問題 – 民族的譯名, 形成特征和大我國少數民族的稱呼≫(1983)라는 글에서 "민족과 부족의 번역에서, 부족은 보류해야 한다. 민족과 부족은 스탈린 민족학에서 두 개의 각각 특정의 함의를 갖고 있는 개념이다."고 하였다. 스탈린의 정의는 현대민족을 가리키는 것이다. 그래서 어떤 역사단계의 인간공동체에 대해서 적용하는 것은 아니다. 중국 소수민족에 대해 민족이라 칭하는 것은 그들이 이미 자본주의 상승시기 이후의 시대에 처해 있기 때문이다. 이미 고대사회역사범주의 인간공동체가 아니라 현대민족의 유형이라는 것이다.[61]

왕명보(王明甫)는 ≪'民族'辯≫(1984)에서 "마르크스·엥겔스의 논술 중에서, 'Nation'이 가리키는 것은 하나의 공동지역에서 여러 부락이 조성한 씨족사회이다. 일종의 부락연맹보다 더 고급의 발전형태이다. 즉 부락연합은 고급 야만사회에 속하는 것이다. 곧 언어로 말하면, 방언의 차이가 소멸하는 경향이 있다. 거주형식에서 말하면, 먼저 도시가 출현하였다. 엥겔스가 말한 중세기의 'Nation – aliat'가 발전하여 'Nation'이 되었다. 이미 원시사회고급단계의 부락연합이 아니고, 자본주의 상승시기의 민족이다."라고 하였다.[62]

양곤은 ≪論民族槪念和發展分類的幾個問題≫(1984)라는 글에서 "민족은 인간이 역사상에 형성된 공동의 명칭, 공동의 언어, 공동의 지역, 공동의 경제생활과 공동의 민족의식, 민족정신이 안정된 인간공동체를 가리킨다. 역사발전각도에서 '씨족, 부락, 부족, 자산계급민족, 사회주의민족'으로 나누었다. 이 중에서 공동의 민족명칭과 민족의식, 민족감정이 중요하고 부족해서는 안 된다."고 하였다.[63]

완서호(阮西湖)는 ≪關於民族槪念的幾個問題≫(1987)라는 글에서, "민족을 구성하는 요소를 논술할 때, 공동의 민족의식이 가장 중요한 조건이라고 말하였다. 공동의 문화는 두 번째로 중요한 요소이고, 공동의 언어가 세 번째라고 하였다. 이것이 없으면 민족 내부의 인간은 곧 교제할 방법이 없다.

---

61) 金炳鎬(2000). pp.142 – 143.
62) 金炳鎬(2000). p.143.
63) 金炳鎬(2000). pp.144 – 145.

공동의 역사연원이 네 번째라고 하였는데, 이것은 민족의 중요한 응집력이다." 고 하였다. 그는 또 "민족학개념과 정치학개념을 구분해서 사용했는데, 사회제 도의 이러한 정치개념을 갖고 민족을 구분하는 것은 잘못이다."고 하였다. "사 회제도가 바뀌어도, ······ 민족의 성질을 바꿀 수 없다."고 말하였다.[64]

1980년대의 민족개념에 대한 연구는 기본적으로는 스탈린의 민족개념을 근거로 삼고, 구체적인 실제상황과 결합하고자 하였다. 이 시기에는 민족의 개념에 대한 새로운 관점이 제기되었다. 그리고 고대민족은 민족이지, 부족 이라 부를 수 없다고 하였다. 또한 현대민족은 민족발전의 한 유형이라고 간주하였다.

4. 1990년대의 민족개념 논쟁

1990년대 들어오면서 중국에서는 민족에 대한 인식의 변화가 일어났다. 특히 민족개념이 보다 구체적이고 직접적이며 종합적으로 바뀌었다.

김병호는 ≪論民族的生産及民族槪念≫(1993)라는 글에서, 민족형성의 기 본조건과 시간에서부터 민족형성의 기본적인 과정과 일반적인 규율을 설명 하고 있다. 민족은 형성 이후의 발전과정에서 분화, 동화, 조합을 거쳐서 이 루어진 새로운 민족의 현상, 민족이 멸망하는 과정과 규율 등의 방면에 대 해 소개하고 있다. 또 그는 『民族理論通論』에서 민족을 종합성을 진행하는 연구로 삼았다. 그는 "민족은 역사상 형성된 세 갈래 기본속성과 4개의 기 본특징과 기본구조, 기본본질을 가진 객관적인 실체이다. 발생, 발전, 소멸 의 과정과 규율을 갖고 있다. 민족은 일종의 역사현상, 사회현상과 인종의 확산현상이다. 그것은 자연속성(기타 인간공동체와의 자연분계 특징)과 사회 속성(민족과 사회의 긴밀한 연관성, 즉 민족의 사회, 사회의 민족), 인종속성 (순수한 인종의 공동체가 아니라, 생물학적으로 기본적인 유전 특징을 갖고 있다.) 등 다양한 속성을 갖고 있다. 민족은 이들 속성에 상응하는 민족자연

---

64) 金炳鎬(2000), pp.144-145.

체, 사회체, 인종체의 통일체이다."고 하였다.[65]

한편, 이 시기에는 스탈린의 네 가지 민족특징에 대해서 재평가하는 경향이 두드러졌다. 어떤 학자는 기본적으로 스탈린의 민족정의가 과학성이 있고, 중요한 작용을 한 동시에, 부족함이 있다고 하였다. 어떤 학자들은 기본적으로 스탈린의 민족정의를 부정하였다.

진극진(陳克進)은 ≪關於‘民族’定義的新思考≫(1992)에서 "스탈린이 말한 민족의 네 가지 특징은 홀대시할 수는 없다. 더욱이 원시민족에 대해서 이론상의 지도적인 의의를 갖고 있다. 그러나 네 가지의 민족특징은 사회역사의 변천과 함께 발생하는 정도가 일정치 않는 변화이다. 스탈린의 민족특징 네 가지는 어떤 일정한 역사시대와 나라에 국한된다."고 하였다.[66]

장달명(張達明)은 ≪論斯大林民族定義的歷史地位, 局限性及其修改問題≫(1996)라는 글에서, "스탈린의 민족정의가 각국의 혁명에 커다란 영향을 끼쳤다. 또한 민족학 이론 연구를 크게 발전시켰다. 그러나 가장 중요한 결함은 민족의식이 빠졌다."고 하였다. 그는 민족정의에서 민족의식을 첨가해야 한다고 하였다.[67]

화영지(華辛芝)는 "스탈린의 민족정의가 당시 이론계에서는 진보적인 의미를 가질 수는 있지만, 이론은 불완전하다."고 하였다. 이러한 이유로 그는 "스탈린이 민족발생과 발전과정의 복잡성을 고려하지 않고 다양한 유형의 민족의 역사과정에 대해 일정한 여지를 남겨놓지 않았으며 민족의 사회내용과 사회구조를 충분히 반영하지 못했기 때문이다."고 하였다.[68]

한편, 어떤 학자는 문화인류학, 사회민족학 등의 각도에서 민족개념을 재인식하였다. 납일벽력과(納日碧力戈)는 ≪民族和民族槪念辯正≫(1990)라는 글에서 "민족은 특정역사의 인문과 지리조건하에서 형성되었다. 공동의 혈통의식과 조상의식을 기초로 삼아야 한다. 공동의 언어, 풍속 혹은 기타 정

---

65) 金炳鎬(2000). p.147.

66) 金炳鎬(2000). p.148.

67) 金炳鎬(2000). p.149.

68) 都永浩. "民人間共同體的形成. 演變和發展". 『黑龍江民族歷史與文化』. 中央民族學院出版社. 1993. pp.21-31.

신가 물질요소로 특정한 인간공동체를 조성하였다."고 하였다. "민족특징 중에는 오로지 민족자아의식과 민족자칭은 가장 안정된 것이다."고 하였다.[69]

1990년대에서는 학자들은 민족의 정의와 관련하여, 스탈린이 주장한 네 가지 민족특징의 이론적 한계를 인식하였고, 민족에 대한 종합적인 연구의 필요성을 제기하는 경향이 나타났다.

---

69) 金炳鎬(2000). pp.149 - 150.

제2부
중국의 민족식별

　제2부에서는 오늘날 중국의 한족과 55개의 소수민족의 민족성분을 판별하고 민족명칭을 확정하였던 민족식별작업에 대해서 살펴본다. 중국은 민족식별 과정을 통해 한족과 소수민족의 민족정체성을 정하기도 하였지만, 고대민족과 역사민족 간의 정체성 연결성을 단절시키는 결과를 초래하기도 하였다.

제1장 민족식별의 개념과 기준

1. 민족식별의 개념

민족정체성을 명확하게 구분할 수 있는 것은 한족, 조선족, 몽고족 등과 같은 민족명칭이다. 현대중국이 건국되면서 중국 내 거주하는 민족을 판별하여 민족명칭을 부여한 민족정책이 있는데, 이를 '민족식별작업'이라 부른다. 이는 하나의 민족에 자칭과 타칭이 서로 다르다든가 여러 개의 민족명칭으로 불리던 것을 하나의 명칭으로 통일하는 역할을 하였고, 어떤 민족인지 정확하게 알 수 없는 인간공동체의 특정한 민족으로 판별한 의의를 지닌다. 결국, 민족식별작업은 중국 건국 이후 각 민족 간의 '아(我)'와 '타(他)'를 구분하는 역할을 한 것이다. 뿐만 아니라 고대민족과의 관련성도 결정짓는 역할도 하였다. 예를 들면, 거란족의 후예라고 알려진 달알이족(達斡爾族, 다우르족)을 거란족과는 관계없는 새로운 민족인 것처럼 여겼다. 이러한 이유로 민족식별은 현대 중국민족 연구뿐만 아니라 고대민족 연구에도 중요한 영향을 주는 것이어서, 민족식별에 대한 올바른 이해가 필요하다.

민족식별이란 1953년 이래로 중국정부가 주도하여 중국영토 내에 거주하던 여러 인간공동체가 민족인지 아닌지 판별하여 민족을 분류하고 민족명칭을 부여하였던 작업이다. 그리고 민족식별을 통해 각 민족의 기원과 역사, 민족 간의 관계 그리고 문화적 특징도 결정지었다. 민족식별작업은 1953년 중앙민족위원회에서 파견된 조사팀이 사민(畲民)의 민족성분을 판별하고 분류하면서부터 1987년 2월 10일 국가민족위원회가 《民族團結》 기자의 물음에 '民族識別和改更民族成分工作已基本完成'으로 답할 때까지 약 30년에 걸쳐 실시되었다.[70]

그리고 공식적으로는 1990년에 《關於暫停更改民族成分的工作的通知》에서 "전국 각지에서 일률적으로 잠시 동안 민족성분의 개칭과 변경을 중지한다고." 함으로써 중국에서는 더 이상 민족식별과 관련된 작업은 없었다. 하지만 현재에도 미식별 민족이 734,438명이나 된다. 미식별 민족은 독립된 민족으로 식별되지 않은 사람을 말한다. 이들은 현재 중국에서 한족이나 기타 소수민족으로 분류되어 있으며, 세부적으로는 '……민(民)[71]' 혹은 '……인(人)[72]' 등으로 명기되어 있다.[73] 미식별 민족은 아화(阿和), 팔번(八番), 천란(穿蘭), 조인(調人), 동인(峒人), 동가인(東家人), 이민자(里民子), 령인(伶人), 육동인(六洞人), 용가(龍家), 로인(盧人), 막가(莫家), 남경인(南京人), 요가인(繞家人), 둔보인(屯堡人) 등 22개 정도이다.[74]

오늘날 중국은 중국 내 사람들의 민족성분과 민족명칭을 법률로 정하고 있다. 하지만 이전에는 '민족식별'을 통해 결정하였다. 중국에서는 민족식별을 "당과 국가가 민족의 종류와 민족명칭을 판별하기 위해서 제정한 정책이다. 기본적인 내용으로는 스탈린의 민족정의가 민족식별의 이론적 근거가되었고, 민족특징, 민족의원, 역사사실과 동질감의 근접성은 실천적 표준이다."라고 하였다.[75]

민족식별의 결과는 연구자가 민족연구를 할 때 기초적인 정보를 제공하였다. 오늘날 연구자들은 민족식별에 의해 확정된 각 소수민족의 정체성을 토대로 하여 소수민족 간의 관계와 고대민족 그리고 역사민족 간의 관계를 연구하고 있다. 하지만 민족식별의 결과로 정해진 민족정체성은 오히려 각 민

---

70) 李紹明. "我國民族識別的回顧與前瞻."『民族學研究』第12輯. 民族出版社. 1998. p.201.

71) 사료에서 '○○民(민)'으로 기록되어 있는 경우, 그대로 '○○민'으로 표기하고 있다.

72) 사료에서 '○○人(인)'으로 기록되어 있는 경우, 그대로 '○○인'으로 표기하고 있다.

73) http://www.tianshannet.co.cn./GB/channel16/115/200306/01/34227.html(검색일: 2003. 9. 30.)

74) http://www.guizhou.pe.kr/(검색일: 2002. 10. 20.)

75) 王紅曼.『新中國民族政策概論』. 中央民族大學出版社. 2000. p.13.

족에 대한 선입관과 편견을 갖도록 하는 부정적인 결과도 초래하였다. 대표적인 사례가 역사민족 거란족에 대한 인식이다. 중국 소수민족의 하나인 달알이족(다우르족)은 자신들이 '거란족의 후예'라고 주장하고 있다. 그러나 민족식별을 할 때 당시에는, 요나라를 건국하였던 거란족은 한족에게 동화되어 소멸하였다고 여겼으며, 거란족의 민족정체성은 이미 사라진 것으로 간주하였다. 그리고 달알이족은 몽고족과 관련 있다고 여기며 두 민족 간의 관련성을 연구하였다. 그 결과로 지금의 달알이족은 거란족과는 별개라고 단정지었지만 일부 학자들은 유전자 연구를 통해 달알이족이 거란족의 후예임을 입증하고 있다. 또 중국에서는 운남성의 율속족과 랍호족을 독립된 민족체로 보았다. 그러나 한국의 김병호 등의 학자들은 이들 민족이 '高句麗의 후예'라고 주장하고 있다. 문헌자료에 나와 있는 고구려의 문화적 특징과 이들 소수민족을 비교하였을 때 고구려의 후예일 가능성이 매우 높다고 본다. 하지만 민족식별 당시에는 이와 관련짓지 않았다.

2. 민족식별의 기준 : 과학의거(科學依據), 민족의원(民族意願)

중국민족식별조사팀은 중국 내에 존재하는 인간공동체를 어떤 민족인지 판별하고 분류하기 위해서 관련된 역사와 전설 그리고 계보 등을 조사하였고, 개별 방문 등을 통해 탐문 조사를 하였다. 이때 스탈린의 네 가지 특징을 '과학적 증거(과학의거, 科學依據)'로서 민족식별의 기준으로 삼았다. 그리고 민족이기를 원하는 인간공동체와 민족의 의사(民族意願, 민족의원)를 존중하였다. 또 민족명칭은 인간공동체 혹은 민족 구성원의 의사(명종주인, 名從主人)에 따른다고 하였다.

민족식별을 할 때 스탈린의 민족이론에 영향을 받았다. 최근에는 스탈린의 민족이론 이외에도 민족정체성을 결정짓는 여러 요소가 있다. 그러나 중국 건국 초기에 스탈린의 민족특징을 민족식별의 기준으로 삼았는데, 그 이유는 중국이 건국된 이후 많은 학자들이 중국대륙을 떠났고, 중국에 남아 있던 학자들은 마르크스주의자와 민족학자들이었기 때문이다. 게다가 건국 초기에는 소련의 영향을 받고 있었다. 그래서 소련이 민족문제를 해결하는 데 중요한 역할을 하였던 민족식별을 참고로 하여 중국에 적용하였던 것이다.

스탈린은 "민족은 인간이 역사적으로 형성한 '공동의 언어', '공동의 지역', '공동의 경제생활' 및 '공동의 문화 소양'을 표현할 수 있는 안정된 공동체"라고 하였다. 또 그는 "모든 특징을 갖추어야만 비로소 민족이라 할 수 있다. 만약 이 중 한 가지라도 부족하면 민족이 될 수 없다."고 하였다. 이는 하나의 독립된 민족이 되기 위해서는 네 가지 특징을 모두 갖춰야만 된다는 것을 의미한다. 스탈린의 네 가지 민족특징을 구체적으로 살펴보면 다음과 같다.[76]

첫째, '공동의 언어'이다. 일반적으로 하나의 독립된 민족이 되려면 공동으로 사용하는 언어가 있어야 한다. 이는 민족을 식별하는 중요한 근거자료가 되었는데, 공동의 언어를 갖고 있으면, 단일한 민족을 형성하고 있다는 유력한 증거라는 것이다.

둘째, '공동의 지역'이다. 공동의 지역은 동일한 민족을 형성하는 데 있어 기초적인 특징이 된다는 것이다. 공동의 지역은 한 민족이 공동으로 생활할 수 있고, 민족발전에 있어서 불가결한 공간 조건이다. 사람들은 오랫동안 안정되어 있는 공동의 거류지를 가지고 있어야만 공동의 언어가 출현할 수 있고, 공동의 경제생활도 형성하고 발전하며, 공동의 문화특징의 심리소양을 표현할 수 있다는 것이다. 따라서 하나의 독립된 민족이 되기 위해서는 공동의 지역을 갖고 있어야만 한다.

셋째, '공동의 경제생활'이다. 스탈린이 말한 공동의 경제생활은 자본주의 민족 내부에서의 광범위한 경제관계를 말한다. 스탈린은 민족 내부의 경제관계는 해당 민족 내의 각 부분을 하나의 형태를 결합하는 작용하였다고 보았다. 이러한 이유로 공동의 경제생활, 경제상의 연계는 '현대민족'의 주요 특징의 하나가 되었다는 것이다.

---

76) 宋蜀華·陳克進.『中國民族槪論』. 中央民族大學出版社. 2002. pp.249 – 251.

넷째, '문화를 표현하는 공동의 심리 소양'이다. 하나의 독립된 민족이 되기 위해서는 공동으로 인식하고 있는 문화적 공통점이 있어야 한다는 것이다. 그리고 문화적인 일체감은 네 개의 민족특징 중에서도 쉽게 변하지 않는다는 것이다. 민족심리의 특징은 각 민족의 사회경제생활, 역사과정, 자연환경 등의 요소와 밀접한 관계가 있다. 공동의 문화는 공동의 문화 심리 소양의 기초가 된다는 것이다. 민족은 역사 변화 속에서 민족이 형성되던 초기의 공동지역과 경제관계를 잃어버릴 수도 있고, 고유의 언어를 잃어버릴 수도 있다. 그러나 공동의 문화특징을 전부 혹은 일부를 보유하고 있다면, 하나의 독립된 민족이고 다른 민족과는 차이가 있다는 것을 입증할 수 있다는 것이다. 왜냐하면 공동의 문화특징을 갖고 있기만 하면, 민족자아의식의 유대를 이을 수 있다고 여겼기 때문이다.

다음은 민족의원과 명종주인이다. 민족의원은 스탈린의 민족특징 네 가지와 함께 중국민족식별에서 지켜야 할 기본원칙이었다. 민족의원은 '민족의 의사', 즉 "각 민족들이 독립된 민족을 원하는지 아니면 동화되고 융합된 민족으로 남을 것인지에 대해서는 각 민족들의 뜻에 달려 있다."는 것이다. 그리고 식별된 '족(族)'에 대한 민족의 명칭은 '명종주인'의 원칙에 따라 결정되었다. 결국, 하나의 독립된 민족이 되기 위해서는 각 민족의 의지가 굳건해야 하고, 민족의 명칭 또한 각 민족의 구성원이 원하는 명칭으로 결정한다는 것이었다. 민족의원의 예를 살펴보면, 백족(白族)은 '민가(民家), 나마(那馬), 늑묵(勒墨)'이라 불렸는데, 1956년 민족명칭 개정을 요구하여 중국 국무원에서는 그들의 뜻에 따라 '백족'으로 결정하였다.

중국에서는 각 민족의 역사발전 등을 고려하여 민족적 특징에 부합되면 인구가 많든 적든, 거주지역이 넓든 좁든, 발전이 높든 낮든 일률적으로 하나의 민족으로 확정하였다. 그리고 민족의 각 명칭도 문화적 개념으로 묶어 하나의 민족으로 지칭하였다. 따라서 중국 초기에 실시하였던 민족식별은 일정지역에 거주하는 사람들에 대해서 언어, 경제생활, 문화와 심리소양 및 역사연원 등의 요소를 종합적으로 고찰하고 분석 연구하면서 민족성분과 명칭을 확정한다는 것이다.[77]

이러한 민족식별의 기준과 인식을 갖고 중국 당과 정부는 중국 내 각 인
간공동체의 민족성분과 명칭을 판별하고 분류하였다. 그리고 오늘날 55개의
소수민족이 확정되었고, 일부 인간공동체는 한족으로 분류되었다. 하지만 아
직까지 특정한 민족으로 식별되지 않은 사람들도 여전히 남아 있다.

---

77) 黃光學. 『中國的民族識別』. 民族出版社. 1995. p.110.

제2장 민족식별의 필요성과 전개과정

1. 민족식별의 필요성

1) 국민으로서의 정확한 민족 수 파악

1949년 국민당이 중국대륙에서 대만으로 쫓겨난 뒤, 중국공산당은 전통왕조와는 형태가 다른 새로운 통일국가를 건국하였다. 중국 건국 이후 당과 정부는 '단 하나의 중국(只有一個中國)'을 완성하기 위해 여러 가지 민족통합정책을 실시하였다. 먼저 중국 내 민족의 평등과 단결 정책, 민족구역자치정책 등 여러 가지 민족정책을 실시하였다. 그런데 당과 정부는 중국 내에 어떤 민족이 얼마나 존재하는지 정확하게 파악하지 못하고 있었다. 이러한 이유로 중국 당과 정부는 민족정책을 시행함에 있어서 많은 어려움에 봉착하였다. 이에 당과 정부는 중앙민족방문단을 각 지역으로 파견하여 새롭게 건국된 국가의 민족정책을 선전하는 한편 민족의 정확한 상황을 파악하고자 하였다. 동시에 건국 이전 대(大)한족주의로 인해 정치적 압박과 경제적 수탈을 받았던 소수민족을 위로하고자 하였다.

그런데 당과 정부가 중국 내 민족의 수를 정확하게 파악하지 못하였던 이유 중의 하나는 중국이 건국되기 이전에 각 민족이 처해 있던 상황과 관련이 있다. 중국이 건국되기 전 소수민족들에게는 족적권(族籍權)이 거의 없었다. 왜냐하면 대다수의 소수민족은 당시 정부로부터 하나의 독립된 민족으로 승인받지 못하였기 때문이었다. 또 다른 민족들로부터 불리는 민족명칭들이 모욕적이거나 멸시적인 의미가 내포되어 있어서 각 민족들은 자신들의 민족성분을 숨기거나 바꾸어 버렸다. 그리고 지배계층의 민족 차별 정책을 피하고자 오지(奧地)나 변방지역으로 숨었다.

중국이 건국하기 전, 북양군벌정부와 국민당은 중국대륙에 있던 소수민족을 차별하는 정책을 펼쳤을 뿐만 아니라, 하나의 독립된 민족으로 인정하지 않았다. 북양군벌정부는 변강민족에 대한 사무를 보는 관리제도를 만드는 동시에 소수민족을 통치하는 정책과 조치를 추진하였다. 그런 과정에서 북양군벌정부는 소수민족의 상류층을 기만하며 '기미(羈縻)정책'을 실행하였다.[78]

1912년 중화민국이 성립한 이후, 소수민족은 민족평등의 권리를 획득하지 못하였다. 그들은 민족의 상류지배계층으로부터 압박을 받았을 뿐만 아니라, 군벌·관료·지주들로부터도 차별과 박해를 받았다. 국민당은 손문의 민족동화사상을 계승하였고, 동화정책을 실시하였다. 국민당은 제3차 전국대표대회에서 "민족주의에서, 한, 만, 몽, 회, 장(藏) 인민의 단결을 통해 굳건하고 힘 있는 '국족(國族)'을 이루자."고 하였다.[79] 이때 한족을 제외한 다른 네 개의 민족과 함께 국가를 이루는 중요한 구성원이라 하였지만 실질적으로는 한족이 중심이 된 국가라는 것이었다.

1927년에서 1937년까지 국민당은 소수민족을 강제적으로 동화시키고자 하였으며, 여러 지역으로 분산시켜 통치하고자 하였다. 또 청 정부와 북양군벌정부의 소수민족에 대한 차별과 압박 정책을 계승하였다. 그들은 외형적으로는 소수민족의 자치(독립국가 건설)를 돕고, 민족평등을 표방하였지만, 소수민족은 평등과 자치권리를 누리지 못하였다.[80]

국민당의 소수민족에 대한 인식은 국민당 대회와 장개석의 글에서도 나타난다. 국민당은 제5차 전국대표대회(1935. 11. 23.)에서 "변정을 중시하고, 교화를 넓게 하는 것은 '국족'을 공고히 하고, 통일을 이루는 것이다."라고 선언하였다. 여기서 '교화를 넓게 한다.'는 것은 한족의 문화를 사용하여 소

---

78) 楊策·彭武麟. 『中國近代民族關係史』. 中央民族大學出版社. 1999. pp.253–255.

79) 楊策·彭武麟(1999). p.306.

80) 范榮春·李延貴. 『民族問題學說』. 貴州民族出版社. 1994. p.148.

수민족을 동화시키겠다는 의미였다. 그리고 '以固國族而成統一'에서 '국족'은 '한족'을 가리키는 것이었고, 소수민족을 한족으로 동화하여 '통일을 이루자'는 것이었다.[81] 또 장개석은 ≪中國之命運)≫(1943)에서 중국 소수민족의 존재를 공개적으로 부인하였다. 그는 "중국은 단지 종족(宗族) 혹은 동일한 혈통의 크고 작은 민족과 그 지계가 있다."고 말하였다.[82] 장개석은 역사발전에서 각 소수민족이 끼친 공헌과 지위를 근본적으로 부인하였다. 손문이 제기한 '오족공화론'에서도 역사적으로 공인된 여러 민족을 모두 '한족의 종지'로 여겼다. 이는 한족 중심의 관점, 즉 대한족주의적인 시각에서 비롯되었다고 할 수 있다.

소수민족에 대한 국민당의 파시스트적인 정치는 소수민족을 학살하기에 이른다. 1942년 국민당은 해남 경중(瓊中)의 중평(中平), 남무(南茂), 가략(加略) 세 곳에서 묘민(苗民) 1,900여 명을 학살하였다. 려족(黎族)은 국민당의 소수민족 말살정책에 항거하여 1942년에서 1943년까지 백사현(白沙縣)에서 기의(起義)를 일으켰다. 특히 1943년 춘절을 전후하여 왕국흥(王國興)은 두 차례의 려족, 묘족 수령회의에서 무장기의를 통한 반국민당 운동문제를 토의하였고, 1943년 8월 17일에 무장기의를 거행하였다.[83]

한편, 혼란하였던 중국대륙에서 소수민족들은 일본침략에 항거하는 기의를 일으켰을 뿐만 아니라, 중국공산당이 국가를 건설하는 데 많은 도움을 주었다. 하지만 중국공산당은 처음엔 소수민족에 대한 관심이 크게 없었다가 대장정을 하는 과정에서 서남지역을 지나는 동안 소수민족의 실체에 대해 중요성을 알게 되었다. 그러나 지배계층의 소수민족에 대한 인식과 대한족주의의 차별정책으로 소수민족들은 자신의 민족성분을 숨겼기 때문에 소수민족에 대한 정확한 자료가 없었다. 이러한 영향으로 중국이 건국되었지만 당과 정부는 소수민족에 대한 정보를 많이 갖고 있지 못했다. 설사 이미 독립된 민족으로 밝혀진 민족이라 할지라도 이와 관련 있는 민족 이름이 한

---

81) 范榮春·李延貴(1994). p.149.

82) 范榮春·李延貴(1994). p.156.

83) 羅開雲 외 6명. 『中國少數民族革命史』. 中國社會科學出版社. 2003. pp.392-393, http://www.3miao.net/?uid-126-action-viewspace-itemid-35122(검색일: 2009. 8. 20.)

두 가지가 아니었기 때문에, 중국정부가 민족 숫자를 파악하는데 많은 어려움이 있었다.

중국 건국 초기 소수민족에 대한 상황은 등소평의 말에서도 알 수 있다. 1950년 등소평은 서남지역[84]의 소수민족문제를 언급하면서, "서남의 소수민족은 도대체 얼마나 되는지 현재에도 여전히 명확하지 않다. 운남의 근래 보고에 따르면, 전 성(省)에 보고된 민족명칭은 70여 종이 된다. 귀주의 '묘족'은 약 100여 종이 된다. 그런데 이 중에는 실질적으로 '묘족'이 아닌 인간공동체도 있었다. 예를 들면 '동족(侗族)'과 같은 민족은 과거에 일반적으로 모두 '묘족'으로 여겼다. 그런데 실질적으로 언어와 역사는 '묘족'과 다르다. 그들 자신들도 이러한 말에 반대한다. 이러한 정황에서 볼 때, 우리는 소수민족문제에 대해 모르고 있다."라고 하였다.[85]

사실, 중국 내에 어느 정도의 민족이 얼마나 존재하고 있는지 명확하지 않았고, 불명확한 인구의 민족 귀속은 중국정부가 민족정책을 실현함에 있어서 매우 어렵도록 하였다. 그래서 중국정부는 중앙과 지방이 서로 연계해서 민족연구팀을 조직하여, 각 지역의 민족상황을 조사하도록 하였다. 이러한 과정에서 초기의 '민족식별'은 민족공작의 하나로 포함되었다.

2) 민족성분 구분과 민족명칭의 통일

(1) 민족성분 구분의 필요성

중국 건국 이후, 당과 중앙정부는 민족정책을 선전하고 각 지역의 소수민족을 위문하기 위해서 중앙민족방문단을 파견하였다. 이때 중앙민족방문단은 각 지역에서 어떤 민족인지 정확하게 알 수 없는 사람들을 발견하였다. 오늘날 중국에서는 당시 각 지역에 분포하던 안정된 인간공동체들의 형태들

---

84) 서남을 가리킬 때, '소서남', '중서남', '대서남'에 따라 달라진다. 소서남은 운남, 귀주, 사천 3개 성을 포함하고, 중서남은 소서남에 광서가 첨가되고, 대서남은 중서남에 서장이 첨가되어 5개의 지역을 가리킨다 (楊德華. "中國西南民族史研究的回顧與展望". 『民族研究動態』 4. 中國社會科學院民族研究所・中國民族研究團體聯合會. 1992. p.19).

85) ≪當代中國≫叢書編輯委員會. "第 8章 民族識別". 『當代中國的民族工作(上)』. 當代中國出版社. 1993. p.270.

을 아래와 같이 정리하고 있다.[86]

첫째는 한족이 거주하는 곳에 섞여 살면서(雜居) 한어를 사용하였다. 문화와 경제생활 등이 한족과 비슷하지만, 자신들만의 고유한 특징을 갖고 있을 뿐만 아니라 자신들의 고유한 민족명칭을 갖고 있다. 사(畲)와 단(蛋)을 예로 들고 있다.

둘째는 한족이 거주하는 곳에 섞여 살면서 한어를 공동으로 사용하고 있다. 언어 방면에서는 자신들의 고유한 민족 언어의 특징 일부가 남아 있다. 그러나 문화 풍속 등을 한족과 비교하였을 때, 자신들의 고유한 특징이 뚜렷하게 나타나지 않는다. 귀주의 용가(龍家)와 로가(盧家)를 예로 들고 있다.

셋째는 자신들만이 밀집해서 거주하는 지역(聚居區)을 가지고 있었다. 언어·문화·풍속·정치·경제 등을 한족과 비교했을 때 자신들만의 고유한 특징이 뚜렷하게 나타나지 않는다. 상서(湘西)의 '토가'를 예로 들고 있다.

넷째는 소수민족이 거주하는 곳에 섞여 살지만, 한족과 비교했을 때 언어와 문화 등의 특징이 기본적으로 서로 같다. 하지만 문화와 생활은 당지에 사는 소수민족과 유사하고, 자신들의 일정한 민족명칭도 갖고 있다. 천청(穿靑), 육갑(六甲), 자원(蔗園) 등을 예로 들고 있다.

이들 중, 민족식별 과정에서 '사'와 '토가'는 독립된 민족으로 판별되었고, '단민'·'천청'·'육갑'·'자원' 등은 한족으로 판별되었으며, '용가'와 '로가'는 소수민족의 일부로 합병되었다.

민족식별에 참가하였던 많은 학자들은 당시 중국 각 지역에 분포하고 있는 한족과 소수민족의 거주 형태를 다음과 같이 설명하고 있다.[87]

첫 번째, 역사적으로 한족의 일부가 소수민족이 거주하고 있는 지역으로 이주해서 오랫동안 살았지만, 여전히 한족의 고유한 민족특징을 보유하고 있다. 그러나 그들은 자신들이 '한족'이라는 사실을 모르고, 당지의 다른 민족이 그들을 부르는 이름을 민족명칭으로 삼았다. 그리고 소수민족으로 등기하였다는 것이다. 운남의 '자원'과 광동의 '단민'을 예로 들고 있다.

---

86) 王建民·張海洋·胡鴻保. 『中國民族學史』 下卷. 雲南敎育出版社. 1998. p.109.
87) 林耀華. 『民族學通論』. 中央民族大學出版社. 2002. pp.193-194.

두 번째, 소수민족지역으로 이주해 온 한인이 뒤에 이주해 온 한인과는 다르다고 여기는 형태이다. 먼저 소수민족지역에 정착해 살던 한족이 당지의 소수민족문화의 영향을 받아서 시기적으로 뒤에 이주해 온 한족으로부터 멸시를 받았다. 이로 인해 먼저 이주해 온 한족들은 뒤에 이주해 온 한족과는 다른 민족이라고 인식하였다. 광서의 '육갑'을 예로 들고 있다.

세 번째, 어떤 소수민족은 민족을 압박하고 차별하는 시기에 한인과 구별되기를 원하지 않았다. 또 어떤 소수민족은 정치·경제·사회 등 여러 방면에서 당지에 살고 있는 다른 소수민족을 통치하였는데, 이때 통치를 받는 소수민족은 그들을 한족처럼 여겼다. 이로 인해 그들은 소수민족임을 부인하였다. 호남의 '토가'를 예로 들고 있다.

네 번째, 어떤 민족이 역사적으로 발생한 여러 가지 이유로 해서 다른 지역으로 이주하였고, 사회경제적 변동이 생기면서 한족과 왕래가 빈번해졌으며 관계도 깊어졌다. 이러한 과정에서 그들의 언어도 변하였다. 하지만 한족으로부터 차별과 멸시를 받게 되었고, 스스로는 독립된 소수민족으로 인식하였다. 복건과 절강 등의 '사족'을 예로 들고 있다.

다섯 번째, 원래는 동일한 민족이었으나 어떤 원인으로 인해 서로 다른 지역에서 거주하게 되었고, 서로 다른 이름으로 불렸다. 그러나 서로 다른 지역으로 이주하였다 하더라도 언어, 풍속습관 등은 근본적으로 같았다. 하지만 서로 간에 오랫동안 격리되어 있었고, 민족명칭을 다르게 사용하다 보니 마치 다른 민족인 것처럼 여겼다. 광서에서는 포장(布壯), 운남에서는 포사(布沙), 포농(布儂)이라 불리는 장족(壯族) 등을 예로 들고 있다.

여섯 번째, 어떤 민족이 서로 다른 지역에서 따로 거주하면서, 각각 주위에 거주하는 여러 민족의 생활과 문화를 접하면서 그들의 영향을 받았지만, 이들은 동일한 언어를 사용하고 있을 뿐만 아니라 동일한 민족명칭으로 불리고 있다. 사천과 운남에서 모두 서번(西蕃)이라 불리는 보미족을 예로 들고 있다.

일곱 번째, 어떤 민족은 서로 다른 지역에 거주하면서 새로운 취거지역을 형성하였다. 게다가 언어·문화 등의 방면에서 서로 다르게 발전하였다. 그러나 오랜 기간 동안 다른 민족으로부터 동일한 명칭으로 불렸기 때문에 그들은 서로 간에 동일한 민족으로 여기고 있다. 묘족을 예로 들고 있다.

여덟 번째, 어떤 민족은 그들 자신이 단일민족인지 아니면 다른 민족의 지계인지에 대해서 의견이 분분하였다. 동북의 달알이족을 예로 들고 있다.

중국 당과 정부는 이러한 다양한 특징을 갖고 있는 인간공동체를 한족인지 소수민족인지를 판별하고 분류해야만 민족정책을 원만하게 시행할 수 있었다. 그리고 하나의 독립된 민족으로 판별된 인간공동체들은 법률이 정해놓은 권리와 의무를 누릴 수 있었다.

민족식별조사팀은 중국 내에 거주하는 인간공동체들을 한족이 아닌 하나의 독립된 소수민족임을 확인하였다. 그러나 그들이 단일한 민족인지 아니면 다른 민족의 지계인지에 대한 혼란이 있었다. 이러한 혼란을 가져다준 이유를 민족식별조사팀은 다음과 같이 여겼다.[88]

첫째는 오랫동안 가까운 지역 내에서 함께 거주하고, 언어와 문화 등의 특징은 동일하지만, 통일된 민족명칭이 없다. 예를 들면, 포의(布衣), 포의(布依), 포아의(布雅依), 포동(布僮), 포편(布偏), 포태(布傣) 등으로 불리는 인간공동체는 장어지(壯語支)의 각 단위에 속하고, 합니어(哈尼語)의 각 단위에 속한다.

둘째는 오랫동안 동일한 지역 내에서 생활하였고, 역사상 밀접한 관계가 있으며, 문화 풍속 등이 완전히 동일하거나 유사하다. 하지만 언어 방면에서 차이가 매우 크고, 각각 자기의 고유한 민족명칭이 있다. 예를 들면, 경파는 '재와(載瓦)', 포랑은 '태(傣)'라는 명칭을 갖고 있다.

셋째는 서로 다른 지역에서 살고 있지만, 역사적으로는 밀접한 관계가 있으며 동일한 민족기원을 갖고 있다. 그러나 역사발전과정에서 서로 간에 격리되었고, 다른 이유로 인해서 언어방면 특히 문화방면에서 서로 간에 새로운 특징이 나타났다. 그리고 점차적으로 하나의 새로운 민족으로 되었다. 예를 들면, 달알이족과 몽고족이다.

넷째는 오랜 기간 동안 서로 다른 지역에 살면서, 언어와 문화적 특징은 서

---

88) 王建民·張海洋·胡鴻保(1998). p.110.

로 동일하지만 차이 또한 매우 크다. 그리고 자신들의 민족명칭을 각각 갖고 있다. 예를 들면, 이어(彝語)에 속하는 살니(撒尼)·아서(阿西)·아철(阿哲), 석라파(腊羅巴) 등, 백어(白語)에 속하는 늑묵(勒墨)·나마(那馬), 통구사어(通古斯語, 퉁구스어)에 속하는 색륜(索倫·악온극·통고사(通古斯) 등을 들고 있다.

다섯째는 서로 다른 민족들 사이에 흩어져 거주하거나(散居) 서로 섞여 산다(雜居). 이들은 자신들의 고유한 언어와 문화적 특징을 점차적으로 소실하고 있거나 전부 상실하였다. 거주하고 있는 지역의 다른 민족으로부터 언어와 문화 방면에서 영향을 받았다. 하지만 이들은 여전히 다른 민족으로부터 독립된 민족으로 인정받고 있다. 흘료족을 예로 들고 있다.

여섯째는 다른 민족이 거주하는 곳에 살면서 자신들의 고유한 민족 언어와 문화적 특징이 그들과 서로 동일하거나 유사하다. 예를 들면 사천성의 서번(西番)은 장족(藏族)과 유사하고, 운남성의 서번(西番)은 납서족과 유사하다.

일곱째는 거주하는 지역이 분산되어 있으면서, 언어·문화·습속 등이 매우 커다란 차이가 난다. 하지만 역사적으로 다른 민족들처럼 같은 민족명칭을 서로 칭하고, 자신의 고유한 민족명칭을 받게 되었다. 요족을 예로 들고 있다.

(2) 혼란한 민족명칭의 통일

중국 내 한족과 소수민족 그리고 여러 소수민족들이 서로 섞여 살고 있었기 때문에 그들이 어떤 민족성분인지 판별해야 하였다. 그런데 복잡한 분포 속에서 다양한 민족명칭은 인간공동체를 민족으로 분류하는 데 어려움이 많았다. 중국이 건국할 당시 중국 내의 민족명칭의 정황을 살펴보면 다음과 같다.[89]

첫째, 어떤 민족의 명칭은 동일한 민족을 가리키는 자칭과 타칭이다. 예를 들면, 운남지역에 거주하는 태족은 거주하는 지역에 따라 다른 민족명칭을 갖고 있었다. 서쌍판납(西雙版納)에서는 '태력(傣儷)', 덕굉(德宏) 등지에서는 '태납(傣納)' 혹은 '태새(傣賽)', 맹련(孟連) 등지에서는 '태붕(傣繃)', 신평(新平)·원강(元江)·홍하(紅河) 및 금사강(金沙江) 연안에서는 '태아(傣雅)'라는 자칭을 갖고 있었다. 해남도에 거주하는 려족의 명칭은 한족이 부

---

89) 王紅曼(2000), pp.98-99.

르는 타칭이었다. 그러나 그들에게는 '사(篩)', '기(岐)', '미부(美孚)', '태(台)', '본지(本地)' 등의 다른 자칭을 갖고 있었다.

둘째, 어떤 민족의 명칭은 생활습관에서 유래되었다. 예를 들면, 백고요(白褲瑤), 람전요(藍靛瑤), 홍두요(紅頭瑤), 흑묘(黑苗), 백묘(白苗), 홍묘(紅苗), 황랍호(黃拉祜), 흑랍호(黑拉祜), 백랍호(白拉祜) 등이다. 모두 각 민족 내에서 의복의 색깔이 달랐기 때문에 붙여졌다. 각각 '요족'과 '묘족' 그리고 '랍호족'의 민족명칭이다.

셋째, 어떤 민족의 명칭은 거주하고 있는 지역의 지리적 명칭에서 이름을 따 왔다. 예를 들면, 동향족은 역사적으로 동향인이 거주하던 하주(河州, 오늘날 임하(臨夏))의 동쪽에서 이름을 따 왔다. 노족과 독룡족은 그들이 거주하는 지역 내에 흐르는 노강(怒江)과 독룡강(獨龍江)에서 이름을 따 왔다.

넷째, 어떤 민족의 명칭은 다른 민족의 민족기원과 밀접한 관련이 있다. 예를 들면, 운남의 포랑족, 붕룡족(崩龍族, 또는 '포룡(布龍)', 현재 '덕앙족'으로 개칭), 와족의 자칭에는 모두 '포(布)'의 발음이 있는 포뢰(布牢), 포윤(布倫)이다. '포'는 '복(濮)'의 음에 가깝다. 그래서 '포'의 발음이 '복'에서 나왔다고 설명한다. 이는 중국 고대민족인 '복인(濮人)'과 관련이 있음을 설명하는 것이다.

다섯째, 어떤 민족의 명칭은 경제생산생활과 밀접한 관계가 있다. 예를 들면 사족은 산에서 화전(火田)경작을 하였는데, 한족은 그들을 '사(畲)'라 불렀다. 그리고 강족의 '강(羌)' 자는 '從羊從人'으로 갑골문에 등장하였고, 허신의 ≪說文解字≫에서는 '西戎 牧羊人'으로 해석하고 있다. '강'의 어원을 통해서 고대 강인(羌人)이 목축업을 종사하면서 생산활동을 하였던 민족임을 알 수 있다.

여섯째, 어떤 민족의 명칭은 한어에서 서로 다르게 번역된 것이다. 예를 들면 아창족은 '상(尙)', '아창(峨昌)', 합니족은 '합오(哈烏)', '다니(多尼)', '아목(阿木)' 등으로 다르게 한역(漢譯)되었다. 그리고 '토번(吐藩)', '번(蕃)', '박(博)'은 서장(西藏)의 자칭에 대한 다른 한역음이다.

중국 내에 존재하는 민족들은 중국대륙에서 오랫동안 역사적 활동을 해

왔다. 역사발전과정에서 각 민족의 명칭은 시대에 따라 다르게 불리기도 하였다. 이러한 것은 여러 사료와 문학작품 등 여러 서적에서 찾아볼 수 있다. 민족식별조사팀은 중국 내 민족명칭을 "어떤 민족명칭은 고대의 이름이고, 또 어떤 명칭은 역사민족의 명칭이며, 어떤 명칭은 고대민족과 역사민족의 지계를 가리키는 명칭"이라고 보았다. 그러다 보니 하나의 민족을 지칭하는 민족명칭이 복잡하고 다양하게 되었다고 보았다. 이러한 특색을 띠고 있는 중국 내 민족명칭을 중국 당과 정부는 민족식별을 통해 하나의 통일된 민족 명칭으로 정하고자 하였다. 다만 민족명칭을 정할 때에는 각 민족의 의사를 반영하는 것을 원칙으로 하였다.

2. 민족식별의 전개과정

1) 민족식별 전개과정에 대한 논의

1952년 9월, 중국공산당 중앙통전부와 국가민족위원회의 결정에 따라 조직된 중앙민족학원연구부에서 민족학자들이 처음으로 작업한 것이 '민족식별'이었다.[90] 특히 중앙민족사무위원회는 인류학, 민족학, 언어학, 역사학 등에 종사하는 연구자 및 당정 간부가 참여한 '민족식별' 조사팀을 조직하여 1953년부터 '민족식별'을 공식적이고 본격적으로 실시하였다. '사민'의 민족성분을 판별하고 분류하는 작업에서 시작된 민족식별은 약 30년에 걸쳐 이루어졌다. 1990년대에 이르러서는 중국 당국은 더 이상 민족식별은 없다고 공포함으로써 지금은 민족식별이 중단되어 있다.

1954년 제1차 전국인민대표대회(전인대)를 개최하기로 결정되었고, 당과 정부는 전인대에 참석할 민족대표를 선출하여야만 하였다. 이에 정부는 전인대 개최 1년 전인 1953년에 중국 내 민족의 정확한 숫자를 파악하기 위해서 각 지역으로부터 민족등기를 받았다. 그런데 이 과정에서 전국 약 400

---

90) 呂光天. "三十五年來我國馬極思主義民族學的發展". 『民族研究動態』. 中國社會科學院民族研究所 · 中國民族研究團體聯合會. 第3期. 1984. p.52.

여 개 집단이 자신들은 독립된 민족이라고 주장하였다. 이에 당과 정부에서는 400여 개가 모두가 실질적으로 독립된 단일한 민족인지를 파악하고자 민족식별을 공식적으로 실시하였다. 당과 정부가 민족식별을 하게 된 가장 커다란 이유는 400여 개 모두를 독립된 민족으로 인정하게 되면, '1민족＝1투표권'으로 부여하기 때문에 국정의 혼란이 있을 수 있었기 때문이었다.

당과 정부는 민족식별조사팀을 각 지역으로 파견하여 조사를 실시하였다. 조사할 때, 이들이 한족인지 아닌지, 한족이 아니라면 어떤 민족의 지계인지 아닌지를 판별하였다. 민족식별은 대체적으로 3단계[91]에 걸쳐 이루어진 것으로 보고 있으나, 학자에 따라 조금씩 다르다. 송촉화(宋蜀華)·진극진(陳克進)은 민족식별을 네 단계로 나누고 있는데, 제1단계는 1949년 건국부터 1954년 전국인민대표대회 제1차 회의 개최까지, 제2단계는 1954년부터 1964년 제2차 인구조사까지, 제3단계는 1965년부터 1982년 7월 제3차 전국인구조사까지, 제4단계는 1982년 7월 제3차 전국인구조사부터 현재까지이다.[92] 그리고 황광학(黃光學)·시련주(施聯朱) 등의 학자들도 네 단계로 나누고 있다. 제1단계는 발단단계로서 중국 건국 이후 1954년까지, 제2단계는 고조단계로서 1954년부터 1964년까지, 제3단계는 간섭단계로서 1965년부터 1978년까지, 제4단계는 회복단계로서 1978년 이후부터 1990년까지이다.[93]

3단계로 실시된 민족식별과정을 살펴보면, 첫 번째 단계는 건국 이후부터 1954년까지이고, 두 번째 단계는 1954년부터 1978년까지이며, 세 번째 단계는 1979년부터 1990년까지이다. 첫 번째 단계에서는 29개의 민족이 새롭게 식별되었고, 일부 민족들은 건국 때부터 공인받았던 9개의 민족으로 분류되어, 총 38개의 민족이 국가로부터 공인받았다. 그런데 짧은 기간에 걸쳐 민족식별을 진행하다 보니 정확하게 조사하지 못한 단점이 있었다. 그래서 이 기간 동안에 독립된 민족으로 인정받지 못한 인간공동체들도 많았다. 게다가 일부 민족들은 여러 차례에 걸쳐 민족식별을 하게 되었고, 이들 민족은

---

91) 어떤 이는 제1단계를 1954년까지로 보고, 제2단계는 1954년에서 1965년까지로, 제3단계는 1965년 이후로 보고 있다.

92) 宋蜀華·陳克進.『中國民族槪論』. 中央民族大學出版社. 2002. p.263.

93) 黃光學(1995).

두 번째 단계에서 국가로부터 단일한 민족으로 공인을 받았다.

두 번째 단계는 첫 번째 단계에서 부족하였던 부분을 보완하고 좀 더 세밀하게 조사를 하였다. 그리고 소수민족사회조사와 병행되어 민족식별이 이루어졌고, 총 16개의 민족이 하나의 독립된 민족으로 식별되었다. 1964년 제2차 인구조사 때에 민족식별이 활발하게 이루어졌는데, 이때 15개의 민족이 새롭게 식별되었고, 이후 1965년에 락파족이 추가적으로 식별되었다. 한편, 문화대혁명 기간 동안에는 한족우월주의로 인해 민족에 관한 연구가 전면적으로 중단되었다. 이에 따라 민족식별도 이루어지지 않았다.

세 번째 단계에서는 민족식별의 완성시기와 민족성분의 회복과 변경시기라고 할 수 있다. 이 시기에는 1979년에 기낙족이 하나의 독립된 민족으로 공인받았고, 이로써 중국에는 55개의 민족이 있게 되었다. 1980년대에 이르러서는 여러 민족학자들이 민족식별과정에서 많은 문제가 있다고 주장하였다. 게다가 많은 민족들이 자신의 민족성분과 명칭이 잘못되었다고 민족성분의 회복과 명칭의 변경을 요구하였고, 이에 당과 정부는 해당 지역으로 조사팀을 파견하여, 이들에 대한 조사를 실시하였다.[94] 그리고 토가족과 같이 일부 민족은 민족성분의 회복과 변경으로 인해 인구가 증가하였다. 한편, 한족으로 분류되었던 많은 인간공동체 중 자신들이 독립된 민족임을 국가로부터 인정받기 위해서 민족식별을 요청하였다.[95] 하지만 정부에서는 이들이 비록 소수민족의 문화적 특색을 띠고 있지만, 한족의 후예이기 때문에 독립된 민족으로 인정하지 않고 한족으로 분류하였다.[96]

2) 민족식별 3단계

(1) 제1단계(건국~1954)

제1단계(건국~1954)는 민족식별을 시작하는 단계로서, 1949년 중국 건국

---

94) 黃光學(1995).

95) 천청인, 단민, 자원인, 와향인, 오주요인, 광서지역의 여러 인간공동체, 해남성의 임고인 등이다. 공봉진, "중국의 민족식별에 관한 비판적 고찰", 부경대박사학위논문, 2005. 8. pp.81 - 87 참조.

96) ≪土家族簡史≫編寫組. 『土家族簡史』. 湖南人民出版社.

이후부터, 1953년 제1차 전국인구조사를 거쳐, 1954년 제1차 전국인민대표
대회가 개최될 때까지이다. 이 시기에는 건국 당시에 이미 인정받은 9개 민
족 이외에 아래와 같이 29개의 민족이 민족식별을 통해 독립된 민족으로 인
정되어, 총 38개의 민족이 공인되었다.[97]

> 가이극자, 강, 경파, 고산, 납서 / 동(僮, 장(壯)), 동, 동향, 랍호, 려 / 백, 보안, 살
> 랍, 석백, 수 / 아라사, 악륜춘, 악온극, 오자별극(우즈벡), 유고 / 율속, 와, 탑길극,
> 탑탑이, 태 / 토, 포의, 합니, 합살극

제1단계에서는 1953년을 기준으로 해서 두 단계로 다시 구분하고자 한다.
먼저 중국 건국 직후 당과 정부는 중앙민족방문단을 조직하여 새로운 국가
의 민족정책을 선전하도록 각 지역으로 파견하였다. 이때 중앙민족방문단은
각 지역에서 어떤 민족인지 알 수 없는 인간공동체를 판별하고 분류하였다.
그리고 그다음 단계는 1953년 제1차 인구조사에서 민족성분을 공식적으로
판별하고 분류하였다.

① 1949년~1953년 이전: 중앙민족방문단의 민족식별
중국이 건국된 이후 당과 정부는 중국 내에 어떤 민족이 얼마나 존재하는
지 정확하게 알지 못했다. 당과 정부는 민족의 숫자를 정확하게 파악하기
위해서 중앙민족방문단을 각 소수민족지역으로 파견하여 조사하고 연구하도
록 하였다. 조사하는 과정에서 중앙민족방문단은 각 지역에 분포하고 있던
인간공동체들의 민족성분을 판별하고 분류하였다.
이 시기에 민족을 판별하고 분류하였다는 사실은 민족식별에 참여하였던
여러 연구자들의 글에서도 나타난다. 시련주는 1950년부터 1952년까지 중
앙에서 서남, 서북, 중남, 동북과 내몽고 등지에 민족방문단이 파견되어 각
민족지역의 소수민족들을 위문하고 당의 민족정책을 선전할 때, 이미 초보
적인 민족식별 문제가 있었다고는 밝혔다. 중앙민족방문단은 각 소수민족들

---

97) 王建民・張海洋・胡鴻保(1998). p.108.

의 역사, 언어, 사회형태와 문화습관 등 종합적인 조사를 통해서, 각 지역에 분포하고 있는 사람들이 어느 민족에 속하는지에 관한 족속(族屬) 문제를 명확하게 하고자 하였다. 이를 위해서 우선적으로 사서(史書)와 구두(口頭)로 전해지는 민간전설 등을 수집하여 민족사적 연구를 진행하였다.[98]

먼저, 중앙민족방문단은 서남지역으로 가서 민족성분을 판별하고 분류하였다. 그 이유는 중국 서남 지역은 중국으로 가장 나중에 편입된 지역이었고, 이로 인해 다른 지역보다도 실질적인 정황을 더 잘 모르고 있었기 때문이다.

1950년 중앙민족방문단은 귀주지역으로 가서 귀주지역 내 각 지역에서 보고해 온 인간공동체들의 민족명칭을 기초적으로 조사하고 연구하였다. 1953년 성(省) 관련 부서에서 '묘족 지계'의 명칭을 통일하였으며, '포의족'의 민족명칭을 정식으로 확정하였다.[99]

1952년 당시에는 아래와 같이 60개의 민족이 선정되었다.[100]

> 만주족, 몽고족, 장족(藏族), 회족, 묘족, 조선족, 복랍족(僕拉族), 토료족(土佬族), 수전족(水田族), 늑묵적(勒墨族), / 잡족(卡族), 구족(俅族), 벽약족(碧約族), 절제족(切第族), 아흑족(阿黑族), 복만족(僕滿族), 토가족, 미령족(米伶族), 로오족(老烏族), 노족, / 살니족(撒尼族), 민가족(民家族), 아창족, 본인족(本人族), 나선족(拿善族), 수호족(水戶族)), 아세족(阿細族), 율속족, 산두족(山頭族), 倮㑩族(라흑족), / 요족(傜族), 와니족(窩民族), 이족, 보이족(補伊族), 수가족(水家族), 동족(僮族), 녹족(祿族), 남경족(南京族), 태족, 강족, / 가술족(嘉戌族), 위구르족, 요가족(夭家族), 농인족(儂人族), 사인족(沙人族), 잡와족(卡瓦族), 잡동족(卡東族), 려족, 모난족(毛難族), 월남족(越南族), / 협협족(俠俠族), 동족, 사족, 편인족(偏人族), 유태족(猶太族), 고감족(高橄族), 선화족(燹火族), 흘족(仡族), 초족(鍬族), 살랍족

이들 60개 민족 중 현재 공식적으로 식별된 55개 소수민족 가운데 41개 민족[101]이 빠졌다. 그리고 55개 민족에 포함된 것은 19개[102]에 불과하였다.

---

98) 杜榮坤 · 華祖根. "建國以來中國民族史學的發展". 『民族硏究動態』 第3期. 中國社會科學院民族硏究所 · 中國民族硏究團體聯合會. 1984. p.36.

99) 黃光學(1995). pp.218 - 219.

100) 姜命相. 『中共의 少數民族政策』. 서울: 隆盛出版社. 1988. p.83.

101) 복랍족, 토료족, 수전족, 늑묵족, 잡족, 구족, 벽약족, 절제족, 아흑족, 복만족, 미령족, 로오족, 살니족, 민가족, 본인족, 나선족, 수호족, 아세족, 산두족, 나흑족, 요족, 와니족, 보이족, 수가족, 동족, 녹족, 남경족,

한편, 1953년 6월에 중국 국가통계국이 실시한 각 성에 분포하고 있는 민족을 아래와 같이 50개로 분류하였다.[103]

　　몽고족, 회족, 장족(藏族), 위구르족, 묘족, 이족, 동족(僮族), 포의족, 조선족, 만주족, / 합살극족, 동족, 백족, 태족, 잡와족, 합니족, 요족(傜族), 동향족, 가이극자족, 토족, / 율속족, 납서족, 랍호족, 수족, 경파족, 강족, 살랍족, 아라사족, 석백족, 탑길극족, / 오자별극족, 탑탑이족, 보안족, 유고족, 악륜춘족, 달알이족, 악온극족, 노족, 독룡족, 마료족, / 모난족, 흘료족, 토가족, 여족, 아창족, 포랑족, 혁철족, 붕룡족, 경족 등.

이때에는 1952년에 선정하였던 60개의 민족 가운데 보이지 않던 민족 27개[104]가 새롭게 선정되었다. 이처럼 1953년 이전의 민족 숫자는 약간씩 차이가 난다. 이는 민족을 어떻게 판별하고 분류하느냐에 따라 민족의 숫자는 변할 수 있다는 것을 의미한다.

② 1953년 이후: 공식적인 민족식별

중국 당과 정부에서는 1954년에 개최될 제1차 전국인민대표대회에 참석할 소수민족 대표를 선출하기 위해서, 1953년에 민족 등기를 실시하였다. 이때 전국에서 스스로 민족이라고 등기한 숫자가 약 400여 개였고, 운남성에만 260여 개였다. 이렇게 많은 인간공동체가 자신들이 하나의 독립된 민족이라고 주장한 것은 중국이 건국되면서 당과 정부가 소수민족의 권리를 한족과 동등하게 보장한다고 법률로 정하였기 때문이다. 많은 인간공동체들은 독립된 민족으로 인정받아 소수민족이 누릴 수 있는 법적인 혜택을 누리고자 하였다. 즉 중국 당과 정부가 중국 건국 이전의 민족멸시와 민족압박

　　가술족, 요가족, 농인족, 사인족, 잡와족, 잡동족, 월남족, 협협족, 편인족, 유태족, 고감족, 선화족, 흘족, 초족.

102) 만주족, 몽고족, 장족(藏族), 회족, 묘족, 조선족, 토가족, 노족, 아창족, 율속족, 이족, 태족, 위구르족, 여족, 사족, 살랍족, 동족, 강족, 모난족(모남족).

103) 姜命相(1988), p.83.

104) 포의족, 합살극족, 백족, 합니족, 요족, 동향족, 가이극자족, 토족, 납서족, 수족, 경파족, 아라사족, 석백족, 탑길극족, 오자별극족, 탑탑이족, 보안족, 유고족, 악륜춘족, 달알이족, 악온극족, 독룡족, 마료족, 포랑족, 혁철족, 경족, 흘료족.

정책을 폐지하고, 민족관계 개선정책을 펼치다 보니 중국 내 인간공동체들의 민족의식이 고조되었던 것이다. 당과 정부에서는 400여 개 모두를 민족으로 인정하기에는 너무 많은 숫자라 생각하였고, 또 이들이 실질적인 독립된 민족인지 확인하기 위해서 1953년 제1차 인구조사에서 민족식별을 공식적으로 진행하였다. 그런데 400여 종의 인간공동체가 자신들이 하나의 독립된 민족이라고 주장할 때, 중국 당국은 중국 내 민족명칭의 현황을 다음과 같이 여겼다.[105]

첫째, 어떤 민족명칭은 총칭이다. 예를 들면, 역사상 중원 이외의 사방지역에 거주하는 민족을 '동이, 서융, 남만, 북적'으로 칭하였는데, 1950년대 초까지 이러한 종류의 총칭이 여전히 존재하고 있다는 것이다. 귀주지역에 거주하는 소수민족을 '묘'라고 칭하는 것을 예로 들 수 있다. 특히 '중가묘(仲家苗, 포의)', '동가묘(侗家苗, 동족)', '수가묘(水家苗, 수족)' 등으로 불리는 사람들은 결코 오늘날의 '묘족'으로 한정하는 것은 아니다.

둘째, 어떤 민족명칭은 동일한 민족을 가리키는 여러 개의 자칭이다. 이족 중에는 '섭소(聶蘇)' 혹은 '낙소(諾蘇)' 이외에도 '아서(阿西)', '살니(撒尼)', '자군(子君)', '라무(羅武)', '밀분(密岔)', '산소(山蘇)'와 '차소(車蘇)' 등의 여러 개의 자칭이 있다는 것이다.

셋째, 어떤 민족명칭은 동일한 민족이 거주하는 지역이 다르거나 혹은 언어의 방언에 따라 다르게 부르는 자칭이다. 예를 들면 태족은 거주지역에 따라 '태력(傣儂)', '태납(傣納)', '태붕(傣崩)', '태아(傣雅)' 등의 민족자칭이 있다. 납서족은 방언에 따라 '납서(納西)', '납항(納恒)', '납일(納日)' 등의 자칭이 있다. 장족(藏族) 중에는 거주지역과 방언이 다르기 때문에 '박파(博巴)', '강파(康巴)', '안다왜(安多哇)', '가융(嘉絨)' 등의 자칭이 있다.

넷째, 어떤 민족명칭은 복식 혹은 생활습관이 다르기 때문에 불리는 타칭이 있다. 예를 들면, 묘족 중에는 '청묘(青苗)'·'백묘(白苗)'·'화묘(花苗)'와 '우각묘(牛角苗)' 등이 있고, 흘료족 중에는 '화흘료(花仡佬)'와 '피포흘

---

105) 李紹明(1998), pp.202 - 203.

료(披袍仡佬)’ 등이 있다. 그리고 태족 중에는 ‘한태(旱傣)’, ‘수태(水傣)’와 ‘화요태(花腰傣)’ 등이 있다.

다섯째, 어떤 민족명칭은 동일한 종교 때문에 붙여진 타칭이다. 예를 들면, 중국 성립 이전에는 이슬람교를 회교(回敎)라 칭하였다. 이런 이유 때문에 한어로 ‘회족’이라 불렀다. 전두(纏頭)에 있는 위구르족을 ‘전회(纏回)’라 부르고, 동향족을 ‘동향회(東鄕回)’라 부르며, 보안족과 살랍족을 각각 ‘보안회(保安回)’, ‘살랍회(撒拉回)’라 부른다는 것이다.

여섯째, 어떤 민족명칭은 다른 민족이 보고한 민족명칭과 유사하다. 예를 들면, 호남성·호북성·사천성·귀주성에 ‘토가족’이 있고, 청해에 ‘토족’이 있다. 그리고 이족 중에서도 ‘토족’ 혹은 ‘토가족’이라는 명칭이 있다. 여기에서의 ‘토족’ 혹은 ‘토가족’은 ‘토착’의 의미를 담고 있다. 실질적으로는 하나의 민족이 아니라는 것이다.

일곱째, 어떤 민족명칭은 동일한 민족이 역사상 다른 민족명칭을 사용한 것이다. 예를 들면, 백족 중에는 ‘백자(白子)’, ‘북인(僰人)’, ‘칠성민(七姓民)’이라는 자칭이 있다.

여덟째, 어떤 민족명칭은 한민(漢民)이 소수민족지역으로 진입하였을 때, 시기에 따라 달리 부른 자칭이다. 예를 들면, 귀주의 ‘남경인(南京人)’, ‘천청인’, 호남의 ‘와향인(佤鄕人)’과 광서의 ‘육갑인’ 등을 들 수 있다.

1953년 중앙민족학원연구부는 4개의 민족조사팀, 즉 첫째는 동북내몽고지역 민족조사팀, 둘째는 감숙성, 청해성 민족조사팀(토족에 관한 조사), 셋째는 湖南湘西土家族조사팀, 넷째는 광동성 ‘단민’조사팀을 구성하였다. 이러한 조사팀의 주요 임무는 ‘사회역사조사’와 ‘민족식별’이었다.

첫 번째, 동북내몽고지역 민족조사팀에 대해서 살펴보면, 조사팀의 주요 임무는 달알이족이 단일한 민족인지 아닌지를 판별하는 것이었다. 1950년 달알이인의 대표가 건국 1주년 기념행사에 참여하기 위해서 북경으로 갔었다. 이때는 달알이인의 역사와 언어 방면에 약간의 문제가 있었기 때문에 민족성분을 결정하지 않았다. 1953년 8월에서 10월까지 동북조사팀은 달알이인이 거주하는 흑룡강성과 내몽고 지역으로 파견되어 달알이인과 몽고족의 관련성을 조사하고 연구하였다.

두 번째, 감숙과 청해지역의 민족조사팀에 대해서 살펴보면, 조사팀은 동향족, 보안족, 살랍족, 장족(藏族), 토족 등의 사회역사조사를 전면적으로 실시하였다. 이들이 조사한 내용들은 주로 다음과 같다.[106]

> 첫째, "甘肅省東鄕族社會情況調査報告"에서는 동향족의 중국 성립 이전의 정치제도, 종교신앙에 대해서 조사하였다. 특히 동향족의 이슬람교의 문신제도에 대해서 계통적으로 조사하였다. 또한 경제문화, 풍속습관 등의 상황을 조사하였다.
> 둘째, "靑海土族的政治演變"은 중국 성립 이전 청해 호조현(互助縣)과 민화현(民和縣) 토족 토사(土司) 군벌의 반동통치와 할거를 반영하였다. 그리고 약간의 관련 있는 사료와 사실이 있고, 또한 50년대 초에 관한 것을 중점적으로 반영하였다. 당의 지도하에, 청해토족지역에 민족구역자치정책을 관철하기 위해서 자치현을 건립하였다. 토족 인민은 정치활동을 하게 되었다.
> 셋째는 "靑海土族的經濟生活"은 중국 초기에서 1953년까지 청해 토족은 농업을 위주로 한 경제생활을 하고 있었다는 내용을 담고 있다.
> 넷째는 "靑海土族的言語"는 청해 호조(互助) 민화(民和) 두 지역의 초보적인 조사를 근거로 해서 작성된 것이다. 문장 중에 "토족 언어는 몽고어족의 한 갈래이다."라고 쓰여 있다. 작자는 개설에서 토족 언어의 방언문제, 토어와 몽고어의 어휘관계, 토족의 문자가 요구는 사용하는 문자상황 등의 방면을 설명하고 있다. 조사팀은 감숙, 청해 지역에서 비교적 큰 라마사원 몇 개를 조사하였다.

세 번째, 호남상서토가족 조사팀에 대해서 살펴보면, 조사팀은 1953년 9월에 파견되어 상서 용산현(龍山縣) 묘시향(苗市鄕)과 다곡향(多谷鄕)의 15개 자연촌, 보정현(保淸縣)과 앙동향(昻洞鄕)의 4개 자연촌, 영순현(永順縣) 봉서향(鳳栖鄕)의 5개 자연촌에 거주하는 토가족을 중점적으로 조사하였다. 토가족의 인구분포, 경제생활, 사회조직, 풍속습관과 종교신앙 등을 "상서토가족개황(湘西土家族槪況)"이라는 글에서 소개하였다.[107]

네 번째, 광동성의 단민조사팀에 대해서 살펴보면, 조사팀은 1954년 4월부터 10월까지 단민에 대한 조사를 실시하였다. 조사팀은 개별 방문과 좌담

---

106) 呂光天(1984). p.53.
107) 呂光天(1984). p.53.

회를 거쳐 단민에 대한 연구를 하였는데, 조사가 끝난 후 문헌과 실지고찰을 근거로 하여 ≪粤桂蛋民情況調查報告≫, ≪蛋民簡史和概況≫, ≪蛋民由來問題≫ 등의 보고서를 작성하여 중앙민족사무위원회에 보고하였다. 그러나 1956년 말까지 단민이 하나의 소수민족의 문제인지 아닌지에 관한 결론을 내지 못하였고, 그 이후에 단민을 한족의 일부로 확정하였다.[108]

제1단계에서 민족등기를 한 400여 개의 인간공동체를 모두 판별하고 분류하기에는 시간이 짧았다. 1953년에서 1954년까지 1년 정도의 시간을 갖고 전국에 분포하고 있는 민족을 판별하고 분류하는 것은 다소 무리가 있었다. 그러나 민족식별을 통해서 독립된 민족으로 판별된 인간공동체는 법률로 정해 놓은 소수민족으로서의 혜택을 누릴 수 있게 되었다.

제2단계(1954∼1978)에서는 제1단계의 민족식별작업을 보완하고 수정하였다. 이 시기에 중국 당국은 주로 소수민족 언어와 사회역사조사에 역점을 두었다. 그리고 이 시기에는 아래와 같이 총 16개의 소수민족을 확인하였다.

> 토가, 사, 달알이, 마료, 포랑, 흘료, 아창, 보미, 노, 붕룡(후에 덕앙으로 바뀜), 경, 독룡, 혁철, 문파, 모난(毛難, 후에 모남(毛南)으로 바뀜) / 락파

(2) 제2단계(1954∼1978)

제2단계는 다시 1954년에서 1964년까지의 민족식별 고조시기와 1965년부터 1978년까지의 한족동화주의 정책으로 인한 간섭시기로 나눌 수 있다.

① 1954∼1964

이 시기는 1954년부터 1964년 제2차 인구조사시기까지이다. 이 단계에서는 제1단계에서 얻은 경험과 성과를 기초로 하여, 민족식별을 전국적으로 광범위하게 확대하여 실시하였다. 전국 제2차 인구조사에서 등기된 183개의 민족명칭을 식별조사연구를 통해서 15개 민족을 새롭게 분류하였다. 이때 74종류의 다른 명칭을 53개 소수민족으로 합병하였다. 당시에 독립된 민족

---

108) 王建民・張海洋・胡鴻保(1998), pp.119-120.

으로 식별되지 않은 인간공동체는 32,411명이었다.[109]

중앙민족위원회는 1954년에 민족식별조사팀을 운남지역으로 파견하였다. 1953년에 민족명칭을 등기할 때 운남지역에서만 260여 개의 인간공동체가 자신들이 독립된 민족이라 주장하였기 때문에, 이 지역에 대해서 좀 더 세밀하게 조사하고 연구하고자 하였다. 이때 민족식별조사팀은 이 지역의 인간공동체들이 한족인지 소수민족인지 판별하고 분류하는 것이었다. 또 이들을 특정한 민족의 지계로 합병할 것인지 아니면 단일한 소수민족으로 결정할 것인지, 그렇지 않으면 다른 민족의 일부인지 하는 문제였다. 민족식별을 통해서 운남지역의 260여 개 인간공동체를 22개로 합병하였다.

운남지역의 동남쪽에 거주하는 민족들의 명칭은 더욱 복잡하였다. 장족(壯族) 지계는 비교적 많았고, 각 지계 내부에도 여러 갈래가 있었으며, 자칭과 타칭의 수가 10여 종에 달하였다. 그중에서 포농(布儂), 의인(依人), 포아의(布雅依), 사인(沙人), 포태(布傣), 토료(土僚) 등이 절대다수를 차지하였다. 중국과학원과 운남 소위(小委)는 복잡한 민족명칭을 통일하기 위해서 조사팀을 조직하여 민족식별을 전문적으로 실시하였다. 1954년 5월에서 10월까지 문산(文山), 몽자(蒙自), 옥계(玉溪), 대리(大理), 려강(麗江), 보이(普洱) 등의 6개 전 지역으로 조사팀을 파견하였는데, 2단계를 거쳐 조사와 연구가 이루어졌다. 첫 번째 단계에서는 29개 민족단위를 식별하였고, 두 번째 단계에서는 39개 민족단위를 판별하였다. 민족식별조사팀은 민족식별을 거쳐 10,000여 명에 대한 보고서를 작성하였고, 이들의 민족성분과 정체성에 대한 의견을 제출하였다.[110]

운남에는 이미 확정된 이, 백, 태, 묘, 회, 와, 합니, 율속, 랍호, 납서, 경파, 장(藏)과 요족을 제외하고, 68개의 크고 작은 인간공동체가 있었는데, 민족식별조사를 통해 어떤 인간공동체는 민족명칭을 정식으로 부여받았고, 어떤 인간공동체는 독립된 민족으로 인정되지 않았고, 여러 민족에게 분산되어 합병되었다.[111]

109) 楊堃. 『民族學調査方法』. 中國社會科學出版社. 1992. p.49.
110) 王建民·張海洋·胡鴻保(1998). p.122.

1955년 중앙민족위원회와 귀주성 민족위원회 그리고 중앙민족학원 등에서는 귀주지역에 거주하는 소수민족에 대한 민족식별조사를 하였다. 중국이 건국되기 이전 귀주지역에는 약 100여 개의 민족명칭이 있었다. 1950년 중앙에서 민족방문단을 파견하였을 때, 성 내 각 지역에서 보고된 민족명칭은 모두 80여 개였다. 민족조사팀은 80여 개가 어떤 민족인지 판별하고 분류하였으나, 20여 개[112]의 민족성분에 대해서는 확정하지 않았다. 민족식별조사팀은 안순(安順), 필절(畢節) 등의 지역으로 가서 천청인에 대한 민족성분을 식별하기 위해서 조사하고 연구하였다. 또 1956년 조사연구를 통해서 흘료족의 명칭을 정식으로 공포하였다.[113]

1955년 중앙위원회에서는 광동 지역의 단민·사민에 대한 조사와 연구를 하였는데, 이때 단민을 한족으로 분류하였고, 사민을 하나의 독립된 민족으로 인정하였다. 그리고 1956년에 호남 토가족 식별조사팀을 파견하여 토가족이 단일한 소수민족임을 확인하였다.[114]

중앙정부를 비롯하여 각급 정부는 소수민족지역의 사회에 대해서 매우 신중하고 엄격하게 조사하고 연구하였다. 1956년 중앙에서는 사회역사조사를 하였다. 각 소수민족의 정황을 명확하게 이해하기 위해서 4~7년 동안, '원시사회, 노예사회, 봉건사회형태'의 구체적인 자료를 수집하였다. 내몽고, 신강, 서장, 운남, 귀주, 사천, 광동, 광서 8개 조사팀을 조직하였다. 민족학자, 사회학자, 경제학자와 역사학자 등 민족공작간부와 학교 교사 등 200여 명이 참가하였다.

1958년 중국사회과학원 민족연구소가 북경에 정식으로 설립되었다. 당시 민족연구는 대체적으로 세 가지로 나눌 수 있다. 첫째는 '민족문제', 둘째는 '민족학', 셋째는 '민족사'였다. 그중 민족학은 주로 중국 소수민족식별과 사

---

111) 呂光天(1984). p.53.

112) 천청(穿靑), 남경(南京), 나팔(喇叭, 호광(湖廣)), 려족(黎族, 리민(里民)), 육갑(六甲), 동가(東家), 서가(西家), 요가(繞家), 채가(蔡家), 용가(龍家), 막가(莫家), 목료(木佬) 등이다.

113) http://www.humanrights-china.org/china/rqxz/x5112001111591152.htm. 中國人權硏究會56個 少數民族的識別過程(검색일: 2003. 7. 30.)

114) http://www.humanrights-china.org/china/rqxz/x5112001111591152.htm. 中國人權硏究會56個 少數民族的識別過程(검색일: 2003. 7. 30.)

회성질의 변화, 문화와 생활특징 및 소수민족종교에 관한 연구였다. 민족연구소는 1964년까지 8년에 걸쳐 소수민족의 사회와 역사를 조사하였고, 문헌에 기재되어 있는 여러 민족의 족칭(族稱), 족원(族源), 경제생산, 생활, 문화풍속, 종교, 신앙, 언어, 문자 등과 관련된 자료를 확보하였다. 이 결과로 조사자료 340여 종류, 2,900만 자를 써내었다. 정리문서, 문헌자료 100여 종, 1,500만 자를 정리하였고, 촬영한 테이프 자료만 10개 정도였다. 그리고 소수민족 간사(簡史), 간지(簡志) 및 사지합편(史志合編) 초고 57권을 편집하였다.[115]

이러한 자료들은 중국 당국이 각 민족을 판별하고 분류할 때 과학적인 근거로 사용되었다. 1959년 9월에는 중국민족연구와 관련하여 ≪민족연구≫를 출판하였고, 민족연구소 성립 이후 전국인민대표대회 민족위원회는 소수민족사회역사조사팀의 일상적인 업무를 본 연구소로 전환하였다.[116]

② 1964~1978

이 시기는 민족식별의 간섭단계로서 한족동화주의 정책이 실시되면서 민족식별은 거의 이루어지지 않았다. 특히 문화대혁명 기간(1966~1976)에는 민족식별작업과 기타 민족 관련 연구는 중단되었다. 다만 문화대혁명이 시작되기 이전에는 약간의 민족연구가 시행되었다. 귀주성에서는 黔東南苗族侗族自治州와 안순지역에서 1965년부터 약 1년여에 걸쳐 이 지역에 사는 사람들에 대한 민족성분 조사와 연구를 하였다. 주로 혁두(革兜), 동가(東家), 목료(木佬), 삼초(三鍬) 등의 사람들에 대한 초보적인 이해였다.

민족식별과 관련된 작업은 장족(藏族)으로 알려져 있던 '락파족'만이 1965년 8월에 독립된 민족으로 공인되었다. 민족식별조사팀은 락파족을 주위에 거주하던 장족(藏族)과는 민족특징이 다르다고 보았다. 민족명칭도 '멸시'의 의미가 있는 것을 없애고, 장문(藏文)에서 '남방'의 의미가 있는 단어로 통일하였다. 왜냐하면 락파족이 장족의 남쪽에 거주하는 것과 부합되었기 때문이었다.

---

115) 歐潮泉. 『基礎民族學』. 貴州人民出版社. 1999. pp.100 - 102.
116) 呂光天(1984). p.56.

락파족과 문파(門巴) 그리고 등파(僜巴)는 한인들에 의해 삼파(三巴)라 불렸다. '파(巴)'는 장어(藏語)로 '인(人)'의 의미이다. 1959년 중국정부가 서장을 공격할 때, 새롭게 성립한 묵탈현(墨脱縣) 인민정부와 변방부대는 당지의 역사와 민족정황에 대해서 조사하였다. 이때 문파족과 락파족의 자료를 찾았다. 60년대 초 중앙민족사무위원회는 서장 착나현(錯那縣) 륵포구(勒布區)에 간부를 파견하여 문파족에 관한 현지조사를 하였고, 문파족에 관한 기본적인 자료를 수집한 뒤, 1964년에 단일민족으로 공인하였다. 이때 락파족도 이러한 과정을 거쳐 단일한 민족으로 인정받았다.[117]

(3) 제3단계(1978~1990)

제3단계(1978~1990)는 민족식별의 회복단계이다. 문화대혁명이 종결된 이후 중국에서는 민족에 관한 연구도 점차적으로 활발하였다. 그리고 1979년에 기낙족(基諾族)을 독립된 민족으로 인정하였으며, 이로써 민족식별이 기본적으로 완성되었다고 중국정부는 평가하였다.[118]

기낙족에 관한 민족식별은 1950년대부터 있었지만, 조사자의 부족으로 인해 기낙족에 관한 민족식별은 없었다.[119] 방국유(方國瑜)와 임요화(林耀華)는 경홍에서 ≪傣族簡史≫를 적고 있을 때, 기낙인에 대한 민족식별문제를 제출하였다. 1963년 제10기 ≪民族團結≫에서 "攸樂人解放前的社會歷史初探"를 발표하였다. 이때 기낙족과 이족(彝族)의 언어와 문화를 비교하였는데, 다른 점이 많다는 것을 발견하였다. 그러나 기낙인이 독립된 단일한 민족인지 아니면 이족의 지계인지에 대해서 어떠한 결과도 얻지 못하였다. 이소명(李紹明)의 ≪涼山彝族奴隷社會≫(1977)라는 책이 편찬될 때, 두옥정(杜玉亭)은 기낙인의 민족식별이 '彝族奴隷制研究'에서 학술적 가치가 있음을 제기하였다. 이후 기낙인민족식별조사팀이 구성되어 공식적으로 민

---

117) 江華. 1987. "我國門巴.珞巴.僜 人社會歷史研究概況." 『民族研究動態』 2. 中國社會科學院民族研究所・中國民族研究團體聯合會. p.35.

118) 楊堃(1992). p.49.

119) 1958년 8월 서쌍판납주 경홍현 기낙산의 기낙인에 대한 민족식별을 하였다(杜玉亭. "基諾族籍迷失現象及有關理論思考." 『民族研究動態』 第4期. 中國社會科學院民族研究所・中國民族研究團體聯合會. 1996. pp.21 - 29).

족성분조사를 하였다. 20여 명으로 구성된 민족식별조사팀[120]은 기낙인과 이족을 비교 연구한 결과, 기낙인과 이족은 약간의 공통점이 있지만, 오히려 기낙인의 독특한 민족특징이 매우 많다고 여겼다. 그리고 반복해서 조사한 결과, 기낙인은 단일한 민족의 조건을 갖추었다고 결론을 지었다. 두옥정은 ≪基諾人迪民族識別報告≫[121]에서 기낙족을 다음과 같이 보고했다.

> 기낙인은 자신들의 공동의 언어, 공동의 거주지역, 경제와 문화습속에서 특징을 갖
> 고 있다. 또한 자기의 공동심리상태를 갖고 있다. 그리고 여러 좌담회에서 적지 않은
> 사람들은 "기낙인과 다른 민족은 다르다. 어떤 민족의 지계가 아니다."라고 말하였다.
> 노인들은 "하늘과 땅의 경계가 나누어질 때 기낙인은 다른 민족과는 다르다. 마땅히
> 하나의 민족이다."라고 말하였다. 당의 민족정책과 마르크스주의의 민족문제이론을 근
> 거로 하였을 때, 기낙인은 다른 인구가 적은 민족과 동일하다. 하나의 민족의 조건을
> 갖추고 있다고 하였다.

한편, 1980년대의 중국에서는 일부 인간공동체를 민족으로 인정하기 위한 조사를 하는 것 이외에도 몇몇 지방에서 민족성분 회복과 변경 그리고 합병하는 것에 중점을 두었다. 1982년 제3차 전국인구조사에서 1990년 제4차 전국인구조사 기간까지 전국에서 민족성분을 회복하거나 변경한 숫자는 1200만 이상이 되었다. 예를 들어, 호북 악서(顎西) 지역에 거주하는 140만 명을 토가족으로 민족성분을 회복하거나 변경하였다. 그리고 하북, 요녕의 일부 사람들은 만족(滿族)으로 민족성분이 회복되었다. 이러한 일련의 과정을 거친 뒤, 국가민족삼부위원회와 공안부는 1990년에 ≪關於暫停更改民族成分的工作的通知≫에서, "전국 각지에서 일률적으로 잠시 동안 민족성분의 개칭과 변경을 중지한다."고 하였다.[122]

---

120) 이족, 사천성위부서기·성정협주석인 풍원위, 사천민족연구소 소장인 오정충 등이 참가하였다.
121) 이 보고서는 1977년 12월 3일에 작성되었고, 1978년 초 운남성민위에 보고되었다. 첫째는 자칭, 타칭과 역사전설, 둘째는 언어, 셋째는 사회경제, 넷째는 사회조직과 생활습속, 다섯째는 결어로 이루어진 보고서였다.
122) 王紅曭(2000), pp.112-113.

제3장 민족식별의 결과와 의의

　민족식별에 의한 소수민족의 명칭은 고대민족과 역사민족[123]과는 대부분 다르게 명명되었다. 고대민족이나 역사민족의 명칭을 사용하는 소수민족은 묘족, 강족, 몽고족, 장족(藏族), 만주족 등 소수에 불과하다. 대부분은 각 소수민족의 후대에 등장하는 명칭들이 많다. 이는 중국에서 고대민족과 역사민족 대부분이 역사발전과정에서 한족에게 동화되었거나 융합되어 소멸되었다고 해석하였기 때문이다. 즉 한족 중심의 '중국적 세계질서관'은 고대민족들이 진한(秦漢) 시기에 한족에게 동화되었거나 융합되었다고 해석하였다. 그리고 한족 이외의 민족들은 진한 이후에도 여러 왕조들이 거치는 동안 지속적으로 한족에게 동화되거나 융합되었다고 해석하였다.

1. 민족식별과정에서의 오류

　중국에서는 민족식별과정에서 발생된 몇 가지의 오류를 1986년 6월 12일 중국국가민족위원회가 발표한 ≪關於我國的民族識別工作和更改民族成分的情況報告≫에서 밝힌 바가 있다.[124]

　　"우리 나라 민족식별은 소련의 경험을 그대로 옮기지 않았다. 민족, 부락, 부족과

---

123) 역사발전과정에서 등장하였던 민족들을 편의상 역사민족이라 칭한다.

124) 黃光學(1995). p.156.

민족을 구분하였고, 통칭 '민족'이라 칭하였다. 우리 나라 각 민족의 실제를 근거로
하여, 현대민족 4개의 특징(공동언어, 공동지역, 공동경제생활, 공동심리소질)을 참조
하고, 민족집단의 현실특징에서 출발하여, 그 역사, 족원, 정치제도, 민족관계 등의 정
황에 대해, 구체적인 분석연구를 통해서 단일한 소수민족이 아니면 소수민족의 지계
인지 확정하였고, 또 한족으로 확정하였다. 민족의 명칭은 '명종주인(名從主人)'에 따
라 본 민족의 의사를 존중하였다. 이것은 우리 나라의 실제와 부합된다. 각 족 인민
의 옹호와 지지를 얻었다. 우리 나라 민족식별이론과 실천은 이미 중국특색의 사회주
의 민족학의 하나의 부분으로 조성되었다."

위의 보고서에서 알 수 있는 것은 중국이 민족식별을 할 때 민족식별의
기준이었던 스탈린의 네 가지 민족특징을 제대로 적용하지 않았고, 중국이
처해 있던 당시 상황에 맞게 전개되었다는 것이다.

한편, 오늘날 중국에서는 민족식별에 의해 확정된 소수민족의 정체성에
대해서 문제를 제기하는 사례들이 늘고 있다. 오영장(吳永章, 2000)의 글에
서와 같이 최근 중국의 학자 중에는 소수민족 간의 문화 비교를 통해서 현
재 소수민족과 고대민족 혹은 역사민족의 관계를 재정립하고 있다. 그리고
여러 민족들의 유전자(DNA) 조사와 족보 연구 그리고 족원 연구 등을 통해
서 이미 한족에게 동화되어 소멸하였다는 민족들은 지금도 존재하고 있다고
주장하고 있다. 단지 민족식별의 결과로 인해 고대민족과 역사민족과의 민
족명칭이 다른 이름으로 불리고 있을 뿐이다. 한편, 최근에는 한족의 정체성
도 생물유전학적인 연구를 통해서 남방과 북방의 한족이 다르다는 것이 밝혀
지고 있다.[125] 이러한 생물유전학적인 연구를 통해서 한족은 단지 문화적인
공동체일 뿐 혈연적인 연대가 없는 집단이라는 게 밝혀지고 있다. 한편, 중국
에서는 분자유전학적인 접근에서 한족이 티베트민족과 동일한 기원을 갖고
있다면서, 한장동원론을 주장하며 티베트민족을 중화민족화시키려 한다.[126]

---

125) 北京科技報(북경과기보). 중국과학원의 발육생물학연구소 袁義達(원의달) 연구원의 최근 저서『중국 성씨: 집
단 유전과 인구 분포(中國姓氏 : 群體遺傳和人口分布)』를 소개하면서 "중국 남부와 북부 한족 사이에는 유
전자 구조상 차이가 존재함이 밝혀졌다. 이 차이는 남북 한족과 인근 소수민족 간의 차이보다도 크다는 사실이
드러났다."고 소개했다. http://find.joins.com/joinsdb_content_f.asp?id=DY01200409090152&keyword
=&s_startyear=2004&s_startmonth=09&s_startday=09&s_endyear=&s_endmonth=&s_endday
=&pagenum=1&s_year=2004&s_month=09&s_day=09&re_keyword=&re_search=
&re_keyword2=&re_search2=&s_field=&list_type=2&sv=text2004년 09월 09일중앙일보[16면](검
색일: 2004. 10. 15).

중국 건국 초기 당과 정부가 공식적으로 민족식별을 실시할 때 '한족인지 아닌지, 만약에 한족이 아닌 다른 독립된 민족이라면 어떤 민족인지, 그리고 어떤 민족의 지계인지' 등을 중시하였다. 하지만 당시 중국에서는 한족의 개념과 범위에 대해서도 명확하게 정리되지 않은 상태였다. 한족의 기원과 범위와 관련하여, 중국 학계에서는 1954년 이후에야 비로소 논쟁이 있었다. 그리고 아직까지도 분명하게 밝히지는 못하고 있다.[127] 그러므로 민족식별을 할 때, 그 대상을 한족인지 아닌지를 판별한다는 것은 우선적으로 모순이며, 한족이 아닌 인간공동체들이 한족으로 식별되었을 가능성도 배제할 수 없다.

2. 민족식별의 문제점과 과제

중국이 건국한 이후 중국 내 어떤 민족인지 알 수 없는 인간공동체의 민족성분을 판별하고 명칭을 분류한 것은 중요한 의의를 갖고 있다. 신중국의 건국은 중국 건국 이전에 봉건세력과 토사세력으로부터 학대와 멸시를 피하기 위해 자신의 민족성분과 명칭을 숨겼거나 변경하였던 민족들을 새로운 국가의 국민으로서 권리와 의무를 누리도록 떳떳하게 드러나도록 하였다는 점이다. 그리고 한 민족에게 여러 개의 명칭이 존재함으로 인해 혼란스러웠던 것을 하나의 명칭으로 통일시켰고, 서로 간에 동질성을 느끼지 못하였던 집단들도 '민족식별'에 의해 동일한 민족으로 분류됨으로써 서로 간에 '우리'라는 동질성을 갖게 되었고, 다른 집단들과 구분하게 되었다는 점이다. 오늘날 중국 소수민족의 인권을 연구할 때, 민족식별에 대해서도 언급을 하고 있다. 하지만 민족식별과정에서 많은 문제점을 내포하고 있다. 이러한 문제점은 1980년대에 이미 공식적으로 발표되었었다. 그리고 1982년 제3차 전국인구조사준비과정에서 모든 소수민족인민을 존중하기 위해 본인의 민족성분을 자유롭게 표시하도록 하였다. 국무원인구조사팀과 공안부, 국가민족

---

126) http://www.56-china.com.cn/china1-12/3q/zgmz-nw1m20.htm2001.3. 張建松, "漢藏同根"(검색일: 2002. 12. 24.)
127) 중국은 한장동원론을 주장하며, 한족과 장족(藏族)이 동일한 민족기원을 가졌다고 주장한다.

사무위원회는 ≪關於恢復或改正民族成份的處理原則的通知≫에서 "무릇 소수민족에 속하면 그 어느 때를 막론하고 어떤 원인으로 인해 본인 민족성분을 확실하게 확정하지 못하였다면 그 민족성분을 회복할 수 있도록 신청할 수 있고, 모두 스스로 회복할 수 있다."고 밝혔다.[128] 이러한 작업을 하게 된 이유는, 여러 학자들로부터 민족식별의 오류와 문제점이 제기되었고, 또 몇몇 지역에서 많은 민족들이 자신들의 민족성분과 명칭이 잘못되었다면서 성분과 명칭의 회복 혹은 변경을 요청하였기 때문이었다. 이에 중국 당국에서는 이러한 사람들을 대상으로 민족성분의 회복과 변경에 대한 작업을 실시하였다.

오늘날 여러 학자들이 제기한 문제점들을 살펴보면 대체적으로 다음과 같다. 첫째, 가장 큰 문제점으로 제기되고 있는 것은 중국 내 인간공동체가 하나의 민족인지 아닌지를 판별할 때, 한족이냐 아니냐 하는 점이다. 당시 민족식별을 할 때 한족에 관한 민족기원, 민족특징에 대해서 명확하게 확정되지 않은 상태였다. 그럼에도 불구하고 한족인지 아닌지를 먼저 구분하였던 것이다. 이는 당시 중국을 지배하던 주된 민족이 한족이었기 때문에, 한족 중심의 시각에서 민족을 판별하고 분류하였던 것이다.

둘째, 민족식별의 기준을 모든 민족에게 동일하게 적용시키지 않았던 점이다. 특히 과학적 증거라고 하는 스탈린의 민족특징 네 가지를 민족식별의 기준으로 삼으면서, 네 가지 중 하나라도 부족하면 민족이 될 수 없다고 하였지만, 중국은 이 기준에 충족되지 않더라도 독립된 민족으로 판별하였다.

셋째, 민족의원과 명종주인의 원칙을 철저하게 지키지 않았다는 것이다. 하나의 독립된 민족이기를 원하는 집단들의 의사를 존중하고, 그 명칭은 각 민족들의 의사에 따른다고 하였다. 물론 일부 민족들은 이러한 원칙을 따르고 있지만 많은 민족들과 아직 민족으로 인정받지 못한 인간공동체들은 자신들의 주장이 국가로부터 받아들여지지 않고, 여전히 민족식별을 할 당시의 결정에 머물고 있는 실정이다.

---

128) ≪當代中國≫叢書編輯委員會. "第8章 民族識別". 『當代中國的民族工作(上)』. 當代中國出版社. 1993. p.292.

넷째, 민족식별을 할 때 민족기원을 간과하였는데, 한족으로 분류된 많은 인간공동체 중에서는 소수민족의 문화적 특징을 갖고 있더라도 한족을 민족기원으로 하고 있다는 이유로 그들을 한족으로 분류시켰다. 하지만 현재 55개 소수민족 중 동일한 민족기원을 갖고 있는 소수민족이 많음에도 불구하고 이들을 서로 다른 민족으로 판별하였다.

다섯째, 민족 간의 비교연구와 국경을 초월해서 분포하고 있는 민족 간의 비교연구가 부족하였다는 점이다.

한편, 오늘날 소수민족의 정체성만을 규명하기 위해 민족식별을 재검토하는 것은 아니다. 국경을 초월해서 분포하고 있는 민족들의 정체성, 고대민족과 역사민족 간의 정체성이 연속되는지에 관해 연구하고자 할 때, 민족식별에 관한 연구는 선행되어야 하는 작업이다. 최근 민족정체성과 관련하여, 여러 가지 방법이 동원되고 있다. 예를 들면, 각 민족들의 유전자(DNA) 조사와 민족 간의 비교연구, 민족기원 등을 조사하고 연구하여 각 민족들의 정체성을 연구하고 있다.[129] 따라서 현재 중국 소수민족의 정체성은 민족식별의 결과로 결정되었기 때문에, 이 당시에 검토되었던 여러 자료를 토대로 하여, 당시 중국이 처하고 있던 국정이 중국민족식별에 어떤 영향을 미쳤는지 검토해 보아야 할 것이다.

3. 민족식별의 의의

민족식별은 중국 건국 이후 국경 내에 어떤 민족인지 알 수 없던 인간공동체에 민족성분과 명칭을 확정시켜 줌으로써 법률이 정해 놓은 권리와 의무를 누릴 수 있도록 하였다. 그리고 전국인민대표대회에 자신들의 민족대표를 참석할 수 있게 되었다.

이러한 현상은 중국이 건국되기 이전과 매우 다른 점이다. 중국이 건국되기전만 하여도, 소수민족들은 지배계층의 압박정책과 멸시성과 모욕성이 있

---

129) 공봉진. "중국 '民族識別'에 관한 비판적 고찰". 부경대학교 박사학위논문. 2005.

는 타칭으로 인해 자신들의 민족성분을 명칭을 숨기거나 다른 민족명칭으로 바꾸었다. 뿐만 아니라 오지나 변경지역으로 가서 숨어 살았다. 이러한 소수민족들에게 중국이 건국하면서 자신들의 민족의식을 갖도록 하였던 것이다.

최근에 들어와서는 소수민족의 인권과 관련하여 1950년대 이래로 진행되었던 민족식별이 중요한 의의를 갖고 있다고 말하기도 한다. 지난 1999년에 중국 성립 50년에 발표되었던 '중국인권발전50년(中國人權發展50年)'에서 소수민족 인권과 관련하여 민족식별작업에 대해서 아래와 같이 언급하였다.[130]

"민족압박과 멸시를 반대하기 위해서 민족평등과 상호 협조 단결을 발전시키고 민족구역자치제도를 실행하였다. 구중국은 오랜 기간 동안 민족멸시와 민족압박을 가하였다. 신중국 성립 이후, 민족압박과 민족멸시제도를 제거하기 위해서 철저하게 소수민족의 해방을 실현하였다. 그리고 구중국의 민족압박정책으로 조성된 민족 간의 간격을 없애기 위해서 1950년에서 1952년까지 중앙인민정부에서는 방문단을 소수민족지역으로 보내어 소수민족을 위문하였다. 그리고 각 소수민족 참관단을 조직하여 수도인 북경과 중국 각 지역에 참관하고 방문할 수 있도록 하였다. 나아가서는 각 민족 간의 이해를 증진시켰고, 각 민족 간의 감정을 융합시켰다. 1951년 중앙인민정부는 ≪關於處理帶有歧視或侮辱少數民族性質的稱謂, 地名, 碑碣, 匾聯的指示[131]≫를 공표하면서 소수민족이 갖고 있는 멸시성, 모욕성의 칭호, 지명 등을 없애도록 명령하였다."

따라서 오늘날 중국의 인권에 관한 연구를 할 때, 단순히 현재의 현상만을 연구하는 것이 아니라면, 중국 건국 이후 소수민족의 민족성분과 명칭, 법률적 혜택, 한족과 소수민족의 갈등, 소수민족 간의 갈등 등을 연구할 때 기본적으로는 '민족식별'에 관한 연구가 선행되어야 한다. 왜냐하면 오늘날 소수민족의 자치권, 소수민족 풍습의 보장 등은 민족식별과 밀접한 관련이 있기 때문이다.

중국의 민족식별은 단순히 중국 내의 소수민족의 정체성을 확정한 것이 아니라, 주변 국가들의 민족정체성에도 영향을 주었다. 즉 중국 내 소수민족 중 많은 민족들이 중국 주변의 국가들과 관련된 민족들이 많다. 영토분쟁과

---

130) http://www.sm.gov.cn/rmht0/0154.htm 中國三明, 政府門戶網站(검색일: 2003. 7. 15.)
131) 소수민족을 멸시 혹은 모욕을 하는 호칭, 지명, 비문, 대련의 처리에 관한 지시.

민족분쟁을 막기 위해서 관련된 민족을 다른 지역으로 이주시켰고, 또 다른 민족명칭을 부여하였다.

영토보존과 국정안정을 목적으로 한 민족식별은 소수민족의 정체성을 확정하는 과정에서 고대민족명칭을 그대로 사용하는가 하면, 후대에 등장한 민족명칭을 사용하기도 하였다. 특히 서남 지역에 거주하던 소수민족들은 역사적으로 전쟁을 피해서 오지로 숨어든 민족들이 많았다. 이들 민족들은 고대민족의 문화적인 특징을 그대로 유지하고 있었는데, 이들 중 일부는 고대 한국과 관련이 있는 민족들이 있다. 물론 민족학적으로 아직까지 정설로 된 것은 아니지만, 몇몇 학자들에 의해서 문제가 제기되었다. 그중의 하나는 운남성의 랍호족인데, 랍호족은 대륙부 동남아에 걸쳐 거주하고 있는 민족으로서, 문화적 특징이 高句麗와 관련이 있다는 것이다. 김병호 박사의 주장에 의하면, 高句麗가 망한 뒤, 당에 끌려왔던 유민 일부가 운남지역으로 도망을 갔었다는 것이다. 다만 민족식별을 하는 과정에서 高句麗와의 관계는 언급이 되지 않았다. 한편, 소수민족 일부 중에는 고대 동이족과 관련이 있는 민족들도 있다. 이들이 한족 혹은 특정 소수민족으로 동화되어 사라졌다고 함으로써 고대 동이족과 연관시키지 않고 있다.

제4장 민족식별 유형

1. 민족식별의 유형

중국 당과 정부는 "중국 내 모든 인간공동체는 '당가작주(當家作主)'의 권리를 갖고 있다."고 하였다. 즉 중국 내 모든 사람들은 중국의 국민으로서 권리와 의무를 가지고, 민족들은 자신들의 민족대표를 선출하여 전국인민대표대회에 참가할 수 있게 되었다. 그렇기 때문에 민족식별은 당시 중국의 실제적 문제이면서 이론적 문제였다.

중국 내에 거주하는 인간공동체가 독립된 민족인지 판별하기 위해서 당과 정부는 민족식별조사팀을 각 지역으로 파견하였다. 이 때 식별대상이 독립된 민족이라면, 이들이 '한족인지 아니면 소수민족인지', '소수민족이라면 단일한 민족인지 아니면 다른 소수민족의 지계인지'를 판별하고자 하였다.

중국이 건국할 때 각 지역에는 여러 민족이 섞여 살고 있었다. 또 한 민족에 여러 개의 민족명칭이 있었기 때문에, 이들의 정확한 민족정체성을 알 수 없었다. 그래서 이들의 정확한 민족정체성을 알고자 민족식별을 하게 되었던 것이다.

귀주지역에는 천청, 남경, 나팔 등으로 불리는 사람들이 있었다. 이들은 한족과 섞여 살고 있었다. 그래서 중국당국은 이들의 민족정체성이 무엇인지 판별하고자 하였다. 이들이 한족으로 판별되느냐 아니면 다른 민족으로 판별되느냐는 당시 정치와 경제적 이해관계에서 중요한 의미가 있었다. 만약에 이들이 한족으로 판별되면 자신들의 민족정체성은 사라지지만, 중국 내 다수민족으로서 한족이 누릴 수 있는 혜택을 받을 수 있다. 그러나 한족 이외의 민족으로 판별된다면 법률이 정해 놓은 소수민족이 누릴 수 있는 혜택을 받을 수 있다. 그리고 자신들의 고유한 민족정체성을 유지할 수 있다.

민족식별조사팀이 중국 각 지역을 조사한 결과, 당시 중국 내 민족유형의 특징을 몇 가지로 분류할 수 있다.[132]

첫째, 민족특징을 조사 연구한 결과를 토대로 민족기원을 밝혀내어 민족 성분과 명칭을 부여하였다. 이러한 특징의 예는 사민, 토가인, 달알이인의 민족식별, 광서 모남족, 마료족, 경족 등이다.

둘째, 민족의 지계를 인정하고 합병하는 경우이다. 이러한 형태는 운남성 과 귀주성 및 광서지역에서 많이 나타나고 있다. 운남성에서는 이족 지계, 합니족 지계, 백족 지계 그리고 와족 지계를 식별하였고, 귀주성에서는 다양 한 인간공동체들을 식별하였으며, 광서지역에서는 장족(壯族) 지계 이외에도 여러 지계에 대해서 민족식별을 하였다.

셋째, 한족에 속하는 사람들이다. 와향인(瓦鄕人), 오주요인(梧州瑤人), 자 원인, 천청인, 광서 지역의 여러 인간공동체들이 여기에 속한다. 이들은 비 록 다른 민족과 섞여 살았더라도, 한어를 사용하고 있거나, 이주경로상 독립 된 다른 민족이 아닌 한족이라는 것이다.

넷째, 민족명칭의 확정과 변경으로 인해 정해진 민족이다. 이전에 불리던 민족명칭을 바꾸어 다른 민족명칭으로 부르는 것이다. 예로는 색륜인(索倫 人), 통고사인(通古斯人), 아고특인(雅庫特人), 운남지역의 백랑(白朗), 서번 (西番), 붕룡, 잡와(卡瓦) 등, 광서지역의 동(僮), 모난(毛難) 등, 신강 지역의 탑란기(塔蘭奇), 색륜(索倫), 귀화(歸化) 등이다.

다섯째, 과학의거에 의한 민족특징과 민족의원이 서로 일치하지 않는 민 족들이다. 예를 들면, 해남성의 묘족과 임고인(臨高人), 아창족, 도와인, 하 이파인(夏爾巴人)이다.

---

132) 宋蜀華·滿都爾圖. 『中國民族學五十年』. 人民出版社. 2004. pp.74-96.

민족식별을 통해 정해진 민족정체성의 형태를 다섯 가지의 유형으로 구분하면 다음과 같다.[133)]

첫째는 한족으로 분류된 집단이다. 한족으로 분류된 사람들은 대체적으로 정확하게 어떤 민족인지 판별할 수 없거나, 현재 한어를 사용하고 있다는 이유 때문이었다.

둘째는 고대민족과 관련된 집단이다. 당시 고대민족과 동일한 민족명칭을 갖고 있는 집단들인데, 묘족, 강족 등이 예이다. 이들은 역사변천과정에서 자신들의 민족정체성을 그대로 유지하였다고 인정되면서 고대민족명칭을 그대로 사용할 수 있었다.

셋째는 한족과 기타 소수민족과 관련 있는 집단이다. 토가족은 한족의 특색을 갖고 있으면서도, 고대 파족과 여러 소수민족과 관련이 있다.

넷째는 족원(민족기원)과 문화가 서로 관련 있는 집단이다. 사족과 묘족, 요족처럼 민족기원과 문화가 동일한 경우이다.

다섯째는 문화와 지역에 따라 분류된 집단이다. 회족은 이슬람교를 믿고 있다는 이유로 동일한 민족이 되었다.

이 장에서는 크게 소수민족과 한족으로 식별된 민족에 대해서 살펴본다.

2. 소수민족으로 식별된 민족

1) 광서지역에서의 민족식별

(1) 지계를 여러 민족으로 합병

광서지역에서의 여러 인간공동체를 몇 개의 민족으로 합병하였는데, 먼저 '편인(偏人, 자칭은 포편(布偏))'과 스스로 '포장(布壯)', '포토(布土)', '포농(布儂)', '포태(布傣)' 등으로 부르는 사람들을 장족(壯族)의 지계로 합병하였다. 대신현(大新縣)에 거주하는 묘족이 사용하는 언어는 좌강(左江) 일대

---

133) 공봉진. "중국민족식별과 소수민족의 정체성에 관한 연구". 『국제정치연구』. 동아시아국제정치학회. 2004. 6. pp.191 - 202.

의 장어(壯語)와 동일하였다. 그리고 이들의 자칭으로는 '포의(布依)', '포농(布隴)', '포만(布曼)', '포앙(布央)', '포괴(布傀)', '포상갑(布上甲)' 등이 있다. 여기에서 '포(布)'는 장어로 '인(人)'이라는 의미를 갖고 있는데, 이것은 장족에 속하는 각 지계의 자칭에서도 나타난다는 것이다. 뿐만 아니라 생활 습속도 대체적으로 장족과 동일하기 때문에 대신현의 묘족을 장족의 지계로 인정하였다.[134]

1949년 낙요(樂堯) 산지에 거주하던 장족(壯族)의 지계로 알려진 '농인(隴人)'은 자신들의 민족성분을 정확하게 알지 못하였다. 이들 대부분은 자신들이 '농인'으로 알고 있었으나, 일부 사람들은 '한족' 혹은 '요족'으로 여겼다. 그런데 민족식별조사팀에 의해 이들은 '농인'이 아닌 '요족'으로 판별되었다. 한편 1952년 광서 평과현(平果縣)에서는 각 민족대표가 참가하는 인민대표대회가 개최되었는데, 이때 낙요산지의 사람은 요족 대표로 참가하였으나, 인민대표대회에서는 그들을 요족으로 승인하지 않았다. 하지만 이들은 스스로 요족으로 칭하였다.[135]

(2) 모남족에 대한 민족식별

모남족은 주로 광서 환강현(環江縣)의 삼남(三南) 지역[136]에 거주한다. 일부는 하지(河池), 남단(南丹), 도안(都安) 일대에 거주한다. 1953년 정무원에서는 모난족(毛難族)을 하나의 단일한 민족이라고 승인하였으며, 1986년에는 '모남족(毛南族)'으로 민족명칭을 바꾸었다.

모남족은 자신들의 고유한 문자가 없고, 한문을 사용하여 역사를 기재하였다. 모남인은 고대 백월(百越), 료(僚), 령(伶)과 관련이 있다. 모남(毛南)이라는 이름은 사료에는 묘탄(茆灘), 모난(茅難), 모난(毛難), 모남(冒南) 혹은 모남(毛南) 등의 다른 명칭으로 기재되어 있다. 송 대 주거비(周去非)의 ≪嶺外代答≫에서는 모남족이 거주하는 지역을 '모탄(毛灘)'이라 불렀고, 모탄 지역에 거주하는 사람을 '모탄만(茅灘蠻)'이라고 불렀다. ≪元史≫에서

---

134) 宋蜀華・滿都爾圖(2004). p.83.

135) 王希恩. 『當代中國民族問題解析』. 民族出版社. 2000. pp.365 – 386.

136) 삼남지역은 '上南(상남), 下南(하남), 中南(중남)'이다.

는 '묘탄단(茆灘團)', '모탄처(茅灘處)'라 기록되어 있고, ≪明史≫에는 '묘탄보(茆灘堡)'라 기록되어 있으며, 청대 건륭 연간의 모남족 족보에는 '모난갑(毛難甲)'이라 기록되어 있다. 모난산(茅難山)은 '모탄(茅灘)', '묘탄' 지명을 다르게 적은 것이다. 국민당 시기의 ≪思恩縣志≫와 ≪思恩年鑑≫에서는 '모난(毛難)' 혹은 '모남(毛南)' 이외에도 '모남(冒南)'이라는 이름이 기록되어 있다. 사료에 기재되어 있는 명칭은 모두 '모남(毛南)'이라는 이름과 동일한 음이거나 혹은 가까운 음을 다르게 적은 것이다. 모남은 지방의 명칭에서 민족명칭으로 발전되었다. 당지의 장족(壯族)과 한족이 칭하는 모남인(毛南人)의 의미는 '모남 지방의 사람'이다.[137]

　모남족에는 '담(潭), 담(覃), 로(盧), 몽(蒙), 위(韋), 원(袁)' 등의 성씨가 있다. 그중 담(潭)씨 성을 가진 사람은 모남족의 70% 이상이고 분포하는 지역도 넓다. 그 다음이 담(覃), 로(盧), 몽(蒙)씨 성이다.[138]

　모남족과 장(壯)·동(侗)·료(佬)·수(水) 등은 장동어족(壯侗語族)에 속하는 여러 민족이 거주하는 지역에 분포한다. 한(漢)대 이전에는 '백월 민족' 중의 '낙월인(駱越人)'이 거주하던 지역이고, 남북조 이후에는 이 일대에서 '료인(僚人)'이 거주하였는데, '만료(蠻僚)'라고 불렸다. 당대 이전에는 이 일대의 소수민족은 봉건왕조의 호적에는 보이진 않지만, '생만(生蠻)'이라 불렸다. 당대 이후에는 왕조에서 이 지역에 마을 추장을 파견하였고 기미주현(羈縻州縣)을 설치하였으며, 기미통치를 펼쳤다. 이곳의 소수민족은 지명으로 이름을 얻었다. 무수만(撫水蠻), 안화만(安化蠻), 모탄만(茅灘蠻), 남단만(南丹蠻) 등은 '동만(峒蠻)'을 칭하는 것이다. 명·청대에는 이 일대의 소수민족은 장(壯), 묘, 수, 양(佯), 양(偯), 령(伶), 료(僚) 등이 있었다. 이러한 소수민족은 그 지역에 거주하는 토착주민이었고, 외지에서 이주해 온 한인은 극히 적었다. 낙월인 및 그 이후에 온 무수만, 안화만, 모탄만, 남단만 등은 만료(蠻僚)의 후예이다. 모남족은 장동어족에 속하는 장(壯), 료(佬), 수(水)

---

137) 莫家仁. "毛難族史研究綜述". 『民族研究動態』 3. 中國社會科學院民族研究所·中國民族研究團體聯合會. 1985. pp.19-22.

138) http://www.chinawestnews.net/big5/westnews/xbfq/mzjj/userobject1ai4435.htm 中國西部網(검색일: 2005. 5. 30.)

등의 민족과 언어와 생활습속이 매우 비슷하다. 이는 그들이 동일한 원류의 관계임을 증명하는 것이다. 모남족이 거주하는 '간란(干欄)'은 고대 만료가 거주하던 것과 동일하다. 청대 ≪慶運府志≫에서는 요어(僚語)의 12개 단어 중에는 6개의 단어는 모남족의 음과 뜻이 완전히 일치한다. 이것은 우연의 일치라기보다는 모남족이 '만료'에서 유래되었다는 것을 증명하는 것이다. 모남족은 고대의 토착주민에서 기원한다. 공동의 언어와 생활습속은 청대 이후에 점차적으로 그들의 경제중심으로 형성되었다. 모남족은 고대에 장(壯)·한족과 동일한 곳에 생활하였기 때문에 자기의 독특한 민족특징 이외에도 장(壯)·한족과 융합되었다.

(3) 마료족에 대한 민족식별

라성(羅城)지역의 마료인은 그 지역에 사는 토착민족이다. 마료어(仫佬語)는 한장어계 장동어족(壯侗語族) 동수어지(侗水語支)에 속한다. 마료족은 선진 시기 백월계 중의 낙월 지계이다. 위진 수당 시기에는 '료(僚)'의 지계이고, 송원 시기에는 '령(伶)'의 지계이다. 마료족의 명칭이 가장 먼저 보이는 것은 명대 이종방(李宗昉)의 ≪黔記≫에 '목료묘(狄佬苗)'라고 적혀 있다. 묘족은 역사가 유구한 남방민족이다. 옛날 사람들은 종종 남방 소수민족을 '묘'라고 칭하였다. 이종방도 마료 선민을 묘족의 지계로 간주하고 '목료묘'라고 적었던 것이다. 명청 이래로, 계속해서, 목료(穆佬), 목로(木老), 모료(姆佬), 목로묘(木老苗), 령(伶), 령료(伶僚) 등의 명칭이 문헌에 등장한다.[139]

마료인은 스스로 'lam' 혹은 'mulan'이라고 하는데, '人(사람)'의 의미이다. 자칭으로는 '마료인' 혹은 '본지인'도 있다. 한족은 이들을 '관화(官話)를 할 수 있는 사람'으로 불렀다. 민족식별조사팀은 이들 조상이 송대 이전부터 이 지역에 거주하고 있었고, 명대 이래로 경제 문화 및 정치적 발전이 있으면서 점차적으로 하나의 민족공동체가 형성되었다고 여겼다. 이러한 이유로 1956년 국무원은 '마료족'을 하나의 독립된 민족으로 공인하였다.[140]

---

139) 羅日澤·過竹·過偉. 『仫佬族風俗志』. 中央民族學院出版社. 1993. p.2.

라성현은 라성, 천하(天河) 두 현이 1952년에 합병해서 이루어진 것이다. 라성현 경내에 살고 있는 마료족은 각 대성의 묘비, 종지부(宗支簿, 족보), 사당비(祠堂碑) 등에 기재되어 있는 문자와 나이가 많은 사람들의 말에 의하면, 그들의 조상은 현지 토착민이 아니라, 산동·하남·호남·강서·광동·복건 등지에서 이곳으로 이주해 온 사람이다. 그들의 조상은 원래 '마료화'를 말하지는 않았다. 그러나 라성으로 이주해 온 이후에 토착민인 묘인(일반적으로는 동인(侗人)이라 함)과 결혼하면서, 자녀의 언어는 모친을 따르게 되었고, 이후 자손들은 묘인의 말을 사용하였다. 사람들은 이러한 말을 '마료화'라고 여겼으며, '마료화'를 사용하는 사람은 곧 '마료인'이었던 것이다.[141]

2) 운남성 지역의 민족식별

(1) 운남성의 여러 지계의 합병

운남성에는 많은 인간공동체가 거주하고 있었다. 민족식별조사팀은 운남성에 거주하는 많은 인간공동체를 장족(壯族) 지계, 이족(彝族) 지계, 합니족 지계, 백족 지계, 와족 지계 등 여러 소수민족으로 합병하였다.[142]

첫째는 장족지계로 합병된 인간공동체이다.

운남성 동남부지역에는 사인(沙人), 토인(土人), 농인(儂人), 천보(天保), 흑의(黑衣), 융안(隆安), 토료(土佬) 등으로 불리는 인간공동체가 있다. 이들이 거주하는 지역은 광서 장족이 거주하는 지역과 인접해 있어서 빈번하게 접촉하였다. 이들의 자칭이 동일할 뿐만 아니라 언어도 서로 통하였는데, 모두 장동어족(壯侗語族) 장태어지(壯傣語支)에 속한다. 그들의 경제왕래는 밀접하고, 생활습속과 종교신앙은 대체적으로 서로 유사하다. 서로 통혼을 하며, 관계도 밀접하다. 그리고 대부분의 사람들은 고향이 '광서'라고 여긴다. 그래서 동일한 인간공동체로 여겼다. 문화적으로는 공동심리소양이 있는데, 이상의 특징에서 보면, 7개 인간공동체는 모두 단일한 민족으로 구성하

---

140) 宋蜀華·滿都爾圖(2004). p.79.

141) 廣西壯族自治區編輯組. "廣西瑤族社會歷史調查". 第八冊. 廣西民族出版社. 1985. p.93.

142) 宋蜀華·滿都爾圖(2004). pp.80－83.

기에는 부족하여 장족(壯族)의 지계이다.

둘째는 이족 지계에 관한 것이다

1954년까지 운남지역에는 이어(彝語)를 사용하면서, 3000만 명의 인간공동체가 각자 타칭 혹은 자칭을 갖고 있으면서 수십 종의 지계로 나뉘어 있었다. 운남에 거주하는 이족은 지계가 복잡할 뿐만 아니라 중국 소수민족 중에서도 지계가 가장 많은 민족이다. 운남성에만 민족명칭이 43여 개가 있고, 민족식별을 거쳐 합병된 것만 하여도 20여 개다. 민족식별조사팀은 이 지역을 조사한 뒤, 언어방면에서 이족과 비슷한 부분이 많아서 이족의 지계로 합병하였다.

운남성에는 석로파(腊魯波), 라라파(羅羅坡), 석로파(腊魯巴), 살니(撒尼), 살니복(撒尼濮), 아서복(阿西濮), 라라복(羅羅濮), 납유(納儒) 등의 자칭을 갖고 있는 인간공동체들이 사용하는 언어는 이어(彝語) 방언에 속한다. 이들의 경제생활과 문화습속은 서로 동일하거나 유사하다.[143]

언어의 음위계통과 어법구조, 경제생활, 사회문화 등에서 보면, 토가, 라(倮), 수전(水田), 지리(支里), 자이(子彝), 려명(黎明), 낭아(莨莪), 타곡(他谷), 납사(納查), 대득(大得), 타로(他魯), 수이(水彝), 미리(咪哩), 밀분(密岔), 라무(羅武), 아차(阿車), 산소(山蘇), 차소(車蘇) 등의 타칭 혹은 자칭을 갖고 있는 인간공동체가 있다. 민족식별조사팀은 이들이 기본적으로는 서로 동일하거나 이족과 유사한 특징을 갖고 있다고 여겼기 때문에 독립된 소수민족으로 판별하지 않고, 이족의 지계로 합병하였다.

특히 토가에 대해서 살펴보면, 한족은 양비(瀁濞), 상운(祥雲), 영평(永平), 봉의(鳳儀) 등 4개 현에 거주하는 토가인과 등천(鄧川), 영승(永勝)에 거주하는 토가인을 식별하였는데, 이 지역의 토가인은 스스로 '석로파(腊魯波), 라라파(羅羅坡), 석로파(腊魯巴)'라고 칭하였다. 여기서 파(波), 파(坡), 파(巴)는 '인(人)'을 혹은 '족(族)'을 의미한다. 중국이 건국하기 이전에 한인들은 이들을 '라라'라고 칭하였다. 중국이 건국한 이후 '토가' 혹은 '토'족으로 바꾸어 불렀다. 민족식별조사팀은 이 지역의 언어를 이족의 언어와 비교하였

---

143) 宋蜀華·滿都爾圖(2004), p.81.

을 때, 여러 면에서 동일하다고 판단하였다. 그래서 토가를 이족의 지계로 합병하였다.[144]

셋째는 합니족 지계에 관한 것이다.

합니족에는 여러 종류의 자칭을 갖고 있다. 합니(哈尼), 잡다(卡多), 애니(愛尼), 호니(豪尼), 벽약(碧約), 백굉(白宏) 등 6개의 자칭을 가진 사람의 수가 많다. 한문 서적에 보이는 역사명칭은 화이(和夷), 화만(和蠻), 화니(和泥), 와니(窩泥), 아니(阿尼), 합니 등이 있다. 언어는 한장어계 장면어족 이어지에 속한다. 내부에는 합니 애니, 벽약 잡다, 호니, 백굉 등의 3가지의 방언과 약간의 토어로 나뉜다.[145]

민족식별조사팀은 묵강(墨江), 보이(普洱) 등지에 거주하는 합니, 호니, 벽약, 잡도(卡都), 알뉴(斡紐), 아목(阿木) 등의 인간공동체의 언어는 장면어족 이어지에 속하는 합니어의 방언이다. 신평현(新平縣)의 나비(糯比), 사비(梭比), 잡도, 랍오(拉烏), 고총(苦聰) 등의 인간공동체가 사용하는 언어는 이어지에 속하는 합니어의 방언이다. 그들의 사회조직과 문화적 특징은 합니족과 동일하다. 이족과는 다소 거리가 멀어서 합니족과 근접해 있었고, 이들은 '이족'과는 차이가 크게 난다고 여겼다. 그래서 민족식별조사팀은 이들을 합니족의 지계로 합병하였다.

넷째는 백족 지계에 관한 것이다.

벽강(碧江), 유서(維西), 복공(福貢) 등의 현에 분포하는 늑묵(勒墨)의 자칭은 백니(白尼)이다. 백족과 자칭이 서로 동일하고, 언어는 백어(白語)의 방언에 속한다. 역사, 언어, 명칭유래에서 보면, 늑묵은 백족의 지계라는 것이다. 이 밖에 란평(蘭平) 지역에 거주하는 나마인(那馬人)의 자칭은 '백족'으로서 백족의 민족명칭이 동일하다. 언어 또한 민가어(民家語)에 속하는 일종의 방언이다. 이원(洱源)에 거주하는 토가인의 자칭은 '백과(白夥)'이다. 토가는 한인들이 낙후된 경제생활을 하던 백과를 지칭한 이름이다. 이원(洱源), 등천(鄧川) 일대에 거주하는 백족의 자칭과 서로 동일하다. 이러한 근

---

144) 黃光學(1995). pp.212－213.
145) 嚴汝嫻. "哈尼族簡介". 『哈尼族社會歷史調査』. 雲南民族出版社. 1982. p.1.

거로 '늑묵', '나마', '토가' 모두는 단일한 민족이 되지 못하고, 백족의 지계로 분류되었다.[146]

이 중 늑묵인에 대해서 살펴보면 다음과 같다.[147]

늑묵인은 '백족'의 한 지계이고 인구는 약 10,000명이다. 주로 운남성 노강율속족자치주의 벽강, 노수(瀘水), 복공 등의 현에 분포한다. 그중 벽강현의 낙본탁공사는 주요 취거구이고, 모두 6,000명이 살고 있다.

늑묵인의 자칭은 '백니'이고 '백인'이라는 뜻이다. 늑묵은 당지에 거주하는 율속족이 부르던 타칭이다. 노인들이 제공한 자료에 의하면, 늑묵인은 4, 5백 년 전 여강, 검천, 란평 일대에서 노강지역까지 흘러왔다. 어떤 자칭은 '남경응천부'에서 왔다는 것을 나타내기도 한다. 노강지역으로 이주해 온 이후, 이들은 마을을 만들어서 노족과 율속족이 사는 마을 부근에서 살았다. 그리고 서로 간에 교류를 하면서 경제와 문화의 영향을 받았다. 늑묵인은 자신들의 고유한 민족 언어는 없고, 문화습속 등은 대리의 백족자치주에 거주하는 백족과 공통점이 많다. 그러나 늑묵인은 자신들의 고유한 민족특징을 갖고 있다. 대리 백족 중에는 이미 고대의 민족특징을 소실한 경우도 있지만, 늑묵인의 생활 속에는 자신들의 민족특징이 약간 남아 있다. 그래서 중국이 건국하기 이전의 늑묵인의 사회형태와 문화습속을 연구하면, 대리지역 백족의 고대사회를 이해하고 연구하는 것에 대해 도움이 된다고 여겼다.

다섯째는 와족 지계에 관한 것이다.

'본인(本人)'은 주로 진강현(鎭康縣)의 맹화(猛和), 남석(南腊) 및 창원현(滄源縣)의 반홍(班洪), 암사(岩師) 일대에 거주한다. 자신들의 밀집해서 모여 생활하는 지역이 있었고, 와족과 잡거하였으며, 자칭은 '와(佤)'이다. 언어는 남아어계(南亞語系) 와덕앙어지(佤德昂語支) 와어(佤語)에 속하는 일종의 방언이다. 사회문화, 생활습속은 와족과 서로 동일하다. '본인'은 비록 '한', '태족'의 영향을 많이 받았다고 생각해도, 역사전통·지리분포·언어·칭호 및 일부 생활습속 등이 와족과 동일한 부분이 많아서 와족의 지계로 분류되었다.[148]

---

146) 宋蜀華·滿都爾圖(2004). pp.81-82.

147) 詹承緒. "略說新時期的中國民族學". 『民族學研究』 第12輯. 民族出版社. 1998. pp.26-43.

(2) 포랑족에 대한 민족식별

포랑족은 주로 운남성의 맹해(勐海), 경홍(景洪) 및 쌍강(雙江), 영덕(永德), 운현(雲縣), 경마(耿馬) 등지에 분포한다. 이들의 자칭은 지역에 따라 다른데, 서쌍판납(西雙版納) 사는 사람들은 '포랑(布朗)', 진강(鎭康)에 사는 사람들은 오(烏), 란창(瀾滄)에 사는 사람들은 옹공(翁拱)이라 부른다. 그리고 쌍강, 운현, 경마, 묵강(墨江) 등지에 사는 사람들은 '아와(阿瓦)' 혹은 '와(瓦)'라 불렀다.[149]

태족은 그들을 '만(滿)'이라 불렀는데, '산 위에 거주하는 민족'이라는 뜻이었다. 합니족은 포랑족을 '아별(阿別)', 랍호족은 포랑족을 '만(滿)'이라 불렀다. 과거에 한족은 포랑족을 '포만(浦滿)'이라 하였고, 역사적으로는 '포만(浦蠻)'이라 불렀다. 반면, 포랑족은 태족을 '지(遲)', 합니족을 '과(果)', 랍호족을 '몽사(蒙舍)', 한족을 '호(乎)'라 불렀다.[150]

중국이 건국한 이후 한족은 그들을 포만(蒲蠻, 복만(濮滿))으로 칭하였다. 사료에는 포만, 복만, 포인(蒲人), 박자만(朴子蠻), 흑복(黑濮) 등으로 기재되어 있다. 한문으로 된 사료에는 영창(永昌, 오늘날 보산(保山) 남부) 일대는 고대 복인(濮人)이 거주하던 지역이었다. 부족은 많았고 넓게 분포하고 있었으며, 일찍부터 란창강(瀾滄江)과 노강(怒江) 유역에서 생활하였다. 복인 중의 일부를 포랑족의 선민으로 보고 있다. 서진(西晋) 때 남으로 이주하여 진강(鎭康)·풍경(風慶)·임창(臨滄) 일대에 살았다. 당대 때, 복인은 남조국(南詔國)과 대리국(大理國)의 통치를 받았고, 원·명·청대에는 '포만'이라 불렸다. 명대에는 협녕부(頰寧府, 오늘날 봉경(鳳慶) 일대)를 설치하였고, 포인(蒲人)으로 토지부(土知府)를 선임하였다. 후에 운남 남부의 '포인'이 발전하여 현재의 포랑족이 되었다는 것이다.[151]

포랑족은 자신들의 언어를 갖고 있지만 문자는 없다. 포랑어는 남아어계

148) 黃光學(1995). p.218.
149) http://xbfm.jl.gov.cn/ssmzjj/bulang.htm.吉林省興邊富民(검색일: 2005. 3. 10.)
150) 雲南省編輯委員會. 『阿昌族社會歷史調査』. 雲南民族出版社. 1983. p.2.
151) 宋蜀華·滿都爾圖(2004). pp.88-89.

(南亞語系) 맹고면어족(孟高棉語族, Mon – Khmer group) 와붕(덕앙)어지(佤崩(德昂)語支)에 속한다. 와어와 붕룡어는 친속관계가 있는데, 어법과 구조가 기본적으로 동일하기 때문이다. 기본적인 일부 단어는 서로 동일하거나 대응하는 규칙이 있다. 포랑인이 분산되어 거주하다 보니 언어도 지역에 따라 다소 차이가 난다. 대체적으로 서쌍판납의 포랑어와 진강의 오어(烏語) 두 종류가 있다. 포랑어는 '탄설음(彈舌音)[152]'이 있는데, 그것은 이어(彝語)의 강건함이 있고, 태어(傣語)의 부드러움이 있다. 오랜 기간 동안 주위의 여러 민족과 왕래하다 보니, 포랑인은 본민족의 언어 이외에도 와어, 한어 그리고 태어를 사용할 수 있다. 서쌍판납에 모여 사는 사람들은 보통 태어를 사용한다. 포랑족은 문자가 없기 때문에 소수지식인들은 일찍부터 태문(傣文)과 한문을 사용할 수 있다.[153] 민족식별조사를 거쳐서 백랑(白朗)은 단일한 소수민족으로 인정되었다. 포랑족의 자칭과 타칭은 매우 다양하였는데, 중국 건국 이후 민족식별과정에서 본민족의 의사에 따라 '포랑족'으로 통칭하게 되었다.

(3) 아창족에 대한 민족식별

아창족은 주로 운남성 영강현(盈江縣)의 호살(戶撒)과 석살(臘撒)에 집중적으로 모여 살고 있다. 일부는 양하(梁河)와 등중(騰中), 농천(隴川), 용릉(龍陵) 등지에 흩어져 살고 있다. '아창'은 한족이 부르는 명칭이다. 언어는 한장어계 장면어족(藏緬語族)에 속하고, 이어(彝語)와 경파족 재와어(載瓦語)와 밀접한 관계가 있다. 영강현에 거주하는 아창족은 주로 한족과 태족, 회족 그리고 율속족과 잡거하고 있었다. 이들의 문화는 대체적으로 한족과 태족과 유사하다.[154]

양하현 병개향(丙盖鄉) 망전촌(芒展村)은 아창족이 집거하는 마을이다. 이들은 다른 민족과 섞여 살지는 않는다. 그리고 이곳의 아창족은 영강현 호

---

152) http://kr.encycl.yahoo.com/enc/info.html?key＝1287000&q＝%C0%AF%C0%BD 혀끝으로 윗잇몸을 한 번 살짝 두들기면서 내는 소리(검색일: 2004. 4. 30.)

153) http://www.guxiang.com/dili/fq/fenqing/mingzhufenqing/bulangzu/jianjei.htm(검색일: 2004. 4. 30.)

154) 雲南省編輯委員會.『阿昌族社會歷史調査』. 雲南民族出版社. 1983. p.2.

석살 지역의 소아창(小阿昌, 태아창(傣阿昌) 혹은 창살(昌撒))과 상대적으로 '대아창(大阿昌) 혹은 한아창(漢阿昌)'이라 부른다. 이 지역의 아창족은 주로 아창어와 한어를 사용하고, 개별적으로는 태어도 말할 수 있다. 아창어는 최근 수십 년간 변화가 컸는데, 특히 한어의 영향을 많이 받았다. 현재 60, 70세가 아창어를 말하면, 20, 30세의 젊은 사람들은 모두 알아듣는 것은 아니다. 부근에 한족과 섞여 살고 있는 마을의 사람들은 한어를 사용하다 보니, 아창어를 알지 못한다. 이들은 주로 농업을 위주로 하고 있다. 그리고 수공업이 발달하여, '아창도(阿昌刀)'가 유명하다. 정치상으로는 오랫동안 태족의 지배를 받았다. 생활습속과 종교신앙은 태족의 영향을 많이 받았다. 하지만 이들은 자신들이 '태족'이라고는 여기지 않는다.[155]

양하현에 거주하는 아창인의 대부분은 한족과 섞여 살면서 한족의 영향을 많이 받았다. 언어는 한어의 단어를 많이 차용해서 사용하고 있다. 그러나 심리상태는 한족과 다르다고 여긴다. 영강, 양하 두 지역의 아창인은 공동의 언어 이외에 공동의 고유한 민족특징은 태족과 한족의 영향을 많이 받아서 대부분 소실하였다. 오랜 기간 동안 봉건통치자의 통치하에 두 지역의 아창족은 서로 떨어져 거주하였기 때문에 왕래가 매우 적었다. 따라서 '민족의 원'의 동질감을 갖기에는 부족하였다. 소원해진 심리감정은 당의 민족정책 선전을 통해서 점차적으로 사라지게 되었다. 이렇게 하여 영강과 양하 두 지역의 아창인은 하나의 공동된 민족인식을 갖게 되었다. 그리고 두 지역의 아창인은 단일한 소수민족이 되었다.[156]

(4) 보미족에 대한 민족식별

보미족은 고대에는 스스로 '박목(拍木)', '박미(拍米)'라 불렸고, 당대에는 '박미(拍米)', '배미(培米)', '춘미(春米)', '보미(普米)'라고 불렸다. 한문 사료에 남아 있는 보미족의 고대 자칭은 '반목(槃木)' 혹은 '백랑반목(白狼槃木)'이라 하였고, 진대(晉代) 이후에는 타칭으로서 '서번(西蕃)'이라 칭하였으며,

---

155) 雲南省編輯委員會(1983). pp.47 - 74.
156) 宋蜀華·滿都爾圖(2004). pp.94 - 94.

청대 이후로는 '서번(西番)'이라 칭하였다.[157]

서번은 주로 란평(蘭平), 영랑(寧蒗), 려강(麗江), 영승(永勝), 검천(劍川), 중전(中甸), 유서(維西), 화평(華平), 덕흠(德欽) 등의 현에 살았다. 란평의 '서번'은 스스로 '보영미(普英米)'라 불렀고, 영랑의 '서번'은 스스로 '보일미(普日米)'라 불렀다. 보미어 중에 '보(普)'는 '백(白, 하얗다)'의 의미이고, '미(米)'는 '인(人, 사람)'의 의미이다. 즉 '보미(普米)'는 '백인(白人, 하얀 사람)'이라는 뜻을 지니고 있었다. 이들은 자신들의 자칭이 민족명칭이 되기를 희망하였다. 보미족의 민족기원에 대해서 간략하게 살펴보면 다음과 같다.[158]

기록에 의하면 보미족은 고대 기련산(祁連山) 일대에 살던 강인(羌人)으로서, 오랜 역사를 지닌 민족이다. 하(夏)대 초기에 강인(羌人)은 시달목(柴達木) 분지를 지나서 파안객납산(巴顏喀拉山) 서북의 강하원두(江河源頭) 지역으로 들어왔다. 그곳에서 반목공동체(槃木共同體)를 형성하였고, 선진(先秦)시대에 반목공동체 대부분이 사천의 서북지역으로 들어왔다는 것이다. 감숙성 남쪽 아래로부터 이주해 온 사람들이 촉(蜀) 서부지역의 백랑강(白狼羌)의 유민들과 결합되어 하나의 공동체가 되었는데, 사료에는 이들을 '백랑반목(白狼槃木)'이라 칭하였다. 한대에 이르러 백랑반목은 운남의 서북변경지역으로 이주해 갔다. 당과 번(番)이 충돌하던 시기에, 금사강(金沙江)과 아롱강(雅礱江) 중류지역에 있던 '반목'은 토번세력(吐蕃勢力)을 따라 운남 서북 금사강으로 이주해 왔다.

보미족은 자신들의 고유한 문자는 없지만, 서하문(西夏文)으로 된 ≪番漢合時掌中珠≫에 많이 보존되어 있다. 서하문에 기록되어 있는 서하어와 일부 현대 보미어와는 동일하다. 보미어는 한장어계 장면어족 강어지(羌語支)에 속하는데, 란평지역의 보미어는 보미어의 남방방언에 속한다. 영랑현 신영반향(新營盤鄉) 이북의 북방방언과의 소통은 다소 어려움이 있다. 그런데 천서(川西) 이소(爾蘇)·목아(木雅)·이공(爾龔)·귀경(貴瓊)·찰파(扎巴)·납목의(納木義)·사흥(史興)·우(隅)와 강(羌)과 가융(嘉絨) 등의 언어와는 비

---

157) http://www.e-nujiang.com/article/176.html. 怒江(검색일: 2004. 7. 28.)

158) 宋蜀華·滿都爾圖(2004). p.89.

교적 가깝다. 본민족 언어를 제외하고 대부분은 보통화와 백족화(白族話) 그리고 율속화(傈僳話)를 사용하고 있다.

서번인은 스스로 다른 민족과 구분이 된다고 여겼고, 특히 언어, 지역, 경제생활, 사회문화에서 독특한 심리소양이 장족(壯族)과는 다르다고 여겼다. 이러한 근거로 서번은 독립된 단일한 민족이고 서번이라는 이름에는 모욕적인 의미가 있다고 하여, '보미'로 바꾸기를 요청하였다. 1960년 10월, 국무원은 이 의견을 받아들여 '서번'이라는 민족명칭을 '보미'라 불렀다.

3) 귀주성 여러 지계의 합병

귀주성에서 민족식별을 기다리는 인간공동체는 23개였는데, 민족식별을 거쳐서 다음과 같이 확정되었다. 수성(水城), 위녕(威寧) 등지에 거주하는 '칠성민', 귀양, 안순 등지에 거주하는 용가인(龍家人)은 '백족'의 지계로 되었다. 검서남(黔西南) 청융(晴隆), 보안(普安) 등지에 거주하는 나팔인(喇叭人), 개리(凱里) 황평(黃平) 등지에 거주하는 서가인(西家人)은 '묘족'의 지계가 되었다. 검남(黔南)지역의 '이황인(易黃人)'은 모남족이 되었고, 마강(麻江), 개리 등지에 거주하는 목료인(木佬人)은 '마료족'이 되었다. 독산(獨山), 여파현(荔波縣)의 막가인(莫家人)은 '포의족'이 되었고, 여파현의 장포요(長袍瑤)와 망모현(望謨縣)의 유매인(油邁人)은 '요족'이 되었다. 필절(畢節)과 사천 고린현(古藺縣)에 거주하는 예자(裔子)는 '흘료족'이 되었고, 종강현(從江縣)의 조인(刁人)과 여평현(黎平縣)의 하로사인(下路司人)은 '동족'이 되었다. 검남(黔南), 검서(黔西) 등지에 거주하는 리민(里民)은 '이족'이 되었고, 검서(黔西)와 금사(金沙), 대방(代方) 세 현의 교차지역에 거주하는 로인(盧人)은 '만족'이 되었다.[159]

여기서 칠성민과 로인을 예로 들면 다음과 같다.[160] 칠성민은 수성, 위녕 등지에 거주하였는데, 자칭은 '백아(白兒)'이다. 이들은 자신들의 민족성분이

159) 宋蜀華・滿都爾圖(2004), p.82.
160) 黃光學(1995), p.220.

백족이라며 성분을 회복해 달라고 요청하였다. 이에 당국은 조사를 거쳐 칠성민을 운남에 있던 고대 대리국을 세운 백족의 후예라고 여겼다. 원조 때 후빌라이가 대리국을 정벌한 이후 그 선민을 귀주로 보냈는데, 그 후인들은 지금까지 백족의 특징을 지니고 있었다는 것이다. 그리고 인근하고 있는 한, 이, 묘족들도 그들을 운남에서 이주해 온 백족으로 여겼다. 이런 이유로 칠성민의 민족성분을 백족으로 회복시켰다.

검서, 금사, 대방에 거주하는 '로인'은 스스로 록족(祿族)이라고 불렀다. 그러나 부근의 다른 민족들은 '육액자(六額子)' 혹은 '만족'이라 불렀다. 이들의 남아 있는 민족 언어, 사용하는 본민족 언어의 성명, 청조 때 받은 후록(厚祿) 등을 보았을 때, 오삼계가 수서(水西) 이족(彝族)을 정벌할 때 남았던 만족 관병의 후대라고 여겼다. 이러한 이유로 당국에서는 이들을 '만족'으로 인정하였다.

4) 해남성 묘족에 대한 민족식별

해남성의 묘족은 경중현(瓊中縣)에 가장 많이 분포하고 있다. 그 나머지는 경해(瓊海), 둔창(屯昌), 보정(保亭), 만녕(萬寧), 통십(通什), 삼아(三亞), 정안(定安), 낙동(樂東), 백사(白沙), 담현(儋縣), 동방(東方), 능수(陵水) 등지에 분포하고 있다. 식별조사팀은 해남성에 거주하는 묘족은 명대 만력(萬歷) 연간에 광서 흠주(欽州) 백색(百色) 및 십만대산(十萬大山) 등지에서부터 이주하여 온 지 약 400여 년이 지났다고 여겼다. 언어는 광서지역의 산자요(山子瑤)와 거의 동일할 뿐만 아니라 호칭, 성씨, 사회조직, 풍속습관, 종교신앙, 역사전설 등에서도 매우 유사하였다. 그래서 민족조사팀은 이 두 인간 공동체는 밀접한 관계가 있다고 보았다. 이러한 근거로 해서 해남 묘족은 '요족'의 일부이고 '묘족'은 아니라고 식별하였다. 그러나 이들 대다수 간부와 군중은 자신들이 오랫동안 '묘족'으로 인정받았다고 주장하였다. 자신들의 민족명칭을 '요족'으로 바꿀 필요가 없다고 여겼다. 그래서 민족식별조사팀은 '명종주인'의 원칙에 입각하여 이들을 '묘족'으로 불렀다.[161]

5) 도와인(圖佤人)에 대한 민족식별

신강 아륵태(阿勒泰) 지역에 거주하는 약 4,000여 명의 몽고족 중에 절반 정도가 '도와인(圖佤人)'이다. 이들은 자신들이 '몽고족의 일부'라고 여기고, 주변에 거주하는 다른 민족들도 이들을 몽고족으로 여겼다. 게다가 역사적으로도 지금까지 그들을 몽고족으로 간주하였다. 그런데 '도와인(圖佤人)'의 기원을 조사한 결과, 이들은 몽고족과 동일하지 않고, 중국 고대민족인 '독파인(禿巴人)'의 후예이고, 현재 러시아 경내에서 거주하고 있는 '도와족'과 동일한 원류에서 나왔으며, 이들의 시조는 고대 '정령(丁零)'이라는 것이다. 수당대에는 '도파(都波)', '도파(都播)', 원대에는 '독파(禿巴)', '독파사(禿巴思)'라 불렸다. 그리고 명대에 이르러 '독파인(禿巴人)'은 살언령(薩彦嶺)의 조량해(烏梁海) 일대에 모여 거주하였는데 '조량해인(烏梁海人)'이라고 불렸다.

민족식별을 통해서 도와인(圖佤人)을 '도와' 민족의 일부로 간주하였다. 그러나 도와인(圖佤人)들은 몽고족의 일부로 여겼다. 왜냐하면 시간이 흐르고 환경이 변하는 동안 몽고족과 섞여 살면서 몽고족의 영향을 많이 받았기 때문이다. 그리고 몽고족을 포함한 다른 민족들도 그들을 '도와어를 사용하는 몽고인'이라고 불렀다. 이러한 이유로 이들은 자신들의 민족성분 변경을 요구하지 않았다. 대부분의 도와인(圖佤人)은 자신들이 몽고족으로부터 떨어져 나가는 것을 원하지 않았다. 그들은 이전처럼 몽고족에 포함되기를 원하였다. 그리고 이곳의 몽고족 사람들도 그들이 떨어져 나가는 것을 원하지 않았다. 정부는 '도와인(圖佤人)'의 뜻을 존중하여, '몽고족의 일부'로 인정하였다.[162]

다음 <표-5>는 소수민족으로 분류된 예를 정리한 것이다.

---

161) 宋蜀華·滿都爾圖(2004), pp.92-93.

162) 宋蜀華·滿都爾圖(2004), p.94.

족 체	자칭 혹은 타칭	결 과
광서 민족지계	* 편인(자칭 포편) * '포장', '포토', '포통', '포태'	* 장족(壯族) 지계로 편입
대신현의 묘족	* 포의, 포롱, 포만, 포앙, 포괴, 포상갑 등.	* '포(布)'는 장어(壯語)로 '인(人)'의 의미 * 장족(壯族)과 대체적으로 동일하기 때문에 장족의 지계로 인정
운남성의 여러 지계	* 사인, 토인, 농인, 천보, 흑의, 융안, 토료 등으로 불리는 인간공동체	* 단일한 민족으로 구성하기에는 부족하여 壯族(장족)의 지계
귀주성 여러 지계의 합병	수성, 위녕 등지의 칠성민 귀양, 안순 등지의 용가인	백족의 지계
	청융, 보안 등지의 나팔인 개리, 황평 등지의 서가인	묘족의 지계
	검남 지역의 이황인	모남족
	마강, 개리 등지의 목료인	마료족
	독산, 여파현의 막가인	포의족
	여파현의 장포요와 망모현의 유매인	요족
	필절과 사천 고린현에 거주하는 예자	흘료족
	강현의 조인과 여평현의 하로사인	동족
	검남, 검서 등지의 이민	이족
	검서와 금사, 대방 세 현의 교차지역에 거주하는 로인	만족
백족 지계	늑묵: 백니	* 백어의 방언에 속한다. * 역사, 언어, 명칭유래에서 보면, 늑묵은 백족의 지계
	난평의 나마인: 백족	* 언어: 민가어에 속하는 일종의 방언
	이원의 토가인: 백과	* 이원, 등천일대에 거주하는 백족의 자칭과 서로 동일
이족지계	석로파, 라라파, 석로파, 살니, 살니복, 아서복, 나라복, 납유	* 언어: 이어(彝語) 방언에 속함. * 경제생활과 문화습속은 서로 동일하거나 유사하다.
락요 산지의 농인	* 스스로는 '농인'으로 암 * 일부는 한족 혹은 요족으로 여김	요족으로 판별
합니족 지계	합니, 호니, 벽약, 잡도, 알뉴, 아목 등	* 이어지에 속하는 합니 방언 * 사회조직과 문화의 특징은 합니족과 동일 * 이족과는 차이가 비교적 큼
와족 지계	'본인': '와' 한, 태의 영향을 많이 받았다고 생각함	* 사회문화, 생활습속은 와족과 서로 동일 * 와족과는 역사전통, 지리분포, 언어, 칭호 및 일부 생활습속 등 동일한 부분이 많음
모남족	모탄, 모난(茅難), 모난(毛難), 모남(冒南) 혹은 모남(毛南)	* 지방의 명칭에서 발전되어 민족명칭으로 됨 * 당지의 壯族(장족)과 한족이 칭하는 모남인의 의미는 '모남 지방의 사람'
마료족	'모료(姆佬)' '목로', '목로묘', '영동'(즉, 요인)	* 명(明)대 이래 민족공동체가 형성
포랑족	서쌍판납에 사는 사람들, 포랑 진강의 사람들: 오 난창의 사람들: 옹공 쌍강, 운현, 경마, 묵강 등지의 사람: 아와 혹은 와	* 본 민족의 언어 이외에도 와와, 한어와 태어를 사용 * 백랑은 단일한 소수민족으로 인정 * 민족명칭은 '포랑'으로 변경

족 체	자칭 혹은 타칭	결 과
보미족	* 박목, 박미, 배미, 춘미, 보미 * 진대(晉代) 이후에는 타칭으로써 서번 * 청대 이후로 '서번(西蕃)'	* 고대 기련산 일대의 강인 * 서번인(西蕃人)은 스스로 다른 민족과 구분이 된 다고 여김 * 언어, 구역, 경제생활, 사회문화: 장족(壯族)과 는 다르다.
해남성 묘족	* 해남 묘족은 요족의 일부이고 묘족이 아니라 고 식별 * 이들 대다수 간부와 군중은 자신들이 오랫동 안 묘족으로 인정받았다고 주장	* 언어는 광서지역의 산자요(란전요)와 거의 동일 * 호칭, 성씨, 사회조직, 풍속습관, 종교신앙, 역 사전설 등에서도 매우 유사 * 자신들의 민족명칭을 요족으로 바꿀 필요가 없 다고 여김 * '명종주인(名從主人)'의 원칙: 묘족으로 부름
아창족	* '아창'은 한족이 부르는 명칭 * 태족의 지배를 받음	* 양하현 아창인 대다수는 한족과 섞여 삼 * 한족의 영향을 많이 받음 * 한어의 단어를 많이 차용 * 심리상태는 한족과 다르다고 여김 영강, 양하 두 지역의 아창인: 공동의 언어, 공동의 고유한 민족특징은 태족과 한족의 영향 을 많이 받아서 대부분 소실

3. 한족으로 분류된 사례

　　민족식별조사팀은 조사연구과정에서 한족과 섞여 살면서 한어를 사용하는 사람들을 대체적으로 한족으로 판별하였다. 예를 들면, 천청인, 단민, 자원인, 와향인, 오주요인, 광서지역의 여러 인간공동체, 해남성의 임고인 등이다.

　　중국에서 민족식별을 할 때 한족으로 분류된 인간공동체들이 있다. 한족으로 분류된 유형을 살펴보면 다음과 같다.

　　첫째는 원래는 한족으로서 소수민족의 영향을 받아 소수민족 문화를 갖고 있지만, 민족기원이 한족이고 한족과 동일한 민족의식을 갖고 있어 한족으로 간주하였다. 예들 들면, 천청인, 육갑인, 자원인을 들 수 있다. 둘째는 소수민족의 명칭을 갖고 있고 본인들도 독립된 민족이라 주장하지만 중국 당국이 한족으로 간주하였다. 예를 들면, 오주요인(요족으로 등기), 양산인(동족으로 여기고, 양산족이라 불렸음)을 들 수 있다. 셋째, 스스로는 독립된 민족이라고 주장하지만, 한족화가 된 정도가 심하여 한족으로 분류되었다. 예를 들면, 단민과 와향인, 임고인(장족이라 요구)을 들 수 있다.

1) 귀주성 '천청인'의 민족정체성

1950년 중앙에서 귀주지역으로 중앙민족방문단을 파견하였다. 당시 이 지역의 약 80여 개 인간공동체들이 자신들은 독립된 민족이라고 주장하였다. 이러한 문제가 제기되자 중앙민족방문단은 조사하였고, 대부분의 인간공동체를 여러 민족으로 합병하였다. 그러나 약 20여 개의 인간공동체가 어떤 민족인지 판별하지 못하였다. 이들 중 '천청인'을 한족으로 분류하였는데, 그 이유는 다음과 같다.[163]

'천청인'은 귀주성 서부지역과 오강(烏江) 상류의 육충(六沖), 삼분(三岔)과 압지(鴨池), 삼조(三條) 하류지역에 주로 살고 있었다. '천청'이라는 명칭은 청대에 처음으로 등장하였다. 주로 '천람(穿藍)의 한인'이라며 구분하고자 하였으나, 당지에 거주하는 소수민족들은 그들을 '천청'이라 부르지 않았다. 오히려 독특한 특징을 갖고 있는 한인으로 보았다. 예를 들면 '하얀 한인(白漢人)', '가난한 한인(窮漢人)', '큰 발을 가진 한인(大脚漢人)', '쑥장대 한인(蒿子杆漢人)', '쑥과 보리를 먹는 한인(吃蒿麥의 漢人)', '큰 소매를 입은 한인(穿大袖子漢人)', '당지이민의 한인(當里民의 漢人)' 등이다.

일부 사람들은 '천청'인이 사용하는 한어를 '로배자화(老輩子話, 연장자의 말)'라고 불렀는데, 이들의 언어는 한어의 방언에 속하며, 특히 강서, 호북, 호남지역의 한어 방언과 관련이 있다고 하였다.

한인과 관련 있는 것으로 보이는 '천청'인의 조상은 호남성, 호북성, 강서성 일대에서 거주하였다. 그러다가 명대 홍무 연간(1368~1398)에 군대를 따라서 귀주로 들어온 뒤, 한인의 이민집단을 형성하였다. 이후 청 초 '개토귀류(改土歸流)[164]'에 의해서 한인(주로 관료와 상인이 많음)이 귀주지역으로 들어와 정치와 경제적 측면에서 다른 민족보다 우월한 지위를 유지하였다. 이렇게 서로 다른 시기에 한인들이 이 지역으로 이주해 오게 되었다. 즉 명대에 이주해 온 한인과 청대에 이주해 온 한인으로 구분되었다. 이때 전

163) 宋蜀華·滿都爾圖(2004). pp.85-86.
164) 土官(토관)을 流官(유관, 중앙에서 파견하는 지방관)으로 대체시키는 것을 일컫는다(김한규, 2005. p.311).

자를 '천청'이라고 불렀고, 후자를 '천란(穿蘭, 오늘날 '로한(老漢)'이라 알려져 있음)'이라고 불렀다. 민족식별조사팀은 청대에 온 '천청인'은 귀주지역으로 들어온 이후 다른 한족과 격리된 바가 없었을 뿐만 아니라 독립된 다른 민족으로 발전하지 않았다고 보았다. 그리고 일상생활 속에서 다른 한인과 밀접한 관련이 있기 때문에 '천청'을 '한인'으로 인정하였다.

2) 광동성의 단민에 대한 민족식별

광동 지역에 거주하는 단민을 '판민(版民)'이고도 불렀다. 또 '단가(疍家)', '단호(疍戶)', '이정(夷蜒)'이라고도 불렀는데, 모두 이 민족을 '폄하'하는 의미를 담고 있다. 어떤 사람은 '단정(疍蜒)'은 마치 '새알(蛋)'을 반으로 나눈 형태'라고 하였다. 단인은 '물 위에서 거주'하기 때문에 '단가(疍家)'라 불렀다. 복건성 복주에 거주하는 한인은 단민을 '과제(科題)' 혹은 '곡제(曲蹄)', '나제(裸蹄)'라 불렀다. 단민들이 오랫동안 물 위에서 생활하였고, 배를 집으로 삼았기 때문에 이러한 이름으로 불리게 되었지만, 단민들은 이러한 이름을 좋아하지 않았다. 민국시기에 들어와서 단민을 '수상거민'으로 부르기 시작하였고, 중국 건국 이후에도 '수상에서 거주하는 사람'으로 부르고 있다.165)

'단(疍)'이라는 명칭은 진(晋)대에 나타나고 있다. 기록에 의하면, 단민은 남만(南蠻)의 한 종류로서, '만(蠻)', '이단(夷疍)'이라 불렸다. 이들은 오랜 기간 동안 통치자들의 박해를 받았다. 그들의 전설에 의하면 자신들은 '육거지인(陸居之人, 땅에서 거주하는 사람)'이라 불렸는데, 전쟁이 일어나자 육지에서 물 위로 피난하여 왔다는 것이다. 이들은 교통운수, 고기잡이, 벌목을 직업으로 삼아 생활하였으며, 현재의 단민이 되었다는 것이다.

이들은 오랜 기간 동안 한인과 함께 거주하면서 한인의 영향을 많이 받아서 한화(漢化)정도가 매우 심하였고, 자신들의 조상들에 대해 알지 못하였고, 물 위에서 거주하는 동안 자신들의 민족특징을 잃어버렸다. 그들은 성씨, 언어 모두 당지에 사는 한인의 영향을 받았다. 어떤 지역을 가더라도 한

---

165) 黃光學(1995), p.287; 宋蜀華·滿都爾圖(2004), p.95.

어 방언을 사용해서 의사소통을 한다. 이들은 공통된 언어가 없었고, 왕래도 줄어들었다. 그러나 그 지역에 사는 한인과의 왕래는 잦았고, 통혼도 하였다. 이러한 이유로 단민은 원래는 소수민족이었지만, 한인과 함께 살면서 점차적으로 한족에게 동화되었기 때문에, 오늘날에 와서는 단민들의 고유한 민족특징은 사라졌고, 민족자아의식도 소멸되었다. 게다가 중국 건국 이후 중국 당국에 자신들의 민족성분의 승인을 요청하지도 않았다. 단일민족에 대한 열정도 적었다. 그래서 단민을 독립된 민족으로 판별할 필요가 없었고, 한족으로 포함시켰다.[166]

3) 호남성의 와향인과 오주요인에 대한 민족식별

(1) 와향인

호남 서부의 완릉(浣陵)·진계(辰溪)·서포(溆浦)·노계(瀘溪)·길수(吉首)·고장(古丈)·보정(保靖)·대용(大庸)과 城保苗族自治縣 등지에 분포하는 와향인은 '알향인(挖鄉人)' 혹은 '왜향인(哇鄉人)'이라 불렸다.[167] 그중 완릉현에 사는 사람들은 스스로 '과웅옹(果熊翁)'이라 불렀다. 와향인에 대한 민족성분에 관한 연구는 50년대에 있었는데, 1951년 중앙민족방문단은 현재 성보묘족자치현에 사는 와향인을 '여족(黎族)'이라 정하였다. 보정현의 와향인을 요족으로 정하였다. 1954년 와향인의 민족성분에 대해서 다시 조사를 요구하였는데, 호남성 민족위원회는 1958년 4월 "關於確定'挖鄉人'的民族成份爲漢族的意見"을 제출하였다. 의견에서는 다음과 같은 결론을 얻었다.[168] 이들은 조상 대대로 이 지역에서 거주하였던 것이 아니라, 섬서·감숙·강소·호북 지역에서 강서지역을 거쳐 호남성 완릉으로 이주했다. '와향인'이 사용하는 언어는 한족과 차이가 크게 없다고 간주하였다. 단지 기본적인 어휘 일부가 한어 방언과 차이가 약간 있다고 보았다. 그리고 통용되고 있는 한어 방언의 어음(語音)부분에서는 다르게 나타났지만, 고대 한어의 특징이 남아 있다

---

166) 宋蜀華·滿都爾圖(2004). p.96.
167) 宋蜀華·滿都爾圖(2004). p.84.
168) 宋蜀華·滿都爾圖(2004). pp.84-85.

고 여겼다. 또 '와향인'의 생활, 혼인, 오락활동, 명절 등은 그 지역에 거주하는 한족과 동일하다고 판단하여, 민족식별조사팀은 '와향인'을 한족으로 간주하였다.

(2) 오주요인

호남성 江華瑤族自治縣에 주로 거주하는 오주요인은 1950년대 호남성 민족위원회의 조사를 거쳐 '요족'으로 등기되었다가 민족식별조사 결과에 의해 요족이 아닌 한족으로 판별되었다. 오주요인이 한족으로 판별된 이유를 살펴보면 다음과 같다.[169]

오주요인은 고산요인(高山瑤人)과 언어 소통이 되지 않았고, 풍속습관도 달랐다. 그래서 일부 고산요인은 오주요인을 진정한 '요인'으로 인정하지 않았다. 뿐만 아니라 광동, 광서지역에서는 오주요인을 한인으로 여겼으나 요인으로 여기지는 않았다. 민족식별조사팀은 오주요인의 이동과정과 한어를 사용하고 있다는 것을 근거로 하여 오주요인을 소수민족이 아닌 한족으로 식별하였다.

4) 광서지역의 민족식별

광서 의산(宜山)지역에 거주하는 '려족'을 한족으로 식별하였는데, 식별과정 내용을 살펴보면 다음과 같다.

여족의 조상은 광동성 뢰주부(雷州府) 해강(海康)에서 살았는데, 400여 년 전 명나라 말기에 장사를 하다가 의산으로 들어와서 정착하였다는 것이다. 이들은 '백촌(百村)' 방언을 사용하는데, 이러한 방언은 한어 광주방언계통에 속한다는 것이다. '임계(臨桂)'의 조상은 강서 지역으로부터 와서 호남을 거쳐 광서지역으로 이주해 왔는데, 이들은 한어 완릉(浣陵) 방언을 사용하고 있다. 용승(龍勝) 각 자치현의 '여족(또는 '리인(俚人)'이라고 칭한다.)'은 스스로 '완릉인(浣陵人)'이라고 칭하는데, 이들 조상은 호남성 진주부(辰州府)

---

169) 黃光學(1995), pp.237-238; 宋蜀華・滿都爾圖(2004), p.85.

완릉현에서 왔다고 전해지고, 240여 년의 역사를 갖고 있으며, 주로 한어 '완릉화'를 말하였다. 이러한 근거로 해서 '려인(黎人)'을 한족으로 인정하였다. 의산에 사는 '양산인(陽山人)'은 자신들의 조상이 광서지역 경주부(琼州府) 양산현에서 왔다고 여기고 있는데, 1952년에 '동족(僮族)'이라고 인정받았으나 1953년에 '양산족'으로 민족명칭이 바뀌었다.

민족식별조사팀은 이들이 한어를 사용하고, 자신들의 독특한 민족의식이 희박하다고 보았다. 또 이들은 자신들이 독립된 하나의 민족이라고 주장한 바가 없기 때문에, 의산 '양산인'을 한족으로 분류하였다.

삼강(三江) 지역에 거주하는 '육갑인'은 스스로 '객인(客人)'이라고 불렀다. 이들의 조상은 복건성 정주부(汀州府) 상항현(上杭縣)에서 이주해 온 것으로 전해지는데, 이주해 온 이후에 동족과 장족(壯族)과 오랫동안 접촉하고 왕래하다 보니 이들의 영향을 받았다고 여겼다. 이들이 사용하는 언어는 한어 계통에 속하는 것으로 여겼다. 언어, 역사 기원 등의 방면에서 볼 때 '육갑인'은 한족이었는데, 이 지역으로 이주해 오면서 점차적으로 변하였다는 것이다. 이러한 이유로 '육갑인'은 독립된 소수민족이 아닌 '한족'이라는 것이다.[170]

5) 운남성 자원인에 대한 민족식별

운남성에 '자원'이라 불리는 인간공동체가 있었는데, 이들은 스스로 '원인(園人)' 혹은 '자원'이라 불렀다. 이들은 주로 운남성 부녕현(富寧縣) 이구귀조(二區皈朝), 삼구박애(三區剝隘)과 사구나당(四區那當)에 주로 거주하고 있었다. 그리고 이들은 자신들만의 거주지역이 없어서, 다른 민족과 함께 살았다. 당지에 사는 사람들은 그들을 '월서인(粵西人)'이라 불렀다.[171]

중국 건국 후 자원인은 민족등기를 할 때, '자원족'이라고 적었다. 자원인은 광서에서 부녕현으로 이주해 와서 한어・월어 방언을 사용하는 민족집단이다. 이구귀조의 자원인은 계림에서 가장 먼저 이주해 온 사람인데, 벌써

---

170) 宋蜀華・滿都爾圖(2004). pp.86－87.

171) 黃光學(1995). p.238.

80, 90대가 지났다. 자원어의 어법구조는 한어와 동일하고, 어음계통은 월어와 동일하였다. 백색지역의 월어를 말하는 한인은 자원인과 교류할 때 말이 통할 수 있었다.172)

민족식별을 할 때 조사팀은 자원인을 한족으로 식별하였다. 그 이유는 '자원어'의 어법구조가 한어와 동일하고, 사회문화, 가정혼인, 풍속습관과 종교신앙 등의 문화풍속이 한족과 비교했을 때 차이가 크게 없었기 때문이었다. 이 지역에 살면서 다른 소수민족과의 잦은 왕래가 있게 되면서 이들과 동일한 공동의 심리소양을 갖게 되었다 할지라도 '자원인'은 다른 소수민족 속에 살고 있는 한족이라는 것이다.173)

6) 해남성 임고인에 대한 민족식별

임고인은 해남성 임고, 담현(儋縣), 징매(澄邁), 경산(琼山), 해구(海口) 등지에 분포하고 있었다. 이들은 스스로 한족이라 칭하고, '임고화'를 말하며 한문을 사용하고 있었다. 중국 건국 이후, 임고인의 족속(族屬) 문제와 관련하여 두 가지 의견이 제기되었다. 하나는 임고인의 언어는 한장어계 장동어족(壯侗語族) 장태어지(壯傣語支)의 장어(壯語)에 속한다.174) 임고인은 장족(壯族)과 같이 고대 낙월(駱越), 이인(俚人)에 동일한 근원을 두고 있다. 임고인은 진한 이전에 양광(兩廣)으로부터 이주해 왔고, 문화예술과 생활습관은 장족과 서로 유사하기 때문에 장족임을 강렬하게 요구하였다. 다른 의견은 임고인의 조상은 복건성에서 온 한족이지 장족이 아니라는 것이다. 식별조사를 거친 후에는 임고인은 스스로 한족이라 불렀고, 한어임고방언(漢語臨高方言)을 사용하며, 한문을 통용한다고 여겼다. 임고인 대다수는 생활습관과 문화예술 방면에서 한족과 동일하고 장족(壯族), 여족과는 다르다고 여겼다. 임고인은 한(漢)대에 만들어진 조묘(祖廟, 조상의 사당)를 갖고 있고, 스스로 자신들의 조상이 한족이라 여겼다. 이러한 이유로 임고인은 독

---

172) 黃光學(1995). p.238.
173) 宋蜀華・滿都爾圖(2004). p.85.
174) 어떤 사람은 壯語臨高方言이라고 한다.

립된 민족이 될 수 없고, 또한 장족이 될 수 없으며, 한족의 일부에 속하였다.[175]

중국 건국 초기에 한족으로 분류된 인간공동체들은 1980년대에 자신들의 민족성분과 명칭에 대한 재조사를 요구하였지만, 한족으로 분류된 경우가 많았다. 이는 중국대륙의 역사가 한족 중심으로 발전해 왔다는 전제를 두었기 때문이다. 즉 오랜 시기에 이주해 왔던 사람들이 현재 다른 특징을 갖고 있지만, 오래전의 사람들이 '한족'으로 단정 짓는 것이 바로 그러하다. 그들이 분포하던 지역을 유추하였을 때 한족의 후예라고 보는 것이다. 이는 역사적으로 어떤 왕조가 세워졌다 하더라도 한족은 중국대륙에서 넓게 분포하였다고 해석하였던 것이다. 따라서 한족으로 분류된 여러 인간공동체에 대해서 재해석하려면 다음과 같은 선입관과 편견이 제거되어야 할 것이다. 첫째, 지금 현재 한어를 사용하고 한족의 문화적 특징을 갖고 있으면 한족이다. 둘째, 일부 인간공동체의 민족기원을 한족으로 간주한다.

다음 <표-6>은 한족으로 식별된 족체를 정리한 것이다.

〈표-6〉 한족으로 식별된 족체

원래 한족		
족체	자칭 혹은 타칭	한족으로 식별된 이유
천청인	* 한인의 명칭 앞에 하나의 형용사를 첨가 '하얀 한인(白漢人)', '가난한 한인(窮漢人)', '큰 발을 가진 한인(大脚漢人)', '쑥장대 한인(蒿子杆漢人)', '쑥과 보리를 먹는 한인(吃蒿麥의 漢人)', '큰 소매를 입은 한인(穿大袖子漢人)', '당지의 이민의 한인(當里民의 漢人)' 등	* 이족(彝族) 통지자의 영향을 받지 않았다고 밝힘 * 일상생활에서 다른 한인과 밀접한 연관 관계가 있다고 여김
삼강 육갑인	* 스스로 '객인(客人)'이라 함	* 언어는 한어계통에 속하는 것으로 여김 * 언어, 역사 기원 등의 방면에서 볼 때 '육갑인'은 한족임 * 이주 이후, 점차적으로 변함
자원인	* '원인(園人)' '자원(蔗園)' * 다른 민족들: 월서인(粵西人) * 다른 사람들: 부녕현으로 이주해 온 한족으로 여김	* '자원(蔗園)'어의 어법구조가 한어와 동일 * 사회문화, 가정혼인, 종교신앙 등의 문화풍속이 한족과 차이가 크게 없었기 때문

---

175) 宋蜀華・滿都爾圖(2004). p.93.

소수민족 → 한족으로 식별		
족체	자칭 혹은 타칭	한족으로 식별된 이유

의산
양산인
	* 광서지역 경주부(瓊州府) 양산현(陽山縣)
	  에서 왔다고 여김
	* 1952년에 '동족(僮族)'이라고 인정
	* 1953년에 '양산족(陽山族)'으로 민족명칭 변경
		* 한어(漢語)를 사용하고, 자신들의 독특한 민족의식
		  이 희박
		* 자신들이 독립된 하나의 소수민족이라고 주장한
		  바가 없음

오주요인	1950년대: 요족(瑤族)으로 등기	* 고산요인(高山瑤人)과 언어 소통이 안되고, 풍속
		  이 다름
		* 고산요인 중 일부: 오주요인을 진정한 '요인'으로
		  인정 안 함
		* 광동, 광서지역: 한인으로 대우

독립된 소수민족 → 한족으로 식별		
족체	자칭 혹은 타칭	한족으로 식별된 이유

광동성
단민
	- 판민(版民)
	- 단가(疍家), 단호(疍戶), 이정(夷蜒)
	- 단민(蜑民)
	- 단민(蛋民)
		* 원래는 소수민족이었음. 오랜 시간을 거치는 동안
		  에 점차적으로 한족으로 동화
		* 민족특징은 점차적으로 소멸하였고, 민족자아의식
		  도 희박
		* 스스로 민족성분의 승인을 요구하는 것도 없고,
		  족속 인정에 대한 열정도 크지 않음
		→ 이러한 이유로 단민(疍民)을 하나의 독립된
		  민족으로 나눌 필요가 없어졌음

와항인	'알항인(挖鄕人)' 혹은 '왜항인(哇鄕人)'	* 언어는 한족과는 크게 차이가 없음 * 생활, 혼인, 오락활동, 명절 등은 그 지역에 거주 하는 한족과 동일

해남성
임고인
	* 장족(壯族)과 같이 고대 낙월(駱越), 리인
	  (俚人)에 동일한 근원을 둠
	* 진한 이전에 양광(兩廣)으로부터 이주
	* 문화예술, 생활습관은 장족(壯族)과 서로
	  유사하다.
	* 장족(壯族)임을 요구
		* 자칭은 한족
		* 한어임고방언 사용, 한문을 통용
		* 대다수는 생활습관과 문화예술 방면에서 한족과
		  동일
		* 장족(壯族), 려족(黎族)과는 다르다고 여김
		* 한대에 만들어진 사당이 있음. 자신들의 조상이 한
		  족이라 여김

제3부
중국의 민족정책

　제3부에서는 중국공산당의 민족정책 변화, 중국 건국 이후의 민족정책 변화와 특징을 살펴보며, 2000년대 이후 실시되고 있는 소수민족정책의 특징을 살펴본다. 아울러 중국소수민족정책이 재중동포인 조선족의 정체성에 어떠한 영향을 미쳤는지를 살펴본다.

제1장 중국 건국 전후의 민족정책 특징

1. 1949년 이전의 중국 소수민족정책

중국공산당은 1947년 내몽고자치구를 설립하기 이전까지만 하여도 각 소수민족들이 독립국가를 세울 수 있는 '자결권'을 허용하였다. 하지만 내몽고자치구를 설립한 이후부터는 '자결권'보다는 '자치권'을 강조하였다. 또 중국 건국 직전에 선포하였던 '中國人民政治協商會議共同綱領(이하 '공동강령'이라 함)'에서도 '민족자결'보다도 '민족자치'만을 허용하였다. 중국이 건국되기 이전의 중국공산당 소수민족정책변화를 살펴보면, 소수민족에 대한 인식을 알 수 있다.

1921년 7월에 창당된 중국공산당은 제2차 전국대표대회(1922년)에서 "중국공산당의 임무와 목전의 투쟁부분에서 동북 3성을 포함하여 진정한 민주공화국을 건설한다. 몽고, 서장, 회강(回疆) 세 지역에는 자치를 실시한다. 민주자치방을 성립시킨다. 자유연방제로서 중국 본부, 몽고, 서장, 회강을 통일하여 중화연방공화국(中華聯邦共和國)을 건립한다."고 하였다.[176] 그리고 1928년 중국공산당 제6차 代表大會底決議案에서는 "(3) 중국을 통일하고 민족자결권을 승인한다."고 하였다.[177] 여기에서 중국공산당은 소수민족의 자결권을 승인함으로써 각 소수민족이 자신들만의 국가를 건설할 수 있다고 인정하였다.

---

176) "中國共產黨第二次全國大會宣言(1922年 7月)", 1981. p.6.
177) 中國共產黨第六次代表大會底決議案. 1981. p.10.

1931년 11월 '中華蘇維埃共和國憲法大綱' 헌법 제14조에서 "중국소비에트정부는 중국 경내 소수민족의 자결권을 승인한다. 곧 각 약소민족이 이탈할 수 있다. 스스로 독립된 국가를 성립할 수 있는 권리를 갖고 있다. 몽, 회, 장(藏), 묘, 려(黎), 高麗人 등은 모두 중국 지역 내에 거주하고 있다. 그들은 완전히 자결권을 갖고 있다. 중국소비에트연방에 가입하거나 이탈하거나 혹은 스스로의 자치구역을 건립한다. 중국소비에트정권은 현재 이러한 약소민족이 제국주의와 국민당의 군벌, 왕공, 라마, 토사(土司) 등의 압박통치에서 벗어나도록 도와야 한다. 그리고 완전한 자유를 얻도록 한다. 소비에트정권은 이러한 민족 중에서 그들 스스로 민족문화와 민족언어를 발전하도록 해야 한다."(中華蘇維埃共和國憲法大綱 17)고 하였다. 이때 중국공산당은 구체적인 민족명칭을 거론하면서 소수민족의 민족자결권을 승인하였다.

또 중화공농병소비에트(中華工農兵蘇維埃) 제1차 전국대표대회에서 통과된 ≪關於中國境內少數民族問題的決議案≫에서는 중국 경내에는 적지 않은 소수민족이 있다. 예를 들면, 몽고인, 티베트인, 한국인, 안남인(安南人), 사천・운남・귀주・광서 등지에 거주하던 묘・려 등의 민족, 신강・감숙 등지에 거주하던 회족 등이 있다. 모두가 중국 황제・지주・관료・상업자본・고리대자본의 착취와 통치를 받았다. 또한 중화민국이 성립한 이래로 민족의 자유와 해방도 없었고, 군벌・지주・관료・상업고리대금업자들로부터 착취와 압박을 당하였다. 그들이 거주하는 지역에는 굶주림이 없는 날이 없었다. 그들의 반항에 가장 참혹한 학살정책을 취하였다. 중국지주자산계급을 대표하는 국민당은 중국경내에 거주하는 소수민족을 대상으로 착취와 학살을 일삼았다. 소위 '민족평등'과 '오족공화'는 국민당정부의 사기였다. 중화공농병소비에트 제1차 전국대표대회에 전국 공농(工農)과 중국경내의 소수민족을 초대해서 손문의 '민족주의'에 반대하고자 하였다. 왜냐하면 손문의 민족주의는 지주자산계급의 이익을 대표하는 것이고, 중화소비에트공화국의 주장과는 근본적으로 서로 다르기 때문이다. 이러한 이유로 중화공농병소비에트 제1차 전국대표대회에서는 "중화소비에트공화국의 기본법(헌법)에는 반드시 중국 내 소수민족의 민족자결권에 대해서 명백하게 규정한다.

중국에서 떨어져 독립된 자결권을 획득할 때까지이다. 그것은 조건 없이 외몽고의 독립을 승인한 것이다."[178]고 하면서, 몇몇 지역과 민족을 거론하면서 민족자결권을 명확하게 규정하였다.

아래 <표-7>은 1949년 이전 중국공산당의 소수민족정책을 요약하였고, <표-8>은 북양군벌과 국민당 그리고 공산당의 소수민족정책을 비교한 것이다.

〈표-7〉 1949년 이전의 중국공산당의 소수민족정책

연 도	대 회	주요 내용
1922	제2차 전국대표대회	자유연방으로 중국 본부·몽고·서장(西藏)·회강(回疆)을 통일하여 중화연방공화국을 건립
1923. 7.	제3차 전국대표대회	중국공산당당강초안: 서장·몽고·신강·청해 등지와 중국 본부와의 관계는 해당 민족이 스스로 결정
1928	제6차 전국대표대회	10대 정강에서는 5개의 소수민족에 대하여 분리권 혹은 연방의 권리를 제시
1931. 11.	중국 소비에트공화국 선포	헌법 제14조: 몽고족, 회족, 장족(藏族), 묘족, 이족, 조선족 그리고 중국영토 안에 살고 있는 모든 민족들은 자결권을 가지며 그들 나름대로의 자치지구를 형성할 수 있을 뿐 아니라 분리독립도 가능함을 명기
1933	소비에트연방공화국 수립	華蘇維埃共和國十大政綱: 각 민족의 완전자결권을 승인
1935		분리 독립에 관한 구절: 소수민족이 중국으로부터 독립하는 것을 인정하지 않았다.
1947		내몽고자치구성립 이후: 소수민족의 '이탈권'과 '민족자결권'은 거론하지 않고 '자치구'와 '자치'만을 거론하였다.

〈표-8〉 중국 건국 이전의 소수민족정책 비교

북양군벌	국민당	공산당
- 변강민족에 대한 사무를 보는 관리제도 추진 - 소수민족 상류층을 농락 - 기미(羈縻)를 실행	- (원세개 정부) 소수민족에 대한 정치적 압박과 경제적 수탈 - 민족상류층통치자의 압박을 받았을 뿐만 아니라 군벌, 관료, 지주의 압박을 받음 - 손문의 민족동화사상 계승 * 국족을 이루자(한족이 중심이 됨) 소수민족을 한족으로 동화하여 통일을 이루자	- 자결권 부여 → 자치권 부여

---

178) 中華工農兵蘇維埃第一次全國代表大會. pp.18-20.

2. 1949년 공동강령

1949년 9월 29일에 발표된 '공동강령'에서는 소수민족의 자치권만을 인정하였다. 주요 내용을 살펴보면 아래와 같다.[179]

제50조: 중화인민공화국 내의 각 민족은 일률적으로 평등하다. 단결하고 서로 간에 돕는 것을 실행한다. 제국주의와 각 민족 내부의 공민의 공적을 반대한다. 중화인민공화국은 각 민족이 우애로 이루어진 대가정이다. 대민족주의와 지방민족주의에 반대한다. 민족 간의 멸시, 압박과 각 민족의 단결을 분열시키는 행위를 금지한다.

제51조: 각 소수민족이 모여 거주하는 지역에는 민족 구역자치를 실행하고자 한다. 모여 사는 사람들의 인구의 많고 적음과 지역이 크고 작은 것에 따라서 각 민족자치기관을 구분하여 건립하다. 모든 각 민족이 섞여 사는 지방과 민족자치지역 내의 각 민족은 당지의 정권기관에는 균일하게 대표가 될 수 있다.

제52조: 중화인민공화국 내의 소수민족은 균등하게 통일된 국가의 군사제도에 따라서 인민해방군 및 지방인민공안부대에 참여할 수 있는 권리가 있다.

제53조: 각 소수민족은 균일하게 그 언어와 문자를 발전시키고, 그 풍속습관과 종교신앙을 유지하거나 개혁시킬 수 있는 자유가 있다. 인민정부는 마땅히 소수민족의 인민대중이 정치, 경제, 문화, 교육의 건설사업을 발전시키는 데 도와야 한다.

위의 '공동강령'에서 중국공산당은 소수민족의 자치권을 인정하였는데, 이는 이전에 소수민족에게 약속하였던 자결권을 허용하지 않겠다는 의미였다.

3. 중국 건국

1) 건국 당시의 소수민족지역 상황

대외개방정책 이후 중국의 동부지역과 기타지역, 한족지역과 소수민족지역 간의 경제격차는 매우 심각하였다. 이러한 문제점을 해결하기 위해서 중

---

179) 『黨的民族政策文獻資料選編』. 1981. p.111.

국에서는 서부대개발을 실시하고 있다. 서부대개발의 중점 목표 중의 하나는 변강 지역에 거주하는 소수민족지역의 경제성장이다. 민족문제는 다민족 국가에서 해결해야 할 중요한 사안이다. 특히 최근 중국에서 발생하였던 민족 간의 갈등과 유혈사태는 중국 당국이 해결해야 할 과제로 남아 있다.

그런데 이러한 민족 간의 갈등과 모순은 최근의 문제만은 아니다. 중국이 건국할 당시에도 존재하였다. 새로운 국민국가가 건국되었지만 중국 내에는 오랫동안 존재하였던 민족 간의 모순이 바로 사라지지 않았다. 이는 비효통의 글에서도 찾아 볼 수 있다.

비효통은 1950년 귀주에서 두 차례의 소수민족의 무장충돌사건이 발생하였다고 밝히고 있다. "하나는 흥인전구(興仁專區) 안룡현(安龍縣)의 '용광사건(龍廣事件)'이고 다른 하나는 필절전구(畢節專區) 대정현(大定縣)의 '방가평사건(方家坪事件)'이다. 먼저, '용광사건'으로, 청의 비적(匪賊) 중에는 '한(漢)·중(仲)' 간의 원한이 있었다. 중족(仲族)의 민병은 청비(淸匪)로서 약탈을 일삼았고, 한족 농민에게 보복을 하였다. 이때 손해를 입은 마을만 하여도 13개 이상이 되었다. 다음은 '방가평 사건'이다. 흘료족이 무사로부터 멸시를 당했으며, 군중을 이용한 정치적인 요구가 일어났다. 이때 정부는 즉각적으로 제지하지 못하였고, 이로 인해 비적으로부터 이용당했으며, 많은 사람들이 무장을 한 채 폭동에 가담하였다."[180]

더욱 심각한 것은 제국주의의 세력과 대륙에 남아 있던 국민당세력 및 지방반동세력이 서로 결탁하여, 민족모순을 이용해서 인민정부에 압력을 가하였다는 것이다. 이들 지역 사람들은 "중국이 건국되기 이전에 영, 미, 캐나다 등의 국적을 가진 기독교 선교사들이 서남 변경지역에서 활동하면서, 이지역에 거주하는 민족감정을 유발시켰으며, 소수민족의 이주를 시켰다. 뿐만 아니라 미얀마 북부지역에서는 이민국을 설치하여 전문적으로 이민수속을 도와주었다. 그리고 '등충(騰沖), 용릉(龍陵)변구'에 거주하는 산두족(山頭族)으로 하여금 병역에 참가하도록 하여, 무기를 지급하면서, '동쪽을 치자

---

180) 王希恩. 『當代中國民族問題解析』. 民族出版社. 2002. p.59.

(向東打)'"고 하면서 민족 간의 분규를 조성하기도 하였다. 중앙방문단이 운남 서부지역에 도착하였을 때, 제국주의 선교사는 "흥, 민족공작, 우리는 이미 몇십 년을 하였어!"라고 하면서 중앙방문단에 적대적으로 반응하였다. 이렇게 이 지역에서는 제국주의자들이 오랫동안 지배를 하고 있었기 때문에 소수민족 중 많은 사람들은 새 정부의 법령을 업신여겼다. 오히려 소수민족들은 외국선교사를 '대대인(大大人)'이라 칭하면서 새 정부 사람들보다 더 높이 대우하고 있었다. 이 밖에 변경지역의 상류층에 속하는 지식인과 제국주의는 직접적이든 간접적이든 관계를 맺고 있었다. 그들의 전통정책은 '양면도(兩面倒)'였거나 '부자양면(父子兩面)' 혹은 '형제양면(兄弟兩面)'이었다. 중국이 성립하기 이전에는 미얀마 변경 목방(木邦) 지역의 토사(土司)가 일찍부터 운남지역 내의 각 토사 회의를 개최하자고 책동하여, '남조연방(南詔聯邦)'의 건립을 건의하였다. 그리고 현 국민당 잔재인 이이내(李彌乃)가 미얀마 경계지역에 있으면서, 국내의 활동을 지지하였다는 것이다.[181]

서남지역에서도 이와 같은 현상이 빈번하게 일어났고, 서북지역은 다른 지역에 비해 매우 심각하였다. 중국 건국 초기에 감숙성과 영하회족자치구의 소수민족지역에서 여러 차례의 무장봉기가 일어났다.

1949년 겨울, 국민당의 잔존세력이 지방세력과 결탁하여 임하(臨夏)지역에서 무장봉기를 일으켰다. 그리고 1952년 서길(西吉), 해원(海原), 고원(固原), 융덕(隆德) 및 동향(東鄕) 등의 지역에서 반정부 무장봉기가 일어났다. 또 1952년 말에서 1953년 상반기까지 임하, 감남(甘南)에서 국민당 잔존세력과 지방세력이 민족 간의 모순을 이용하여 무장봉기를 일으켰다.[182]

이러한 여러 지역에서의 무장봉기 현상은 새로 건국된 국가의 국정운영에 어려움을 주었을 뿐만 아니라 한족과 소수민족 간의 갈등을 더욱 심화시키는 결과를 초래하였다.

민족 간의 소원함은 한족과 소수민족 사이에서만 일어난 것이 아니라 소수민족 간에도 존재하였다. 역사적인 혹은 경제적인 원인으로 인해, 또 통치

---

181) 王希恩(2002). pp.59 - 60.
182) 王希恩(2002). p.60.

집단의 도발로 인해 각 지역의 소수민족 간에는 모순이 존재하고 있었다. 그중에서도 무장을 한 채 서로 간에 전쟁을 하였는데, 예를 들면, 사천성 아패 지역의 토관(土官)과 흑수두(黑水頭) 사람들 간에 약 10년간의 맥와(麥洼) 마을의 분쟁이 있었다. 1차 분쟁에서는 서로 간에 2만 명이 투입되었고, 사상자가 약 200명이나 되었다. 이러한 분쟁은 중국 성립 이후에도 계속되었다. 그리고 1952년, 8월에서 11월까지 량산(凉山)지역의 보격(普格), 포타(布拖), 미고(美姑), 소각(昭覺), 보웅(普雄)에서는 16차례의 분쟁이 발생하였다. 1차 분쟁에서는 약 7,000명이 동원되었고, 분쟁으로 인한 쌍방 간의 손실은 매우 컸으며, 사회에도 불안감을 조성하였다. 한편, 1951년 왕봉(汪鋒)은 중앙민족사무위원회 확대회의에서 서북지역의 민족공작성취에 대해서 말할 때, "2년 동안, 전 서북지역은 민족평등의 원칙을 근거로 해서 민주협상 방식을 거쳐서, 초산(草山), 수리(水利), 농목(農牧), 지역의 경계, 혼인 등의 각종 분규 3000여 건을 해결하였다. 감숙성 임하 분구 일대에 320여 건을 해결하였을 뿐만 아니라 청해성 동덕현(同德縣)에 1년 동안 260여 건을 해결하였다."고 하였다. 이러한 군중의 분규 안건은 모든 민족지역에서 발생하였고, 일부분은 소수민족 사이에 발생하였다. 감숙과 청해 경계지역의 장족(藏族) 감가(甘加)와 가오(加吾)지역의 초산(草山)분규, 신강 사차(莎車)와 택보(澤普), 맥개제(麥蓋堤)와 엽성(葉城)의 수리(水利)분규, 감숙성 영창현(永昌縣) 사구사(莎泃寺)의 장족(藏族)과 청해성 황성탄(黃城灘) 회족 간의 토지분규와 같은 경우는 수십 년간 지속되었다. 심지어는 수백 년간 소수민족 간의 모순이 지속되었다.[183]

소수민족 지식층은 중국공산당 초기에 '민족자결과 민족연방제' 구상을 가지고 있었다. 그런데 중국공산당의 민족정책이 민족구역자치로 바뀌면서, 민족적 이익을 위해 중국공산당의 사회주의 운동에 가담하였던 많은 소수민족 지식인들과 민족주의자들은 당혹스럽게 되었다. 신해혁명 이후 중국대륙이 혼란하였던 시기에 소수민족들이 중국공산당이나 국민당에 협조했던 것

---

183) 王希恩(2002). pp.60 - 61.

은 주로 민족자결과 연방제 때문이었다. 이들은 중국이 건국된 이후에도 자결과 연방제에 대한 미련을 버리지 못하고 있었다.

이러한 모순은 중국 건립 이후에도 각 민족관계에 많은 영향을 주었다. 이를 정리하면 아래 <표-9>와 같다.

〈표-9〉 중국 성립 초기의 각 지역의 민족 분쟁

각 지역	분규 내용
서남지역	1950년: 귀주에서 두 차례의 소수민족의 무장충돌사건 사천성 아패지역: 약 10년간의 맥와(麥洼) 부락 분쟁 1952년, 8월에서 11월까지: 량산(凉山) 지역의 보객, 포타, 미고, 소각, 보옹에서는 16차례의 분쟁이 발생
서북지역	1949년 겨울: 국민당의 잔존세력이 지방세력과 결탁하여 임하(臨夏)지역에서 무장봉기를 일으킴 1952년: 서길(西吉), 해원(海原), 고원(固原), 융덕(隆德) 및 동향(東鄉) 등의 지역에서 반정부 무장봉기가 일어남 1952년 말~1953년 상반기: 임하, 감남에서 국민당 잔존세력과 지방세력이 민족 간의 모순을 이용하여 무장봉기를 일으킴 1949년 이후 2년 동안, 초산, 수리, 농목, 혼인 등의 각 종 분규 3000여 건을 해결 -감숙 임하 분구 일대에서 1951년: 320여 건을 해결하였을 뿐만 아니라 청해 동덕현 1년 동안 260여 건을 해결

중국 건국 이후, 당과 정부는 대한족주의와 지방민족주의를 비판하면서 민족 간의 모순과 격리를 없애고자 하였다. 실질적으로 특정 지역의 민족 간의 모순은 정치적, 경제적인 문제였다. 정부로부터 독립된 민족으로 인정을 받게 되면, 그 지역에서 소수민족자치지역을 세울 수 있을 뿐만 아니라, 소수민족으로 받을 수 있는 법률적 혜택을 누릴 수 있기 때문이다. 따라서 민족식별은 지방민족족의와 대한족주의를 일시적으로 방지할 수 있는 역할을 하였고, 민족문제를 해결하는 방법의 하나로 작용하였다.

중국공산당은 건국 초기에 소수민족지역의 영토안정뿐만 아니라 정치적 안정을 자신할 수 없었다. 만약 건국 이후 민족자결과 연방제가 다시 부상할 경우, 지역과 인구비례에 의한 결정이 아닌 민족별 1표에 의한 결정이 이루어질 수 있었을 것이다. 이 경우 한족을 제외한 몽골족, 이슬람을 믿는 여러 민족, 티베트인들이 연방 회의에서 독립을 주장할 가능성이 있었다. 그래서 당시 1954년에 개최될 제1차 전국인민대표대회의 민족대표를 선출하기 위해서 민족등기를 받았을 때 자신이 민족이라고 여긴 숫자가 400여 개였다. 중국 당국에서는 이러한 많은 숫자가 전국인민대표대회의 민족대표로 참여하게 된다면 국론의 분열이 있을 거라고 여겼다. 하지만 민족명칭을 중화민국시기에서처럼 통칭해서 폭넓게 분류해 버리면, 소수민족의 숫자가 커질 뿐만 아니라 소수민족이 지배하는 지역 또한 매우 넓게 되어 버린다. 이 것은 중국공산당으로서는 파국이 아닐 수 없다. 따라서 이러한 민족을 분리해 놓을 필요가 있었던 것이다. 하나의 예로 살펴보면, 중화민국 시기 '5족 공화론'에서 말하는 '회(回)'는 오늘날의 '회족'을 가리키지만, 엄격하게 구분한다면 '회강'지역을 가리켰다. 즉 회강 지역에 분포하는 이슬람교를 믿는 여러 지역을 포함하는 것이다. 결국 당시 회족은 이슬람교를 믿는 민족들의 통칭이었는데, 민족식별을 통해 회족, 합살극족, 탑길극족 등으로 나뉘게 되었다. 또 서남지역의 민족은 대체적으로 '묘'로 분류되었지만, 민족식별을 하는 과정에서 서남지역의 민족들은 아주 세부적으로 분류되었다.

민족식별은 중국 건국 이후 국내외에 존재하던 여러 위협적인 요소를 해결하기 위해 중국 당과 정부가 주도가 되어 실시하였던 민족정책의 기본공작이었다. 여기에는 정치적, 경제적, 사회적인 문제와 연관이 있었다. 예컨대 민족식별 문제는 중국정부 입장에서는 사회주의 사화(四化) 건설 중 많은 정책, 즉 인민대표선출, 민족구역자치, 민족간부 양성, 고용, 간부발탁, 참군(參軍), 가족계획, 민족지구보조비·경제건설비의 분배, 민족학교 설립 등에 영향을 줄 수 있다.[184]

민족식별의 대상인 인간공동체의 입장에서도 어떤 민족으로 분류되느냐에 따라 얻게 되는 정치·경제·사회적 이득(benefits)이 달라질 수밖에 없었다. 그래서 그동안 지배계층의 박해를 피하기 위해 숨겼던 자신들의 민족성분을 드러내기 시작했다. 또한 새로운 국가의 국민으로서의 자격을 부여받고, 자신들의 민족대표가 국정에 참여하여, 자신들의 권익을 주장하고자 하였다. 즉 1949년 이전의 중국대륙을 지배하였던 각 왕조와 정부는 각 소수민족에

---

184) 黃光學(1995). p.152.

대한 멸시압박정책을 가하였으나, 새로 생긴 정부가 소수민족지역에 시행되었던 민족압박 제도를 폐지하면서 민족평등과 민족단결의 정책을 펼친다는 선전을 접하면서, 인간공동체들은 자극을 받고 자신들의 민족명칭을 공개하였던 것이다.

2) 한족 중심의 국가 건설

오늘날 지구상에 존재하였거나 존재하고 있는 많은 사회에서는 자신의 집단을 세상의 '중심부'로 생각하고, 인접 집단들을 '그림자, 유령들, 신화적 존재들의 신화적인 영역'이 시작되는 '주변부'로 여기는 자민족중심적인 세계관을 갖고 있는 것을 발견하게 된다. 특히 동아시아에서의 중국적 세계질서관, 중국 내에서의 한족 중심의 역사관 민족관은 대표적인 사례라 할 수 있다. 지금까지 일반적으로 한족을 중국대륙에서 오랜 역사 기간 동안 활동하였던 '중심' 민족으로 간주하고 있고, 역사상 등장하였던 민족과 오늘날 소수민족을 한족의 '주변'으로 해석하고 있다.

이러한 한족 중심의 역사관과 민족관은 청말 시기에 서구의 민족개념과 민족주의가 유입되면서 형성되기 시작하였다. 청이 망한 뒤, 혼란한 기간이 오랫동안 지속되는 동안 중국대륙에는 한족 중심의 역사관과 세계관이 고착화되었다. 그리고 1949년 한족 중심의 통일된 국가가 건국되면서 중국정부는 한족을 포함한 소수민족이 '중국민족' 혹은 '중화민족'으로 융합되어 하나의 새로운 민족이 되었다고 하였다. 또한 55개 소수민족의 선민과 그들이 일구어 낸 역사적 성취도 '중화민족의 성취'라고 규정하였다.

한편, 중화민족의 개념은 민족융합의 개념으로서 이미 손문의 오족공화론에서 '한족＋몽고족＋장족(藏族)＋회족＋만주족＝중화민족'에서 주창한 바 있었다. 그러나 이때의 중화민족은 한족 중심에서 바라본 관점이었고, 민족융합이라기보다는 민족동화로 해석해야 할 것이다. 당시에는 앞으로 발생할 민족 간의 갈등을 해소하기 위해서 한족 중심의 국가를 이루고자 하였다.

이러한 시도는 이미 중화민국시기의 군벌과 국민당 정부의 민족정책에서도 엿보이고 있고, 소수민족을 억압하는 정책이 나타나기도 한다. 민국시기에는 이미 한족 중심의 국가 건설과 한족으로의 동화를 시도하고자 하였다. 한편, 공산당은 초기에는 소수민족의 자결권을 강조하다가 점차적으로 소수민족의 자치권을 강조하게 되었다.

중국이 건국된 이후에는 소수민족의 자치구역을 법률로 정하면서, 일정한 거주지역을 선정하여 소수민족으로 하여금 자치권을 갖도록 하였다. 이러한 정책은 외형적으로 민족단결과 민족평등인 것처럼 보이지만, 실질적으로는 한족과는 차별되는 '주변'으로 전락한 것이었다. 주은래는 민족방문단에 "소수민족에게 가서 한족이 잘못하였음을 밝히고, 구한인(舊漢人)이 잘못하였으니, 신한인(新漢人)이 용서를 구한다."고 주문하였다.[185]

이는 민족방문단이 한족의 시각에서 비롯되었음을 알 수 있다. 그리고 중국에서는 민족식별을 건국 초기 민족평등정책을 실현하기 위한 기초적인 작업으로서, 세계적으로 유례가 없고 역사적으로도 처음으로 시도된 작업이라고 그 의의를 두고 있다. 물론 민족식별을 통해서 그동안 차별을 받았던 것과는 다르게 소수민족들의 권리와 의무가 확대된 것은 사실이다. 그러나 민족식별의 시행으로 중국 당과 정부가 원하든 원하지 않든 결과적으로는 소수민족과 고대 역사민족들의 민족정체성의 단절을 가져왔다.

4. 중국 건국 이후의 민족정책

1) 민족자치에 관한 정책

1947년 내몽고자치구를 설립하고 1949년 중국을 건국한 이래로 중국은 소수민족의 독립을 허용하지 않았다. 중국정부는 '분리불허(分離不許, 중국으로부터의 독립 절대 불가, 소수민족의 독립을 허용하지 않음), 당가작주(當家作主, 현지주민이 주인이라는 의미, 민족자치를 허용하는 정책)'라는

---

185) 王希恩(2002), p.63.

원칙을 변함없이 적용해 왔다.

중국의 변강 지역은 중국이 건국되기 이전부터 제국주의와 지방민족주의의 영향권 안에 있었거나 소수민족이 세운 독립된 국가가 존재하였다. 1920,30년대의 외몽고지역은 러시아, 티베트지역은 영국, 만주지역은 일본의 영향권에 있었다.[186] 특히 신강지역은 동투르키스탄이 건국되었던 곳이었다. 중국정부는 점차적으로 확대되어 가는 소수민족의 민족자각의식으로 인해 영토가 분할될 것을 염려하였다. 일부 지역에서 특정 소수민족이 독립된 국가를 건설하게 되면 다른 소수민족들도 자신들의 독립된 국가를 원할 수 있었다. 만약 소수민족이 독립 국가를 건설하게 되면, 영토의 분할이 이루어지게 되고, 자연적으로 중국의 영토는 축소된다. 이를 막기 위해서 소수민족의 자결권보다는 자치권만을 허용하였던 것이다.

건국 이후 '중국인민정치협상회의 공동강령'을 좀 더 구체화한 것이 1952년에 발표한 ≪民族區域自治實施綱要≫이다. 소수민족 거주지역을 거주지의 크기에 따라 '자치구(自治區)', '자치주(自治州)', '자치현(自治縣)'의 세 가지 형태로 나누어서 민족구역자치를 제도화하였다. 중국의 민족구역자치는 단일제 국가 내에서 각 소수민족이 모여 거주하는 곳이며, 국가의 통일적인 영도하에 헌법과 법률의 규정에 따라 민족구역과 자치를 결합한 원칙에 따라 자치기관을 설립하고, 각급 지방에 상응하는 국가정권과 자치권을 행사하며 본 지역의 국가사무와 민족 내부의 사무를 관리하는 제도이다.[187]

1954년 헌법에서는 "중국은 단일한 다민족국가로 민족자치구는 양도할 수 없는 중국의 영토"라고 규정했다. 이로써 중국 건국 이전에 소수민족이 독립된 국가를 건국하는 것을 허용하였다가 중국 건국 이후에는 자치권만을 인정하였다. 1954년 헌법에서는 민족구역자치제도를 국가의 근본법으로 규정하였다. 그리고 민족자치구역을 '자치구, 자치주 및 자치현'의 3단계로 구분하였다. 재중동포인 조선족이 집거하는 지역은 '요강'에 근거하여 1952년 9월 3일에 연변조선족자치구가 창립(1955년 12월에 자치주로 고침)되었고

---

186) 王柯. 『中國與國家: 中國多民族統一國家思想的系譜』. 中國社會科學出版社. 2001. p.235.
187) 〈當代中國的民族工作〉編輯委員會. 1993. p.229.

동북 3성에 여러 개의 조선족자치현과 조선족자치향이 건립되었다.

중국의 민족정책은 1949년 9월 '공동강령'에 기반을 둔다. 그리고 이때 공동강령의 내용은 1954년 헌법제정 시 논의되다가 1982년 신헌법에 다시 규정되었다. 1952년 2월에 통과된 '中華人民共和國 民族區域自治實施要綱'에 기초하여 1984년 개정된 민족구역자치법이라 할 수 있다. 중국의 민족정책에서 선언된 주요 정책 내용은 '민족평등정책, 민족단결정책, 민족구역자치정책, 사회개혁정책, 경제문화사업정책, 언어문자존중정책, 풍속습관존중정책, 종교신앙자유정책'이다. '요강'에서 중국정부는 "각 민족자치구는 중화인민공화국의 불가분한 일부이며, 각 민족자치구의 인민관리는 본민족 내부 사무이다."라고 규정하였다.

2) 소수민족 조사연구

중국공산당은 새로운 국가를 건국한 뒤, 우선적으로 그동안 안고 있던 민족문제를 해결하고자 하였다. 이를 위해 중국 당과 정부에서는 소수민족의 정황을 상세하게 알기 위해서 아래와 같은 몇 가지의 단계를 거치면서 조사와 연구를 하였다.[188]

첫째는 '민족식별조사'였다. 1954년 전국보통선거 때 민족의 수가 수백에 달하였다. 이러한 족칭(族稱)이 단일민족인지 아닌지를 명확하게 하기 위해서, 당과 정부에서는 민족학자와 역사학자 그리고 언어학자를 모아서 민족식별조사팀을 조직하여 전국 범위 내에 민족식별조사를 실시하였다. 이때 마르크스사상의 민족과 민족문제의 주요 이론을 근거로 하여, 각 족칭의 단일한 언어, 지역분포, 경제생활과 문화전통, 각 민족의 뜻에 따라 조사하고 연구하였다.

둘째는 '소수민족언어조사연구'였다. 1956년, 중국과학원과 중앙민족사무위원회에서는 7개 언어조사팀을 조직하여, 총 700여 명이 각 지역으로 가서 보편적인 조사연구를 하였다. 이러한 조사연구는 1959년까지 15개 성, 자치

---

188) 張養吾. 『經驗編』. 中央民族出版社. 1993. pp.1 - 3.

구의 42개 민족 언어의 기본적인 정황을 조사하였다. 그런 뒤 60여 종의 언어 계통관계를 명확하게 하였고, 민족언어사전, 어법과 교과서를 출판하였다. 언어의 계보를 작성하는 과정에서 '지계'라는 것을 설정하게 되었는데, 이러한 언어학에서의 개념은 고대민족을 연구하고 고찰할 때 적용되었을 뿐만 아니라, 민족식별에서 민족을 판별하고 분류할 때, '지계'의 관점이 많이 반영되었다.

셋째는 '소수민족사회역사조사'였다. 1956년부터 전국 범위 내에 1차적으로 대규모적인 소수민족사회역사조사를 실시하였는데, 처음에는 전국인민대표대회민족위원회가 이끌었고, 1958년에는 중국과학원민족연구소가 주도적으로 이끌었다. 민족학, 역사학, 고고학, 사회학, 경제학 등의 학과의 전문가들 약 1,000명이 참가하였고, 16개 조사팀을 조성하여 각 민족지역으로 가서, 각개 소수민족의 사회생산력, 소유제와 계급관계, 역사발전과 풍속습관에 대해서 조사하였고, 매우 많은 자료를 수집하였고, 동시에 매우 많은 중요한 민족문물을 수집하였다. 소수민족과 관련된 역사적인 기록영화를 촬영하였다.

제2장 1980~1990년대 이후의 중국 소수민족정책

1. 민족융화정책

1) 통일적 다민족국가

1949년 중화인민공화국이 건국되면서 중국 내 여러 민족의 평등, 단결, 호조(互助)의 새 시대를 열었고, 중국의 통일된 민족 대가정 내에서 각 민족은 모든 권리가 평등하다고 하였다. 중국헌법에 "중화인민공화국 내의 각 민족은 모두 평등하다. 국가는 소수민족의 합법적 권리와 이익을 보장하며, 각 민족의 평등, 단결, 상호관계를 유지하고 발전시킨다. 그리고 그 어떤 민족에 대한 멸시와 압박도 금지한다."고 규정하고 있다. 지난 2000년 중국정부가 내놓은 <중국의 소수민족정책과 그 실천>이라는 제목의 백서는 "이전에 소수민족들은 봉건농노제 또는 노예제사회의 속박에 시달렸다. 그러나 중화인민공화국 수립 이후 소수민족들은 모두 평등한 지위에서 국가와 각 지방의 일에 참여함으로써 새 사회의 주인이 됐다."고 강조했다. 그러나 문화대혁명 기간 동안에는 한족우월주의가 활개를 치면서 소수민족의 문화를 훼손하였고, 소수민족 간부를 숙청하였다.

1980년대로 들어오면서 민족정책도 변화가 일어났다. 중국정부는 민족융화정책을 펼치면서 소수민족의 사회문화를 안정시키고자 하였다. 민족구역자치법을 규정하면서 소수민족의 언어, 문자, 문화, 교육 등을 보호하였다. 1980년대 말에 새로운 중화민족개념이 등장하면서 중국에서는 근대 국민국가의 성격을 띤 중화민족주의가 태동하였다. 이때 더욱 강화된 인식은 중국이 옛날부터 통일된 다민족국가였다는 것이다. 춘추전국시대를 지나 진한(秦漢) 시기를 거치면서 한(漢) 왕조가 중국대륙을 통일한 뒤 역사적으로 중국 역대 중앙정권은 진한 '대일통(大一統)'의 다민족국가구조를 발전시켜서 오늘날 중국에 이르렀다는 것이다. 또 역사변천과정에서 분열과 통일 시기를 여러 차례 거쳤지만, 통일된 왕조 시기가 길었고, 많은 민족들이 통일된 왕조를 구성하는 민족이었다는 것이다.

2) 민족통합정책

중국은 한족과 소수민족의 간극을 줄이기 위해 여러 가지의 융화정책을 펼치고 있다. 즉 중국은 중화민족이라는 단일민족을 만들기 위해서 한족과 소수민족의 융화정책을 실시하고 있다. 첫째는 교육정책이다. 소수민족의 문맹률을 줄인다는 명목하에 중국정부는 애국주의 교육을 통해 소수민족에게 중화민족의 역사와 문화를 가르친다.

중국은 민족평등과 민족단결을 위해 소수민족에게 우대정책을 실시하였다. 예를 들면, 소수민족에 대한 재정 지원, 낮은 대출금리, 두 명의 자녀출생 허용, 종교자유 보장, 대학입시 때 가산점 부여 등이다. 또 소수민족자치지역에서는 공문서 사용 시 소수민족 문자 사용을 법적으로 규정하였다. 그리고 중앙정부는 소수민족의 교육과 문화보전을 위해 특별지원을 하고 있는데, 9년제 의무교육에서 소수민족 학생은 학비 등 모든 비용을 전면 면제받고 있다. 그리고 우수한 고교생은 북경과 광주(廣州) 등의 대도시 대학에서 교육을 받을 수도 있다.

그리고 전통문화 보전을 위해서는 소수민족 문자와 언어를 사용할 수 있도록 보장하고 있다. 일부 민족지역에서는 공문에 한자와 소수민족 문자를 병기하도록 하고 있다. 공무원 임용에서 민족 간 비율에 대한 명시적 규정은 없지만 소수민족을 우대하고 있다는 것이다.[189]

---

189) http://cafe.daum.net/zhongwentianxia/5ISy/329?docid＝DOzLI5ISyI329I20030527092329&q＝

둘째는 이주정책이다. 중국정부는 한족을 소수민족지역으로 이주시키고, 또 소수민족을 한족지역으로 이주시키는 정책을 실시하였다. 중국정부는 2007년 3월 '소수민족발전계획'을 수립해 자국 내 소수민족들에 대한 지원을 강화했다. 그에 따라 신강위구르자치구의 가난한 농촌노동자들이 광동성으로 이주하였다. 지난 2009년 7월 5일 우루무치에서 발생하였던 위구르족과 한족 간의 유혈사태는 6월 광동성에서 일어났던 위구르족과 한족의 갈등이 원인이었다.[190]

중국정부는 서부대개발 정책 등으로 동부연해지역과 소수민족지역의 경제격차를 해소하려 하였다. 하지만 소수민족지역으로 이주한 한족과 동부연해지역이 서부대개발의 혜택을 누리는 결과가 되었다. 그런데 한편으로는 소수민족의 젊은이들이 교육과 취업의 이유로 자신들의 민족집거지를 떠나 한족이 주로 거주하는 지역으로 이주하였다. 공부를 통해 중화민족의 역사를 배우면서 점차적으로 자신들의 민족정체성을 상실해 가고 있다.

셋째는 경제개발정책이다. 중국은 서부대개발정책 등을 실시하며 뒤떨어진 서부민족지역의 경제발전을 도모하였고, 동북진흥정책을 실시하면서 낙후된 동북 3성지역의 경제발전을 도모하고 있다. 특히 2000년부터 중국정부가 실시해 온 '서부대개발' 정책으로 중국 서부지역 소재 5개 소수민족자치구와 운남성, 귀주성, 청해성 등 3개 다민족 성(省)들의 경제가 빠른 속도로 발전하고 있으며 서부소수민족지역의 생태환경보호와 건설도 대폭 강화되고 있는 것으로 나타났다. 중국정부는 소수민족의 경제발전을 통해 소수민족의 충성심을 확보하고, 국경지역의 안보를 강화한다는 전략적 목표도 함축하고 있다고 보아야 할 것이다.

서부대개발정책 때 중국정부는 5개 소수민족자치구와 30여 개의 소수민족자치주를 모두 '서부대개발' 대상으로 규정했으며, 특히 티베트지역에 대해 중점적으로 지원했다. 정부가 직접 배정한 서장(티베트)지역 지원 프로젝

%BC%AD%BA%CE%B4%EB%B0%B3%B9%DF%B0%FA%20%BC%D2%BC%F6%B9%CE%C1%B7&srchid＝CCBD0zL|5|Sy|329|20030527092329(검색일: 2005. 4. 30.)

190) http://news.nate.com/view/20090716n00408(검색일: 2009. 8. 20.)

트는 117개였으며, 여타 성정부나 도시들과 연계된 서장(티베트) 지원 프로 젝트는 70여 개로 총 투입액이 400억 위안에 달했다. 또한 중국정부는 신강 (新疆)지역에 '서기동송'(西氣東送: 서부지역의 천연가스를 동부지역으로 수 송), 수리개발, 하천유역관리개선, 경작지의 산림환원, 교통건설, 상품면화기 지, 우위자원탐사 등 일련의 주요 프로젝트를 배정했다.191)

2. 중국 소수민족사회의 변화

개혁개방정책이 실시된 이후 낙후한 소수민족지역에 거주하고 있던 소수 민족들은 삶의 터전을 떠나 경제가 발달한 지역으로 이주하였다. 특히 광동 성 등지에는 서북지역과 서남지역으로부터 이주해 온 소수민족들이 많다고 한다. 그런데 이러한 소수민족의 다른 지역으로의 이주현상은 소수민족자치 지역의 해체 등의 결과를 초래할 것으로 전망된다. 이러한 현상은 소수민족 입장에서는 소수민족의 해체로 볼 수 있겠지만, 중국정부의 입장에서는 도 시화 과정에서 나타나는 소수민족 이동은 해체가 아닌 분산과정으로 보기도 한다. 소수민족의 한족지역 혹은 도시로 이주하는 사회화 현상을 자연스러 운 사회현상으로 볼 수도 있겠지만, 앞으로 소수민족은 이동과 분산으로 인 해 자민족의 언어와 문자 및 민족전통문화를 보존하는 데 어려움이 많을 것 으로 보기도 한다.

오늘날 중국에서는 중국 경제발전과 사회변화로 인해 소수민족의 언어가 동화되어 간다고 지적하고 있다. 왜냐하면 많은 소수민족들이 자민족의 학 교에 입학하는 대신에 한족학교에 입학하고 있기 때문이다. 현재 중국에서 는 소수민족 언어의 동화가 이미 진행되고 있다고 지적했다. 이러한 현상이 발생하게 된 원인은 한족언어를 사용해야 취업을 할 수 있고, 사회적 활동

---

191) http://www.globalwindow.org/wps/portal/gw2/kcxml/04_Sj9SPykssy0xPLMnMz0vM0Y_QjzKL d423CDQASYGZAR76kehiXiYlsSB9b31fj_zcVP0A_YLc0lhYR0dFAHPA0Kw!/delta/base64xml/ L3dJdyEvd0ZNQUFzQUMvNElVRS82X0VfOEw1?1=1&workdist=read&id=1106791(검색일: 2009. 8. 20.)

을 하는 데 많은 이익이 발생하기 때문이다. 즉 소수민족 언어의 사용가치가 이전에 비해 많이 떨어졌기 때문이다.

대학입시 때 소수민족에게 주는 혜택을 누리기 위해서 많은 한족들이 소수민족으로 위장한 사례들이 나타나고 있다. 중국 당국은 소수민족 우대정책의 하나로 소수민족 대입 응시생에게 5~20점의 가산점을 부여하고 있는데 1~2점 차이로 당락이 결정되는 중국의 대입시에서 이런 가산점은 상당한 혜택으로 일부 한족 학생들이 이를 노려 소수민족으로 신분을 위장했을 것이라는 주장이다.[192]

3. 중화민족 역사문화 재정립

중국은 영토 안에 있는 모든 민족은 고대로부터 중화민족이고, 중국의 역사라는 중화주의 이념을 구현하기 위해 하상주단대공정(夏商周斷代工程, 이하 '단대공정'이라 약칭), 중화문명탐원공정(中華文明探源工程, 이하 '탐원공정'으로 약칭) 등의 역사 관련 프로젝트를 실시하였다.

단대공정은 역사학자와 고고학자, 천문학자 등 각 분야 전문가 200명이 투입되었던 사업으로서, 1995년 가을부터 준비하여 1996년 5월 16일에 정식으로 시작하였으며, 2000년 11월 9일에 완료되었다. 제9차 5개년계획의 하나인 단대공정은 구체적인 연대가 판명되지 않은 하상주(夏商周) 고대국가의 연대를 확정하는 프로젝트였다. 주된 내용은 하·상·주 3대 왕조의 연대를 확정하는 것이었는데, 중국은 연구 결과로서 하(夏)왕조가 기원전 2070년에 시작된 것으로 '확정'하였고, 상(商)왕조는 기원전 1600년 무렵에 건국했다는 학설을 정립시켰다. 나아가 상(商)왕조 임금인 반경(盤庚)이 은(殷)으로 천도한 때는 기원전 1300년 무렵, 주왕조의 시작은 기원전 1046년으로 각각 설정하였다. 그동안 중국 역사에서 연대가 알려진 가장 이른 시기는 B.C. 841년 서주(西周) 말 공화(共和) 원년(元年)이었는데, 단대공정을

---

192) http://china.joins.com/portal/article.do?method=detail&total_id=3654909(검색일: 2009. 8. 20.)

통해 중국의 역사를 약 1200여 년이나 끌어올렸다.[193] 이로써 중국의 역사시대를 무려 1229년이나 끌어올렸다.

탐원공정은 단대공정의 연장선 성격을 띤 프로젝트로서 2001년부터 국가과학기술연구계획 중점 항목이었고, 2002년 11월 중국 언론에서 시작을 예고하였다가 2003년부터 본격적으로 실시하였다. 중화문명의 시원(始源)을 캐는 프로젝트로서 신화와 전설로만 알려졌던 삼황오제(三皇五帝) 시대를 역사적 사실로 만드는 작업이며, 중국문명의 역사를 5000년에서 최고 1만 년 전까지 끌어올리려는 프로젝트이다. 탐원공정(2001~2003)은 3년간의 예비연구를 거쳐 제1단계 연구(2004~2005년)와 제2단계 연구(2006~2008년)로 진행하였다. 제1단계에서는 기원전 2500~1500년경 중원 지역을 시·공간 대상으로 삼았다. 제2단계에서는 기원전 3500년 무렵 장강 유역 및 요하 유역까지 확대해 중국문명의 토대를 추적했다.[194]

서북공정은 2002년에 중국사회과학원 산하 변강사지연구중심하에 실시되었다. 이 프로젝트는 신강위구르자치구에 거주하는 위구르족을 대상으로 역사와 지리에 대한 종합적인 연구로서, 실질적인 의도는 위구르족의 독립운동을 막기 위한 프로젝트이다. 1991년 소련 붕괴로 중앙아시아에 있는 무슬림들이 잇달아 독립을 선언하며 국가를 이루었다. 이러한 정세변화는 신강위구르족에게 중국으로부터 독립하려는 민족의식을 고양시켰고, 1990년대에는 신강위구르족의 주권회복을 위한 민족운동이 굉장히 활발하게 일어났다. 이러한 중국 내외 정세변화는 중국정부에 영토분할의 위기를 느끼게 하였다.

서북공정은 변강사지연구중심 내에 '신강발전연구팀'을 별도로 구성하여 추진되었다. 이는 한족을 신강 지역으로 이주시켜 위구르족을 한족화시키기 위함이었다. 또 이슬람계 민족을 인정하면서도 분열을 유도하며, 언론을 이용해 '한족과 소수민족은 결코 떨어질 수 없는 개념'으로 만들고자 했다. 서북공정의 결과로 '서역통사'를 출간했는데, 책에서 신강이 한(漢)대 이후로

---

193) http://www.booker.com.cn/big5/paper88/127/class008800001/hwz90499.htm. ≪夏商周斷代工程叢書≫簽訂出版協議 (검색일 : 2008.11.30)

194) http://xiangyata.net/data/articles/g02/276.html; http://www.guoxue.com/ws/html/zuixinfabu/20060309/106.html(검색일: 2009. 2. 10.)

중국에 편입되었고, 위구르족은 중화민족의 일원이라는 것이었다. 즉 신강지역은 오랜 역사 전부터 중국 왕조와 가까운 관계를 유지해 왔고 '중화민족 대가정(大家庭)'에 포함되었으며, 늘 중국의 지배하에 있었다는 것이다.

서남공정은 1986년에 실시한 프로젝트로서 인도차이나 지역의 국경정리와 운남성에 거주하는 소수민족을 효율적으로 관리하기 위한 정책이지만, 본질적인 목적은 티베트의 독립운동을 막기 위한 정책이고, 운남지역에 거주하는 소수민족의 정체성을 약화시키기 위한 프로젝트이다.

티베트에 대한 프로젝트는 1986년 등소평의 지시에 따라 중국사회과학원 산하 중국장학연구중심(中國藏學硏究中心)에서 '서남공정'이라는 이름으로 본격적으로 시작하였다. 이때 티베트는 13세기 원대부터 중국의 일부였다며 티베트의 역사를 중화민족사의 일부로 포함시켰다. 중국정부가 티베트에 대한 역사 재정립을 하게 된 이유는 티베트의 민족운동을 저지하기 위함이고, 티베트민족을 중화민족으로 동화시키기 위함이다. 서남공정은 티베트의 역사・지리・민족문제 등을 연구하는 국가적 사업이다. 연구핵심은 한장동원론(漢藏同源論)으로 한족(漢族)과 티베트민족은 문화와 언어의 뿌리가 같다는 것이다. 그리고 7세기 초 국가를 형성한 이래로 원과 청 왕조를 제외하고는 독립된 왕조를 이루었던 티베트의 역사를 왜곡하였는데, 특히 8세기 당나라를 위협할 정도로 세력을 확대하였던 티베트의 역사를 완전히 빼 버렸다. 서남공정 이후 중국은 티베트를 지방정부로 격하했고, 중화민족사의 범위에 포함시켰다.

동북공정은 동북지방의 역사와 지리 그리고 민족문제 등을 연구하는 국가적 연구사업으로서, 중국사회과학원 직속 변강사지연구중심(邊疆史地硏究中心)에서 2002년 2월 18일 중국정부의 승인을 받고 공식적으로 시작하여 2007년까지 약 5년 동안 진행되었던 프로젝트였다. 그러나 동북공정은 1996년에 중국사회과학원이 핵심 연구과제로 '동북공정'을 지정하면서부터 철저하게 준비되었다. 동북공정의 정식명칭은 '동북변강역사여현상계열연구공정(東北邊疆歷史與現狀系列硏究工程)'으로서, '동북 변경지역의 역사와 현상에 관한 체계적인 연구 과제'를 뜻한다. 중국은 이 프로젝트를 통해 중국의 고대 역사와 문화를 확대하였다. 중국은 "중국 국경 안에서 이루어진 모든 역사와 문화는 중국의 역사이다."라는 역사관을 통해 高句麗와 발해 등의 역사와 문화를 중국의 것이라고 주장하였다. 또 高麗를 세운 왕건은 한족(漢族)의 후예라며 족보(성씨) 연구를 한국인의 민족정체성을 부정하고 있다.

그런데 중국정부는 동북공정 이후에도 지속적으로 한국 고대 역사와 문화를 왜곡하거나 부정하고 있다. 동북 3성에서의 한국 고대민족의 역사와 문화를 없애기 위해 시조공정, 백두산공정, 온돌공정 등을 전개하고 있다. 특히 백두산을 만주족의 민족발상지로 알리면서 한국민족과의 관련성을 배제하고 있다.

제3장 2000년대 소수민족지역 경제사회문화 발전계획

1. 소수민족사업 〈11.5〉 전망계획

2007년 3월 중국 최초의 소수민족사업 관련 계획인 '소수민족사업 〈11.5〉 계획'을 발표하였다. 2007년 3월 29일 오전 국무원 판공실에서는 소수민족사업발전 등과 관련된 내용과 관련하여 기자회견을 열었다. 국무원 판공청에서는 최근에 '중화인민공화국 국민경제와 사회발전 제11차 5개년 전망계획요강' 및 민족사업을 한층 더 강화하고 소수민족과 민족지역 경제사회발전 촉진에 관한 당중앙, 국무원의 정신에 따라 '소수민족사업 〈11.5〉 전망계획'을 제정하였다. 소수민족의 교육 지원, 대학교 구축, 전통의약 및 문화발전, 인력양성, 민족법 체계 구축, 해외교류협력, 현황조사 등 11개 중점사업을 제시하였다. 이 전망계획은 소수민족 사업을 강화하고 민족구역자치제도를 가일층 견지하며, 완벽화하며 소수민족과 민족자치지방 발전을 촉진시키고 평등하고 단결되어 서로 돕고 화목한 사회주의 민족관계를 공고히 하고 발전시키는 데 아주 중요한 의의를 갖고 있다.

이 계획의 주요 내용으로는 민족자치지방에서 빈곤타파, 장애자 돕기, 외로운 아이 돕기, 가난구제를 중점으로 한 사회복리사업과 사회자선사업을 촉진하여 발전시킨다. 또 민족자치지방의 사회보장혜택을 확대하고 사회보장봉사의 사회화 수준을 제고시킨다. 민족자치지방의 사회보험사업을 강화하고 제반 사회보험정책규정을 실제적으로 시달한다. 민족자치지방의 도시주민 최저생활보장제도를 완전하게 갖추고, 농촌주민 최저생활보장제도 건립을 전면적으로 추진하며 도시와 농촌 빈곤인구의 생활거주조건을 대대적으로 개선한다. 한편 흩어져 거주하는 소수민족과 도시 소수민족의 유동인구에 대한 봉사와 관리를 강화하여 취업, 직업양성, 자녀교육, 권익보장, 법률지원, 문화교류, 특수요구 등을 도와준다.

1) 2010년의 주요 예기목표와 과업

중국정부는 '소수민족사업 <11.5> 전망계획'을 통해 소수민족지역의 경제와 사회 발전을 도모하고자 2010년에 도달할 6개의 목표를 정하였다.[195]

첫 번째, 민족자치지방(民族自治地方) 도시주민들의 1인당 가지배(可支配)소득과 농촌주민들의 1인당 순소득 연 성장속도가 전국의 평균수준보다 1% 높게 하고, 도시와 농촌의 주민소득비율이 현재수준을 유지하도록 한다.

두 번째, 민족자치지방 ≪9년의무교육보급(普九)≫을 향유하는 인구가 95% 이상이 되도록 하고, 9년의무교육을 전면적으로 보급하는 목표를 실현한다.

세 번째, 소수민족 영아(嬰儿)사망률을 2005년보다 5% 낮춘다.

네 번째, 소수민족문자출판물 종류 수가 2005년보다 20% 증가하도록 하고, 소수민족문자출판물 인쇄 수가 2005년에 비해 25% 증가하게 한다.

다섯 번째, 소수민족의 여러 유형의 인재가 취업인구에서 차지하는 비율이 2005년에 비해 0.5% 높아지게 하여, 기본적으로 소수민족인구가 전국 총인구에서 차지하는 비율에 접근시킨다.

여섯 번째, 민족자치지방의 도시화 비율을 2005년에 비해 5% 높인다.

그리고 주요 과업으로 11가지를 선정하였다.[196]

첫 번째, 민족자치지방 경제발전 기초조건을 크게 개선시켜야 한다.

두 번째, 소수민족군중의 특수한 곤란과 특수한 수요 문제를 치중하여 해

---

195) http://www.chinanews.com.cn/gn/news/2007/03-29/902861.shtml(검색일: 2009. 8. 20.)
196) http://www.chinanews.com.cn/gn/news/2007/03-29/902861.shtml(검색일: 2009. 8. 20.)

　　　　결하여야 한다.

세 번째, 소수민족의 교육과학기술수준을 높이기에 힘쓴다.

네 번째, 소수민족 의료위생사업을 착실히 추진시켜야 한다.

다섯 번째, 소수민족문화사업을 대대적으로 발전시켜야 한다.

여섯 번째, 소수민족사회복지수준을 점차적으로 높여야 한다.

일곱 번째, 소수민족인재대오건설을 착실하게 강화해야 한다.

여덟 번째, 소수민족과 민족자치지방의 대외개방을 계속 확대하여야 한다.

아홉 번째, 전 민족의 법제체계를 점차적으로 건전하게 한다.

열 번째, 민족이론정책체계를 끊임없이 완벽화하여야 한다.

열한 번째, 각 민족이 조화롭게 발전하는 사회환경을 계속 조성하여야 한다.

2) 중점프로젝트와 계획실시의 보장조치

중국정부는 '소수민족사업 <11.5> 전망계획'을 통해 다음과 같은 프로젝트를 실시하고 있다.[197]

첫 번째, 특별하게 곤란한 소수민족의 어려움을 해결하는 프로젝트

두 번째, 민족기초교육 보조 프로젝트

세 번째, 민족대학교 건설 프로젝트

네 번째, 소수민족전통의약발전 프로젝트

다섯 번째, 소수민족문화발전 프로젝트

여섯 번째, 소수민족인재대오양성 프로젝트

일곱 번째, 민족법제체계건설 프로젝트

여덟 번째, 소수민족대외교류협력 프로젝트

아홉 번째, 민족사무관리정보화건설 프로젝트

열 번째, 소수민족현상조사 프로젝트

열한 번째, 민족사무봉사체계건설 프로젝트

---

197) http://www.chinanews.com.cn/gn/news/2007/03 - 29/902867.shtml(검색일: 2009. 8. 20.)

그리고 계획을 실시하는 데 있어서 보장하는 내용으로는 다음과 같다.

첫째, 소수민족사업을 국민경제와 사회발전의 총체적 계획에 넣는다.

둘째, 계획실시목표책임을 실현시킨다.

셋째, 우대정책을 제정하고 투입의 강도를 높인다.

넷째, 민족사무관리와 감독검사능력건설을 강화한다.

<11.5> 기간 정부는 소수민족과 민족자치지방에서의 생활과 밀접한 교육, 위생, 문화와 사회복지 등 민생문제를 해결하도록 한다. 소수민족과 민족자치지방의 교육수준을 향상시키기 위해서 "① 9년제 의무교육보급을 공고히 함, ② 농촌 의무교육 단계 학생들에 대해서는 학비와 잡비를 면제, ③ 빈곤한 가정 학생들에게는 무료로 교과서를 제공, 기숙사생 생활비를 제공하는 정책을 실시, ④ 민족자치지방 보통 고등학교 교육을 추진, ⑤ 중등 직업교육을 적극 발전, ⑥ 초중등학교 학교 운영 조건을 개선, ⑦ 초중등학교의 공용 경비 보장수준을 향상, ⑧ 민족자치지방 초중등학교 교사 양성을 강화, ⑨ 초중등학교 교사수준과 교사대우를 점차 향상, ⑩ 전국 보통 대학 소수민족반, 민족반 학생모집 규모를 적당하게 확대, ⑪ 교육 자금지원체계 소수민족 빈곤 대학생이 학업을 완성하도록 지원"을 한다.

소수민족 의료위생사업발전을 가속화하기 위해서 "① 민족자치지방 공공위생과 기층 의료 서비스 체계를 개선, ② 민족자치지방 의료보장제도 건설을 가속화, ③ 민족자치지방 농촌 의료위생인재양성을 강화, ④ 민족자치지방 전염병과 풍토병 예방사업을 강화, ⑤ 소수민족 전통의약에 대한 보호와 응급조치역량을 강화, ⑥ 인구와 산아제한, 위생, 질병 예방지식을 홍보, 보급하고 과학적이고 현대적이고 건강한 생활방식을 추진"한다.

소수민족 문화사업을 발전시키기 위해서, "① 민족자치지방 문화기간시설 건설을 강화, ② 소수민족 신문출판, 방송 영화TV와 문화예술사업을 발전, ③ 소수민족 문화산업 발전 지원, ④ 소수민족 문화유산에 대한 보호, 응급조치, 발굴, 정리를 강화하고 이를 전시하여 홍보, ⑤ 소수민족 특색 문화활동을 적극 전개, ⑥ 소수민족문화 대외홍보 교류와 협력을 강화, ⑦ 민족자치지방 문화예술 인재양성을 강화"를 이룬다.

소수민족 사회복지수준을 향상시키기 위해서 "① 건전한 사회보장체계를 세우고 사회보장 포용면적을 확대, 도시주민의 최저생활보장제도를 개선하고 농촌주민의 최저생활보장제도 설립을 추진, ③ 고아, 빈곤구제, 빈곤퇴치, 장애자지원을 위주로 한 사회복지사업과 사회자선사업 발전을 가속화, ④ 취업과 서비스체계 건설을 강화, ⑤ 농촌노동력 양성을 확대"를 실시한다.

2. 비교적 인구가 적은 민족발전 지원 규획

중국정부는 소수민족 중에서 비교적 인구가 적은 22개 소수민족이 거주하는 낙후된 지역의 경제와 사회 발전을 위한 부양정책을 지난 2005년부터 ≪인구가 비교적 적은 민족발전 지원 규획(扶持人口較少民族發展規劃)≫ (2005-2010)[198]을 실시하고 있다.

비교적 적은 인구라 함은 소수민족의 인구가 10만 명 이하이고, 총 63만 명(2000년 제5차 전국인구조사)으로, 이러한 민족을 '인구가 비교적 적은 민족'이라 통칭한다. 이들 22개 민족은 55개 소수민족 중 모남족(毛南族). 살랍족(撒拉族), 포랑족(布朗族), 탑길극족(塔吉克族), 아창족(阿昌族), 보미족(普米族), 악온극족(鄂溫克族), 노족(怒族), 경족(京族), 기낙족(基諾族), 덕앙족(德昂族), 보안족(保安族), 러시아족(俄羅斯族), 유고족(裕固族), 오자별극족(烏孜別克族), 문파족(門巴族), 악륜춘족(鄂倫春族), 독룡족(獨龍族), 탑탑이족(塔塔爾族), 혁철족(赫哲族), 고산족(高山族), 락파족(珞巴族)이다. 인구가 비교적 적은 22개 민족이 취거하는 640개 촌(村)의 총 인구는 95만 6천 명이다. 그 중이 인구가 비교적 적은 민족은 38만 4천명이고, 총 인구의 40.2%를 차지하며 인구가 비교적 적은 민족은 총인구의 61%를 차지한다.

이 규획이 실행되는 지역의 범위는 내몽고, 흑룡강, 복건, 광서, 귀주, 운남, 서장, 감숙, 청해, 신강 등 10개 성 중의 86개 현, 238개 향진, 640개의

---

198) http://www.seac.gov.cn/gjmw/zt/2009-07-13/1247444799457474.htmx_1.htm(검색일 :2009.9.4

행정촌 인구가 비교적 적은 민족의 취거구(聚居區)를 포함한다. 그리고 인구가 비교적 적은 민족이 주로 거주하는 지역은 서부 외딴 진 산지(山地)이고, 중국 국경 일대에 속하기 때문에 그동안 중국 경제 발전 정책의 혜택을 제대로 받지 못하였다. 그러한 이유로 다른 지역에 비해서 사회발전의 정도가 낮고, 생산력 수준도 낮으며, 경제와 사회를 발전시키는데 많은 어려움이 있다. 이들이 거주하는 지역의 문제점은 생산활동의 조건이 뒤떨어져 있고, 빈곤문제가 심각하며, 사회사업발전이 낙후되어 있다.

이를 해결하기 위해 중국정부는 등소평이론과 강택민의 3개대표이론을 주요 지도사상으로 삼고, 호금도의 과학발전관을 견지하며, 전면적 소강사회 건설을 목표로 삼았다. 이 규획의 주요임무는 이들 지역의 기초시설 건설을 강화하고 생산생활조건을 개선한다. 그리고 경제구조를 조정하며 지역마다 특색있는 산업을 발전시키며 수입증가를 촉진하고자 한다. 또 시장을 활발하게 하고, 당지의 우위에 있는 자원을 기반으로 하여, 농민과 목축민의 수입을 증가시키도록 한다. 과학기술, 교육, 위생, 문화 등의 사회사업을 발전시켜 사회진보를 촉진시킨다. 당지의 사람의 능력을 배양하고 제고시킨다.

3. 소수민족 문화사업 진일보 진흥발전 의견

2009년 6월 10일 국무원사무회의에서 온가보(溫家宝) 총리는 ≪진일보 소수민족문화사업을 번영, 발전시킬 데 관한 의견(關於進一步繁榮發展少數民族文化事業的若干意見), 이하 '의견'이라 약칭한다.≫을 토론하고 통과시켰다.[199] ≪의견≫에서는 새로운 시기 소수민족문화사업의 지도사상과 기본원칙을 제기하였다. 그리고 소수민족문화는 중화문화의 중요한 구성부분이고, 소수민족문화사업을 번영·발전시키는 것은 장기적이고도 중대한 전략적 임무라고 밝혔다. 또 각 지역, 각 부서는 소수민족문화사업을 더욱 중요한 위치에 두는 것을 확실하게 해야 한다고 역설하였다.

---

199) http://www.huizucn.com/?action - viewnews - itemid - 390 2009 - 6 - 11 19:38来源: 新华网

≪의견≫에서는 중국정부가 여러 방면에서 소수민족문화사업을 한층 더 번영·발전시킬 것이라고 지적하였다. 그리고 중국은 소수민족과 민족지역 공공문화 기초시설 건설을 빠르게 실천하여 민족지역 기층문화시설의 효과적인 운영을 보장할 것이라고 지적하였다. 또 소수민족 문학예술단체와 박물관 건설을 지지하는 강도를 높이고 대중성 소수민족 문화활동을 크게 전개하며, 소수민족 문화유산에 대한 발굴과 보호를 강화하고 소수민족 대외교류를 추진하는 등의 조치를 취한다고 하였다.

중국정부는 이런 조치를 통해 2020년에 이르러 민족지역 문화기초시설을 상대적으로 완벽하게 구축하고자 하고, 소수민족과 민족지역에 혜택을 주는 공공문화 봉사체계를 구축하며, 주요 지표가 전국 평균수준에 접근 혹은 도달하게 하고자 한다.

4. 글로벌 금융위기 속 서부지역경제의 안정적 고성장에 관한 의견

2009년 8월 20일, 온가보(溫家寶) 국무원 총리 겸 국무원 서부지역개발영도소조 조장은 '글로벌 금융위기 속 서부지역경제의 안정적 고성장에 관한 의견(關於應對國際金融危機保持西部地區經濟平穩較快發展的意見)'을 결정하였다고 발표하였다.[200) 그리고 '의견'에서 서부지역이 내수 확대를 위해 중요한 역할을 발휘해야 한다고 촉구하였다.

중국정부는 글로벌 금융위기 대처를 위한 포괄적 계획에서 재정지출이나 민생 및 기초인프라 건설을 할 때 서부지역을 우선순위에 두기로 결정하였다. 낙후된 업종과 저효율 에너지 소모형 기업은 퇴출시키거나 합병시킬 예정이다. 대신 첨단 과학기술형의 중소기업을 육성하고, 핵심지역을 선(先)개발해 서부 다른 지역의 발전을 견인시킬 계획이다. 민생과 관련해서 중국정부는 2~3년 내 열악한 식수난을 해결하고, 티베트, 신강위구르자치구, 영하회족자치구, 청해성 등 소수민족 거주지 발전에 대한 정책지원 시행에 힘을 쏟겠다고 하였다.

---

200) http://zldx2.stock.cnfol.com/090821/149,1287,6391491,00.shtml(검색일: 2009. 8. 25.)

그리고 철도·도로, 허브·지선 공항, 수자원과 에너지, 정보통신(IT) 등 주요 기반건설에 속도를 내고 생태환경 보호에 집중 투자하기로 했다. 산업구조를 조정하고 경제발전방식을 변화시키며, 민생 개선을 중점으로 삼아 사회사업발전을 이룬다. 개혁개방을 심화하여, 대내대외개방의 새로운 구조를 구축하고, 지진지역 재건사업을 빨리 이루어 전면적으로 규획임무를 완수한다.

제4장 중국민족정책과 조선족 정체성*

1. 서 론

1992년 한국과 중국이 수교하면서 한중 간의 교류는 이전보다 활발해졌고, 조선족이라 불리는 재중동포[201]들의 한국 방문도 많아졌다. 조선족은 중국 내 한족(韓族) 혈통을 가진 중국국적을 지닌 사람들이다. 비록 한국인과 국적을 달리하고 있지만 동일한 민족정체성을 갖고 있다. 수교 이후 한국에서는 재중동포를 한국과 동일한 민족정체성을 가진 해외동포로 인식하면서도, 중국으로 진출하는 한국기업의 통역원, 값싼 노동자 등으로 인식하였다. 또 한국에 온 재중동포들은 한국정부와 한국인으로부터 차별과 멸시를 당하기도 하였다. 이후 재중동포에 대한 한국인들의 인식 변화가 있었고, 재중동포의 법적 지위도 달라지기 시작하였지만, 본질적인 문제를 해결하지는 못하였다.

한국에서 재중동포에 대한 법률적 지위가 거론될 때, 중국정부는 민감한 반응을 보였다. 왜냐하면 재중동포의 민족성분이 한국의 한(韓)민족이면서도 동시에 조선족이라 불리는 중국의 중화민족에 속하는 이중적인 민족정체성을 갖고 있기 때문이다. 다시 말하면, 한국 측에서 보면 조선족은 중국에 있

---

* 이 글은 "중국의 조선족에 대한 정책변화가 조선족정체성에 미친 영향"(『비교문화연구』 18권, 부산외국어대학교 비교문화연구소(2006))를 수정 보완하였다.

201) 중국 내 조선족을 재중동포라고 통일해서 불러야 하겠지만, 본 연구에서는 중국정부의 민족정책의 방면에서 언급할 때는 조선족이라고 부르고, 한국 측 관점에서는 재중동포라고 부르기로 한다.

는 한국의 재외동포로서 한민족이지만, 중국 측에서 보면 조선족은 중국 건국에 커다란 공헌을 한 중국 소수민족이며, 현재는 민족통합의 명칭으로 사용되는 중국민족 혹은 중화민족의 구성원이다. 결국 재중동포인 조선족은 중국인으로서, 중국민족이라는 것이다.

현재 재중동포의 인구수는 약 200만 명(2000) 정도가 되며, 중국 내 소수민족 중 13번째로 많다. 대부분의 재중동포는 동북 3성에 거주하고 있으나 내몽고자치구, 북경, 상해, 항주, 광주, 성도, 제남, 서안, 무한 등 도시에 광범위하게 거주하고 있다. 일반적으로 조선족은 조선 말 1880년대 이후부터 중국대륙으로 건너간 사람을 가리키며, 중국공산당이 조선인이라고 부르던 것을 '조선족'으로 부르면서 독립된 민족으로 인정하였다고 여긴다.[202] 이렇게 중국국민이 된 조선족은 오늘날 '신중화주의'가 대두되면서 한민족으로서의 재중동포가 아니라 중국민족 혹은 중화민족으로 결정되는 민족정체성의 변화조짐이 나타나고 있다.

중국 내 소수민족의 정체성은 자연적으로 형성되었다기보다는 중국의 민족정책에 의해 공인되었다. 현재 진행되고 있는 소수민족의 '중화민족화'는 소수민족이 새로운 정체성을 갖게 되는 것으로서, 1953년 실시된 민족식별의 형태와는 다르다. 최근 중국정부는 중화민족을 주창하면서 중국 내 한족과 소수민족을 통합하려고 한다. 서부대개발과 동북진흥정책 등을 통해 소수민족이 거주하는 지역을 발전시켜서 소수민족의 이탈을 방지하려는 의도를 갖고 있다.

최근 중국의 신중화주의론(Neo – sinocentrism)[203]은 재중동포인 조선족에게도 지대한 영향을 미치고 있다. 중국은 2002년 '동북공정' 천명 이후 한국사를 왜곡할 뿐만 아니라 한국의 민족정체성까지도 부정하면서 중국 내 조선족의 정체성을 중화민족으로 당위화시키고 있다. 이러한 중국의 '신중화민족론'을 한국정부는 경계해야 하고, 한국과 관련 있는 역사와 민족을 기존의 해석

---

202) 최영관 외 3명. "한국통일과 중국 동북 3성 조선족에 관한 연구". 『한국동북아논총』 제20집. 2001. p.90.

203) 윤휘탁. 『Neo – Sinocentrism』. 푸른역사. 2006. 참조.

과는 달리 접근하며 한국의 역사와 문화 및 민족정체성을 보존해야 한다. 그렇지 않으면 조선족이 중화민족으로 통합될 뿐만 아니라 한국인들도 중국의 재외동포화 혹은 중화민족화 될 가능성도 없지 않다. 이러한 예측이 터무니없는 소리로 들릴 수 있겠지만, 이미 중국 동북공정에서 적나라하게 드러났을 뿐만 아니라, 그 이후의 온돌공정, 백두산 공정 등을 통해서도 알 수 있다. 이러한 중국의 신중화민족론을 통해 충분히 예상할 수 있기 때문에 한국에서의 조선족에 대한 연구는 민족정책과 관련지어서 심도 깊게 연구되어야 한다.

한국에서 조선족의 정체성에 관한 연구를 하기 위해서는 우선적으로 중국의 소수민족에 대한 인식과 정책 변화를 알아야 한다. 특히 소수민족의 정체성 유지 혹은 변화에 영향을 준 민족구역자치정책,[204] 민족언어와 사회문화에 관한 정책 등에 관한 연구는 매우 중요하다. 한편, 조선족의 민족정체성을 보존하는 데 부정적인 영향을 준 개혁개방정책으로 인한 조선족의 이주, 민족교육의 약화 등에 대한 연구도 매우 중요하다.

본 연구의 연구목적은 문헌연구를 통해 조선족에 대한 중국민족정책이 조선족의 정체성에 어떤 영향을 미쳤는지 살펴보는 데 있다. 이를 위해 중국 건국 이후부터 오늘날까지 중국정부의 조선족에 대한 정책변화를 살펴보고, 각 시기별 어떤 특징이 나타났는지 살펴보고자 한다.

2. 중국 소수민족정책과 조선족에 대한 민족정책 변화

1949년에 건국된 중국은 중국 내 거주하는 인간공동체와 한족(漢族) 이외의 민족을 중국의 공민으로 인정하면서, 민족평등과 단결을 위한 여러 정책을 실시하였다. 대표적인 민족정책은 민족구역자치, 민족식별 등이다. 중국정부는 민족구역자치를 실시하여 소수민족에게 자치권을 부여하고, 그 지역을 자주적으로 관할하도록 하였다.[205] 또 민족식별을 통해서 소수민족을 공

---

204) 張爾駒. 『中國民族區域自治史綱』. 民族出版社. 1995. 참조.
205) 〈當代中國的民族工作〉編輯委員會. 1993. p.229.

인하고, 중국이 정한 권리와 의무를 누릴 수 있게 하였다. 중국은 소수민족 문제를 해결하기 위한 여러 정책을 펼치면서 외형적으로는 소수민족을 보호 하는 것처럼 보였지만, 실질적으로는 소수민족의 독립을 억지하고, 관리하는 역할을 하고자 하였다.

1) 중국의 소수민족정책변화[206]

중국의 소수민족정책은 크게 포용정책 → 억압정책 → 포용정책으로 변하 였다고 본다. 중국의 각 시기별 민족정책을 대략적으로 살펴보면 다음과 같 다. 1949년 건국 전후부터 제1회 전국인민대표대회(전인대)가 개최되는 1954 년까지, 중국정부는 국정과 영토 안정을 위한 민족단결과 평등에 관한 정책 을 선포하는 등 소수민족을 포용하기 위한 융화정책을 펼쳤다. 중국정부는 중앙민족방문단을 각 지역에 파견하여 소수민족에 대한 조사를 실시하여, 중국 내에 어떤 민족이 얼마나 존재하는지 알고자 하였다. 그리고 1953년에 는 전인대에 참가할 소수민족대표를 선출하기 위해서 민족식별을 시행하여 각 민족에게 정체성을 부여하였고, 독립된 민족으로 인정받은 소수민족은 국민으로서의 권리와 의무를 가졌다.

1954년부터 1958년까지는 중국 내 거주하는 민족에 대한 구체적인 조사 가 실시되는 시기[207]로서 소수민족융화정책을 펼쳤다. 이 시기에도 민족식 별은 계속되었다. 이 시기에 소수민족사회조사가 실시되면서 소수민족의 역 사, 사회, 문화 등에 대해서 연구되었고, 소수민족의 간지, 간사 등이 간행되 었다. 그리고 소수민족구역자치[208]가 시행되면서, 민족평등에 기초한 소수민 족이 그 지역의 자기 민족에 대한 사무를 처리하도록 하여 한족과 동등한 권리를 향유하도록 하였다.

1958년부터 1966년까지는 한족 중심의 소수민족에 대한 강압정책 시기이

---

206) 宋本眞澄 著. 魯慧忠 譯.『中國民族政策之研究』. 民族出版社. 2003; 吳仕民.『中國民族政策讀 本』. 中央民族大學出版社. 1998; 王紅曼.『新中國民族政策概論』. 中央民族大學出版社. 2000. 참조.
207) 張養吾.『經驗編』. 中央民族出版社. 1993. pp.1-3.
208) "中國人民政治協商會議共同網領". 1290.

다. 정풍운동이 시작되면서 소수민족의 간부가 숙청당했고, 지방민족주의를 반대하는 정책이 실시되었으며, 일부 소수민족지역에서는 민족자치지방을 취소하거나 축소하는 현상도 생겨났다. 이 시기는 건국 초기에 실시되었던 민족정책이 본격적으로 한족우월주의에 의해 파괴되는 시발점이 되었다. 하지만 이 시기에는 여전히 민족식별이 진행되었고, 1964년과 1965년에 15개와 1개의 민족이 식별되었기 때문에 한족우월주의에 의한 강압적인 정책인 전면적으로 드러나지 않았다.

1966년에서 1976년까지는 문화대혁명(이하 문혁)기간인데, 이 시기는 한족우월주의에 의한 동화정책이 만연했던 시기이다. 문혁기간 동안 소수민족정책의 집행이 정지되고, 기본적인 정책의 원칙도 무시되었다. 민족간부들은 비판을 당해 숙청당하였거나 하방(下放)되었고, 소수민족 관련 기관들도 정지되었다. 이 시기는 소수민족들의 민족정체성이 위협을 받는 중요한 시기라고 할 수 있다. 이 시기에 한족과의 혼인이 장려되고, 강제적으로 한어(漢語)를 사용하도록 하였고, 소수민족의 종교와 전통신앙은 박해받았으며, 문화 교육 등이 피해를 입었다.

1976년부터 1990년대 초기까지는 소수민족정책의 회복기와 소수민족융화정책을 펼치는 시기이다. 1980년대에 이르러서 중국의 많은 민족학자들이 민족문제를 제기하였고, 개혁개방정책을 선언한 중국 당국은 소수민족문제를 해결하기 위해서 건국 초기와 비슷한 정책을 선언하였다. 소수민족의 평등권의 보장, 풍속습관존중, 종교신앙자유, 민족사업기구의 회복 등이었다. 그리고 민족성분의 회복과 변경작업도 이루었는데, 자신의 민족성분에 문제를 제기한 사람들의 민족성분을 재조사하여 회복하거나 변경하는 작업을 하였다. 또 소수민족의 간사나 간지가 재발간되었다. 이 시기에 자신의 민족정체성을 회복하는 민족들이 증가하였으나, 여전히 자신의 민족성분을 되찾지 못하는 경우도 많았다. 이는 한족 중심의 시각에서 민족을 해석하고 있다는 게 여실히 증명되었다.

1992년부터 현재까지는 한족 중심의 통합정책이 구체적으로 드러났다. 중국은 개혁개방천명 이후 빠른 속도로 경제가 발전하였지만, 오히려 한족과 소수민족의 빈부격차가 심해지고 동서 간의 경제격차도 심해지는 부작용도 초래하였다. 중국정부는 중화민족의 공동번영과 민족간부 양성을 전면적으로 내세우면서 정치 분야 외에도 교육이나 과학, 문화 분야 등의 간부 양성도 중시하였다. 뿐만 아니라 소수민족에 대한 문화적 측면의 복구도 진행되었는데, 민족어방송국과 신문사의 설립, 교육사업 등이 진행되었다. 그리고 2000년에 들어와서는 소수민족문제를 해결하기 위해서 서부대개발을 천명하여 경제발전이 부진한 소수민족이 주로 거주하는 서부지역의 경제발전을 50년간 진행하려 하고, 동북진흥정책을 발표하면서 동북 3성지역의 경제발전을 진행하고 있다. 그러면서 중국은 동북공정, 단대공정, 탐원공정을 실시하면서 한족 중심의 역사관과 민족관을 중심으로 소수민족을 중화민족화 시키려는 본격적인 단계에 접어들었다. 이로 인해 중국의 많은 소수민족은 점점 중화민족이라는 새로운 민족명칭으로서 자신들의 정체성이 생겨나고 있다.

2) 민족정책과 조선족의 관계

중국정부의 소수민족정책은 조선족에게도 적용되었다. 이를 건국 전후, 한족우월주의 시기, 개혁개방시기, 1992년 한중수교 이후 시기, 동북공정 이후로 나누어 살펴보고자 한다.

(1) 건국 전후

건국 전후 중국공산당의 조선족에 대한 정책은 '포용정책'이라 할 수 있다. 조선족은 민족식별을 통해 공인받았던 46개 소수민족과는 달리 중국이 건국될 때 이미 독립된 민족으로 공인받았고, 중국민족정책의 혜택을 누렸다.

중국이 건국되기 전 중국대륙에 살던 조선인들은 중국공산당을 도와 항일전쟁에 참가하였고, 이후 중국이 건국될 때까지 중요한 역할을 하였다.[209] 이러한 조선인들의 업적은 중국공산당으로부터 인정받았다. 1948년 8월 15

---

209) 김병호. "중국의 민족이론정책과 법률에 있어서의 연변조선족의 지위". 『평화연구』 제8호. 1999. pp.139
 -150.

일, 중공 연변 지구당위원회는 '연변 민족문제에 관하여'라는 결의안을 제출하였는데, 이때 연변조선족에 대한 방침과 정책을 제정하였다. 그리고 중국 공산당은 "우리 당과 정부는 연변조선민족인민의 중국 경내 소수민족 지위를 비준하였으며, 이러한 정책은 정확하다."고 선포하였다. 결의안에서 중국 조선족과 조선교민의 차이점을 명확하게 언급하였는데, 연변에 거주하는 조선민족인민 중 호적을 가진 자는 중국공민이고, 호적이 없이 잠시 거주하는 자는 모두 조선교민이다. 정부의 비준을 얻은 후에 이주해 갔다가 다시 돌아오는 자와 상급정부의 비준 없이 새로이 이주해 온 자는 조선교민이다. 비록 가족이 조선에 있지만, 호주와 재산이 연변에 있는 자는 정부 비준을 거친 후 중국공민으로 승인될 수 있다고 하였다.[210]

그리고 1949년 중국이 건국되기 직전인 9월 말, 조선족의 국적문제에 대해서 중국공산당은 "조선족은 중국의 소수민족이며, 한족과 동등하게 평등한 권리와 의무를 가진다."고 인정하였다. 이렇게 해서 조선족은 중국 건국 당시에 인정받은 9개 민족 중의 하나가 되었다. 물론 1953년부터 실시한 민족식별에서 조선족이 아닌 다른 민족으로 분류된 사람들도 있었다. 이는 1980년대 이후 실시된 민족성분의 회복과 변경작업에서 드러났다.

민족구역자치의 실시는 조선족의 언어, 문화, 풍습 등을 유지하도록 함으로써 각 민족의 정체성을 어느 정도 유지하는 데 커다란 도움이 되었다. 설령 중국정부가 민족자치구역을 설치하여, 국정과 영토 안정의 목적이 내포되어 있었다 할지라도 조선족의 민족정체성을 보존하는 데 중요한 역할을 하였다. 1952년 7월, 중공연변지위는 '길림성연변조선민족취거구실시구역자치적계획'을 만들었다. 그리고 '길림성연변조선민족자치구인민정부조직조례(초안)'를 입안하였다. 8월에는 연변각족각계인민대표회의주비위원회가 성립되었다. 그리고 9월 3일 연변조선민족자치구성립대회가 연길시에서 개최되었고, 조선민족자치구의 성립을 선포하였다. 1955년 12월에는 조선민족자치주로 바뀌었다. 조선족의 연변자치주 건립은 중국 건국 이래 세 번째로 자

---

210) 김병호(1999). pp.162 - 163.

치구역이 되었다.[211) 흑룡강성에는 1956년에 33개의 조선족향이 있었고, 요녕성과 내몽고자치구에는 각각 3개의 조선족향이 있었으며, 길림성에는 7개의 조선족향과 1개의 조선족 – 만족 혼합향이 있었다. 장백조선족향은 1958년에 장백조선족자치현으로 승격되었다. 조선족 자치는 조선족을 위한 정치적, 행정적 틀을 제공하였다.[212)

재중동포는 연변조선족자치주,[213) 장백조선족자치현에서 자주적으로 이 지역의 사무를 관리하고, 민족평등과 자치의 권리를 충분히 행사하고 있으며, 주인으로서 민족과 지역 내부 사무를 관리하는 권리를 행사하고 있다.

(2) 한족우월주의 시기

한족우월주의는 1957년부터 대두하였고, 1976년 문혁이 끝날 때까지 지속되었다. 이 시기의 민족정책은 소수민족말살정책이라 할 수 있다. 중국공산당은 문혁 기간 동안에 소수민족의 언어와 문자를 사용하는 것을 금지하였다. 이러한 중국정부의 민족정책은 조선족에게도 예외는 아니었다.

먼저, 1957년부터 1959년까지 정풍운동이 일어났는데, 이 기간에 한어(漢語)는 민족교육과정에 포함되면서 제1용어가 되었고, 조선문학에 관한 교과서는 폐기되었다. 왜냐하면 민족주체성과 관련된 교과서는 지방민족주의를 유포하고, 조선족 학생의 조국 개념을 혼란시킬 수 있으며, 중국 모든 민족의 단결을 파괴하는 역할을 한다고 여겼기 때문이다.[214)

그리고 1966년부터 1976년까지는 문혁시기인데, 이때 중국정부는 중국 내 소수민족의 문화와 전통을 파괴하였고, 조선족을 포함한 소수민족의 지도자를 숙청하였다. 이 시기의 문혁파는 김일성을 '수정주의 돼지'라고 비난하였고, 조선족에게 김일성을 숭배하지 못하도록 하면서 모택동을 숭배하도록 요구하였다. 이 시기에 주덕해 사건, 폭란사건, 특무사건, 지하국민당 사

---

211) http://www.wikilib.com/wiki/%E5%BB%B6%E8%BE%B9(검색일: 2006. 7. 29.)
212) 계순애. "중국조선족의 형성과 발전". 『地域社會』 Vol.2000, No.3. 2000. p.150.
213) 2005年12月31日 현재 延邊朝鮮族自治州에는 6개의 縣級市, 2개의 縣이 있다. http://www.xzqh.org/quhua/22jl/24yanbian.htm. (검색일: 2006.7.29.)
214) 계순애(2000). p.150.

건 등이 발생하면서 조선족을 박해하였다.

중국정부는 이 기간 동안 한족을 연변조선족자치주로 이주시켰고, 그 결과 한족과 조선족의 비율이 6 : 4로 변하였다.[215) 결국, 이 시기에는 조선족문화가 전면적으로 파괴되었고, 조선족 민족지도자가 박해받았으며, 민족교육을 경시하고 폭력적 파괴풍조가 만연하였다. 이러한 현상은 조선족사회를 분열시키는 결과를 초래하였다.

1960, 1970년대에 조선족이 겪었던 고충은 매우 심하였다. 한국이 고향인 사람들은 '조선특무'로 몰릴까 봐 노심초사했고, 조선식 풍습을 그대로 따랐다가는 '반혁명'으로 몰릴 수도 있었다.[216) 이 기간 동안 조선족은 조선족으로서의 민족의식과 중국국민으로서의 국민의식을 공유하면서 민족정체성의 혼란을 겪고 있었다. 그 때문에 중국 조선족은 반(反)우파투쟁과 문혁 때 대중화주의에 기초한 민족단결과 한족화를 강요당하면서 많은 고초를 겪었다. 문혁 기간 동안 연변에서만 2,000여 명이 사망했고, 3000여 명이 불구자가 되었으며, 수만 명이 북한으로 도망치기도 했다.[217)

(3) 개혁개방시기

1978년 12월 제11기 3중 전회에서 중국공산당은 개혁개방을 천명하였다. 1980년대에 이르러 중국정부는 자신의 민족성분에 대해서 이의를 제기한 민족에 대해서 재조사를 실시하였고, 이 중 일부는 자신들의 민족성분이 변경되거나 원래 민족성분을 되찾게 되었다. 조선족도 예외는 아니었다. 동북 3성에 거주하던 일부 사람들이 만주족 혹은 한족으로 공인되었다가 이 시기에 원래 민족성분인 조선족을 회복하였다. 즉 이 시기는 조선족의 정체성 회복기간이라 할 수 있다.

한족우월주의적인 성격이 강했던 문혁기간이 지난 이후, 중국정부는 각

---

215) 박치정. "중국의 소수민족정책과 조선족의 장래". 『중국연구』 제 12집. 1993. pp.25-26.

216) http://news.khan.co.kr/kh_news/khan_art_view.html?artid=200403171835131&code=210000 "중국과 한국의 경계인, 조선족". 김귀옥(검색일: 2006. 7. 29.)

217) http://jbbs.joins.com/content.asp?board_idx=66&page=2&tb_name=mthly_pub, "東아시아 질서 재편의 중심축", 윤휘탁(검색일: 2006. 7. 29.)

소수민족들에게 융화정책을 실시하였다. 개혁개방 이후 등소평, 호요방, 팽진 등의 중공 중앙정부 지도자들은 기회가 있을 때마다 연변을 방문하여 문혁시기에 있었던 대한족우월주의로 인한 박해를 받았던 조선족을 격려하였다. 이후 조선족자치주는 자치권리를 회복하게 되었고, 연변조선족자치주와 장백조선족자치현은 주 및 현의 자치조례와 단행조례를 제정하였다. 그리고 조선족들이 흩어져 사는 지역에는 국무원의 '민족향 창립문제에 관한 통지' 정신에 따라 민족향 또는 진이 회복되거나 창립되었다. 동북 3성과 내몽골 자치구에 총 28개의 조선족향(진)과 3개의 조선족–만족향이 회복되고 창립되었다. 민족어문정책에서는 1981년 8월 중국조선족학회가 창립되었고, 1988년에는 연변에서 중국에서 처음으로 언어문자사업에 대한 법률인 '연변조선족자치주 어문사업조례'가 공포되었다. 이후 자치주인민정부의 '조선어문의 학습사용 상벌시시 규정'이 공포, 실시되어 조선어와 문자를 학습하고 사용하는 데 있어서 법률적으로 보장되었다.

중국정부는 4개현대화를 성공하기 위해서 1984년 민족구역자치법을 공포하였다. 민족자치구는 자치법의 규정에 의거해서 자치지역의 상황에 맞지 않는 경우 중앙정부가 제정한 법이나 규정을 바꾸거나 적용을 중지시킬 권한을 갖고, 지방의 경제적 조건에 따라 특별한 정책을 채택하거나 융통성 있는 조치를 채택할 수 있게 되었다. 민족문화와 민족언어 면에서는 소수민족은 자신들의 언어와 문자를 사용할 수 있는 권리, 제정할 권리를 가지며, 민족풍속습관을 보존할 자유를 가지며, 자체적인 교육제도와 교육과정을 만들 수 있게 되었다.[218] 이로써 문혁기간 동안 훼손되었던 조선족의 민족교육은 재정립되었고, 민족 언어와 문자를 사용할 수 있으며, 민족고유의 전통풍습을 보존할 수 있게 되었다.

한편, 1985년에는 '중국조선민족발자취총서'를 만들기 위한 편찬 대강을 언급하였는데, 이때 주요 내용으로는 중국 조선족의 역사는 중국 역사의 일부임을 분명히 하고 있고, 조선족 역사의 서술은 중국공산당의 이데올로기

---

218) 최우길. "중국개혁개방초기(1980년대)민족정책: 정책기조의 변화와 조선족 사회에의 적용과 관련하여". 『사회과학논집』 제3집. p.388.

에 따라야 한다는 것을 밝히고 있다. 이는 이후 동북공정에서 밝히고 있는 高句麗나 渤海의 역사가 중국의 역사 속에 포함된다는 것과 일맥상통한다고 볼 수 있다. 중국정부가 한국의 역사와 민족정체성을 왜곡하거나 부정한다면, 조선족의 역사와 민족정체성에도 영향을 주는 것은 틀림없는 사실이다. 게다가 중국정부가 만든 역사교과서를 조선족도 교육을 통해서 가르쳐야 하는데, 이미 알고 있던 역사와 다른 내용을 배운다면, 조선족의 학생들은 역사인식에 많은 영향을 주었을 것이다.

(4) 1992년 한중수교 이후

한중수교 이후, 중국으로 진출한 한국기업과 한국인을 접한 재중동포는 코리안드림을 갖게 되었고, 많은 사람들이 빚을 내거나 집을 팔아서 한국으로 들어왔다. 하지만 한국에서의 조선족에 대한 인식은 1945년 광복이 되었음에도 불구하고 한국으로 돌아오지 못한 동포라는 생각보다는 임금이 싼 노동자, 한국 농촌으로 시집오는 사람 등으로 인식했다. 한국기업들도 매우 빠른 속도로 중국으로 진출하였는데, 이때 기업들은 조선족을 단지 중국어 통역원으로 여겼다. 한국정부에서도 조선족에 대한 차별은 심하였는데, 재중동포를 다른 국가에 거주하는 재외동포와는 달리 대우하였다.[219] 물론 조선족은 한중수교 이후 중국인이면서 한민족이라는 이중적인 정체성을 표출하지만, 한국인과 동일한 민족정체성을 인식하였다. 그리고 한국정부와 한국인들의 반민족적 대우에 대해서 많은 불만을 표출하였다.

한중수교 이후 재중동포 사회에 두드러지게 나타나는 것은 재중동포 취거 지역이 붕괴되고 있다는 것이다. 동북 3성에 주로 거주하던 재중동포는 돈을 벌기 위해서 중국 동부 연해 지역으로 이주하거나, 한국으로 돈을 벌기 위해서 혹은 재중동포 여성들이 한국 농촌으로 시집을 오면서, 동북 3성의 조선족사회는 급속히 해체되어 가고 있다. 중국 경제 발전 속에서 재중동포는 취

---

219) 재외동포법은 재외동포들에게 출입국과 체류상의 혜택을 부여함으로써 동포에 대한 이제까지의 어떤 조치보다 진일보한 것으로 평가받는다. 그러나 재외동포를 대한민국 국적을 보유하였던 자로 정의함으로써 재중동포, 재러동포 그리고 기타 지역동포들 가운데 1948년 대한민국정부가 수립되기 이전에 해외로 이주한 동포를 적용대상에서 제외시킴으로써 많은 비판을 받았다.

업을 하기 위해서 교육여건이 좋지 않은 조선족집거지역에서 대·중 도시로 이주하였다. 현재 재중동포들은 중국 연해 지역인 청도, 대련, 북경, 상해, 천진 등의 도시로 이주하였다. 재중동포가 다른 지역으로 이주함으로 인해, 재중동포의 민족교육은 제대로 이루어지지 않고 있다. 뿐만 아니라 학생 수가 부족해짐으로 인해 동북 3성에 있던 조선족 소학교가 사라지는 추세이다. 이러한 변화 속에 재중동포는 교육을 위해서 한족 학교에 보내기도 하고, 다른 지역으로의 유학을 보내기도 하였다. 그리고 민족학교의 규모도 축소될 뿐만 아니라 민족 언어와 문자 학습도 줄어들었다. 중국 대도시에 사는 재중동포 청소년들은 거의 90% 이상이 민족 언어와 문자를 모르고 있고, 대화를 할 때 주로 한어를 선호하는 경우가 많아졌다. 따라서 집거지의 축소 혹은 해체는 재중동포의 문자와 언어를 사용할 수 있는 공간이 줄어들게 하고, 나아가서는 재중동포의 2, 3세대들의 중화민족화를 의미한다고 할 수 있을 것이다. 게다가 당시 중국은 '중화민족일국대가정'을 주장하며 소수민족을 중화민족 속에 포함시키면서 독립된 새로운 민족정체성인 중화민족이 크게 대두되었다. 이 때 재중동포 또한 '중화민족일국대가정' 속에 포함되어 있기 때문에, 중화민족이라는 새로운 민족정체성을 갖게 되는 과정에 있다.

(5) 동북공정 이후

2002년부터 실시되었고 올해 마무리되는 중국의 동북공정은 재중동포의 민족정체성에 밀접한 영향을 준다. 중국대륙에 있었던 한국의 역사를 부정하고, 한국의 민족정체성을 부정하는 것은 곧 조선족의 역사와 민족정체성을 부정하는 것이 된다.

오늘날 중국은 동북공정을 비롯한 단대공정과 탐원공정 등을 통해 중국의 역사와 문명을 한족 중심으로 확대하고, 나아가 중화민족의 역사와 민족정체성을 확대하려 한다. 이렇게 중화민족의 정체성을 확고히 하여 주변국가와 경계를 초월하고 있는 중국 내 소수민족에 대한 주변 국가의 영향력을 차단하려는 의도가 내포되어 있다.

특히 동북 3성에 분포하고 있는 조선족이 중국인으로서의 삶을 살았지만,

한중수교 이후 한국인과 잦은 접촉에 따라 한국과 동일한 민족정체성이 더욱 강해진다고 여길 뿐만 아니라 한국정부에서도 조선족에 대한 법적 지위를 부여하고자 하기 때문에, 중국정부로서는 민감한 문제가 아닐 수 없다. 이에 중국정부는 동북공정을 통해 한국의 역사와 민족정체성을 왜곡하거나 부정하고, 조선족을 중화민족 속에 포함시키면서 위협을 받고 있는 동북 3성의 안정을 유지하려고 하고 있다. 즉 중국의 동북공정 전략적 의도는 역사·문화적 방면에서 중국과 한반도의 연관성을 부정하여, 한국과 북한의 영향을 차단함으로써 국정과 영토를 안정시키는 동시에 조선족을 '완전한 중화민족'으로 만드는데 있다. 한편, 한국의 조선족에 대한 차별적 대우는 오히려 조선족이 중화민족으로 이동할 가능성을 높이고 있다. 왜냐하면 이미 중국인으로서 삶을 살아왔고, 실질적인 법적 지위를 인정하는 중국인으로서의 중화민족으로 이동할 가능성이 없지는 않다.

중국 소수민족정책과 조선족에 대한 정책이 어떤 성격을 갖고 있고, 어떤 내용을 함의하고 있는지를 정리하면 다음 <표-10>과 같다.

〈표-10〉 중국의 조선족에 대한 정책

시 기	주요 정책	성 격
중국 건국 이후 (1949~)	민족식별 민족구역자치 민족언어	민족단결, 민족평등 → 민족분열 방지
한족우월주의 시기 (1958~1976)	민족말살정책	한족우월주의 → 한족 중심의 역사관
개혁개방시기 (1978~)	민족성분의 회복과 변경 구역자치법, 민족교육	민족단결 → 민족정체성의 유지, 단 공산당의 이데올로기에 따라야 하기 때문에, 중국정부가 정한 교육 내용을 따라야 함
한중수교 이후 (1992~)	경제개발정책	→ 중국국민으로서의 경제적 혜택 → 중화민족의 일원 한국에 대한 견제
동북공정 이후 (2000~)	동북변강지역에 대한 조사	→ 조선족의 정체성 혼란 야기 → 중화민족으로 융화

3. 민족정책이 조선족의 정체성에 미친 영향

1) 민족정책과 정체성 강화

건국 초기, 중국정부는 원활한 민족정책 시행을 위해 민족식별정책을 통해서 중국 내 민족과 인간공동체에 새로운 민족정체성을 부여하였다. 하지만 재중동포는 건국될 당시에 독립된 민족으로 공인을 받았었다. 그러나 일부는 민족식별과정에서 다른 민족정체성으로 부여받았다가, 1982년 이후 민족명칭의 변경과 회복 과정에서 조선족이라는 명칭을 되찾았다. 이처럼 오늘날 중국 내 소수민족의 정체성은 자연스럽게 확정되었다기보다는 중국 당과 정부가 개입된 정책에 의해 확정되었다. 그리고 당과 정부는 민족자치구, 자치주, 자치향을 설치하여, 각 민족의 전통과 풍습을 유지할 수 있도록 하였는데, 이는 소수민족의 정체성을 유지하는 데 커다란 영향을 주었다.

재중동포의 민족정체성을 유지할 수 있었던 원인 중의 하나는 건국 이래로 실시된 민족자치구역실시요강과 민족자치구역법이 커다란 작용을 하였다. 조선족 자치주와 자치현, 자치향을 설치하여, 동일한 민족정체성을 가진 사람들이 동일한 환경 속에서 삶을 살아갈 수 있도록 하였다. 이 지역에 다른 민족이 거주한다 하더라도 조선족의 인구수가 많기 때문에, 자신의 민족정체성을 유지하는 데는 큰 어려움이 없다. 그리고 민족학교를 설립하여 민족 언어와 문자를 통해서 교육을 실시할 수 있게 한 것도 매우 중요하다. 공동의 언어를 갖는다는 것은 서로 간의 의사소통을 하는 데 있어서 아무런 어려움이 없게 한다. 재중동포가 조선어와 조선문자를 사용한다는 것은 민족정체성을 유지하는 데 커다란 역할을 하였던 것이다.

학교교육운동과 더불어 조선족이 동일한 민족문화요소를 유지할 수 있었던 것은 자치구역 내에서 전통문화를 향유할 수 있었기 때문이다. 특히 민간신앙은 조선족이 중국 내에서 힘든 생활을 할 때 의지할 수 있게 한 힘이었고, 재중동포들을 단결시키고 민족공동체를 형성하는 응집력을 갖도록 하였다.

특히 집거구 문제와 민족교육문제는 조선족의 정체성을 유지시켜 주는 중요한 것이기 때문에, 현재 조선족사회의 주요한 관심사항이기도 하다. 김관웅 교수는 『중국조선족 한글문학의 역사적 사명』이란 글에서 집거지의 형성과 집거생활은 중국조선족이 150여 년 동안 중국문화 속에서 자기 문화의 정체성, 독자성을 유지하면서 지금까지 굳건하게 생존해 올 수 있었던 중요한 요소라고 지적하였다.[220] 조선족에게 있어서 언어와 문자 그리고 전통문화는 중국 내에 다른 민족과 차별되는 중요한 특징이고, 민족교육은 조선족의 민족정체성을 유지하는 데 있어서 중요한 역할을 한다.[221] 조선족의 민족정체성을 보존하는 데 영향을 준 정책을 정리하면 <그림 – 3>과 같다.

〈그림 – 3〉 조선족 민족정체성 강화에 미친 민족정책

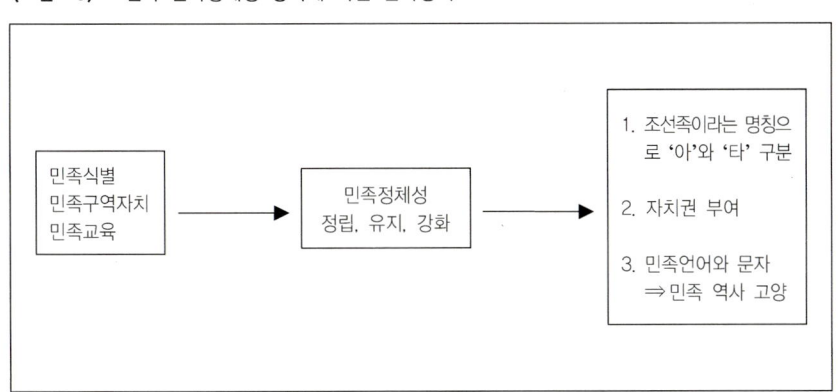

이미 앞에서 언급하였듯이, 중국은 국정과 영토 안정, 소수민족의 이탈 방지를 위해서 민족식별을 통해 소수민족의 숫자를 정리하고, 자치구역을 설치하여 자치를 허용하였다. 소수민족국가를 건국할 수 있도록 도와주겠다는 약속을 어긴 것에 대한 소수민족의 불만을 해소시키기 위해서 소수민족의 전통문화와 종교, 민간신앙 등을 허용하였다. 그러한 것이 오히려 각 민족의 정체성을 보존할 수 있게 하였다. 재중동포 또한 이러한 영향을 받아서 다른 민족과 함께 거주하면서 살았지만, 민족교육을 통해 정체성을 보존할 수 있었다.

---

220) http://bbs.hani.co.kr/board/report_yen/Contents.asp?stable=report_yen&search=&&text=3&RNo=28&Sorting=1&Idx=28 조선족집거구문제에 대한 사고 – 허명철(검색일: 2006. 7. 29.)
221) 정신철. 『한반도와 중국 그리고 조선족』. 모시는 사람들. 2004. pp.226 – 234.

2) 민족정책과 정체성 약화

건국 초기의 민족포용정책에서 점점 한족 중심의 강압정책이 펼쳐졌고, 1980년대에 이르러 다시 민족포용정책이 펼쳐졌다. 하지만 1980년 이후의 중국 민족포용정책은 강압적인 성격을 가진 한족으로의 동화라기보다는 한족 중심의 중화민족 형성이라는 새로운 민족정체성을 부여하는 성격을 띠고 있다. 조선족 역시 예외는 아니었다. 1980년대 이후 개혁개방정책과 한중수교 이후 조선족이 다른 지역으로 이주함으로써 조선족 자치지역의 인구수가 감소하고, 민족학교가 폐교되는 등 조선족의 정체성은 <그림-4>와 같이 위협을 받고 있다.

〈그림-4〉 조선족 민족정체성 약화에 미친 민족정책

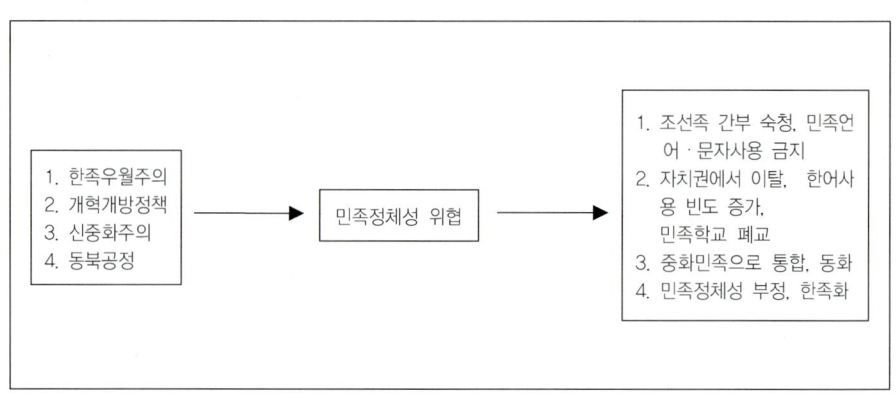

게다가 강제적인 한족과의 결혼, 한어 사용, 한어풍습을 따라야 했던 한족우월주의 시기와 자유로운 시장경쟁논리 속에서 돈을 벌기 위해 민족 언어보다는 한어 사용을 해야 하였던 개혁개방시기에서는 타의적이든 자발적이든 간에 조선족의 정체성은 위협을 받았다. 특히 재중동포의 인구이동에 따른 농촌집거구의 해체는 민족기초교육의 위기를 초래하였다. 농촌인구의 감소는 학생 숫자가 줄어들고, 학교가 폐교를 당하는 결과가 초래한다. 재중동포의 인구비례가 현저히 하강됨에 따라 조선민족이 번영 발전하는 데 기초로 되는 집거구가 줄어들고 잡거구와 산재구가 증가되며 민족교육을 보다

광범위하게 진행하는 데 장애가 조성되고 조선족의 언어문자와 풍속습관이 엄중히 소실되는 사회적 및 민족발전에 불리한 문제와 요소들이 제기되고 있다. 또 한중수교 이후 한국의 무관심과 중국정부의 적극적인 지원은 조선족의 다중적 정체성에서 중화민족이라는 새로운 정체성을 인식하게끔 한다.

4. 결 론

중국 건국 이후 국정 안정과 영토 보존을 위해서 중국정부는 한족 중심의 소수민족정책을 펼쳤다. 중국정부는 시기에 따라 민족 융화와 동화 정책을 펼쳤다. 중국정부는 민족정책이 융합정책이라고 하지만, 지금까지 전개된 것을 보면 한족 중심의 동화정책임을 알 수 있다. 중국정부는 국정과 영토 안정을 위해서 소수민족들의 지방민족주의를 억지해 왔고, 변경지역에 집중적으로 나타나고 있는 분리운동을 방지해 왔다.

민족정책 중 민족식별과 민족자치구역실시는 외형적으로는 소수민족들이 한족과 동일하게 중국 국민과 민족의 권리와 의무를 누릴 수 있도록 하였고, 자신들의 고유한 언어와 문화를 유지하면서 정체성을 유지하도록 하였다. 하지만 실질적으로는 민족정체성의 왜곡과 소수민족의 독립국가 건설을 막는 역할을 하였다.

조선족의 정체성은 민족식별과 밀접한 관련성이 있는 것은 아니다. 왜냐하면 중국 건국 당시부터 이미 독립된 민족으로 인정받았기 때문이다. 하지만 민족식별과정에서 조선족이 독립된 민족이라는 사실은 한 번 더 천명되었고, 법률이 정한 민족정책의 보호를 받았다. 또 민족자치구역실시를 통해서 조선족은 민족교육을 실시할 수 있었고, 민족문화를 보존할 수 있었다. 이러한 조선족자치구역의 형성은 조선족의 민족정체성을 유지할 수 있도록 하였다.

한편, 1950년대 말부터 일기 시작한 정풍운동으로 인해 조선족의 정체성은 위협을 받았다. 1950년대 후반에 시작된 정풍운동에서 조선족의 간부들도 숙청되거나 하방되었다. 이러한 민족지도자의 숙청은 조선족의 교육과 민족문화 유지에 악영향을 미쳤다. 1960년대 중반의 한족우월주의는 소수민족들이 민족 언어와 문자를 사용하는 것을 제한하였고, 한어를 사용케 하여 조선족을 포함한 각 민족들의 정체성을 유지하는 데 위협을 주었다.

1970년대 말 등소평의 개혁개방세력들이 집권하면서 소수민족에 대한 정책도 한족동화주의에서 민족융화로 변화되었다. 1980년대에 이르러 중국정부는 소수민족의 정체성을 회복시키는 작업을 실시하였고, 소수민족자치구역법을 선포하면서 소수민족의 정체성을 유지할 수 있는 지역을 보존할 수 있는 계기를 마련해 주었다. 하지만 성공적인 경제개혁개방정책은 지역 간의 빈부격차를 초래하였는데, 특히 한족과 소수민족의 경제격차는 심각해졌고, 소수민족들의 분리운동도 빈번해졌다. 이에 중국정부는 소수민족들의 불만을 해소하기 위해서 서부대개발을 실시하였고, 동북진흥정책을 실시하였다. 한편, 중국경제발전 속에서 소수민족은 직업을 구하기 위해서 다른 지역으로 이주하기 시작하였고, 자신들의 민족 언어와 문자가 아닌 한어를 배우기 시작하였다. 조선족 또한 한중수교 이후 중국으로 들어온 한국기업에 취업을 하기 위해서 대중 도시로 이주하거나 한국으로 오는 사례가 늘어났다. 그러다 보니 조선족밀집지역의 인구가 줄어들고, 학생 수가 줄게 되었고, 심지어는 민족학교가 폐교되는 사례가 발생하였고, 다른 지역으로 이주한 재중동포 청소년들은 민족 언어와 문자를 모르고 한어를 사용하게 되었다.

더군다나 한중수교 이후 재중동포들은 다중적 정체성을 인식하면서 혼란에 빠지기 시작했다. 즉 한국에서 바라보는 조선족은 재외동포가 아닌 중국의 국민, 한국기업이 중국으로 진출할 때 값싼 노동력 제공, 농촌총각과의 결혼 등이다. 그리고 한국정부의 재중동포에 대한 무성의한 태도, 특히 법률적 지위 미확보 등에 대해서 불만을 토로하고 있다. 게다가 동북공정 이후 중국정부는 高句麗와 발해가 자국의 역사 속에 포함된다고 주장할 뿐만 아니라 高麗를 세운 왕건이 한족의 후예라고 하면서 역사와 민족정체성을 왜곡하거나 부정하였다. 중국에서는 통일적 다민족국가와 동북공정을 주창하면서 중국은 오래전부터 다민족국가였고, 高句麗와 발해 등의 역사도 중국의 것이라고 주장하고 있다.

중국정부는 북한 탈주민이 동북 3성 지역으로 오고, 만약 한반도가 통일 되었을 경우 발생할 간도지역의 영토분쟁을 예방하기 위해서, 조선족에 대한 정책을 한층 더 강화될 것으로 보인다. 예컨대 인구가 줄어들고 있는 조선족자치구역을 다른 지역에 합병하는 것 등이 예측되고 있다. 즉 조선족은 중화민족의 일원이었다는 점을 강조하면서, 한국과 북한과는 다르다는 것을 강조할 것이고, 조선족의 집거지를 해체하여 다른 지역으로 이주하게끔 함으로써, 언어, 문화, 역사 등에 대한 교육이 제대로 이루어지지 않도록 함으로써 점차적으로 동화시킬 것이다.

이런 과정에서 중국정부의 동북진흥정책과 동북공정 그리고 중화민족대가정 만들기의 실천은 조선족으로 하여금 자신들이 중국인과 중화민족의 일원으로 인식하도록 하기 위함이다. 결국 중국 재중동포는 조선족이면서도 중화민족이라는 이중적 민족정체성에 놓여 있다. 한국정부가 재중동포인 조선족에 대해서 법적 지위를 주지 않거나 중국인으로서 배타적으로 대우한다면, 조선족은 자신들이 중국인이고 중화민족의 한 일원이라는 정체성을 고정시키게 될 것이다.

제4부
중국민족의 재해석

    제4부에서는 한족과 중화민족이라는 용어가 언제부터 출현하였고, 어떤 역사적 배경으로 중국민족의 중심된 위치에 자리 잡게 되었는지를 알아본다. 또 대만의 정명운동을 살펴보면서 대만 원주민족의 정체성을 이해한다.

제1장 漢族의 민족정체성은 어떻게 만들어졌나*

1. 들어가는 말

중국은 단대공정과 탐원공정 및 동북공정 등을 통해 한족(漢族)의 역사와 민족정체성을 확대시키고 있다. 또 중국을 구성하는 소수민족을 중화민족으로 통합하려는 '신중화주의'를 확대하고 있다.[222] 특히 중국은 동북공정을 통해 한국의 역사와 민족정체성을 위협하였고, 성씨 연구를 통해 한국인을 중국인의 재외동포로 삼으려는 의도를 드러내었다. 이러한 중국의 신중화주의를 한국에서는 경계해야 할 것이다.

현재 중국에서는 "한족이란 일반적으로 황인종이며, 한어(漢語)를 사용하고 한자(漢字)를 쓰며, 중국 역사문화와 중국적 가치관을 동일시 여기고, 50% 이상의 한(漢)대 한족혈통이어야 한다. 한족이 형성된 시기는 한대이며, 화하족(華夏族)과 만이(蠻夷)가 융화하여 한족이 되었다. 그리고 수(隋) 왕조시기에 선비(鮮卑)족이 북방한족으로 융화하여 북방 신(新)한족이 되었고, 북방의 신한족과 한대 한족은 문화와 혈연상에서 거의 흡사하다."고 여기고 있다.[223] 이러한 한족에 대한 인식은 1900년대 이후 중국 여러 학자들이 중국사를 편찬하는 과정에서 형성되었다. 그리고 중국 건국 이후 한족의

---

* 이 글은 부산대학교 중국연구소 『CHINA연구』 제1집(2006)에 실렸던 논문을 수정 보완한 것이다.

[222] 費孝通. 『中華民族多元一體格局』. 北京 : 中央民族大學出版社. 1999; 윤휘탁. 『新중화주의』. 서울 : 푸른역사. 2006; 고구려연구재단 편. 『중국의 동북변강연구』. 고구려문화재단. 2004; 마대정. 이영옥 옮김. 『중국의 동북변강연구』. 고구려연구재단. 2004. 참조.

[223] http://www.cqzg.cn/html/200506/295495.html(검색일: 2006. 8. 1.)

개념과 기원에 대한 논쟁은 있었지만, 그 범주는 중국 건국 이전의 해석과 큰 차이는 없었다. 다만 1950년대 이후 한족과 동등한 민족정책의 혜택을 누리기 위해서 한족이 되었거나, 민족식별을 하는 과정에서 한족이 아닌 사람들이 한족으로 포함되는 사례가 나타났다.[224)

중국인 특히 한족은 자신들이 3황5제 중 염제와 황제의 후손이라고 여기고, 화하족을 한족의 선민족으로 여겼다. 그리고 한족이 중국 역사의 중심된 민족이라고 여기는 것은 민족주의와 애국주의에서 시작되었다.

최근 한족에 관한 연구에서는 중국 각 지역에 분포하는 한족이 조금씩 다르다고 밝혀지고 있다. 반면에, 중국정부는 한족의 선민족인 화하족에 관한 연구를 진행하면서, 한족의 역사를 좀 더 앞당겨 한족이 고대부터 현재까지 중국대륙에서 오랫동안 존재하였다는 것을 밝히고자 한다. 뿐만 아니라, 이 민족이 중국대륙을 지배하였다 하더라도 그들이 오히려 한족에게 동화되었거나 융화하였다고 간주하고 있다. 그러나 한족은 중국이라는 근대민족국가가 건국되는 과정에서 정치적으로 형성된 개념이다. 그리고 민족주의에서 시작된 상상의 공동체라고 할 수 있다. 그럼에도 불구하고, 한족이 오랫동안 중국대륙을 지배하였다는 기존의 인식은 학자들로 하여금 중국 주변 국가와 중국 내 소수민족의 역사와 민족을 축소하도록 하였고, 한족이 아닌 민족들도 한족으로 포함하도록 하였다. 이는 당시 신해혁명 이후의 불안정한 중국 영토를 보존하기 위해서, 그리고 중국 건국 이후에는 국정의 안정과 영토보존을 위해서 당과 정부가 정책적으로 한족 중심의 역사관과 민족관으로 해석하였기 때문이다. 즉 서구민족국가가 형성되면서 나타난 민족의 개념과 민족주의 운동이 청나라로 들어왔고, 이후 한족 중심의 민족주의가 출현하였다. 한족 중심의 민족주의는 한족의 정체성을 정립화하는 계기가 되었고, 1900년대에 들어와 중국민족사를 편찬하는 과정에서 고대민족과 역사민족이 한족에게 동화되었거나 융화되었다고 해석하였다. 이러한 해석은 이후 중국이나 동아시아의 역사를 연구할 때 중요한 작용을 하였고, 대부분의 민

---

224) 공봉진. "중국 '민족식별'에 관한 비판적 고찰". 부경대박사학위논문. 2005. 참조(이하는 「민족식별」).

족연구는 한족의 관점에서 접근되었고 해석되었다.

중국과 동아시아의 민족을 올바르게 연구하기 위해서는 우선적으로 한족에 대한 인식의 변화가 필요하다. 이를 위해서 본 연구에서는 한족이 언제부터 중국대륙의 중심민족으로 인식되었고, 한족의 범위를 어느 정도 정하였는지를 살펴보기로 한다. 왜냐하면 한족 중심으로 인식된 역사와 문화에 대한 선입견과 편견을 없애는 데 중요한 작용을 하기 때문이다. 그리고 본 연구에서는 한족에 대한 학설과 인식, 신해혁명과 중국 건국 이후의 한족에 관한 연구에 대해서 한정해서 살펴보고, 한족을 올바르게 인식하기 위한 방법을 논하고자 한다.

2. 한족에 대한 기존의 학설과 인식

1) 한족의 기원설

일반적으로 한족은 서방에서 온 것으로 알려져 있기도 하고, 남방에서 온 것으로 알려져 있지만, 아직까지 한족에 대한 정확한 민족기원은 정해지지 않았다. 하지만 중국과 일본 그리고 서구 학자들은 한족의 기원과 관련하여 여러 가지 설을 제시하고 있다. 대체적으로 9가지 정도가 되는데, 이를 살펴보면 다음과 같다.[225]

첫째는 감숙기원설이다. 중국 서부지역에 위치하고 실크로드의 관문인 감숙 일대에 고대부터 한족이 살았다는 설이다. 이들은 하늘을 숭상하고 조상을 중요시하며, 가족의 혈통을 중시하는 풍속을 갖고 있는 사람들로서 한족의 조상이라는 것이다. 이 학설을 주장한 학자는 일본의 조거룡장(鳥居龍藏)인데, 그는 "옛날 감숙성에 한 종족이 있었는데, 이들은 하느님과 조상을 공경하였다. 이 민족이 한나라 사람의 시조로서 뒤에 동쪽으로 이주해 와서 원주민과 동화되었다."고 하였다.

---

225) 정종복. "중국한족기원설의 연구". 『교육과학연구』 6집. 청주대학교 교육문제연구소. 1992. 참조; 안호상. 『배달·동이는 동아 문화의 발상지』. 서울: 흔뿌리. 1992. p.42.

둘째는 몽골기원설이다. 이 학설을 주장한 사람은 미국 탐험가인 R. C. Andrew이다. 그가 몽골지역을 탐험할 때 세계에서 가장 커다란 동물 유골이 몽골 각 지역에서 발견되었는데, 이 동물을 의지하고 산 사람이 한족의 선조라는 것이다. 그는 한족이 몽골에서 남하하여 황하유역에 정착하였다고 보았다. 중국학자들은 이 주장에 동의하였는데 대표적인 사람이 육무덕(陸懋德)이다. 육무덕은 다만 몽골지역에서 구체적인 증거가 나오지 않은 점에 대해서 아쉬워하였다.

셋째는 중국토착기원설이다. 이 설을 주장한 사람은 프랑스 역사학자 Leon Rossomy인데, 그는 한족의 발상지가 중국대륙본토라고 주장하였다. 이러한 주장에 영국인류학자인 G. R. Ross도 동의하였다. 그는 『중국민족의 기원』이라는 책에서 한족은 중국황하중류지역에 거주하였다고 밝혔다. 또 미국의 F. F. Williams도 한족의 기원지가 중국 동부라고 주장하였는데, 이는 아마 북경원인, 북경인의 유골을 증거로 삼았던 것으로 보인다. 그런데 중국 동부지역은 한족과는 다른 동이족의 생활근거지로 알려져 있기 때문에, 한족의 기원지로 삼기에는 다소 무리가 있어 보인다.

넷째는 신강기원설이다. 이 학설을 주장한 학자는 독일의 Ferdinand von Wilhelm Richthofen이다. 그는 『북사(北史)』를 근거로 삼아서 한족이 신강지역에서 왔다고 보았다. 한족은 신강지역에서 점점 동진하여 감숙지역을 지나서 섬서지역의 위수(渭水)지역에 이르렀고, 또다시 동진하여 황하하류지역에 도달하였다는 것이다. 그런 다음 이들은 다시 남하하여 회수(淮水)유역으로 이주하였고, 회수를 지나 장강하류지역과 주강지역에 이르렀다고 주장하였다.

다섯째는 Malay반도기원설이다. Malay반도는 태평양과 인도양을 구분하는 기준점으로서 중국에서는 '중남반도'라고 부르고 있다. 이 학설을 주장한 프랑스 학자 P. Wilor는 몇 가지 관점에서 한족은 Malay반도에서 왔다고 보았다. 그는 한족이 만들었다는 상형문자가 대체적으로 열대지역의 동물과 식물모양을 하고 있고, 오늘날 중국 남부지역에 사는 만족(蠻族)이 사용하는 문자 중에는 고대 한족이 사용하였던 상형문자와 아주 비슷하며, 중국어가 남방의 여러 지역에서는 비교적 단순하게 이루어지고 있으나, 북방지역으로 가면 갈수록 점점 복잡해진다는 것, 중국어는 중음조로 되어 있으나 Malay 반도의 언어도 중음조로 되어 있다는 것을 증거로 들면서 한족이 남방에서 왔다고 보았다.

여섯째는 인도기원설이다. 이를 처음으로 주장한 사람은 프랑스 학자인 A.de Gobinesaus였다. 그는 중국의 반고신화와 중국의 문화가 인도민족에 의해 전입되었다고 보았다. 하지만 대부분의 중국학자들은 이러한 주장에 반대하였다.

일곱째는 터키기원설이다. 이러한 주장을 한 사람은 스웨덴의 Karlgren이다. 그는 탐험가인 Adernsonn이 발굴한 심양, 하남, 감숙 일대의 유물을 연구한 결과, 하남지방의 문화는 중국토착문화이기는 하지만 출토된 채색도기는 터키족으로부터 전래된 것으로 보았다. 이에 중국학자들은 그의 주장이 너무 독단적이라고 간주하면서 한족의 터키기원설을 부인하였다.

여덟째는 중동바빌론기원설이다. 이 학설은 한족의 근원인 화하계가 바빌로니아에서 곤륜산을 거쳐 왔다고 하는 것으로, 프랑스 학자 Terrien de Lacouperrie는 고대 중국인은 바빌론의 Bak족이라고 주장했다. 그리고 3황5제 중의 복희씨, 신농씨, 헌원씨는 바빌론의 Ur – Bau, Sargon, Kundur – Nakhundi라고 주장했다. 또 그는 "황제 헌원이 박족 일부를 데리고 곤륜산의 동쪽으로 이주해 왔고, 곤륜의 글자 뜻은 본래 화토(花土)인데, 이주해 온 박족의 사람들이 땅이름인 화화(花華)를 본 따서 종족의 이름을 삼았다."고 말하였다.[226]

아홉 번째는 이집트기원설이다. 이 학설은 독일 목사인 A. Kircher에 의해 주장되었는데, 그의 『이집트의 수수께끼를 푼다』라는 저서에서 이집트의 문자와 중국의 문자는 동일한 기원을 갖고 있기 때문에, 한족의 기원은 이집트라고 주장했다.

이렇게 한족에 대한 기원설은 많이 있지만 아직까지 정론은 없다. 하지만 일반적으로 중국인들은 북경원인의 발견을 통해서 중국인의 기원을 토착설

---

226) http://www.cqzg.cn/html/200406/147139.html(검색일: 2006. 8. 1.)

에 더 무게를 두고 있다. 또 서방의 고대 중국인들이 점점 동진하면서 중국 동부와 남부 지역에 거주하는 민족들을 동화하면서 점점 한족이 형성되었다고도 여기고 있다.

2) 한족에 대한 인식

한족의 기원과 관련해서 아직까지 정확하게 밝혀지지 않고 있다. 다만 학자들은 대체적으로 화하족을 한족의 선민족으로 여기고 있다. 즉 춘추전국시대를 거쳐서 진한 시기 동안에 화하족과 주변 민족이 융화하여 한족이 형성되었다고 여겼다. 그리고 왕조의 역사발전과정에서 한족과 중원으로 들어온 이민족이 통합되어 한족의 범위가 점점 더 확대되었다고 보았다.[227]

아래 <그림-5>는 중국 한족의 변화를 도식화하였는데, 이는 중국의 여러 민족사에서 나타나고 있는 인식이다. 3황5제의 후손들이 중국대륙에서 살면서 한족의 선조가 되었고, 언어는 고대 한어를 사용하였으며, 춘추전국시대와 진한(秦漢), 수당(隋唐)을 거치면서 '화하족 → 한족 → 신한족'으로 발전하였다고 보았다. 이러한 인식은 뒤에서 설명하는 한족 중심의 민족주의와 1900년대 이후 중국사 편찬과정에서 나타난 한족 중심의 민족관에 의해 생겨났다.

〈그림-5〉 중국 한족의 변화[228]

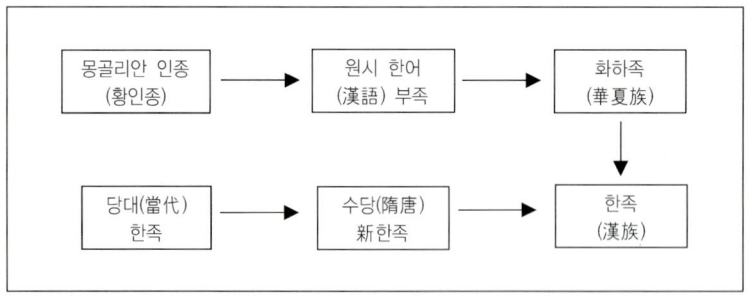

227) 邵靖宇, 『漢族祖源試說』, 浙江省: 浙江大學出版社, 2001. 范文瀾, "自秦漢以來中國成爲統一國家的原因", 『歷史研究』第3期. 1954. 참조.

228) http://www.cqzg.cn/html/200506/295495.html(검색일: 2006. 8. 1.)

한족과 관련해서 일반적으로 알려진 것을 정리하면 다음과 같다.

한족과 관련된 한인(漢人)이라는 단어는 『後漢書』「西羌傳」 "月氏來降, 與漢人錯居"라는 곳에 처음 등장하는데, 그 의미를 오늘날 소위 '한족(漢族)' 혹은 '한민족(漢民族)'과 동일한 것으로 보았다.[229]

그리고 한족은 역사변화 속에서 확대되었는데, 먼저 동한(東漢) 말 삼국으로 나뉘고, 서진(西晉)의 내분으로 인해 북방과 서북민족인 흉노(匈奴), 선비(鮮卑), 갈(羯), 저(氐), 강(羌)이 중원으로 들어와서 왕조를 건립하였는데, 역사상 이 시기를 '북조(北朝)'라 불렀다. 북조는 약 270여 년간 지속되었는데, 이때 북방민족의 통치자는 한(漢)문화를 흡수하고 적응하는 동시에, 자신들의 문화를 한 문화 속으로 전파시켰다. 오늘날 중국의 침대문화와 같은 북방민족의 문화가 이 시기에 전래되었다. 한편, 진(晉)왕실은 동으로 이주하였고, 토족(土族)은 남으로 이주하였다. 이후 남조는 272년간 지배하면서 황하유역의 문화를 강남, 강소성, 안휘성, 복건성, 절강성, 광동성으로 전파하였고, 한의 문화가 이 지역에서 점점 발전하였다. 이런 과정에서 이 지역에 있던 고대 이(夷)와 월(越)의 후예들 대부분이 한족으로 융화하였다고 해석하고 있다.[230]

수당(隋唐) 시기에 중국대륙은 통일되었고, 각 민족의 문화가 융화하였으며, 당나라의 문화도 다양해졌다. 당이 번성한 이후, 사람들은 중원 사람들을 '당인(唐人)'이라고 불렀다. 다만 근대에 한인(漢人)이라는 단어가 더욱 많이 사용되다 보니, 당인은 상대적으로 적게 사용되었다. 학자들은 이 시기에 중원의 흉노와 선비 등의 후예가 완전히 한족으로 융화하였다고 보았다. 이후 몽골족이 요(遼), 서하(西夏), 금(金), 대리(大理), 송(宋)을 멸망시키고 원(元)왕조를 건립하였는데, 이때 원대의 '한인(漢人)' 개념에는 거란, 여진, 고려 및 원래 금의 통치하에 있던 한인이 포함되었다. 그리고 원대의 '남인(南人)'은 남송 통치하의 한인과 남방 각 민족을 가리켰는데, 원대에 이르러 남북 각 민족이 한족으로 융화하는 과정을 가속화시켰다. 원 말, 수십여 만의 몽골족 병사들이 중원에 남았는데, 그중의 상당한 사람들이 한족으로 동

---

229) http://edit.ndcnc.gov.cn/datalib/2004/Nation/DL/DL-163594(검색일: 2006. 8. 1.)
230) http://edit.ndcnc.gov.cn/datalib/2004/Nation/DL/DL-163594(검색일: 2006. 8. 1.)

화되었다.[231]

명대에 이르러 명 정부는 전면적인 한화정책을 실행하였는데, 주원장은 구제도를 변혁하고 변발을 금지시켰으며, 호복(胡服), 호어(胡語), 호성(胡姓) 등을 금지시켰다. 이러한 변혁은 남방지역의 각 민족에게 영향을 주었고, 오늘날 남방민족 중에 한족 성을 가진 사람들이 많은데, 이는 명대 정책의 영향을 받았기 때문이라는 것이다. 만주족이 청 왕조를 건립하고 중국대륙을 지배하면서, 한어(漢語)와 한자(漢字)를 사용하였고, 청이 망한 뒤 일부 만주족과 소수민족지배계층은 한족 속으로 동화되었다. 신해혁명 이후 손문은 오족공화론(한족, 만주족, 몽골족, 회족, 장족)을 제기하였고, 이후 많은 학자들에 의해서 한족 중심의 역사관이 형성되었다. 그리고 1949년 이후 중화인민공화국이 성립되면서, 한어를 말하고 한족풍습을 갖고 있으며, 민족자아의식이 한인이라고 여기는 사람을 일반적으로 '한족'성분으로 승인하였다.[232]

이러한 내용을 좀 더 상세하게 한족과 고대 국가와의 관계를 정리하면 다음 <표-11>과 같다.[233]

〈표-11〉 한족과 고대국가의 관계

시 기	내 용
① 위진남북조	- 북방 한족의 세력이 컸음 → 한화정책 시행, 여러 민족이 세운 왕조에 영향을 줌 - 남방 민족의 한화: 한족 통치계급의 정벌, 약탈 등에 의해 이루어짐
② 수·당	- 돌궐, 철륵, 거란, 당항, 토곡혼 등 분열 → 한족과 섞여 거주, 일부는 한족으로 됨
③ 송·금	- 한족이 분포하는 지역은 민족정권에 의해 분열 → 일부 한족은 '거란, 여진, 당항' 등이 세운 '요와 서하, 금'에 거주 → 정복왕조는 한인을 통치하기 위해 한의 제도를 실시 → 결과로 일부 거란인, 여진인, 고려인, 발해인 한화
④ 원·청	- 몽고족과 만족이 중원으로 들어옴 → 이들 민족 한족으로 융화

먼저 ①의 시기에 북방 한족의 세력이 컸는데, 이때 한화정책을 시행하여

231) http://edit.ndcnc.gov.cn/datalib/2004/Nation/DL/DL-163594(검색일: 2006. 8. 1.)
232) http://edit.ndcnc.gov.cn/datalib/2004/Nation/DL/DL-163594(검색일: 2006. 8. 1.)
233) http://www.pep.com.cn/200212/ca39829.htm(검색일: 2003. 9. 29.)

여러 소수민족이 세운 왕조에 영향을 주었다는 것이다. 그리고 남방지역에 거주하는 소수민족은 한족 통치계급의 정벌, 약탈 등에 의해서 한화가 이루어졌다는 것이다. ②의 시기에는 돌궐(突厥), 철륵(鐵勒), 거란(契丹), 당항(黨項), 토곡혼(吐谷渾) 등이 분열되어 한족과 섞여 거주하게 되었고, 일부는 한족으로 융화하였다. ③의 시기에는 한족이 분포하는 지역은 여러 민족들이 세운 국가로 인해 분열되었는데, 이때 일부 한족은 거란·여진·당항 등이 세운 요와 금 그리고 서하(西夏)에 거주하였다. 정복왕조는 한인(漢人)을 통치하기 위해서 한(漢)의 제도를 실시하였는데, 이 결과로 일부 거란인, 여진인(女眞人), 高麗人, 발해인은 한화(漢化)되었다는 것이다. ④의 시기에는 몽고족과 만족(滿族)이 중원(中原)으로 들어왔지만, 일부 민족은 한족으로 융화하였다는 것이다.

전술하고 있는 내용들은 대체적으로 한족의 관점에서 서술한 중국사이고, 역사상 분열과 통일 시기에 한족의 정체성이 확대되었다는 것이다. 이는 대체적으로 한(漢) 나라를 중심으로 해서 한족을 설명한 것이다. 그러다 보니 한 나라 이전의 한족의 정체성과 동일한 민족기원을 찾아야 하였는데, 그 민족이 바로 화하족(華夏族)이었다.

〈그림-6〉 화하족과 한족의 구분

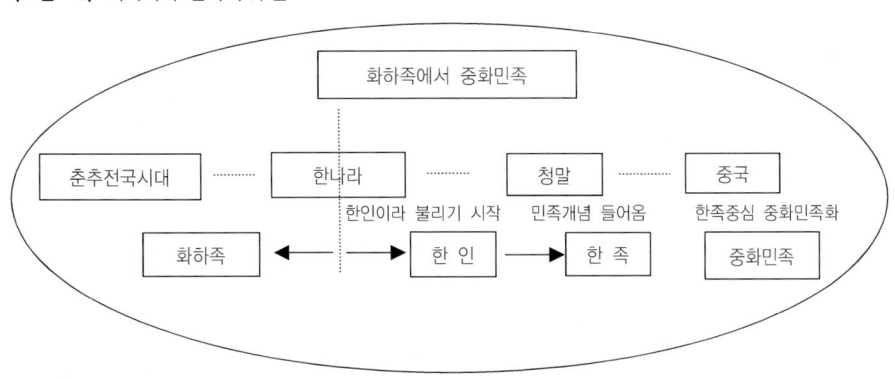

<그림-6>은 학자들이 한 나라를 기준으로 해서 화하족과 한족으로 구분하였고, 중국대륙에 존재하였던 고대민족과 역사민족은 춘추전국시대, 진

한, 서진, 수당, 명청 왕조를 거치는 동안에 많은 민족들이 한족에 동화되거나 새로운 한족으로 융화하면서 한족의 범위가 확대되었고, 청말 이후 중화민족으로 새롭게 융화하여 한족이 되었다는 것이다.[234] 이러한 해석은 한족의 역사기원을 소급하려는 중국의 의도가 강하고, 3황5제의 시대까지 거슬러 올라가면서, 한족이 오랜 역사 기간 동안 중국대륙을 지배하였다는 것을 입증하기 위한 의도라고 할 수 있다. 게다가 중국에서는 단대공정과 탐원공정을 통해서 한족의 역사와 민족정체성을 확대하려는 의도를 표출시키고 있다.[235]

오늘날 중국에서는 화하족의 기원을 하(夏)나라로 삼고 있으며, 상나라의 동이족을 통합하고, 춘추전국시대 중국대륙의 여러 민족을 통합하였다고 보고 있다. 다른 한편으로, 화하족은 일찍부터 섬서성과 감숙성 일대 하수(夏水)에서 살다 보니 '하족(夏族)'이라는 이름을 얻었고, 또 화산(華山)을 중심으로 살았기 때문에 '화족(華族)'이라는 이름을 얻었다는 것이다. 그리고 하와 상 두 민족이 서로 충돌하여, 하족의 일부분은 정복당하였고, 일부는 서북지역으로 도주하였으며, 일부는 산서와 산동지역으로 이주하였으며, 일부는 하남서부에서 호북으로 갔다는 것이다. 이후 서북의 황제와 남방의 염제, 동부의 치우 3대 부락이 충돌해서 화하민족(華夏民族)으로 융화하였다고 보았다.[236]

화하족과 관련해서, 임혜상(林惠祥)은 "화하계는 한족을 구성할 뿐만 아니라 중국민족의 중요한 근간이 된다. 화하계에 다른 종족의 계통들이 혼합되어 동화됨으로써 새로운 하나의 복합적인 화하계가 생겨났다는 것이다. 화(華)·하(夏)란 이름이 고대부터 있었기 때문에 화하계라고 한다. 물론 화하계를 한나라 이전 시대의 사람들을 가리킨다고 하였고, 한나라 이후는 한족이라는 것이다. 그런데 화하계는 황하유역에서 국지적으로 분포하여 살았

---

234) 王建民.『中國民族學史』上卷. 雲南省: 雲南敎育出版社. 1997; 王建民·張海洋·胡鴻保.『中國民族學史』下卷. 雲南省: 雲南敎育出版社. 1998; 宋蜀華·陳克進.『中國民族槪論』. 北京: 中央民族大學出版社. 2002. 참조.

235) 공봉진. "중국의 동북공정, 단대공정, 탐원공정에 관한 소고".『국제지역통상연구』제1집. 국제지역통상학회. 2004. 참조.

236) http://service.gmw.cn/listMessage.jsp?forumID=21&threadID=27523(검색일: 2006. 8. 3.)

지만, 지금은 중국영토 대부분에 살고 있다고 하였다."고 주장하였다.[237]

오늘날 한족의 관점에서 화하족을 선민족으로 삼고, 고대 중국대륙에서 주요 활동을 한 동이족이 세운 상과 동이족의 군장이라 일컫는 치우를 화하족으로 융화한 것으로 해석하는 것은 한족의 민족범위를 확대하고 화하족의 민족기원을 확대시키려는 중국의 애국주의적이고도 민족주의적인 관점에서 비롯되었다고 하겠다.

3. 한족이라는 명칭의 등장과 한족 중심의 민족관 형성

1) 한족이라는 민족 용어 등장

앞에서 기존에 인식하고 있는 한족과 화하족에 대해서 살펴보았다. 여기에서 일반적으로 한족이 중국을 구성하는 중심된 민족이고, 고대부터 오랜 역사 기간 동안 중국대륙을 지배해 온 민족으로 인식하고 있음을 알 수 있다. 그런데 이러한 인식은 청말 배만(排滿)사상과 서구열강에 대항하는 민족주의가 생겨나면서 한족 중심의 민족주의가 형성되면서 비롯되었다.

신해혁명 이후, 중국 여러 학자들은 한족 중심의 역사관과 민족관으로 중국사를 편찬하였으며, 학자들이 이러한 책을 참고하면서 점점 한족 중심의 역사와 민족을 해석하기 시작하였다. 결국, 동아시아에서 한족 중심의 역사관과 민족관으로 해석하기 시작한 것은 약 100여 년에 지나지 않는다.

한족이라는 단어는 서구 근대민족국가가 등장하면서 생겨난 '민족(nation)' 개념이 청으로 들어오면서 만들어진 신조어이다. 그 이전에는 진인(秦人), 한인(漢人) 혹은 당인(唐人)으로 주로 사용되었지만, 한인(漢人)이 문학작품에 많이 등장하면서 자연스럽게 많이 사용되었다. 그리고 한인은 당시 청을 지배하던 만주족에 대칭되는 용어의 하나였다. 자료에 의하면 한족이라는 단어가 처음으로 등장한 것은 1800년대 말과 1900년대 초이다.

---

237) 林惠祥, 『中國民族史』 上卷, 第四章: 東夷系 卽漢族來源之二, 第一章, 中國民族之分類 第三節, 各系族略說, (一) 華夏系 漢族來源之一.

중국사회과학원 민족연구소의 한경춘(韓景春)과 이의부(李毅夫)는 한족(漢族)이라는 단어를 가장 먼저 사용한 사람은 황준헌(黃遵憲)이고, 1903년의 『박혁명서(駁革命書)』에서 "倡類族者, 不愿漢族, 鮮卑族, 蒙古族之雜居共治, 轉不免受治於條頓民族, 斯拉夫民族, 拉丁民族之下也"라고 하면서, 한족을 사용하였다는 것이다. 또 어떤 학자는 '한족'이라는 단어가 민족명칭으로 가장 먼저 기재된 것은 태평천국[238] 말년 이세현(李世賢)이 지은 『致各國領事書』인데, 여기에 한족이라는 단어가 있다는 것이다.[239]

하지만 일반적으로 한족이라는 단어를 처음으로 사용한 사람을 양계초로 보고 있다. 양계초의 『亡國編』(1901)에서 한족이라는 단어가 처음 나오는데, 이 책에는 '한족' 외에도 '한인(漢人)', '한민(漢民)', '한종(漢種)', '한종(漢種)의 인(人)' 등을 사용하고 있다. 이때의 한인은 당시 청 정부, 즉 만주족(滿洲族)의 지배에 항거하는 사상에서 비롯되었다고 할 수 있다. 물론 '한인'이라는 단어는 이전에도 문학작품이나 사서에 나타나고 있다. 이러한 단어는 시대에 따라 다른 의미로 사용되었다. 한 예로 5호16국 시대에 사용된 한인은 '호인(胡人)'과 구별하기 위해서 사용되었다.[240]

한족의 단어를 처음으로 사용하였다는 양계초는 『中國歷史上民族之研究』(1924)에서 한족의 기원, 형성과 발전문제에 대해서 초보적으로 논하였다. 그는 "한족을 동화되지 않은 객체이다. 동화를 시킨 주체이다."고 분석하였다. 또 "2개 이상의 민족으로 나뉘지 않고, 하나의 민족으로 집중되었다."고 말하면서, 그 원인은 한족이 '매우 복잡하고 공고된 민족'이기 때문이라고 하였다. 복잡하고 공고된 민족은 큰 대가를 치르고 구성되었다는 것이다. 한족은 "'중국 본부'에서 탄생하였고 자랐던 민족"이라고 밝혔다.[241] 양계초는

---

238) 1851년 청(淸)나라 때 홍수전(洪秀全)이 세운 나라이다. 청나라 쪽에서는 태평천국군을 장발적(長髮賊)·월비 등으로 불렀고, 1864년에 멸망하였다. http://kr.dic.yahoo.com/search/enc/result.html?pk = 19290600&p = 태평천국%20&field = id&type = enc(검색일: 2006. 8. 1.)

239) http://www.han-tang.org/php/bbs/archiver/?tid - 1590.html(검색일: 2006. 8. 2.)

240) 王柯. 『中國與國家: 中國多民族統一國家思想的系譜』. 北京: 中國社會科學出版社. 2001. 187 - 188쪽 참조.

241) 徐杰舜. 「20世紀中國漢民族研究述略」. 『民族研究動態』 2. 中國民族研究團體聯合會. 1997. 41 - 42쪽 참조.

한족은 중국대륙에서 줄곧 존재하였고, 다른 민족에게 동화되지 않았으며, 동화시킨 주체이며, 민족정체성이 공고화된 민족이라고 주장한 것이다.

또 중국에서는 한족과 소수민족을 '중화민족(中華民族)'으로 통합시키고자 하는데, 중화민족이라는 단어는 양계초의 『中國學術思想變遷之大勢』(1902)의 "上古時代, 我中華民族之有四海思想者厥惟齊"에서 가장 먼저 보이는 것으로 해석하고 있다.[242]

2) 한족 중심의 민족관 강화

중국에서는 양계초뿐만 아니라 여러 학자들이 중국사를 정리하였다.[243] 『八十年來史學書目』에는 왕동령(王桐齡)의 『中國民族史』(1928), 여사면(呂思勉)의 『中國民族史』(1934), 『中國民族演進史』(1935), 송문병(宋文炳)의 『中國民族史』(1935), 임혜상(林惠祥)의 『中國民族史』(1936), 무봉림(繆鳳林)의 『中國民族史』(19××), 유려(劉藜)의 『中國民族史』(19××), 양향규(楊向奎)의 『夏民族起於東方考)』(1936), 장기윤(張其昀)의 『中國民族志』(1928), 류사배(劉師培)의 『中國民族志』(1936), 성발경(城渤鯨)의 『中華民族新論』(19××), 곽유병(郭維屛)의 『中華民族發展史』(1936), 조송엽(曹松葉)의 『中華民族史)』(1933), 마정무(馬精武)의 『中華民族的形成』(1942), 이진동(李震同)의 『中華民族的來源』(1945), 이광평(李廣平)의 『中華民族發展史』(1941), 장욱광(張旭光)의 『中華民族發展史綱』(1942), 여진우(呂振羽)의 『中華民族簡史』(1948, 1950) 등 모두 19종류의 책이 소개되고 있다. 이 외에도 상내해(常乃惠)의 『中華民族小史』(1928), 유검화(兪劍華)의 『中華民族史』라는 책이 있지만, 이 두 권은 『八十年來史學書目』에는 보이지 않는다. 중국민족사 21종에는 다른 각도, 다른 단계, 다른 수준에서 한족의 기원, 형성, 발전 및 특징을 논하였다.

예를 들면, 여사면은 『중국민족사』에서 한족을 "가장 최초로 조직된 중국국가의 민족이다. 언어, 풍속, 문화 등은 모두 스스로 이루어서 하나가 되었

---

242) http://www.han-tang.org/php/bbs/archiver/?tid-1590.html(검색일: 2006. 8. 2.)

243) 徐杰舜. 「20世紀中國漢民族硏究述略」. 『民族硏究動態』 2. 中國民族硏究團體聯合會. 1997. 참조.

고, 하나의 선으로 계승되었다."고 하였다. 또『중국민족연진사』에서는 "한족은 진한 시기에 형성되었다."고 제기하였다. 이러한 이유로 "한족의 명칭은 유방이 천하를 가진 이후에 기원하는 것이다."라고 밝히고 있다.

그리고 임혜상은『중국민족사』에서 한족의 유래를 네 가지로 보았다. 첫 번째는 '화하계(華夏系)'로 한족이 고유한 성분이고, 오늘날 한족이 주간이 되었다는 것이다. 두 번째는 '동이계(東夷系)'로서 동이는 화하계의 동방에 거주하는 사람인데, 진(秦)이 6국을 멸한 뒤 동이는 흩어져서 진의 백성이 되었고, 스스로 화하에게 완전히 동화되었다는 것이다. 세 번째는 '형오계(荊吳系)'로서, '만형(蠻荊)' 혹은 '형만(荊蠻)'인데, 형오계가 세운 국가는 '초(楚)', '오(吳)', '월(越)'나라이다. 전국(戰國) 시기에 이들은 화하에게 완전히 동화되었다는 것이다. 네 번째는 '백월계'로서, 이들이 거주하는 지역은 매우 넓고, 오늘날 중국 동남과 남방 각 성에 골고루 분포하고 있는데, 이들 대부분은 화하에게 동화되었다는 것이다. 임혜상은 이러한 고대민족이 한족에게 동화되어 오늘날 한족을 구성하고 있다고 주장하였다.

여진우는『중국민족간사』에서 한민족의 특징을 다음과 같이 서술하였다. 첫째, 한족은 고정된 영토가 있다. 둘째, 한족의 경제생활은 일본이 침략하기 이전에는 반식민지·반봉건적인 성격을 띠고 이었다. 봉건적인 생산력은 지배적인 지위를 차지하였다. 일본이 침략한 이후에 점령지역에서는 식민지적인 경제생활을 하였고, 국가가 통일된 지역은 반식민지·반봉건적인 경제생활을 하였다. 중국이 건국된 이후에는 신민주주의 초기의 형태이다. 셋째, 한족은 일찍부터 공동의 문자를 사용하였고, 통용된 관화(官話)가 형성되었다. 넷째, 한족은 문화심리상태방면에서 공동의 특징을 갖고 있다. 예를 들면, 봉건시대의 유가철학, 논리관념, 종교신앙, 문학예술의 풍습 등의 요소를 갖고 있다. 오늘날 이러한 특징들이 여전히 전해져 내려오고 있다.

이러한 시각은 단지 몇몇 학자들에게만 보이는 것이 아니라 중국민족사에 관한 여러 논저에서 종종 보이고 있다. 이 시기의 한족에 관한 대표적인 연구는 왕동령의『중국민족사』이다. 이 책은 상하로 나뉘는데, 상편에는 '내연사'에 관한 내용으로서 중국민족의 대내 융화에 관한 일들을 다루고 있다.

하편에는 '외연사'에 관한 내용으로서, 중국민족대회발전에 대한 일을 다루고 있다. 만족 중에는 숙신, 부여, 高麗, 백제, 말갈, 발해, 여진, 만주가 있고, 몽족 중에는 훈죽(獯鬻), 험윤(玁狁), 적(狄), 흉노, 몽고, 달단, 와자(瓦剌)가 있으며, 만몽 혼혈족 중에는 산융, 오환, 선비, 토곡혼, 유연, 해, 거란이 있다는 것이다. 또 회족 중에는 정령(丁零), 월씨, 오손, 고차, 철륵, 돌궐, 회흘, 사타(沙陀)가 있고, 장족(藏族) 중에는 융, 저, 강, 토번, 당항이 있으며, 묘족 중에는 구려(九黎), 삼묘, 형만, 백월, 서남이(西南夷)가 있다는 것이다. 이들 모두 혹은 대부분이 한족에게 융화하였다는 것이다. 이러한 민족들이 중국민족을 조성하는 중요한 요소가 되었다는 것이다. 하지만 왕동령은 민족사를 언급할 때, 대체적으로 한족을 중심으로 다루고 있었다.

4. 중국 건국 이후 한족에 관한 연구

1) 건국 이후의 한족에 관한 인식

1949년 중국 건국 초창기, 한족에 관한 논의는 있었지만 중국 당국은 대체적으로 한족의 민족정체성을 기존에 연구된 결과를 그대로 따른 것으로 보인다. 1953년 중국 내 거주하고 있는 인간공동체와 민족을 판별하고 분류하는 민족식별작업을 하는 과정에서 민족식별대상이 한족인지 아닌지로 구분하였다는 점에서 어느 정도 짐작되는 바이다. 1950년대 중반에 들어서면서, 민족의 개념과 한족과 소수민족의 정체성에 대한 논의는 활발하게 진행되었다. 중국 건국 이후 한족에 관한 연구를 살펴보면 다음과 같다.[244]

1950년대 중엽 중국 학술계에서는 한민족의 형성과 발전에 대한 토론이 벌어졌다. 범문란(范文瀾)은 『역사연구(歷史研究)』(1954)에서 발표한 『試論中國自秦漢時成爲統一國家的原因』이라는 글에서 "한민족(漢民族)은 '독특한 민족'이고, 진한(秦漢)시대에 형성되었다."고 밝혔다. 이러한 주장은 국제

---

244) 徐杰舜(1997), pp.41 - 43.

학술계의 논쟁을 일으켰다. 비록 의견일치는 얻지 못했지만, 『漢民族形成問題討論集』(1957. 三聯書店)이라는 책을 출판함으로써, 사람들에게 한족 연구에 대한 의의를 주었다. 또 범문란은 『自秦漢以來中國成爲統一國家的原因』(1954)이라는 글에서 '중국 한족은 특수한 역사조건에서 형성한 특수민족'이라고 하였다. 이 특수한 민족은 네 개의 특징을 갖추었는데, 즉 '동일한 문자 사용'(書同文, 공동의 언어), 장성 이내의 광대한 지역(공동지역), '수레의 폭 통일'(車同軌: 공동의 경제생활), '같은 윤리의식 행함'(行同論: 공동문화를 표현하는 공동의 심리소양)을 갖고 있다는 것이다. 그리고 한족은 진한 시기에 형성하였는데 중화경제의 유대는 봉건적인 공상업이 전국적으로 통하였기 때문이라고 하였다. 그는 중국근대자산계급은 비교적 강대하지 않고, 아직 민족유대작용이 일어나지 않았으며, 이러한 이유로 자산계급민족이 형성되었다고는 말할 수 없다. 한민족의 형성은 고대라고 하였다.[245]

1954년부터 1956년까지 중국에서는 "한족은 중국 건국 이전에 이미 민족으로 형성되었는가?"란 주제를 갖고 학술토론이 벌어졌다. 당시 학자들은 스탈린의 민족개념과 민족발전 여러 단계의 이론에 근거로 하여 3가지 관점이 형성되었다고 주장하였다.[246] 첫째, 한(漢)민족은 진한(秦漢) 시기에 이미 형성되었고, 오랜 역사 기간 동안 끊임없이 발전하였다. 그러나 자본주의는 중국에서 아직까지 중요한 지위를 차지하지 못했기 때문에 한족은 자본주의 민족은 아니다. 둘째, 민족은 자본주의 상승시기의 산물이다. 한족이 민족으로 형성된 것은 1840년 이후 중국에서 자본주의가 탄생한 시기이다. 셋째, 한민족의 형성은 중국자본주의 맹아의 역사와 부합한다. 명말청초, 혹은 당송(唐宋) 시기에 이미 자본주의맹아가 있었다. 자본주의 맹아가 이미 출현한 시기가 곧 한민족이 형성된 역사시기이다. 1960년대 초 장로(章魯, 아함장)는 『인민일보(人民日報)』에 발표한 "關於民族的起源和形成問題(1962년 9월 4일)"라는 글에서 "한족의 형성은 하(夏)대에서 형성되었다."는 새로운 관점을 제출하였고, 초보적인 논증을 하였다. 이후 얼마 지나지 않아서 '문화대혁명'

---

245) 金炳鎬. 『民族理論研究二十年』. 北京: 中央民族大學出版社. 2000. pp.138-139.
246) 陳連開. 「華夏族/漢民族的形成」. 『中國民族研究初探』. 北京: 知識出版社. 1994. p.289.

이 발생하였고, 한족에 관한 연구가 주춤하였다. 한족에 관한 연구뿐만 아니라 민족에 관한 연구는 1980년대에 이르러서야 본격적으로 재개되었다.

한편, 중국 건국 초기, 국가통합과 민족통합을 이루기 위해서 중국 당국은 한족 중심의 민족식별을 하였다. 그런데 민족식별을 할 때, 한족이 아니라고 주장하는 사람들이 한족으로 분류되는 결과가 초래되었다. 광동성의 단민, 해남성의 임고인, 의산의 양산인 등과 같은 사람들은 자신들이 소수민족이라고 주장하였지만, 중국정부는 이들을 한족으로 분류하였다.[247] 이들을 한족으로 분류시킨 이유는 지금 이들이 소수민족의 특색을 갖고 있더라도 조상이 한족이었다는 것과 약간의 한족 문화 특색을 갖고 있다는 이유 때문이었다.

2) 한족에 대한 인식 변화와 재해석

한족에 대한 인식은 변함없이 전통적으로 인식하고 있는 대로 받아들이는 게 일반적이다. 한족은 진한 시기에 형성되었고, 주변 민족을 통합하면서 한족으로 동화시키거나 새로운 한족으로 융화시키는 주체적인 역할을 해 왔다는 것이다. 특히, 한족이 세운 왕조는 불과 3개 정도이고, 오랜 역사 기간 동안 이민족이 중국대륙을 지배하였지만, 역사학자들은 오히려 지배민족이 한족에게 동화되었다고 해석하였다.

하지만 최근 이러한 한족 중심의 역사해석과 민족관에 대해서 조심스럽게 반대하는 학자들도 없지는 않다. 일부 소수민족 출신의 민족학자와 역사학자들은 민족정체성을 연구할 때, 단순히 스탈린의 민족특징 4개만을 고집하지 않고, 민족기원이나 DNA조사, 민족관의 비교연구 등을 통해서도 연구하고 있다. 한 예로 거란족의 후예라고 여겨지고 있는 중국 소수민족의 하나인 달알이족(達斡爾族)은 자신들이 거란족의 후예라고 주장하고 있으며, DNA조사를 통해서 이를 입증하고 있다. 그런데 민족식별과정에서 민족식별조사팀은 거란족이 한족에게 이미 동화되었다고 단정지어 버렸다.[248]

---

247) 공봉진(2005). pp.81 - 87.

248) 공봉진 · 이중희. "중국의 민족식별연구: 達斡爾族을 중심으로". 『인문사회과학논총』. 부경대 인문사회 과학연구소. 2002. 참조. http://www.56 - china.com.cn/xin - zy/sd - 17.htm(검색일: 2003. 7. 25.)

최근 중국에서는 한족에 대한 연구가 이전에 비해서 활발하게 이루어지고 있는데, 대표적인 게 DNA조사를 통해서 전 중국의 한족들을 비교 검토하였다는 점이다. 혈연적으로 매우 같은 것으로 여겼던 한족이 사실은 남북 지역 한족 간의 혈연이 상당히 차이가 있는 것으로 밝혀졌다. 심지어는 소수민족의 차이보다도 당지 한족과의 차이가 더욱 크다고 밝혔다. 『북경과기보(北京科技報)』의 보도에 의하면, 中國科學院遺傳與發展生物學硏究所의 연구원인 원의달(袁義達)은 『中國姓氏: 群體遺傳和人口分布』라는 책에서 중국과학원이 수집한 한족의 ＡＢＯ혈액형은 한족지역의 친연도(親緣圖)를 근거하여, 한족은 남방의 무이산(武夷山)과 남령(南嶺)을 경계로 나눌 수 있다고 하였다. 그리고 남방한족(복건, 대만, 광동, 홍콩, 마카오, 광서와 해남)과 북방한족(남방 7곳 이외)의 혈연이 상당히 차이가 나고 거리가 멀다. 심지어는 두 지역의 한족이 당지의 소수민족보다 차이가 더 크다. 만약 생물유전학의 관점에서 보면, 중국의 한족은 단지 문화상의 민족이고 혈연상으로는 완정한 군체는 아니라고 밝혔다. 원의달은 오랜 기간 동안 이주와 진화과정에서 북방한족은 주로 북방지역 흉노(匈奴), 선비(鮮卑), 돌궐(突厥), 강(羌), 몽골 등 몽골인종에 속하는 소수민족과 왕래하며 융화하였지만, 남방의 한족은 주로 남방지역의 남월(南越), 교지(交趾) 등의 몽골인종에 속하는 소수민족과 왕래하고 융화하였다. 원의달은 한족문화, 언어상의 차이는 정부의 정책과 법령으로 바꾸고 축소할 수 있으나, 수천 년 동안의 격리와 유전인자의 진화에서 조성된 다른 지역의 한족 간의 차이가 있고, 한족 군체는 본질적으로 구별된다고 하였다.[249] 이는 한족이라 하더라도 지역에 따라 다르다는 것을 명확하게 입증하는 것이다.

　　사실, 한족은 한(漢)나라를 구성했던 사람들과 관련이 있는 것은 틀림없다. 위진(魏晉) 시기에 한 왕조는 이미 멸망하여 없었지만, 주변 국가에서는 중원의 사람들을 '한인'이라 칭하였다. 그리고 서진(西晉) 말, '오호(五胡)'가 중국대륙을 지배할 때, '중국황제'라 칭하면서 백성을 '한인'이라 칭하였다. 이러한 과정을 거치면서 한인은 점차적으로 민족명칭이 되었다는 것이다.

---

249) http://club.dayoo.com/read.dy?b＝cantonese&i＝557222&t＝557222(검색일: 2006. 8. 3.)

또 한인이 사용하는 언어를 '한어'라 칭하였다. 민족명칭의 변화는 남북조 시기에 이르러 비교적 확정되었다. '한인'이라는 자칭은 어떤 때에는 진한 전통에 따라 '화(華)' 혹은 '하(夏)'로 칭하였거나 중국인으로 칭하였다. 수·당 시기에도 주현(州縣)은 여전히 한의 영토였고, 조정 또한 '한가(漢家)'였다는 것이다. 한인은 타칭이었는데, 시문(詩文), 조령(詔令), 주소(奏疏)에서 자주 등장하니까 점차적으로 자칭으로 삼은 것이다.[250]

한편, 한족의 선민족이라고 하는 화하족(華夏族)의 '화하(華夏)'라는 단어 는『左傳』「襄公26年」 "楚失華夏"에서 가장 먼저 보이고, 이 '화하'가 민 족명칭이 되었고, 『尙書 周書』「武成」篇에 기재되어 있는 "華夏蠻貊, 罔 不率俾"라는 글에서 '화하'는 민족의 명칭으로 사용한 것으로 해석하고 있 다.[251] 많은 학자들이 진한(秦漢) 이전의 동이와 남만, 북적, 서융을 민족적 개념으로 보지 않고, 방위적 개념으로 해석하고 있는데, 화하라는 단어는 민 족으로 사용되었다고 해석하고, 그 이외는 방위적 개념으로만 해석하는 것은 기존의 한족 중심의 민족관에서 비롯되었다고 말할 수 있다.

한족은 청말 서구로부터 '민족'이라는 개념이 도입되면서 형성된 '상상의 공동체'로 확대되었다. 뿐만 아니라 당시 외세에 저항하고, 통치 민족이었던 만주족에게 저항하기 위해서 만들어진 정치적 민족 통합의 개념이라고 할 수 있다. 이렇게 시작된 한족은 점차적으로 확대되었고, 학자들에 의해서 한족은 역사상 중심부를 차지하게 되었고, 다른 민족은 언제나 주변 민족으로 해석되 었다. 뿐만 아니라 이민족은 중국대륙을 지배하더라도 그들의 문화는 늘 한족 의 문화에 동화되었고, 민족 또한 한족에게 흡수되었다고 해석하고 있다.

하지만 현재 55개 소수민족 중에는 임혜상이 언급하였던 몇몇 고대민족 들의 후예 혹은 그 지계가 그대로 남아 있다. 한족처럼 한(漢)나라를 구성했 던 백성들을 다른 민족이 불렀던 것을 후대에 그대로 민족개념으로 간주하 였다면, 다른 소수민족들도 한족과 같은 해석을 해도 무방할 것이다. 역사상 등장하였던 많은 국가들 중 이민족이 세운 왕조들이 많다. 이러한 국가를

---

250) 陳連開(1994). pp.310 - 311.

251) http://www.han - tang.org/php/bbs/archiver/?tid - 1590.html(검색일: 2006. 8. 2.)

구성했던 사람들을 지칭하는 명칭이 곧 민족명칭이 될 수도 있다는 의미이
다. 그리고 이러한 고대민족과 역사민족들의 후예들은 중국뿐만 아니라 인
접국가에 여전히 존재하고 있다. 단지 민족을 구분하고 분류할 때 어떤 민
족이 주도적인 위치에 있느냐 하는 것이다. 한족이 정권을 잡으면서 한족
중심의 역사와 민족을 해석하였다. 따라서 한족을 어떻게 해석하느냐에 따
라 중국대륙의 역사와 민족의 해석이 달라진다.

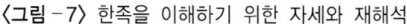

〈그림-7〉 한족을 이해하기 위한 자세와 재해석

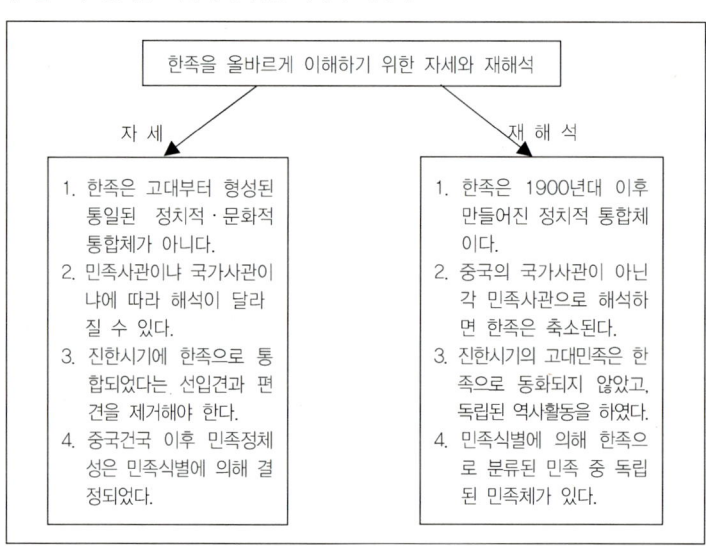

앞의 <그림-7>은 한족을 올바르게 이해하기 위한 자세와 한족에 대한
재해석을 정리한 것이다.

진한 시기를 거치는 동안에 한족으로 동화되었다고 여겨지는 고대 동이족
(東夷族), 초족(楚族), 월족(越族) 그리고 역사변화 과정에서 한족으로 동화
되었다는 거란족 등의 정체성을 회복시키고, 고대민족과 역사민족을 민족기
원으로 하고 있는 오늘날 소수민족으로 분류된 여러 민족들의 정체성을 회
복시키면, 현재 한족의 규모와 정체성은 달라질 것이다. 중국의 92%가 한족
이라고 하지만, 분류하는 방법에 따라 실질적으로는 50%도 되지 않을 수

있다. 예를 들면, 객가족과 단민 등과 같이 한족으로 분류된 사람들의 정체성을 독립시키면 한족의 정체성에는 많은 변화가 생겨나게 될 것이다. 또 다른 한편으로는 중국 내 소수민족의 정체성과 주변 국가의 민족정체성에 대한 인식에도 변화를 줄 것이다.

5. 결 론

중국과 동아시아의 역사와 민족을 해석할 때 중국의 시각, 좀 더 자세히 말하면 한족의 시각에서 접근하고 있다. 이러한 이유 때문에 한족이 아닌 민족체들이 한족으로 포함되었고, 한족의 역사가 아님에도 불구하고 한족의 역사로 간주되었다. 게다가 중국을 인접하고 있는 국가들의 역사와 민족들까지도 중국은 중국의 역사와 민족으로 포함시키고자 하고 있다. 특히 기존의 한족 중심의 역사관과 민족관은 연구자들의 선입견과 편견으로 되어 대부분의 역사와 민족을 한족의 관점에서 해석하도록 하였다.

따라서 중국과 동아시아의 역사와 민족을 해석하기 위해서는 한족에 대한 올바른 이해가 필요하다. 한족에 대한 기존의 인식은 역사와 민족을 잘못 해석하도록 하기 때문에 한족에 대한 정확한 인식이 필요하다. 본고에서는 중국과 동아시아의 역사와 민족을 올바르게 이해하기 위해서 필요한 한족에 대해서 살펴보았고, 우선적으로 기본적인 한족에 대한 기존의 학설과 인식, 한족이라는 단어의 등장 시기, 한족 중심의 역사관과 민족관이 생겨나는 과정, 한족을 해석하기 위한 갖추어야 자세에 대해서 한정하여 살펴보았다.

지금까지 한족의 정체성에 관해서는 여러 학설이 있지만, 아직까지는 정확한 설은 없다. 다만 역사적으로 한(漢)나라를 구성했던 사람들을 '한인'이라 불렀고, 청말 이후 서구로부터 들어온 '민족'이라는 개념이 '한인'에 적용하여 '한족'이라 부르기 시작했다. 그리고 1920년대부터 중국사를 편찬하는 과정에서 대부분의 학자들은 한족 중심의 민족주의 사관을 갖고 서술하였다. 결국, 역사상 여러 왕조가 생겨나고 망하는 과정에서, 설사 이민족이 중국대륙을 지배하였더라도 한족으로 동화되었다고 간주하면서, 한족을 포괄적이면서 광범하게 해석하였다.

한족은 근대 이후에 배만(排滿)사상에서 출발하여 형성된 민족주의 형태의 민족주의적 통합이다. 손문은 오족공화론을 주창하였는데, 이러한 주장은 당시 한족의 정치적 힘이 강하지 못하였음을 입증하는 것이다. 그리고 5족이 중화민족으로 융화하여 새로운 국가를 건설하자고 주장한 것을 보면, 한족 중심의 새로운 국족을 만들고자 한 것을 알 수 있다.

1912년 중화민국의 건국과 1921년 중국공산당이 창당되면서 한족은 점차적으로 정치적 힘을 갖게 되었고, 중국대륙을 지배하기에 이른다. 그리고 중국공산당은 항일운동과 국민당과의 전쟁에서 중국 내 소수민족의 도움을 받고, 정책적으로 이들의 독립국가(자결권) 건설을 선포한다. 하지만 한족의 세력이 강화되면서 중국공산당은 소수민족의 자결권보다는 자치권을 보장하고, 중국이 건국된 뒤 소수민족에게 자치구역을 설정해 주었다. 아래 <그림-8>은 민족으로서의 한족이 언제 등장하였고, 한족의 지위가 어떤 시기에 강화되었는가를 정리한 것이다.

〈그림-8〉 민족으로서의 '한족' 등장과 한족의 지위 강화

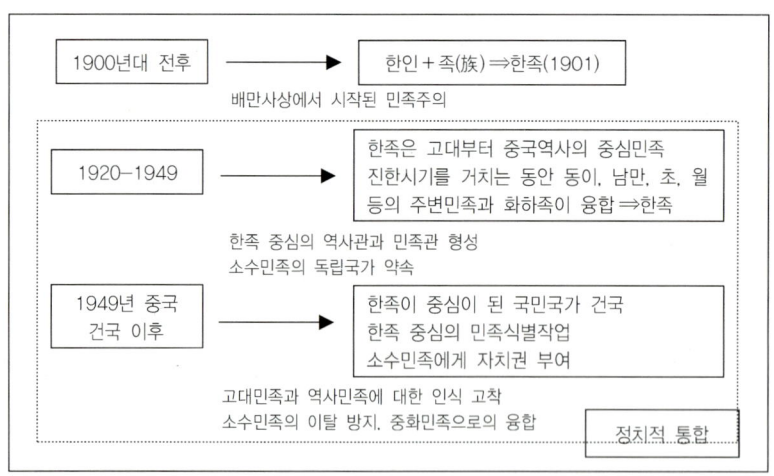

결국 1900년대 이후 정치적 변화 과정 속에서 한족 중심의 민족주의가 생겨났고, 중화민국의 성립과 중국공산당의 창당 이후 한족 중심의 민족주의와 애국주의가 강화되면서, 한족은 정치적 민족체로 통합되어 갔다. 현재 집권하고 있는 주체를 중심으로 역사를 해석하다 보니, 중국 건국의 핵심 민족인 한족이 한족 중심의 민족관에서 중국대륙의 역사와 민족을 해석하기에 이르렀다. 이러한 것은 1953년부터 실시한 민족식별에서 두드러지게 나타났다. 중국 당국은 민족기원이 동일하지만 다른 민족으로 분류하였고, 역사민족의 후예이지만 별개의 민족으로 분류하였으며, 본인들이 독립된 민족이라고 주장하였지만 한족으로 분류하였다. 이러한 것은 중국이 건국된 이후 국내외적으로 불안한 요소를 제거하기 위해서였다.

학자들은 한족에 대해서는 '확대적 민족융화'의 시각을 가진 반면, 고대민족과 역사민족 그리고 중국 내 소수민족에 대해서는 '축소적 민족동화'의 시각을 가졌다. 즉 역사상 등장한 많은 왕조를 구성하는 사람들이 한족으로 동화되거나 융화하여 새로운 한족으로 생겨났다고 해석하지만, 고대민족과 역사민족은 늘 한족의 곁들린 주변 민족으로 간주되면서 축소되었고 동화되었다고 해석하였던 것이다. 이에 오늘날 소수민족을 중국 당국에서는 민족기원과 문화적 특징이 동일하더라도 다른 민족으로 간주하였고, 역사민족의 후예이지만 새로운 민족명칭을 부여하면서 역사민족과 정체성을 단절시켜 버렸다. 그러면서 이러한 민족들을 한족으로 분류하였던 것이다.

제2장 중화민족이라는 용어는 언제 출현하였나*

1. 서 론

중국은 1978년 개혁개방정책을 실시한 이래로 고도의 경제성장과 정치적 변화를 일구어 냈다. 최근에 들어와서 중국은 전 세계에 '공자학원'이라는 이름으로 중국문화원을 설치하면서 중국어와 중국문화를 알리고 있다. 뿐만 아니라 중국은 단대공정, 탐원공정, 동북공정 등을 통해서 중국 역사와 문명을 확대시키거나 주변 국가의 역사와 민족정체성을 왜곡하거나 부정하고 있다.

중국이 실시하고 있는 최근의 정책 혹은 계획은 중국의 애국주의와 민족주의 및 패권주의를 여실히 드러내고 있다. 그리고 이러한 움직임을 신중화주의(新中華主義, Neo sinocentrism)로 단정 지을 수 있다. 그동안 중국은 한족을 오랜 역사 기간 동안 중국대륙의 역사와 문명의 중심부로 간주하였고, 중국 내 소수민족이나 주변 국가들을 한족의 곁들린 주변부로 간주하였다. 바꾸어 말하면, 중국은 자신들의 문화와 민족성이 타민족보다 우월하다는 자국중심주의와 한족우월주의를 갖고 있었고, 이를 '중국적 세계질서관' 혹은 '중화주의'라 불렀다.

하지만 이러한 중국적 세계질서관이라는 인식이 만들어진 것은 불과 100여 년밖에 되지 않았다. 그럼에도 불구하고 중국적 세계질서관이 마치 오랜 역사 기간 동안 형성된 것처럼 인식하고 있는 것은 청말 이후에 창조된 한인 중심

---

* 이 글은 부산대학교 중국연구소 『CHINA연구』 제2집(2007)에 실렸던 논문을 수정 보완한 것이다.

의 민족주의의 산물이었다. 청으로 유입된 서구의 민족개념과 국민국가의 형
태는 많은 지식인들에게 영향을 주었다. 특히 아편전쟁 이후 대외적으로는 외
세의 침략이 더욱 거세졌고, 대내적으로는 배만(排滿)사상이 고조되었다. 이
러한 정황하에서 지식인들은 당시의 정황을 극복하기 위해서 새로운 국호의
필요성을 느꼈고, 또 새로운 국가 건설의 열망도 높았다. 새로운 국호에 대해
서는 황준헌은 '화하(華夏)', 양계초와 왕강년(汪康年)은 '중국(中國)', 유사배
(劉師培)는 '대하(大夏)'를 주장하였다. 또 양계초는 1902년에 '대중화민주국
(大中華民主國)', 장태염은 '중화민국(中華民國)'을 주장하였다.[252]

이와 같은 지식인들의 움직임은 청말 시대적 상황을 반영하는 것인데, 그
런 과정에서 한족과 중화민족의 용어가 탄생하게 되었고, 한족과 중화민족
의 정체성이 만들어지기 시작하였다. 즉 서구의 'nation'이 '민족'으로 번역
되면서, '한인'에다가 '민족'의 개념이 더해져 '한족'이 되었고, '중화'에다가
'민족'의 개념이 더해져 '중화민족'이 되었다. 이렇게 한족과 중화민족의 용
어가 탄생함에 따라 중국대륙의 역사와 문화는 한족 중심으로 해석되었고,
고대민족과 역사민족도 한족으로 동화 혹은 융화된 것으로 해석되었다.

한편, 중화민족은 처음에는 한족만을 지칭하다가 점점 중화민국 내 모든
민족을 가리키는 것으로 확대되었고, 중국이 건국된 초기에는 중국 내 모든
민족을 가리켰다. 이때의 중화민족은 상징적인 의미가 강하였을 뿐, 구체화
되고 외형화되지는 않았다. 중화민족이 단일한 민족정체성을 갖고 있다고
해석하기 시작한 것은 1980년 중반 이후부터였다. 이때부터 한족이 차지하
던 민족적 지위까지도 중화민족이 대체하고 있다. 한족과 중국 내 소수민족
을 총칭하던 중화민족을 현실적 민족명칭으로 사용하면서 소수민족을 중화
민족으로 정치적으로 융화시키고 있으나, 한족은 여전히 중화민족 속에서
중심을 차지하고 있다.

오늘날 중국의 애국주의와 민족주의의 역사관과 세계관 및 민족관은 주변
국가들의 정체성에 위협을 주고 있다. 중국은 특히 동북공정을 통해 한국의

---

252) 박병석. "중국의 국가, 국민 및 민족명칭 고찰". 『사회이론』 2004 가을/겨울. 한국사회이론학회. 2004.
22쪽.

고대 역사와 민족정체성을 왜곡하거나 부정하였을 뿐만 아니라, 백두산공정을 통해 백두산이 한국민족의 성지가 아닌 만주족의 발상지로 해석하면서 한국의 중국 동북 3성 지역에서 펼쳤던 역사와 문명을 부정하고 있다. 이러한 중국의 한족우월주의 혹은 자국우월주의적인 해석은 앞으로 한국의 역사와 민족정체성에 지대한 영향을 줄 것이고, 양국의 갈등이 잦아질 것이다.

따라서 한국에서는 중국의 신중화주의를 경계해야 하고, 중국정부가 시행하고 있는 동북공정, 탐원공정 등과 같은 여러 정책을 구체적으로 연구하고 대응해야 할 것이다. 그렇지 않으면 한국이 원하지 않더라도 중국에서 한국의 역사와 민족을 중국의 역사와 중화민족으로 편입시킬 것이다. 그렇기 때문에 한국에서는 한족과 중화민족의 정체성 확대에 대한 비판적인 시각을 갖고 연구해야 한다. 왜냐하면 한족과 중화민족에 대한 기존의 인식을 그대로 갖고 접근한다면, 기존의 해석과 큰 차이가 없을 것이다. 한족과 중화민족 중심의 관점에서 역사와 민족을 해석하기 시작한 것은 한족과 중화민족의 용어의 등장과 밀접한 관련이 있다. 그러므로 한족과 중화민족의 용어가 언제부터 등장하였고, 민족정체성이 어떻게 확대되었는지를 살펴보는 것은 매우 중요하다. 그동안 한국에서는 한족과 중화민족의 정체성에 대한 연구를 많이 하지 않았다. 한족과 중화민족의 정체성에 대한 인식이 이미 고정되어 있었기 때문에 이들의 정체성에 대한 연구의 필요성을 생각하지 못했고, 중국과 갈등을 초래할 것을 염려한 정부와 일부 학자들의 소극적인 자세도 중요한 원인이기도 하였다. 이러한 이유로 본 연구에서 살펴보고자 하는 중화민족 용어의 기원과 정체성 확대에 관한 연구는 중요한 의의를 갖는다고 하겠다.

본 연구에서는 중화민족의 용어 기원과 민족정체성의 변화에 대해서 문헌조사를 통해 간략하게 살펴본다. 연구범위는 청말부터 현재까지로서 한정하며, 중화민족의 정체성이 변화하게 되는 기점을 중심으로 살펴본다.

2. 중화민족 용어의 등장

1) 중화민족의 의미

중화민족의 개념을 『사해(辭海)』, 『간명사회과학사전(簡明社會科學詞典)』, 『현대한어사전(現代漢語詞典)』 등의 각종 사전에서는 '중국 각 민족의 총칭'이라고 적고 있다. 또 대만 삼민서국(三民書局)에서 출판한 『대사전(大辭典)』에서는 "족명이다. 중국을 구성하는 각 민족의 집합체를 가리킨다."고 하였다.[253]

한편, 중국에는 중화민족의 별칭으로 '중화아녀(中華兒女)'와 '염황자손(炎黃子孫)'이라는 용어를 사용하고 있다. '중화아녀'가 '문화'적인 의미를 담고 있다면, '염황자손'은 '혈연'적인 의미가 담겨 있다. 이러한 이유 때문에 중국 내 소수민족은 '중화아녀'라는 말을 받아들이지만, '염황자손'이라는 말은 듣기 싫어한다.[254] 왜냐하면 소수민족들은 자신들이 '염황'의 후손이라고 여기지 않기 때문이다.

한족과 중화민족은 중국을 대표하는 민족명칭임에는 틀림없는 사실이다. 다만 차이점은 한족은 'ethnic'의 개념으로 중국 내 여러 민족 중의 하나이고,[255] 중화민족은 'nation'의 개념으로 한족과 55개 소수민족을 총칭하는 중국국적을 가진 모든 사람을 지칭하는 국민으로서의 민족이다. 공통점은 청말 서구의 민족개념이 들어오면서 생겨난 신조어라는 것이다. 그리고 한족과 중화민족이라는 용어가 만들어진 이후부터 중국대륙에서 펼쳐진 역사와 문명을 한족 중심에서 해석하기 시작하였다는 것이다. 하지만 이 두 용어는 외세에 항거하고 만주족에 대항하기 위한 정치적 목적을 갖고 지식인들이 만들어 낸 '상상의' 그리고 '정치적' 공동체이기 때문에, 혈연과 문화 및 언어와는 관련성이 적은 편이다.

---

253) 蕭君和. 『中華學』. 民族出版社. 2001. p.106.

254) http://bkso.baidu.com/view/176295.htm 中華民族(검색일: 2006. 12. 5.)

255) 한족을 하나의 민족체로 여기지만, 한족의 민족정체성은 불확실하다.
    공봉진. "漢族의 민족정체성에 관한 연구". 『CHINA연구』 제1집. 부산대학교 중국연구소. 2006.

2) '중화민족'에 관한 설

　일반적으로 중화민족이라는 용어를 가장 먼저 사용한 사람으로 양계초(梁啓超), 원세개(袁世凱), 손문(孫文) 등을 꼽고 있다. 그런데 현재까지 중국에서는 양계초가 중화민족이라는 용어를 1902년에 처음으로 사용한 것으로 인식하고 있다.

　중국에는 중화민족에 관한 설이 다양하게 있는데, 여기에서는 양계초를 포함하여 양도(楊度), 장태염(章太炎), 손문 등의 주장을 살펴본다. 이들의 주장은 오늘날 중화민족을 연구하는 데 중요한 기초적인 자료가 되고 있다.[256]

　먼저, 양계초는 중화민족의 형성을 '다원혼합(多元混合)'이라고 하였다. 그는 1906년에 「歷史上中國民族之觀察」이라는 글을 발표하면서 중화민족이라는 단어를 사용하였는데, 이때 "현재 중화민족은 처음부터 하나의 민족이 아니었다. 사실 여러 개의 민족이 혼합하여 이루어졌다."고 말하면서 다원혼합을 주장하였다.[257]

　반면, 양도는 중화민족을 '문화족명(文化族名)'이라고 하였는데, 그는 1907년 5월 20일 『중국신보(中國新報)』에 게재한 「金鐵主義說」이라는 글에서 '중국(中國)'을 '지역'관념으로, '중화(中華)'를 '문화통일'로 번역하였으며, '중화민족'을 '문화족명'으로 여겼다. 즉 중국영토에서 생겨나고 형성된 민족은 서로 간의 교류를 통해 융합하였고, 지금은 이미 나눌 수 없는 중화민족으로 형성되었다는 것이다. 양도는 중화민족을 현대문화인류학적인 관점에서 그 의미를 부여하였다.[258]

　장태염은 1907년 「中華民國解」라는 글에서 '중화민족'이라는 단어를 사용하고 있다. 그는 "중화(中華)는 화이(華夷)로써 문화의 높고 낮음을 구분한다."고 하면서 '중화'를 문화적 개념으로 해석했다.[259] 그리고 그는 중화

---

256) http://www.bupt.edu.cn/news/lou1/liaowangviewds.asp?id=16165 "中華民族" 概念爲梁啓超最先提出 具有重要意義(검색일: 2006. 11. 30.)

257) 伍雄武, 『中華民族的形成與凝聚新論』, 雲南人民出版社, 2000, p.7.

258) http://www.bupt.edu.cn/news/lou1/liaowangviewds.asp?id=16165 "中華民族" 概念爲梁啓超最先提出 具有重要意義(검색일: 2006. 11. 30.)

259) 伍雄武(2000), p.8.

민족이란 한족이 중심이 된 민족이라는 '한족중심(漢族中心)'설을 펼쳤는데, 양도와 양계초의 주장을 반대하지는 않았다. 다만 그는 한족이 중심되어야 함을 강조하고, 한인을 중심으로 정권을 조직해야 하며, 다른 소수민족을 점점 한족으로 동화해야 한다고 주장하였다.[260]

끝으로 손문의 '오족공화'설이다. 오족공화는 손문 이외에 다른 사람도 주장하였지만, 대체적으로 오늘날에는 손문의 오족공화를 자주 사용한다. 손문이 '혁명배만(革命排滿)'을 주창하였을 때 '중화민족'을 중심으로 접근하였고, 1912년 「중화민국대총통선언서(中華民國大總統宣言書)」에서는 한만몽회장(漢滿蒙回藏)이 모여 하나의 국가를 이루었고, 하나의 일인(一人)이 되었다고 하면서 중국 각 민족은 통일된 민족이고 중화민족이라고 하였다. 이는 손문이 중화민국의 대총통으로서 전 세계에 처음으로 알린 것이다.[261]

3) 중화민족의 등장과 확대

(1) 청말

'중화민족'이라는 단어가 처음 제기될 당시에는 중국 내 모든 민족을 가리키는 것은 아니었다. 1840년 아편전쟁 이후 특히 1894년 청일전쟁 이후, 사상가들은 청이 직면한 문제들을 새롭게 사고하였다. 그중에서도 엄복은 『천연론(天演論)』에서 '보국(保國)', '보종(保種)'이라며 세계의 민족 사이에 서로 경쟁하는 민족 이념을 전하였고, 이로부터 지식인들로 하여금 '합군(合群)'의 중요성을 인식하도록 하였다. 하지만 엄복은 서방의 민족주의 이론을 소개하지 않았다. 서방의 민족개념을 소개한 사람은 양계초로서, 그는 엄복의 보종(保種), 합군(合群)의 영향을 받았고, 현대 민족주의 이론으로 청이 직면한 문제를 인식하였다. 1898년 가을, 일본으로 건너간 양계초는 유럽의 민족주의를 연구하면서 당시 청의 실제에 결합시켰다. 1899년 양계초는 「東籍月旦」이라는 글에서 현대적 의미의 '민족'이라는 단어를 사용하였다. 그

---

260) http://www.bupt.edu.cn/news/lou1/liaowangviewds.asp?id=16165 "中華民族" 槪念爲梁启超最先提出 具有重要意義(검색일: 2006. 11. 30.)

261) 伍雄武(2000), p.8.

리고 1901년 「中國史敍論」이라는 글에서 '중국민족'이라는 개념을 가장 먼저 언급하였고, 중국민족의 역사를 3개의 시대로 나누었다.[262)]

이러한 '중국민족'의 기초하에서 양계초는 1902년 '중화민족'을 정식으로 제안하였다. 그는 「論中國學術思想變遷之大勢」라는 글에서 '중화(中華)'와 관련하여 "5개 대륙에서 가장 커다란 대륙에 있고, 그 대륙 중에서 가장 커다란 국가가 누구인가? 중화이다. 인구가 전 지구의 3분의 1을 차지하고 있는 게 누구인가? 중화이다. 4000여 년의 역사가 아직 중단되지 않은 게 누구인가? 중화이다."라고 말하였다. 또 양계초는 전국(戰國) 시기의 제(齊)나라에 대해서 "제(齊), 해국(海國)이다. 상고시대에, 중화민족의 해권(海權) 사상을 갖고 있는 것은 '제'라고 생각한다. 그러므로 그 사이에 두 가지 종류의 관념이 나오는데, 하나는 국가관이고, 다른 하나는 세계관이다."고 하면서 중화민족이라는 용어를 사용하였다. 양계초는 '보종(保種)'과 '민족(民族)'에서 '중국민족(中國民族)', 또 '중화(中華)'와 '중화민족(中華民族)'으로 사용하였고, 이때 사용한 중화민족이 오늘날에까지 이르고 있다.[263)] 그런데 양계초가 언급한 중화민족은 모든 청나라를 구성하고 있는 민족이 아니라 당시 만들어진 한족(漢族)을 가리키는 것이었고, 더 구체적으로는 오늘날 한족의 선민족으로 간주하고 있는 고대 화하족과 화하족에서 지금까지 발전한 한족을 가리키는 것이었다.

한편, 양계초는 1903년 발표한 「政治學大家伯倫知理之學說」이라는 글에서, 중화민족에 대한 개념을 명확하게 부여하였다. 그는 "나 중국민족이라는 것을 말하면, 소(小)민족주의 이외에도 더욱 대(大)민족주의를 제창하였다. 소민족주의라는 것은 무엇인가? 한족은 국내 다른 민족에 대한 것이다. 대

---

262) http://www.ccdy.cn/pubnews/492533/20060802/498109.htm "中華民族"是誰首提的? 첫째, 상세사(上世史)는 황제부터 진일 통일 시기까지 중국의 중국이 되었다는 것이다. 즉 중국민족이 스스로 발달하고 경쟁하고 단결하는 시대이다. 둘째는 중세사(中世史)이다. 진의 통일부터 청 건륭 말년까지는 아시아의 중국이다. 즉 중국민족은 아시아 각 민족과 교섭하고 번성하며, 경쟁이 가장 치열하였던 시대이다. 셋째는 근세사(近世史)이다. 건륭 말기부터 오늘날에 이르는 시기는 세계의 중국이다. 즉 중국민족이 전 아시아 민족과 합쳐서 서양인과 교섭, 경쟁을 하는 시대이다(검색일: 2006. 11. 29).

263) http://www.ccdy.cn/pubnews/492533/20060802/498109.htm "中華民族"是誰首提的?(검색일: 2006. 11. 29.)

민족주의는 무엇인가? 국내 본부 속부의 제후를 합하여 국외의 제후에 대한 것이다. 한(漢)을 합치고, 만주족(滿)을 합치고, 몽골족(蒙)을 합치고 회족(回)을 합치고, 묘족(苗)을 합치고, 장족(藏)을 합쳐서, 대민족을 조성한다.”고 하였다. 그는 또 「歷史上中國民族之觀察」이라는 글에서 7차례 이상 ‘중화민족(中華民族)’이라는 단어를 사용하면서 “오늘날 중화민족은 보편적으로 한족을 가리킨다.”고 하였다. 그는 또 중화민족은 역사과정에서 중국영토 내 모든 민족이라 하였고, 역사과정에서 중국민족의 다원성(多元性)과 혼합성(混合性)을 분석하면서, 중화민족은 처음에는 하나의 족이 아니었고, 다민족에서 혼합되어 이루어졌다고 하였다.[264] 즉 한만몽회장(漢滿蒙回藏) 등이 일가를 이룬 다원혼합이라는 것이다. 이러한 점에서 보면, 양계초는 중화민족의 정체성을 어떤 때는 한족을 가리키고, 어떤 때는 중국의 모든 민족을 가리키고 있기 때문에 중화민족의 정체성을 명확하게 확정하지 못하였음을 알 수 있다.

(2) 중화민국 성립 이후

1911년 신해혁명으로 청이 멸망하고, 1912년에 국민국가의 형태인 중화민국이 건국되었다. 국민국가는 ‘국민＝민족’의 의미가 강하였기 때문에, 중화민족은 중화민국이라는 국호의 영향을 받아서 민족정체성이 더욱 확대되는 기저가 되었다. 1912년 원단(元旦), 손문은 「中華民國臨時大總統宣言書」에서 “국가의 근본은 인민에게 있다. 한(漢), 만(滿), 몽(蒙), 회(回), 장(藏) 여러 민족을 합하여 하나의 국가를 이루자. 즉 한만몽회장 여러 족을 합쳐 일인(一人)이 되는 것은 민족의 통일이라고 부른다.”고 하였다. 또 『中華民國臨時約法』에서 “중화민국 인민은 모두 평등하고, 종족, 계급, 종교의 구별이 없다.”면서 법률로 민족평등을 규정지었는데, 이것이 바로 오족공화(五族共和)의 사상이다.[265]

한편, 1912년 3월 19일, 황흥(黃興)과 류규일(劉揆一) 등이 발기하였던

264) http://www.ccdy.cn/pubnews/492533/20060802/498109.htm “中華民族”是誰首提的?(검색일: 2006. 11. 29.)

265) http://www.iqh.net.cn/wenhua_jygn_show.asp?column_id＝3378 黃興濤, 「‘中華民族’觀念萌生與確立的歷史考察(一)」, (原載『中國社會科學評論』(香港) 2002年 2月 創刊號)검색일: 2006. 11. 29.)

'中華民國民族大同會'를 후에 '中華民族大同會'로 개칭하였다. 이때 '중화민족'은 한족을 지칭한 것이 아니라 당시 중국영토 내에 존재하던 모든 민족을 지칭하였다. 이렇게 한족만을 지칭하던 중화민족이 다른 민족까지 포함하게 된 이유는 1911년 12월 1일에 건국된 대몽고제국(大蒙古帝國)과 관련이 있는 것으로 보인다. 그리고 중화민국의 총통이 된 원세개는 중화민국 영토 내에 있는 모든 민족을 포함하는 의미에서 '중화민족'이라는 단어를 사용하였다. 원세개는 몽고 문제와 관련해서 대몽고제국의 대한(大汗)인 철포존단니(哲布尊丹尼)에게 보낸 편지에서 "외몽고는 중화민족이다. 수백 년 동안, 일가와 같았다."고 적으면서, 몽골족이 중화민족에 포함된다는 것을 나타내었다. 이후 중화민족이라는 단어는 한족만을 지칭하지 않고, 중화민국 내 각 민족을 가리키기 시작하였음을 보여준다.[266]

그런데 민족주의 의식에서 자각하여 현대화된 '중화민족'의 개념을 언급한 사람은 이대쇠(李大釗)[267]였다. 그는 1917년 2월 19일과 4월 18일 「新中華民族主義」과 「大亞細亞主義」라는 글에서 일본인들의 일본민족 중심의 대아시아주의를 비판하였다. 그때 그는 중국인은 마땅히 각 민족이 융합하여 '新中華民族主義'의 자각을 해야 한다고 주장하였다. 또 그는 "이전에는 만(滿)이라 말하고, 한(漢)이라 말하고, 몽(蒙)이라 말하고, 회(回)라 말하고, 장(藏)이라 말하고, 묘(苗)라고 말하고, 요(瑤)라 말하였다. 역사상에 남아 있는 단어를 거론함인데, 지금은 이미 (민족 간의) 경계가 없어지고, 무릇 중화민국에 속하는 사람이다. 모두 신중화민족이라 말하게 된다."고 하면서 '중화민족'을 각 민족이 융합한 이후에 등장한 새로운 민족으로 해석하였다. 결국 이대쇠는 중화민국이라는 국민국가를 국적으로 하는 모든 인민들을 가리키는 의미로서 중화민족이라는 용어를 사용하였던 것이다. 즉 그가 말하는 중화민족은 'chinese nation'으로서의 정체성을 가졌고, 국민과 국적과 국가 및 민족의 의미를 모두 내포하는 것이었다.[268]

---

266) http://www.singtaonet.com/arts/t20061023_369150_1.html "中華民族"只有一百多年歷史 梁啓超首倡此概念(검색일: 2006. 11. 29.)

267) 일반적으로 이대교 혹은 이대조라고 불리고 있는데, 정확한 독음은 이대쇠라고 하여야 한다. 본 연구에서는 이대쇠라고 부르기로 한다.

한편, 가장 일찍이 중화민족이라는 개념을 언급하였던 양계초는 1922년에 『歷史上中國民族之硏究』를 찬하면서, 중국 각 민족을 동일시 여기는 모든 특징을 포괄하는 것이 중화민족이라고 하였다. 그는 "다른 민족을 만나면, 곧 '나는 중국인'이라는 관념을 갖고 있는 사람이라면 모두 중화민족의 일원이다."고 하였다. 또 "옛날 만주인은 오늘날 모두 중화민족의 일원이다."고 하면서, 이전에는 타민족이라고 하더라도 현재에는 중화민족에 속해 있는 일원(一員)이기 때문에 중화민족에 포함된다고 하였다. 이때 양계초가 한족이 아닌 다른 민족을 중화민족에 포함시킨 것은 중국이 망하지 않기 위해서는 민족주의가 필요하다고 여겼기 때문이고, 중화민족이라는 민족주의를 중심에 두려고 하였던 것으로 보인다. 결국, 중화민족이라는 용어를 자주 사용하게 된 것은 중화민국이라는 국호와 관련이 있다고 간주할 수 있다.[269]

　1924년 이후, 손문의 '중화민족' 이념은 국민당의 행동강령으로 되었다. 남경국민정부가 성립된 이후 장개석은 이 이념을 명확하게 승인하였을 뿐만 아니라, 이 기초 위에서 '중화민족부흥'이라는 기치를 내세웠다. 1927년 4월 18일, 「國民政府定都南京宣言」에서 장개석은 손문의 사상을 계승하고자 하였고, "삼민주의를 실현하여, 중화민족으로 하여금 독립자유의 국가를 이루고, 중화민족은 자유평등의 민족이 되자."고 하였다. 5·4운동 이후 공산당과 국가주의파[270] 등 기타 정치 사상파벌과 인물들은 중국 내 각 민족이 구성된 완전한 의의에서 중화민족개념을 자주 사용하였다. 1926년 「湖南省第一次農民代表大會宣言」에서는 '중화민족해방만세'라는 구호를 외쳤는데, 국가주의파들은 이 시기에 중화민족이라는 단어를 자주 사용하고, 중화민족이 내포하고 있는 의미를 널리 알렸다.[271]

　이렇게 민족주의적인 관점에서 중화민족이라는 용어가 사용되고 널리 알

268) http://www.singtaonet.com/arts/t20061023_369150_1.html "中華民族"只有一百多年歷史 梁启超首倡此概念 (검색일: 2006. 11. 29.)

269) http://www.singtaonet.com/arts/t20061023_369150_1.html "中華民族"只有一百多年歷史 梁启超首倡此概念 (검색일: 2006. 11. 29.)

270) 중국청년당의 반동정객을 가리킨다. 당시에 공개된 명칭은 中國國家主義靑年團이다.

271) http://www.iqh.net.cn/wenhua_jygn_show.asp?column_id=3377 黃興濤, 「'中華民族'觀念萌生與確立的歷史考察(二)」(原載 『中國社會科學評論』(香港) 2002年 2月 創刊號)(검색일: 2006. 11. 29.)

려지다가 중화민족이라는 단일한 일체감을 갖도록 하는 사건이 발생하였는데, 바로 1931년에 발생한 9·18사건이었다. 오늘날 중국에서는 중화민족의 정체성이 '9·18'사건 이후 발발한 중일전쟁에서 항일전쟁을 하는 동안에 형성되었다고 보았다. 즉 모든 민족들이 단결하여 일본에 항거한 것을 공동의 민족정체성을 실천에 옮긴 것으로 보았던 것이다.

항일전쟁을 통해서 중화민족의 관념이 중국 지역에 널리 퍼졌고, 노래로써도 널리 알려졌는데, 특히 중국의 애국가인 전한(田漢)의 『의용군진행곡(義勇軍進行曲)』에서 "中華民族到了最危險的時刻"는 좋은 예이다. 그리고 이 시기에 많은 교재와 책들이 보급되어 전해졌다. 예를 들면, 역군좌(易君左)의 『中華民族英雄故事集』(1933), 장기윤(張其昀)의 『中國民族志』(1933), 송문병(宋文炳)의 『中國民族史』(1935), 곽유병(郭維屛)의 『中華民族發展史』(1936), 황주청(黃籀靑)의 『西藏民族是黃帝子孫之后裔說』(1936), 장원제(張元濟)의 『中華民族的人格』(1938), 라가륜(羅加倫) 등의 『民族至上論』(1938), 웅십력(熊十力)의 『中國歷史講話』(1938), 장대동(張大東)의 『中華民族發展史大綱』(1941) 등이다. 이 중 장기윤과 송문병의 책명에는 '중국민족'이라고 되어 있지만, 책의 목록과 내용에는 대체적으로 '중화민족'이라는 개념을 사용하였다. 이러한 민족사와 관련된 책을 편찬하여, 중화민족의 기원과 구성성분, 지역분포 역사발전의 분기 등을 내용으로 하면서, 한족과 중화민족을 역사의 중심부에 두었다. 그리고 고대민족과 역사민족을 한족의 주변부로 간주하면서 중화민족 속에 포함시켰다.[272] 또 1936년에 편찬되고, 1938년에 중화서국에서 발행된 대형사전인 『사해(辭海)』 내 중화민국의 특별조항에서 "민족은 한, 만, 몽, 회, 장, 묘 등의 사람을 합쳐 온전한 중화민족을 이루었다. 인구는 모두 4억 7천여만 명이다."고 실으면서, 중화민족을 더욱 구체화하였다.[273]

한편, 고힐강(顧頡剛)은 중화민족의 관념을 널리 전파한 사람 중의 한 명

---

272) http://www.iqh.net.cn/wenhua_jygn_show.asp?column_id=3376 黃興濤, 「'中華民族'觀念萌生與確立的歷史考察(三)」(原載 『中國社會科學評論』(香港), 2002年 2月 創刊號)(검색일: 2006. 11. 29.)
273) 『辭海』 子集. 中華書局. 1938. 92쪽.

인데, 그는 민족국가의 존망은 '중화민족'이라는 기치하에서 중국 국경 내 모든 인민들의 단결에 달려 있다고 주장하였다. 그는 1937년 1월 2일 『신보 (申報)·성기논단(星期論壇)』에서 「中華民族的團結」이라는 글을 발표하면 서 공개적으로 "종족과 민족은 다르다. 혈통이 서로 동일한 집단은 종족(種 族)이라고 부르고, 공동의 역사배경, 생활방식을 갖고 있고, 단결이 일치된 민족정서를 갖고 있는 집단은 민족이라고 부른다."고 하였다. 비록 중국영토 내에는 많은 민족이 있지만, 확실하게 중국 내에는 중화민족만이 있다고 강 조하였다.[274] 또 그는 「中華民族是一個」라는 글에서, "중화민족은 결코 다 민족이 구성한 '대민족'공동체가 아니라, 역사상 많은 종족이 끊임없이 융화 하여 이루어진 하나의 민족이라고 보았다. 혈통가계는 복잡하고, 문화 또한 명확한 경계가 없다. 그래서 한(漢), 만(滿), 몽(蒙), 회(回), 장(藏)이 '5대 민 족'이라고 말하지만, 실재는 중국인 스스로 만들어 낸 것이다."고 하였다.[275]

한편, 어느 국민당원은 국민정부의 관점에서 현대 중화민족의 관념을 "민 국 12년부터 현재까지, 중화민족의 사상은 점점 성숙하였고, 더욱이 9·18 사건 이후, 나라 사람들은 이러한 관념에 대해서 더욱 명료해졌고 절실함을 구하였다. 그래서 민국 12년에서 현재까지 비로소 중화민족은 맹아의 시기 이다."고 하였다. 중국 혹은 대만에서는 중국민족이 동일한 민족의식을 인식 하게 된 시기를 9·18사건으로 삼고 있다. 즉 항일전쟁을 통해서 중국대륙 의 많은 민족들이 일체가 되어 일본에 항거한 것을 매우 중요하게 여겼다. 1939년 말, 회족 지식인은 9·18사건이 중화민족 4억 5천만 흐트러진 마음 을 견고하고 파괴되지 않는 완전한 집합체로 만들었다고 보았다. 즉 항일전 쟁이 '중화민족'을 새롭게 만들었다고 하였고, '중화민족'의 관념을 고착화 시켰으며, 이는 당시 중국대륙 내 인민과 해외 화교의 뇌리와 마음속에 확 고하게 확립시켰다.[276]

그리고 모택동은 『湘江評論』에서 발표한 「民衆大聯合」이라는 글에서 '중

---

274) 顧潮. 『顧詰剛年譜』. 中國社會科學出版社. 1993. 265~266쪽 참조.

275) 顾頡剛. 『益世报·边疆周刊』.

276) 馬天鐸. 「三民主義與回教青年」. 『回教論壇』 半月刊 第2卷 第9期.

화민족'이라는 명칭을 사용하였고, 1939년 『中國革命和中國共産黨』에서 "중국은 하나의 다민족이 결합하여 이루어진 광대한 인구를 가진 국가이다. 몽고, 회, 장(藏), 위구르, 묘, 이, 동(僮, 후에 장족(壯族)), 중가(仲家, 포의족과 운남성 일부 장족(壯族)의 옛 명칭), 조선 등의 민족을 열거하면서 중국에는 수십 종의 민족이 있다."고 하면서 당시 몇 개의 소수민족을 중화민족으로 포함시켰다.[277]

중국공산당 지도자들은 소수민족의 독립국가 건설을 허용하면서 항일전쟁에 참여하도록 하였다. 당시 동북 3성지역에 거주하던 조선인들은 중국의 항일전쟁에 참가하였는데, 이후 중국이 건국될 때 무국적자이던 조선인들은 중국정부가 인정한 9개의 소수민족 속에 포함되었다. 그러면서 재중동포인 조선족은 중화민족의 하나로서 이중적 민족정체성을 갖게 되었다.

3. 중국 성립 이후의 중화민족

1) 건국 초기의 민족식별

국민당이 대만으로 패퇴한 뒤, 중국공산당은 중국대륙을 차지하였다. 그런데 중국이 건국된 직후, 중국 당과 정부는 중국 내에 어떤 민족이 얼마나 존재하는지 알지 못하였다. 단지 중국이 건국할 때 9개의 소수민족만을 인정하였다. 물론 1950년에 영맹원(榮孟源)은 「關於斯大林的民族定義問題」라는 글에서, "스탈린이 말한 민족특징은 공동언어, 공동지역, 공동경제생활, 및 공동문화에서 표현하는 공동심리상황이다. …… 이 이론으로 중화민족을 관찰하였을 때, 우리는 한족 및 회, 장(藏), 번(番), 이(彝) 각 민족을 동등하게 '민족'이라 칭할 수 있다."고 하면서, 중화민족은 결코 한족만을 가리킨 것이 아니라, 한, 회, 몽, 장(藏), 묘, 이(彝) 등 몇십 개의 민족을 포함하고 있다고 말하였다.[278] 하지만 건국 초기에는 한족과 9개의 소수민족만이 인

---

277) 胡岩. 「民族與民族槪念的發展」. http://www.dxpll.com/hysq/xstt/h30054.htm. 『學習時報』(검색
    일: 2003. 11. 30.)

정되었고 상징적인 중화민족으로 간주되었다.

중국정부는 1952년에 중앙민족방문단을 각 지역으로 파견하여 각 지역에 분포하고 있는 민족을 조사하도록 하였다. 그리고 1954년에 제1차 전국인민 대표대회에 참석할 민족대표를 선출하기 위해서 1953년에 민족등기를 실시 하였는데, 이때 400여 개의 인간공동체가 자신들이 독립된 민족이라고 주장 하였다. 중국정부는 너무 많은 숫자가 독립된 민족으로서 지위를 획득한다 면, 통일된 지 얼마 되지 않은 중국이 또다시 분열될까 봐 염려하였다. 중국 정부는 하나의 민족에게 자칭(自稱)과 타칭(他稱)이 함께 불리는 복잡한 민 족명칭을 갖고 있고, 또 어떤 민족인지 알 수 없는 인간공동체가 있기 때문 에 이를 해결하기 위해서 민족식별을 실시한다고 하였다. 이렇게 해서 오늘 날 55개의 소수민족은 민족식별의 결과로 국가가 공인한 것이다. 그러나 중 국이 민족식별을 실시한 본질적인 의도는 중국영토 보존과 국정 안정이었 다. 결국 민족식별로 인해 소수민족의 정체성은 확정되지만, 다른 한편으로 는 현 소수민족과 고대민족 혹은 역사민족의 민족정체성을 단절시키는 결과 를 초래하였다.[279]

중국 건국 초기의 소수민족은 'nation'으로서 중국국적을 지닌 국민이자 민족이었다. 이 시기에도 중화민족이라는 용어가 사용되기는 하지만 한족과 각 소수민족의 명칭이 더 많이 사용되었고, 중화민족은 중국 내 민족을 총 칭하는 상징적인 용어에 불과하였다.

1950년대 중반 이후 반우파전개과정이 펼쳐지고, 1960년대 중반부터 문화 대혁명이 진행되는 과정에서 한족우월주의가 전개되었다. 문화대혁명 기간 동안에 소수민족들은 한족으로부터 압박과 차별을 당하였다. 이 시기에 소수 민족 지도자들은 숙청당하였고, 소수민족들의 전통문화와 종교 등이 파괴되 는 현상이 초래하였다. 결국 이러한 현상은 중화민족이라는 기치하에서 세웠 던 중국이 결국 한족 중심 속의 중화민족임을 여실히 드러내는 것이었다.

---

278) 金炳鎬. 『民族理論硏究二十年』. 中央民族大學出版社. 2000. p.137.
279) 공봉진. "중국민족식별에 관한 비판적 고찰". 부경대 박사학위논문. 2005. 참조.

2) 1980년대 이후

중국 건국 이후 중국 내 모든 민족을 총칭하던 상징적인 의미로 사용되던 중화민족은 하나의 단일한 독립된 민족정체성을 가진 명칭으로 사용되기 시작하였다. 특히 1988년 비효통(費孝通)이 '中華民族多元一體格局'(이하 '중화민족다원일체구조'라고 부름)를 언급하면서 더욱 두드러지기 시작하였다.

1978년 개혁개방정책실시 이후, 중국 동부연해지역을 중심으로 한 경제성장은 중국을 경제대국으로 만들었다. 하지만 이런 과정에서 동서 간의 경제격차는 심해졌고, 한족과 소수민족 간의 경제격차 역시 심해졌다. 이러한 경제 격차는 소수민족의 인구 이동을 초래하였을 뿐만 아니라 소수민족의 불만도 초래하였다.

중국 내 여러 민족의 불만은 다민족국가인 중국의 국정을 불안하게 하였다. 티베트와 신강지역에서 일어나고 있던 민족운동은 중국정부를 더욱 긴장하게 만들었다. 이 두 지역이 독립해 나갈 수 있는 가능성도 배제할 수 없었기 때문에 중국정부는 민족들의 반응에 대해서 더욱 민감하게 대응하였다. 게다가 중국에는 과계민족이 적지 않고, 지난 문화대혁명 기간 동안 박해를 받던 과계민족들 중 일부가 자신들과 동일한 민족이 세운 국가로 도망가는 사례도 있었다. 이러한 불안한 변경지역을 중국정부는 부담이 되지 않을 수 없었다. 특히 한국과 북한이 통일되었을 때 발생할 동북 3성의 영토위협과 중국 내 조선족과의 연계 가능성을 중국정부는 간과할 수가 없어서 현재 동북공정을 통해 한국의 역사와 민족정체성을 왜곡하거나 부정하고 있다.

이러한 여러 가지 이유로 인해서 중국에서는 중화민족론이 대두하였다. 중화민족은 한족과 55개 소수민족의 총칭으로 사용되었고, 각 소수민족들도 개별적인 독립된 민족정체성을 갖고 있었다. 그러나 1980년대 이후에는 중국 건국 이후 한족과 55개 소수민족이 서로 융화하여서 새로운 형태의 민족체가 되었다고 간주하고 있다. 물론 여기에는 한족 중심의 민족관이 내포되어 있다. 결국에는 오늘날 중국에서는 새로운 민족정체성을 가진 중화민족을 언급하고 있지만, 실질적으로는 한족 중심으로 융화된 중화민족인 셈이다.

진련개(陳連開) 교수는 「中國華夷番漢中華中華民族」라는 글에서 새로운 정의를 제시하였는데, 그는 중화민족을 "중화민족, 중국고대 각 민족의 총칭이고, 많은 민족이 서로 결합하여 통일국가를 형성하여, 오랜 역사 기간 동안에 점점 형성된 민족집합체이다."[280]고 하면서 중화민족은 이미 오래전부터 융화된 민족이었다고 보았다.

그리고 비효통은 '중화민족다원일체구조'를 설명하면서, 중국의 민족관계를 구체적으로 언급하였다. 그는 1988년 홍콩에서 "나는 앞으로 중화민족이라는 단어를 사용할 때 중국 강역 내에 민족으로 인정받은 11억 인민을 가리킨다. 50여 개의 민족은 '다원(多元)'이고, 중화민족은 '일체(一體)'이다. 이들을 모두 민족이라 부르지만, 그 단계는 다르다."고 하였다.[281] 비효통이 여기에서 말한 민족단위는 'ethnic group'이었고, 중화민족은 'nation'이었다. 이는 청말 지식인들이 주장하던 중화민족의 'nation'을 가리키는 것과 동일하다.

1992년 중국 곤명에서 《中華民族精神－我國各民族精神的融匯與凝聚全國學學術討論會》가 개최되었다. 토론회에서 장대년(張岱年)은 중화민족은 다원(多元)이 융화된 통일체라고 하였다. 그중에서 가장 많은 사람이 한족이고, 한족과 함께 50여 개의 소수민족이 있다고 하였다. 한족의 전신은 화하족(華夏族)이고, 춘추 시기에 화하족과 융적(戎狄) 등이 점차적으로 화하족으로 융화되었고 그 이후 위진남북조 시기를 거치는 동안에 또 흉노(匈奴), 선비(鮮卑), 저(氐), 강(羌) 등의 민족과 융합하여 한족(漢族)이 되었다. 또 송원명청(宋元明淸) 시대에 한족은 또 계단(契丹, 거란)과 여진(女眞) 등의 민족과 결합하였고, 20세기에 이르러 한족은 만(滿), 몽(蒙), 위구르, 묘(苗), 장(藏), 이(彝), 장(壯) 등의 민족과 합쳐져 중화민족이 되었다고 하였다. 중화민족은 50여 개의 민족을 포괄하지만, 중국문화는 오히려 통일되었는데, 이러한 중국문화는 각 민족이 공동으로 창조한 것이고 많은 민족이 기여하였다. 또 통일된 민족소양을 갖고 있는데, 중화민족정신은 중화민족이

---

280) http://blog.tom.com/blog/read.php?bloggerid=308221&blogid=39018 "中華民族"當儀(검색일: 2006. 11. 29.)

281) 費孝通. 『中華民族多元一體格局』. 中央民族大學出版社. 2003.

응집하도록 하는 중요한 사상의 기초이고, 중화민족 정신을 발양하고, 중화민족의 응집력을 더 높이는 것이 현재 중요한 임무라고 하였다.[282]

비효통은 또 1996년 10월, 일본국립민족학박물관에서 '中華民族多元一體論'이라는 주제로 열린 국제학술대회에 참여하였는데, 그는 「簡述我的民族研究經歷和思考」라는 글에서 '중화민족다원일체구조' 이론의 주요 관점을 "중화민족은 중국영토 내에 56개 민족을 포괄하는 민족 실체이다. 결코 56개 민족을 더한 총칭은 아니다."라고 말하였다. 즉 중국을 구성하는 56개 민족이 서로 의존하고 결합하여 이제는 더 이상 분리할 수 없는 존재가 되었다고 해석하였고, 이들의 민족 실체는 고도의 민족의식을 갖고 있다고 하였다. 또 그는 다원일체구조에서 56개 민족은 기층이고, 중화민족은 고층이라고 하였으며, 분산된 다원(多元)에서 일체(一體)로 합치는 과정에 있으며, 이 과정에서 응집력을 갖도록 작용하는 핵심적 역할은 한족이고, 한족은 다원기층의 일원(一元)이고, 다원이 일체가 되었을 때는 더 이상 한족이 아니라 중화민족이라고 보았다.[283]

이처럼 장대년이나 비효통은 중화민족을 설명할 때 하나의 통일된 민족체로 보았다. 특히 비효통은 중화민족을 민족의 실체로 보았고, 중국이라는 국가의 민족체로 보았다. 중화민족의 정체성은 앞에서 언급하였듯이 'nation'으로서의 민족개념으로 사용되면서, '국가'와 '국민' 그리고 '국적'과 '민족'을 함의하는 것으로 변모하고 있다.

4. 중화민족의 정체성 확대

앞에서 청말부터 1980년대까지의 중화민족에 대해서 살펴보았다. 청말 시기 중화민족의 등장은 당시 지식인들이 만들어 낸 '집단적 기억(collective

---

282) http://libweb.zju.edu.cn:8080/renwen/site/GuoXue/discord/sryj.htm 張岱年. "深入研究中華民族和中華民族精神的力著". - 簡評 『中華民族的形成與凝聚新論』(검색일: 2006. 12. 5.)

283) http://soci.hust.edu.cn/cn/ReadNews.asp?NewsID＝932 孫秋雲: 費孝通"中華民族多元一體格局"理論之我見(2006. 12. 10.)

memory)'이라 할 수 있다. 청말 열강들의 침략, 배만(排滿) 사상의 흥기, 또 서구로부터의 민족개념 도입과 민족주의 팽배는 지식인들로 하여금 새로운 국가 건설의 희망을 갖도록 하였고, 이러한 과정에서 중화민족과 한족이라는 용어가 생겨났고, 황제를 시조로 삼으면서 한인들의 동일한 집단적 기억을 만들어 내었으며, 동질성을 갖게 하였다. 청말 선택적인 기억의 관점에서 황제를 자신의 조상으로 선택하였는데, 이것은 아편전쟁 이후 외세의 침략에 항거하는 민족주의 운동에서 그 구심점을 신화에서 찾았다. 그러한 작업을 할 때, 사서나 문학작품 등에 적혀 있는 자료들을 새롭게 만들어 낸 한족과 중화민족이라는 관점에서 표현하였고 인식하게 하였다.

중화민족은 '중화(中華)'와 '민족(民族)'의 합성어이다. 중국에서는 중국 각 민족의 총칭이라고 규정짓고, '중화'라는 단어는 중국(中國), 화하(華夏)와 상통하고, 족명(族名), 국명(國名) 등의 여러 의미를 내포하고 있다고 하였다. 또 역사상에는 한족을 가리키고, 근대에 이르러서는 역사상 중국영토 내에 거주하던 모든 민족을 포괄하는 명칭으로 사용되었다. 중국 성립 이후에는, 민족식별과정을 거친 뒤 확정된 소수민족정체성과 한족을 포함하는 민족의 총칭으로 사용되었다.[284]

한편, 중국에서는 '중화'라는 단어가 당(唐)대에 이미 민족명칭으로 사용되었다고 해석하였다. 당태종이 "自古皆貴中華, 賤夷狄, 朕獨愛之如一"라고 말하였는데, 여기서 중화는 화하(華夏) 민족을 가리킨다고 보았다. 이러한 관념은 1911년 신해혁명시기까지 연속되었다고 보았다. 이 시기의 중화민족은 통일국가의 건국과 외세 침략에 저항하는 정신적 구호였다. 아래 <그림-9>는 중화민족이라는 용어의 등장과 정체성 형성 및 확대에 대해서 간략하게 도식화한 것이다.

---

284) http://www.pep.com.cn/200410/ca530558.htm(검색일: 2006. 11. 29.)

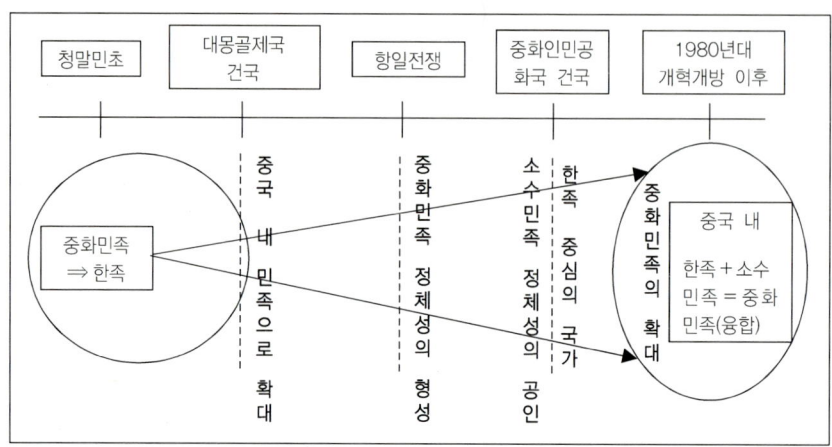
〈그림-9〉 중화민족 정체성의 확대

| 청말민초 | 대몽골제국 건국 | 항일전쟁 | 중화인민공화국 건국 | 1980년대 개혁개방 이후 |

중화민족
⇒ 한족

중국 내 민족으로 확대

중화민족 정체성의 형성

소수민족 정체성의 공인

한족 중심의 국가

중화민족의 확대

중국 내
한족＋소수민족＝중화민족(융합)

  <그림-9>에서 알 수 있듯이, 중화민족은 처음에는 한족을 지칭하다가 점점 확대되기 시작하였다. 청말의 민족론 중에서, 한인이 인식하고 있던 이민족은 '만, 몽, 회, 장(藏)' 네 가지 족이었다. 당시 혁명세력들은 이민족들이 자신들의 언어와 종교, 생활습관을 갖고 있다고 여겼다. 손문은 서남지역에 거주하는 묘족과 요족 그리고 이족(彝族) 등은 '이미 동화되었다' 혹은 '문명이 낮다'라고 주장하면서, 이민족들을 하나의 독립된 민족체로 인정하지 않거나, 한족보다 미개한 민족으로 보았다. 이런 과정에서 한인이 중심이 된 민족주의가 형성되었고, 만족, 몽고족, 회족, 장족과 더불어 국가를 건설하자는 주장에서 중화민족의 개념이 형성되었는데, 이때의 중화민족은 국족(國族)의 개념이었다. 손문이 오족공화론을 주장할 때, '한족＋만족＋몽고족＋회족＋장족(藏族)＝중화민족(中華民族)의 모형'으로 민족융화를 실현시키고자 하였다. 그는 "중국의 각 족이 융화하여 중화민족을 이루었다."고 하였지만, '민족융화'라기보다는 한족으로의 '민족동화'에 가깝다. 즉 한족이 주축이 되어서 중화민국을 건설하고, '국족'을 이룬다는 의미로 볼 수 있다.[285]
  중화민국시기에는 어떤 민족으로 국가를 구성할 것인지에 대해서 중화민족 혹은 중국민족이라는 용어를 사용하면서, 몇 가지 주장을 펼치고 있는데,

---

285) 공봉진(2005). p.20.

이것으로써 당시에 어떤 민족이 중화민족에 포함되는지 알 수 있다. 그 몇 가지 주장을 살펴보면 다음과 같다.

첫 번째는 '오족설(五族說)'로 '한족, 만족, 몽고족, 회족, 장족(藏族)' 다섯 개를 중화민족으로 보았고, 두 번째는 '육족설(六族說)'로 한족, 만족, 몽고족, 회족, 장족(藏族), 묘족을 중국민족으로 보았으며, 세 번째는 '팔족설(八族說)'로 한, 만, 몽, 회, 장(藏), 묘, 라면(羅緬), 북탄(僰撣) 등을 중화민족으로 보았고, 네 번째는 '오족(五族) + 원시민족설'로 한족, 만족, 몽골족, 회족, 장족(藏族) 다섯 개 민족 이외에도, 서남, 동북, 서북 등지에 있었던 20여 종의 '원시민족'을 중화민족으로 추가시켰다. 다섯 번째는 '이십팔족설 (二十八族說)'로서, 언어문자를 기준으로 하여 '한, 만, 몽. 회, 장(藏), 묘, 유, 조선' 등의 28개 민족이 중화민족이라고 밝히고 있다. 이를 통해 우리는 당시에 최소한 40여 종의 민족이 중화민족에 포함되어 있다는 것을 알 수 있다. 그들은 한, 만, 몽고, 회, 장(藏), 위구르, 합살극(哈薩克, 하사크), 가이극자(柯爾克孜), 아라사(俄羅斯), 석백(錫伯), 탑탑이(塔塔爾, 타타르), 오자별극(烏孜別克, 우즈벡), 이(彝), 백(白), 합니(哈尼), 납서(納西), 포의(布依), 태(傣), 율속(傈僳), 와(佤), 랍호(拉祜), 경파(景頗), 묘, 동(侗), 장(壯), 요(瑤), 여(黎), 사(畲), 고산(高山), 아창(阿昌), 보미(普米), 노(怒), 포랑(布朗), 붕룡(崩龍), 독룡(獨龍), 기낙(基諾), 수(水), 조선(朝鮮), 악륜춘(顎倫春), 악온극(顎溫克), 혁철(赫哲), 흘료(仡佬) 등인데, 이러한 주장은 국민당 정부가 공식적으로 인정하였다기보다는 학자들이 조사한 자료를 참조한 것에 불과하다.[286] 중화민국이 탄생함에 따라 중화민족에 포함할 수 있는 민족 숫자는 다양하였으나, 여전히 한족 중심의 국가 건설에 초점을 맞추고 있었다.

한편, 항일전쟁 시기에는 앞에서 언급하였듯이 중화민족과 관련된 주제로 노래를 만들어서 알린다든가, 중화민족 혹은 중국민족 서적을 출간하여 중화민족의 정체성을 만들어 가기 시작하였다. 이때 중국대륙 내의 인민들이 단결하여 일본의 침략을 물리치는 과정을 동일한 민족성이 표출되었다고 보

---

286) 王紅曼. 『新中國民族政策槪論』. 中央民族大學出版社. 2000. pp.99－100.

면서, 중화민족의 정체성이 강화되었다고 해석하고 있다. 또 민족국가 혹은 민족주의 개념이 가미된 중화민족의 정체성이 형성되는 시기로 보면서, 처음 한족 중심의 중화민족에서 중화민국을 구성하는 모든 민족을 포함하는 포괄적인 민족체로 자리 잡기 시작하였다.

중국 건국 초기에는 민족식별에 의해 각 소수민족의 정체성이 국가로부터 공인되었고, 중화민족이라는 용어는 상징적인 구호로서 한족과 중국을 구성하는 모든 민족을 총칭하는 것으로 사용되었다. 그러다가 1980년대에 들어와 비효통은 '중화민족다원일체구조'라는 글을 발표하면서 중화민족을 다원일체적 구조를 지닌 민족이라고 강조하였다. 이는 중국이 중국을 구성하고 있는 구성원들에게 애국심을 갖도록 하고, 중국을 하나의 통일체로 결집시키기 위한 매개체로서 중화민족이라는 용어를 사용하고 있다. 이때의 중화민족이라는 용어는 한족과 55개의 소수민족을 하나의 단일한 민족체로 통일시키려는 민족융화의 의미로서의 중화민족이고, 'nation'의 의미가 강한 '중화민족'인 것이다.

중국정부가 1980년대 들어와서 중화민족을 정치적으로 더욱 강조한 이유는 중국의 분열을 방지하기 위함이었다. 1990년대 소련의 붕괴와 동구권의 민족주의가 중국에 영향을 주지 않도록 하기 위해서, 소수민족이 오랜 역사 기간 동안 중화민족으로서 지위를 갖고 있었다고 주장하고 있다. 그리고 개혁개방 이후 중국정부는 선부론을 주창하면서 동부연해지역을 중심으로 발전시켰고, 그 결과로 중서부지역의 경제는 동부지역에 비해 낙후하였다. 특히 소수민족이 거주하는 지역이 낙후하였기 때문에 소수민족들의 불만이 많았다. 중국정부는 이러한 문제를 해결하는 방법으로 서부대개발과 동북진흥 정책 등을 실시하고 있다.

결국 최근 중국정부는 한족과 55개 소수민족보다는 중화민족으로 일체화하면서 중화민족으로 융화시켜 중국의 정치 안정과 영토 보존을 목적으로 여러 사업을 펼치고 있는 것이다. 서북공정과 서남공정 그리고 동북공정은 소수민족지역의 경제발전을 강화하면서 다른 한편으로는 소수민족의 분리운동을 억제한다든가, 이 지역의 민족들이 중화민족의 일원임을 강조하기 위함이었다. 특히 동북공정은 한국과 북한이 통일되었을 경우 발생할 동북 3성 지역의 영토분쟁을 예방하기 위해서 한국의 역사와 문명 그리고 민족정체성을 왜곡하거나 부정하고 있다. 그리고 고조선과 고구려와 발해, 고려 등을 왜곡하고, 성씨 연구를 통해서 한국인의 민족정체성을 중국으로 편입시키고자 하고, 중화민족으로 흡수하려고 하고 있다.

5. 결 론

비효통이 '중화민족다원일체구조'를 언급하면서, 중국정부는 중화민족을 더욱 구체화하고 외형화하였다. 그동안 중국에서는 역사상 새로운 통일 왕조가 건국되면 한족과 다른 민족이 결합하여 새로운 한족이 탄생하였고, 새로운 한족은 끊임없는 생명력을 가진 채 오늘날에 이르렀다고 해석하였다. 이러한 해석은 청말 한족이라는 신조어가 등장한 뒤, 한족 중심의 관점에서 민족사를 편찬한 이후부터 시작되었다. 그리고 포괄적인 의미로서 중화민족이라는 용어를 사용하였다. 중화민족 역시 청말 이후에 등장한 신조어였고, 민족주의의 영향을 받은 민족 구호로 사용되었다. 오늘날 '중화'를 문화적인 측면에서 해석하여 고대 중국까지 소급하여 중화민족이 존재하였다고 해석하고 있지만, 처음 등장할 시기에는 국호 혹은 민족주의의 구호로서 사용된 정치적 구호였다.

중화민족이라는 용어를 처음 사용하였다고 알려진 양계초는 한족 혹은 청나라를 구성한 모든 민족을 가리키는 것으로 혼용해서 사용하다가 점점 모든 민족을 총칭하는 포괄적인 의미로 사용하였다. 중화민족이라는 용어는 청말 지식인층의 새로운 국호와 새로운 국가 건설의 염원 아래에서 등장하였고, 중화민국이 건국되면서 중화민족은 중화민국을 구성하는 모든 민족을 지칭하는 단어로 확대되었다. 총통인 원세개는 중화민국을 이루는 국가 구성원을 중화민족으로 불렀는데, 이때의 중화민족은 '국민 = 민족'의 의미였다. 그리고 현대 민족주의의 의식에서 중화민족을 사용한 사람은 이대쇠였고, 일본의 대아세아주의에 자극을 받아서 중화민족도 자각해야 한다고 주장하면서 점점 공동의 민족정체성을 갖도록 주장하기 시작하였다.

이후 중화민족은 한족이 '화하족→ 한족→ 신(新)한족→ 신(新)한족'으로 정체성이 끊임없이 확대되었다고 해석하던 것처럼 그 과정을 밟고 있었던 것이다. 아래 <그림 - 10>은 화하족에서 중화민족으로 변모하는 것을 도식화한 것이다.

〈그림 - 10〉 화하족에서 중화민족으로의 변모

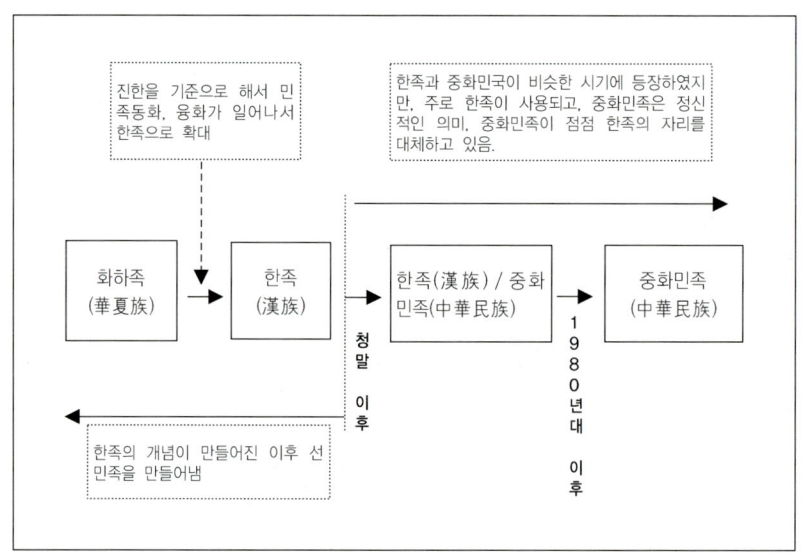

중국에서는 중화민족의 민족정체성이 안정적으로 형성된 시기를 항일전쟁 과정으로 보고 있다. 즉 중국공산당은 중국대륙 내 모든 민족들이 단결하여 항일전쟁을 한 것을 동일한 민족정체성을 갖고 전개한 것으로 간주하였다. 이때 중국공산당은 '중화민족'이라는 구호하에 민족단결을 호소하였고, 중화민족에 관한 노래를 널리 알렸으며, 중화민족에 관한 역사서적을 편찬하면서 고대민족과 역사민족을 중화민족 속으로 포함시키기 시작하였던 것이다.

하지만 청말부터 항일전쟁 시기까지 사용된 중화민족의 구호는 위정자들이 제국주의와 한족 이외 민족의 민족주의에 의해 중국영토가 분할될 것에 대한 우려에서 비롯되었다. 그래서 지식인과 위정자들은 한족이라는 정치적 공동체를 만들어 내어, 중국대륙의 전 역사가 마치 한족에 의해 진행된 것처럼 간주하였던 것이다. 또한 오래전부터 하나의 통일된 민족체로 진행되어 왔음을 강조했던 것이다. 특히 항일전쟁 시기에 만들어진 역사서적을 통해 고대 민족과 역사민족이 중화민족으로 동화, 융화되었다고 하면서 중국대륙의 역사를 한족 혹은 중화민족의 역사로 확대 해석하는 오류를 범하게 만들었다.

중국 건국 이후 민족식별에 의해 소수민족의 정체성이 국가로부터 공인되었고, 중화민족은 한족과 55개 소수민족을 총칭하는 용어로 사용되었다. 그러다가 중화민족을 한족과 소수민족이 융화되어 단일한 민족체로 보기 시작한 것은 1980년 개혁개방 이후라고 할 수 있다. 특히 비효통의 '중화민족다원일체구조'가 주창되면서 더욱 구체화되었고 외형화되었다.

정리하면, 청말 정치적 단결의 구호로서 사용되기 시작한 중화민족은 처음에는 한족만을 지칭하다가 중화민국의 건국, 항일전쟁, 중국의 건국 등을 거치는 동안에 점점 그 범위가 확대되었다. 하지만 중화민족의 용어는 정치적 단결을 요구하는 정신적인 의의가 있었다. 그러나 오늘날 중화민족은 'nation'으로서 하나의 단일한 민족체로 자리매김을 하고 있고, 한족이 차지하고 있던 지위를 대체하고 있다. 게다가 소수민족의 독립된 민족정체성을 인정하던 중국정부는 소수민족이 중국 건국 이후 한족과 서로 융화하여 새로운 중화민족이라는 정체성을 갖게 되었다고 선전하고 있다.

현재 중국이 주창하는 '중화민족'은 중국 중심의 애국주의이자 민족주의이며, 패권주의적인 성격이 강하다. 중국이라는 국가를 보존하기 위해서 주변 국가의 역사와 문명 그리고 민족정체성을 위협하는 요소로서 등장하였기 때문에, 한국에서는 중국의 애국주의와 민족주의적인 행태를 주의 깊게 관찰해야 할 것이다.

제3장 대만 원주민족의 정명운동(正名運動)*

1. 서 론

마영구(馬英九) 대만 총통이 집권하기 이전의 대만287)은 중국과는 다른 국가라면서 독립을 주장하였다. 특히 2007년에 들어와서 나타난 탈(脫)중국화는 급속도로 확산되었었다. 이러한 '대만 찾기' 운동을 '정명(正名)운동'이라 불렀다. 당시 대만에서는 대만을 통치하였던 국민당의 기억, 장개석과 장경국의 기억을 지우려 하였다. 지난 2006년부터 '중화(中華)문화총회'를 '국가문화총회'로, '중국국제상업은행'을 '조풍(兆豊)국제상업은행'으로 바꾸었고, 장개석의 호를 딴 '중정(中正)국제공항'을 '대만 도원(桃園)국제공항'으로 바꾸는 등 정명운동을 펼쳤다.

그런데 대만에서의 정명운동은 국가정체성의 문제만이 아니라, 대만 내 원주민족의 정체성 회복과도 관련이 있다. 원주민족의 정체성에 관한 정명운동은 이미 1980년대부터 시작되었다. 그 결과로 2000년대에 들어와서는 4개의 원주민족이 독립된 민족체로 공인받았다.

이 글에서는 대만 원주민족의 정체성과 정명운동에 대한 내용을 다루었다. 이 글의 목적은 대만에 거주하는 원주민족의 민족기원, 분류, 정명운동 등에 대한 조사와 연구를 통해서, 대만 관련 연구자 혹은 일반사람들에게

---

* 이 글은 대한중국학회 『중국학』(2007)에 실린 논문을 수정 보완하였다.
287) 정식국호는 중화민국이지만, 본 연구에서는 대만이라고 칭하기로 한다.

대만 원주민족에 대한 올바른 이해를 돕기 위함이다. 아울러 대만 원주민족의 정명운동을 살펴보면서 원주민족의 정체성을 재고하기 위함이다.

사실, 1992년 한중수교 이전까지만 하여도 한국은 중국보다는 대만과 교류를 많이 하였다. 그러나 한중수교 이후 한국과 중국의 교류가 확대되면서 많은 학자들도 대만보다는 중국에 대한 관심이 높았고, 관련 논문 또한 급증하였다. 이러한 이유로 한국에서는 대만에 관한 정보, 지식이 축적되지 못하고 있다. 특히 대만 원주민족에 관한 연구가 거의 보이지 않는다. 그러므로 한국에서의 대만 원주민족에 대한 연구는 필요하다.

한국에서 알고 있는 대만 소수민족에 관한 인식은 '고산9족'이라는 단어에서 시작된다. 그런데 고산9족이라는 단어는 대만 원주민족에 대한 편견과 선입견을 보여주는 단적인 사례이다. 고산족이라는 단어는 대만 고산지역에 사는 민족의 통칭임에도 불구하고, 마치 하나의 민족명칭인 것처럼 여기고 있다. 그런데 대만에서는 고산족이라는 명칭을 사용하지 않은 지 이미 10여 년이 되었다. 지난 1994년부터 공식적으로 '원주민'으로 부르기 시작하였고, 1997년부터는 '원주민족'이라 부르고 있다. 원주민족에는 과거 고산족과 평포족(平埔族)이라 불리던 모든 사람을 포함된다. 현재 대만에서 공인하는 원주민족의 숫자는 기존의 9개 민족에다가 2001년 이래로 새롭게 공인받은 4개의 원주민족을 합쳐 13개가 있는데, 대만에서 일고 있는 정명운동의 추세에 비추어 볼 때, 원주민족의 숫자는 점점 늘어날 것으로 전망된다.

그런데 현재 중국에서는 대만 소수민족을 여전히 고산족이라 부르고 있다. 이는 지난 1953년에 실시되었던 '민족식별'의 결과이다.[288] 민족식별 이전에는 고산족을 '산지동포(山地同胞)', '산포(山胞)' 혹은 '고사족(高砂族)'이라 불렀다. 중국에서 부르는 고산족이라는 명칭은 단일한 민족체가 아니라 복건성 일부 지역에 사는 민족과 대만 내 여러 민족을 통칭하는 것이었다. 중국에서 부르기 시작한 민족명칭인 고산족은 대만에도 영향을 주었는데, 고사족으로 부르던 명칭을 고산족으로 부르기 시작하였다.

---

288) 공봉진. "중국의 '민족식별'에 관한 비판적 고찰". 부경대학교 박사학위논문. 2005. 참조.

그리고 문헌에 동번(東番)이라는 단어가 등장하는데, 동번은 명청 이래로 대만남어어계민족에 대한 통칭이었다. 1940년대 동번은 19개 족군을 포함하고 있는데, 이때 19개는 갈마란(噶瑪蘭), 개달격란(凱達格蘭), 후후(猴猴), 파칙해(巴則海), 도잡사(道卡斯), 파포랍(巴布拉), 파포살(巴布薩), 홍무송(猫霧捒), 홍아(洪雅), 서랍아(西拉雅), 소(邵), 태아(泰雅), 새하(賽夏), 포농(布農), 추(鄒), 로개(魯凱), 배만(排灣), 아미(阿美), 비남(卑南), 달오(達悟)였다.[289]

한편, 대만 내 '원주민'의 권익을 보장하기 위해서 대만정부는 2001(민국 90)년 1월 1일 '원주민신분법(原住民身分法)'을 제정하여 시행하고 있다.[290] 원주민신분법을 시행한 이후 4개의 원주민이 새롭게 인정받아서 총 13개의 원주민족, 즉 태아족(Atayal), 포농족(Bunun), 아미족(Amis 혹은 Pangcah), 배만족(Paiwan), 달오족(Tao, 옛날에는 아미족(雅美族, Yami)이라 부름), 새하족(Saisiat), 추족(Tsou), 소족(邵族, Thao), 로개족(Rukai), 비남족(Puyuma), 태로각족(太魯閣族, Taroko), 갈마란족(Kavalan), 살기래아족(撒奇萊雅族, Sakiraya)이 있게 되었다.

본 연구에서는 대만의 고산지역에 사는 소수민족과 평포족에 관한 연구, 즉 원주민족의 민족정체성을 살펴본다. 그런 뒤 현재 진행되고 있는 정명운동을 살펴본다. 본 연구는 대만의 원주민에 대해서 잘못 알고 있는 편견과 선입견을 제거하는 데 주요한 역할을 할 것이며, 현재 대만에서 일고 있는 정명운동을 이해하는 데 도움이 될 것이다. 본 연구에서는 문헌연구를 통해 대만 원주민족을 살펴본다.

2. 대만 원주민족의 민족기원설과 분류

대만 원주민족과 관련하여 고고학, 인류학, 민족학 등의 여러 분과 학문에 종사하는 많은 학자들은 고산족의 민족기원을 2~3만 년 전의 구석기시대

---

289) 曾思奇. 『臺灣南島語民族文化槪論』. 民族出版社. 2005. p.1.

290) http://www.apc.gov.tw/official/govinfo/lawsearch/lawsearch_result.aspx?no=112 行政院原住民委員會(검색일: 2005. 7. 30.)

사람인 '좌진인(左鎭人)'이 중국대륙 화남지역에서 대만으로 이주한 것으로 보고 있다. 사실, 대만 원주민족의 민족기원에 대해서는 토착설, 남래설(南來說, 남태평양군도에서 온 말레이인), 대륙설, 다원설이 있다. 일반적으로는 중국의 고대 인류와 고월인(古越人)으로 여기고 있다.[291] 그러나 대체적으로는 중국 연해일대의 고월족이 대만으로 와서 유구군도(琉球群島)와 필리핀 군도에서 온 거주민과 융합해서 발전하였던 것으로 보고 있다.[292]

그러나 아직도 많은 학자들은 대륙의 고대민족과 대만의 토착민을 관련짓는다. 학자들은 대륙 문헌에 등장하는 여러 명칭을 오늘날 대만과 관련지으면서 오랜 역사 전부터 대만이 중국에 포함되었다고 간주하였다. 그 내용들을 살펴보면 다음과 같다.[293]

첫 번째, 은상(殷商) 시대에는 대만을 '대여(岱輿)' 혹은 '원교(員嶠)'라고 불렀다. 그리고 팽호열도(澎湖列島)를 '방호(方壺)'라고 불렀다. 두 번째, 전국(戰國) 초기 ≪우공(禹貢)≫에서는 "淮海惟揚州……. 島夷卉服, 厥篚織貝."라고 하였는데, 여기에서 말하는 '도이(島夷)'는 바로 현재의 대만을 가리킨다는 것이다. 세 번째, 전국시대의 ≪산해경(山海經)≫<해남경(海內南經)> 중의 '조제국(凋題國)'에 관해서 "其國之人在臉上點涅, 身體則畫鱗采, 也就是鮫人."라는 기록이 있는데, 이 조제국이 대만이라는 것이다. 왜냐하면 대만의 원주민은 1960년대 전후에 여전히 얼굴에 문신을 하는 풍습을 갖고 있었고, 동시에 몸에 문신을 하는 것도 적지 않았기 때문이다. 네 번째, ≪한서(漢書)≫에 "會稽海外, 有東鯷人, 分爲二十餘國."라고 하였는데, 여기서 동철(東鯷)은 대만을 가리킨다. 다섯 번째, ≪삼국지(三國誌)≫<손권(孫權), 륙손전(陸遜傳)>에서 "吳王孫權, 遣將士浮海, 求夷州和但州."라고 기록하고 있다. 단주(但州)는 해남도로서, 손권의 군사(장군과 병사)가 간 적이 없었고, 이주(夷州)는 대만으로서, 손권의 군사가 간 적이 있다고 해석

---

291) 陳國强・郭志超. "1949年以來我國高山族硏究簡述". 『民族硏究動態』 1. 中國社會科學院民族硏究所・中國民族硏究團體聯合會. 1991. p.16.

292) http://www.ccnt.com.cn/tradition/minzhu/mz030.htm 中華文化信息網(검색일: 2005. 7. 25.)

293) http://www.literature.idv.tw/society/member/Topic.asp?topic_id=1203&forum_id=87&cat_id=20 傳統中國文學(검색일: 2007. 6. 25.)

하고 있다. 여섯 번째, ≪수서(隋書)≫ <유구열전(流求列傳)>에서 "隋場帝派大將朱寬到流求國, 又派陳陵率兵征服流求"라고 하였는데, 이때 대만에 거주하던 대다수의 사람은 원주민, 즉 고산족이라는 것이다. 주관(朱寬)이 대만에 왔을 때, 녹항(鹿港)의 해안으로부터 왔을 것이고, 녹항을 고산족어로는 유구(流求)라고 한다. 이러한 이유로 옛날에는 유구(流求)라 불렸지만, 현재의 유구(琉球)가 아니라 대만이라는 것이다.

한편, 삼국 시기 오(吳)나라의 ≪임해수토지(臨海水土志)≫에 "夷州在浙江臨海郡的東南, 離郡二千里, 土地無霜雪, 草木不枯, 四面皆山, 衆山夷所居。山頂有越王射的正白, 乃是石也。……部落間互不相屬, 各號爲王, 分割土地, 人民……種植五穀, 釀粟爲酒, 魚肉亦多。善織細布, 喜在布上刻圖紋飾……"294)라는 기록이 있는데, 학자들은 여기에서 말하는 '이주인(夷州人)' 혹은 '산이(山夷)'가 오늘날 대만이라고 주장한다. 그리고 학자들은 '이주(夷州)'를 고산족(高山族)에 관한 최초의 기록으로 여기며, 고산족의 선민을 '산이'로 간주하였다. 또 학자들은 수당 시기의 여러 문헌에 등장하는 '류구인(流求人)', '류구인(留仇人)'을 대만 고산족의 선민으로 간주하였다. 또 송원 시기의 '류구(琉球)', '류구(瑠求)', '유구(幽求)' 혹은 '토인(土人)', '비사사(毗舍邪)'를 대만과 대만에 거주하는 사람을 지칭하는 말로 간주하였으며, 이 시기에 대륙과 대만 간의 상호간의 교류가 점차적으로 증가하였다고 해석하고 있다. 이후 대만의 토착문화가 발전하였고, 이와 동시에 대륙과 남양 등지에서 많은 사람들이 대만으로 이주해 왔다는 것이다. 이러한 것이 기초가 되어 명대에 이르러 대만 토착민의 문화적 특징이 기본적으로 완성되었다고 해석하고 있다.295)

대만에서 고산족과 관련된 명칭은 명대 이후에 등장한다. 명청 시기에 대만에 거주하는 원주민을 '동번(東番)' 혹은 '번족(番族)'이라고 불렀다. 명대에는 '동번이(東番夷)'라고 불렀는데, 정성공이 대만으로 건너간 뒤 '토번(土番)'·'토민(土民)'이라 칭하였다.296) 그리고 '번이(番夷)'·'토번(土番)'·

294) http://taiwanus.net/history/1/01.htm 臺灣海外網(검색일: 2007. 4. 25.)
295) 張嵩根. 『臺灣四百年前史』. 九州出版社. 2004.

'토민(土民)' 등으로도 불렀다.[297] 그리고 17세기 초(명말) 진제(陳第)가 적은 ≪동번기(東番記)≫(1603)라는 책에서 '평포족'을 가장 잘 묘사하고 있는데, 당시에는 대만에 거주하는 원주민을 '동번(東番)' 혹은 '동이(東夷)'라고 불렀다.[298]

청대에 들어와서는 대만 거주민을 '번족(番族)'이라 불렀고, 분포지역에 따라 '동번(東番)'·'서번(西番)'·'남번(南番)'·'북번(北番)'이라 불렀고, 혹은 거주지역의 특징에 따라 '고산번(高山番)'·'평포번(平埔番)'으로 구분하였으며, 발전의 수준과 한인관계의 친소에 따라 '야번(野番)'·'생번(生番)'과 '숙번(熟番)'으로 구분하였다.[299]

아래 <표-12>에서는 앞에서 언급한 대만 관련 내용을 요약하여 정리하였고, 일부 내용은 첨가하여 정리하였다.

〈표-12〉 사료에 등장하는 용어

은상(殷商) 시대	代輿, 員嶠	
戰國 초기 ≪禹貢≫	島夷	「淮海惟揚州……。島夷卉服, 厥篚織貝。」
戰國 ≪山海經≫〈海内南經〉	凋題國	「其國之人在臉上點涅, 身體則畫鱗采, 也就是鮫人。」
漢代 ≪漢書≫	東鯷	「會稽海外, 有東鯷人, 分為二十餘國。」
三國「孫權, 陸遜傳」	夷州	「吳王孫權, 遣將士浮海, 求夷州和但州」
≪隋書≫「流求列傳」	流求	隋煬帝派大將朱寬到流求國, 又派陳陵率兵征服流求。
隋, 宋	流求	
元	琉求	
明代萬曆年間 陳第 ≪東番記≫	大員, 臺員	臺灣
鄭成功	東都	
鄭經繼	東寧	
명 만력(萬曆)	福爾摩薩	포르투갈 상인
네덜란드 점령시기	鹿島	
청나라 강희 23년	대만	東寧을 대만으로 다시 부름

296) 許良國. "臺灣省少數民族名稱與族別問題淺議". 『民族學研究』. 1983. p.257.

297) http://www.kepu.com.cn/gb/civilization/nation/feeling/fee1702.html "追根溯源話高山" 中國科普博覽(검색일: 2005. 7. 31). 宋蜀華·陳克進. 『中國民族概論』. 中央民族大學出版社. 2002. p.748.

298) http://www.sinica.edu.tw/~pingpu/museum/introduction/01/01.htm#01 中央研究院(검색일: 2005. 7. 31.)

299) http://www.kepu.com.cn/gb/civilization/nation/feeling/fee1702.html "追根溯源話高山" 中國科普博覽(검색일: 2005. 7. 31.) 宋蜀華·陳克進. 같은 곳.

18세기 중엽 이후 청대 건륭 시기(1736~1795), 대만 개간은 매우 격렬하게 이루어졌다. 한번(漢番) 간의 충돌이 증가하였을 뿐만 아니라, 한인사회 또한 민중봉기가 끊임없이 일어났다. 가장 유명한 사건은 바로 임석문화의 변이다. 이 사건은 당시 사회에 커다란 영향을 주었다. 대만의 이번동지(理番同知, 당시 원주민을 관리하는 기구)는 1766년에 설립되었다. 임석의 난 이후, 즉 1786년에 청조는 '번둔(番屯)'이라는 제도를 설립하였고, 대만의 원주민을 이용하여 중국대륙에서 건너간 이주자의 동란을 진압하였다. 그 이후 청 정부는 민(民, 한인(漢人))과 '번(番, 비한(非漢))' 사이의 마찰을 이용해서, '번'으로써 '민'을 다스리기 시작하였다. 여러 차례 '번'을 이용해서 '민(民, 한)'의 난을 평정하였다. 이러한 이유로, 18세기 말기의 기록에서는 '관번(官番)', '둔번(屯番)', '흉번(兇番)', '류번(流番)'이라는 글자가 자주 보이는데, 이러한 글자의 출현은 '정치'적인 관점에서 분류되었는데, 관번과 둔번은 정부를 지지하는 사람들이고, 흉번과 류번은 정부를 반대하는 사람들을 가리킨다.

한편, '평포족(平埔番)' 혹은 '평포숙번(平埔熟番)'이라는 단어가 문헌에 자주 등장하는데, 중요한 것은 '생번(生番)'과 '고산번(高山番)'의 구분이었다. '평포숙번(平埔熟番)'이라는 명칭은 청조 초기 문헌, ≪중수봉산현지(重修鳳山縣志)≫(1764)에 등장한 이후, 청말에도 많이 등장하고 있다. 예를 들면, ≪갈마란청지(噶瑪蘭廳志)≫(1851)에 '평포번(平埔番)'이라는 단어가 보인다. 청말, 후산(後山)일대의 평지에 거주하던 토착인들도 평포번이라고 불렸다는 것이 ≪대동주채방책(臺東州采訪冊)≫(1894)에 기록되어 있다. 간단하게 말하면, 18세기 말, 문헌에 등장하는 '평포번(平埔番)'과 '평포숙번(平埔熟番)'은 병동평원(屏東平原), 의란평원(宜蘭平原), 대동평지(臺東平地)와 긍춘평야(恆春平野)에 거주하는 토착 사람들(族群)을 가리켰다. 청대 대만 서부지역에 거주하는 평포족은 '숙번(熟番)'이라 불렸고, 남부(병동평원과 긍춘반도)와 후산(後山, 의란에서 화동(花東)) 일대에 거주하는 평포족은 '평포번(平埔番)'이라 불렸다. 사실상, 우리가 현재 이른바 평포족이라 함은 두 개의 뜻, 즉 '평포(平埔)'와 '숙번(熟埔)'의 의미를 내포하고 있다. 평포는 민간에서 유행한 단어인 데 비해서, 숙번은 관방에서 사용하던 용어였다. '평포(平埔)', '평포자(平埔仔)', 평포번(平埔番)은 의란(宜蘭), 화동(花東), 긍춘(恆春), 병동(屛東) 일대에 거주하는 것이고, 매체의 전파로 인해서, '평포(平埔)' 혹은 '평포자(平埔仔)'는 널리 알려졌으며, 평포족이라는 단어는 민족명칭으로 사용되었다. 정리하면, 한(漢)의 문화를 중심에 둔 채, 한(漢)과 비한(非漢)으로 구분하였다. 즉 문화가 있으면 민(民, =漢)이었고, 문화가 없으면 번(番, =非漢)이었다. 오늘날에도 민간에서는 한인들이 '찰랑(咱郎, 我們人)'과 '이번(伊番, 他們番)'으로 부르는 것을 들을 수 있다.[300]

3. 식민지시기의 원주민족 분류

1) 일본학자의 원주민족 분류

대만 원주민족에 관한 분류는 일본이 대만을 식민 지배할 때 일본 학자들에 의해서 많이 이루어졌다. 원주민족에 관한 일본인의 연구는 두 단계 혹은 세 단계로 구분할 수 있는데, 두 단계로 나눌 때는 1895년에서 1920년까지로서 다소 개인적이고 탐험적일 때와 1920년 이후로서 학술기구로부터 지원받아 연구할 때이다. 첫 번째 시기의 대표적인 인물은 조거룡장(鳥居龍藏)이고 두 번째 시기의 대표적인 인물은 이천자지장(移川子之藏)이다. 두 번째 시기는 대북제국대학(臺北帝國大學)이 설립된 이후로서, 고산족에 관한 연구가 본격적으로 이루어졌으며, 이 시기의 연구성과는 대만이 광복한 이후에 민족을 연구하는 데 중요한 기초자료가 되었다. 세 단계로 나눌 때는 인류학적인 측면에서 구분하는데, 첫째는 동경인류학회(東京人類學會) 시기로서 1895년부터 1900년까지이다. 둘째는 임시대만구관조사회(臨時臺灣舊慣調査會) 시기로서 1901년부터 1928년까지이다. 셋째는 대북제대(臺北帝大) 성립에서 대만광복까지로서 1928년부터 1945년까지이다.[301]

---

300) http://www.sulps.ptc.edu.tw/new_page_13_3_4.htm 臺灣原住民與平埔族之認識(검색일: 2005. 7. 31.)
301) http://www.nmp.gov.tw/enews/no7/5.htm 日治時期的臺灣原住民研究概況(검색일: 2007. 7. 9.)

첫 번째 동경인류학회 시기로서, 1884년에 동경인류학회가 성립되었으나 적합한 민족학연구 주제는 없었다. 1895년 대만이 일본의 식민지가 되면서 일본학자들은 대만에 사는 원주민들을 연구하기 시작하였다. 먼저, 입강영 (入江英)은 1896년에 출판된 ≪대만번족도회(臺灣番族圖繪)≫에서 모두 4 부분, 즉 평포(平埔), 백구(白狗, Atayal), 포농(布農)과 추족(鄒族, Bunun & Chou), 배만(排灣, Paiwan)으로 분류하였다. 그리고 조거룡장은 1896년에서 1900년까지 네 차례 대만에 왔는데, 주로 동대만(東臺灣)에서 연구하였다. 그는 ≪홍두서토속조사보고서(紅頭嶼土俗調査報告書)≫(1902)와 <Etudes Anthropologues: Les Aborigines de Formose>(1910)를 출간하였는데, 이 책은 대만 원주민에 관한 첫 번째 민족지였다. 그의 연구는 체질인류학, 언어학 및 고고학으로서, 후학들에게 커다란 영향을 주었다. 또 이능가구(伊能嘉矩) 는 ≪대만번인사정(臺灣蕃人事情)≫(栗野傳之丞과 공저, 1900), ≪대만번 정지(臺灣蕃政誌)≫(1904), ≪대만문화지(臺灣文化誌)≫(1928)를 출간하였 고, 이때 대만 원주민에 대한 분류와 평포족(平埔族) 문화에 관한 연구는 매 우 의의가 있다. 삼축지조(森丑之助, 森丙牛라 불림)는 1895년에 대만으로 와서 중국관화의 번역관이 되었다. 그러나 대만으로 온 이후에는 원주민언 어를 배웠고, 저서로는 ≪대만번족지(臺灣蕃族志)≫(1917)와 ≪대만번족도 보(臺灣蕃族圖譜)≫(1918)가 있다.

두 번째, 임시대만구관조사회(臨時臺灣舊慣調査會) 시기이다. 1901년 대 만 총독부가 '임시대만구관조사회'를 설치하였을 초기에는 법제와 구(舊)관 습을 연구범위로 삼아서 연구하였다. 그러다가 1909년 번족과(蕃族科)를 설 립한 뒤에는 원주민의 고유습관을 연구하였는데, 이때 주요 학자와 문헌자 료는 아래와 같다.

첫째, 좌산융길(佐山融吉)은 ≪번족조사보고서(蕃族調査報告書)≫(1913년 부터 1921년까지, 8책)를 편찬하였고, 둘째, 소도유도(小島由道), 안원신이(安 原信二), 하야희륙(河野喜六), 소림보상(小林保祥)이 ≪번족관습조사보고서 (蕃族慣習調査報告書)≫(1915년부터 1921년까지, 8책)를 편찬하였으며, 셋 째, 강송참태랑(岡松參太郎)이 ≪대만번속관습연구(臺灣蕃俗慣習研究)≫(8

권)를 편찬하였다. 이 조사회는 1919년에 해산하였고, 그 이후에는 번족조사회(蕃族調查會)가 출판사업을 대행하였고, 이후 1928년 대북제대가 성립하기 이전까지 원주민연구는 저조하였다. 이 기간의 대표적인 학자는 소천철(小泉鐵)로서 1925년부터 1928년까지 여러 차례 대만으로 왔었고, 저작으로는 ≪번향풍물기(蕃鄉風物記)≫(1932), ≪대만토속지(臺灣土俗誌)≫(1933)가 있다.

　세 번째, 대북제대성립에서 대만광복까지이다. 1928년 대북제국대학이 성립하면서 대만 원주민 연구는 새로운 국면에 처했다. 문과에 토속인종학, 남양사(南洋史), 인니(인도네시아)비교언어학 등의 강좌가 생겨났다. 그중 토속인종학연구실은 대만 원주민문화를 대상으로 삼았다. 그리고 주임은 이천자지장(移川子之藏)이었고, 조수는 궁본연인(宮本延人)이었으며, 배출된 학생은 마연동일이다. 1931년부터 1942년까지 출판된 ≪남방토속(南方土俗)≫학술잡지 6권이 있다. 1930년부터 1932년까지, 이 연구실과 언어학연구실의 소천상의(小川尙義) 및 천정혜윤(淺井惠倫)이 합작하여 1935년에 ≪대만고사족계통소속지연구(臺灣高砂族系統所屬之研究)≫와 ≪원어고사족전설집(原語高砂族傳說集)≫을 출간하게 된다. 1935년 이후, 마연동일은 현지조사를 통해 포농족과 추족을 집중적으로 조사하였다. 그리고 그는 1945년 이후에도 계속해서 대만 원주민문화와 인니, 유구 등지의 범문화의 비교연구를 하였다.

　한편, 대북제대의 여러 학자들도 대만 원주민족에 관해서 연구하였는데, 그 내용을 살펴보면 다음과 같다. 첫째, 강전겸(岡田謙)은 가족의 조직구조에 대해서 토론하였고, 1942년에 ≪미개사회적가족(未開社會的家族)≫을 출판하였다. 둘째, 증전복태랑(增田福太郎)은 ≪남방민족적혼인 - 고사족적혼인연구(南方民族的婚姻 - 高砂族的婚姻研究)≫(1942), ≪원시형법적탐토(原始刑法的探討)≫(1944)를 출판하였다. 셋째, 오전욱(奧田彧)은 1933년부터 1941년까지 5편의 아미족(雅美族) 농업경제에 관한 논문을 발표하였다.

2) 주요 학자들의 고산족과 평포족 분류

　일본의 많은 학자들은 대만 원주민족에 관한 연구를 하면서 민족을 분류

하였다. 이와 관련된 내용을 정리하면 다음과 같다.[302]

1899년 속야전지승(粟野傳之丞)과 이능가구는 ≪대만번인사정≫에서, 대만에 거주하는 소수민족을 '태아(泰雅), 포농(布農), 배만(排灣), 택리선(澤利先, 즉 로개(魯凱)), 표마(漂馬, 즉 비남(卑南))과 아미(阿美)' 등 6개 족으로 분류하였다. 그 후 조거룡장은 프랑스어보고서에서 일월담에 거주하는 소족(邵族)과 란서의 아미족(雅美族)을 포함시킨 데다가 '신고(新高, Nitaka)'를 포함시키면서 모두 9족으로 분류하였다. 그리고 일본식민정부 번무과(蕃務科)는 1911년에 제출한 보고서에서, 소족을 삭제하고 새하족(賽夏族)을 추가하였다. 이어서 삼축지조(森丑之助)는 '배만, 로개, 비남'을 합쳐서 '비만족'으로 부르면서 7족으로 분류하였고, 이 분류법은 오랜 기간 동안 통용되었다.

1930년, 이천자지장은 ≪일본지리대계(日本地理大系)≫ 속의 대만 편 "대만, 토속, 인종(臺灣, 土俗, 人種)"이라는 글에서, 이능가구가 분류하였던 10족 중 아라곤(阿立昆, Arikun)과 라아(羅亞, Lloa)를 합병하여 홍아(洪雅, Hoanya)라 하였고, 마잡도(馬卡道, Makattao)를 도(道, Tao)로 바꾸었다. 그리고 소(邵, Sao)족을 첨가함으로 하여, 총 10족으로 분류하였다.[303] 1935년 이후, 이천자지장과 궁본연인(宮本延人)과 마연동일(馬淵東一)은 여러 차례의 현지조사를 통해 ≪대만고사족소속계통지연구(臺灣高砂族所屬系統之研究)≫를 발표하면서 9개 족으로 분류하였다. 즉 '택리선'을 '로개'로 개칭하였고, '표마'를 '파나파나양(巴那巴那揚)', '아미(阿美)'를 '방칙(邦則, Pangtsah)'으로 개칭하였다.[304]

언어를 근거로 하여 대만에 거주하는 소수민족을 분류한 일본학자는 소천상의와 천정혜윤이다. 소천상의는 1935년에 ≪고사족전설집(高砂族傳說集)≫을 출간하였는데, 이 책에서 그는 언어로 3류 21족으로 분류하였다.[305] 첫째는 자신들의 고유한 언어를 갖고 있는 사람들로서, 태아(泰雅), 새덕극

302) 張崇根, 『臺灣世居少數民族研究』, 民族出版社, 2002. pp.21 - 26.
303) http://www.sinica.edu.tw/~pingpu/museum/introduction/02/02.htm 中央研究院(검색일: 2007. 6. 31.)
304) 張崇根(2002), p.21.
305) 張崇根(2002), p.21.

(賽德克, 태아 방언으로 봄), 새하(賽夏), 포농(布農), 조(曹, 오늘날 추(鄒)라 불림), 잡나포아(卡那布雅, 조(曹) 방언으로 봄), 사아로아(沙阿魯亞, 조(曹) 방언으로 봄), 로개(魯凱), 배만(排灣), 비남(卑南), 아미(阿美), 아미(雅美) 등 총 12족으로 나누었다. 둘째는 자신의 고유한 언어를 어느 정도 갖고 있는 사람들로서, 잡와란(卡瓦蘭), 박재해(拍宰海), 조(曹, 당시 소(邵)라 함) 등 총 3족으로 나누었다. 셋째는 이미 고유한 언어를 사용하지 않는 사람들로서, 개달격란(凱達格蘭), 도잡사(道卡斯), 박폭랍(拍瀑拉), 파포살(巴布薩), 홍아(洪雅), 서랍아(西拉雅) 등 총 6족으로 나누었다.

1936년 천정혜윤은 아미인(雅美人)의 언어에 관한 연구 논문에서 분류계통을 복잡하게 논하였는데, 그는 지방군(地方群), 족군(族群,) 족(族), 방언(方言)에 의거하여 분류하였다. 크게는 북부군(北部群), 포농군(布農群), 추(鄒) - 배만군(排灣群), 아미군(阿美群), 파단군(巴丹群)으로 나누었고, 족군으로는 북부군에 태아족계(泰雅族係), 새서아특족(賽西亞特族, 賽夏)이 있고, 포농군에는 포농족(布農族)이 있으며, 추 - 배만군에는 추(曹), 사아로아족(沙阿魯阿族) · 잡나포족(卡那布族), 배만계(排灣係), 로개족(魯凱族)이 있다. 아미군에는 아미족(阿美族), 파단군에는 파단족(巴丹族)과 아미족(雅美族)이 있다. 태아족계에는 순태아족(純泰雅族)과 새덕극족이 있고, 배만계에는 배만족, 비남족이 있다. 1939년, 녹야충웅(鹿野忠雄)은 이전 학자들의 분류를 기초로 삼아서, 체질, 언어, 습속 3방면을 종합하여, 족, 아족(亞族), 군(群), 사(社)로 나누며 새롭게 분류하였다. 족으로는 태아족, 새하족, 포농족, 추족, 배만족, 비남족, 아미족, 아미족으로 분류하였고, 태아족에는 다시 태아아족, 새덕아극족이 있고, 추족에는 북추아족, 남추아족이 있으며, 배만족에는 로개아족, 배만아족, 사잡라잡아족(斯卡羅卡亞族)이 있다.[306]

1944년, 소천상의는 "어이어대만고산족, 위치(語二於臺灣高山族, 位置)"라는 글에서, 갈마란(噶瑪蘭, Kavalan)족에서 뢰랑(雷朗, Luilang)족을 독립된 족으로 분류하여, 뢰랑, 개달격란(凱達格蘭, Ketagalan), 갈마란(噶瑪蘭,

---

306) 張崇根(2002). p.22.

Kavalan), 도잡사(道卡斯, Taokas), 박재해(拍宰海, Pazeh), 박폭랍(拍瀑拉, Papora), 파포살(巴布薩, Babuza), 홍아(洪雅, Hoanya), 서랍아(西拉雅, Siraya)과 소(邵, Sao)의 10족이 있다고 하였다.[307] 이후 마연동일은 "고사족분류(高砂族分類)"라는 글에서, 소천상의의 기준에 따라 분류하였다. 하지만 소족에 대해서 학자들은 아직도 평포족인지 아닌지 의견이 분분하다. 또 뢰랑(Luilang)이 개달격란(Ketagalan)의 갈래인지 아닌지, 혹은 독립된 하나의 민족인지 학자 또한 의견이 일치하지 않았다. 근래 학자 중 토전자는 새로운 분류관점을 보여주고 있다.[308]

정리하면, 고산족을 연구할 때, 언어 이외에도 문화적인 방면, 즉 생산방법, 친족제도, 사회특성, 종교제의 등을 중요시 여기면서 고산족을 분류하였고, 평포족 또한 언어와 문화적 측면에서 분류하였다.

4. 광복 이후의 대만 원주민족의 분류

1) '고산족'의 민족명칭의 기원과 분류

앞에서 문헌에 등장하는 여러 명칭들을 살펴보면서, 일제시기 일본학자들의 민족분류도 살펴보았다. 여기에서 유의할 점은 명대 이전의 사료에 등장하는 명칭이 대만과 밀접한 관련이 있는지는 확실하지 않다는 것이다. 그렇지만 명청대 이후의 문헌에 등장하는 대만과 관련이 있다고 여겨지는 용어는 어느 정도 일치하는 것으로 해석되고 있다.

한편, 일반적으로 알려진 용어인 고산족의 명칭에 관한 유래는 그렇게 오래되지 않았다. 고산족의 명칭 유래와 관련하여 몇 가지 주장이 제기되고 있다. 고산족이라는 명칭의 유래는 대체적으로 명대 일본의 조선침략시기로 거슬러 가기도 하는데, 1593년(명 만력(신종) 21년) 일본의 풍신수길(도요도

---

307) http://www.sinica.edu.tw/~pingpu/museum/introduction/02/02.htm 中央研究院(검색일: 2007. 6. 31.)
308) http://www.bses.tnc.edu.tw/vernacular/vernacular16.htm 臺南縣麻豆鎮北勢國民小學(검색일: 2007. 6. 31.)

미 히데요시)이 조선을 침략하였을 때, 무역상인 원전왕여송(原田往呂宋)의 편으로 '고산국초유문서(高山國招諭文書)'를 대만으로 보내었다. 이 문서의 주요 내용은 대만이 일본에 조공을 하라는 것이었다. 이때 '고산국'이라는 명칭이 등장하고, 고산국은 오늘날 대만을 가리킨다고 해석하였다.[309]

'번인(番人)'을 고사족(高砂族)이라고 하기 시작한 것은 1935년 대만총독부 이번(理番)이 제1차 '高砂族青年團幹部懇親會'를 개최하면서부터였다.[310] 이번(理番) 당국이었다. 고사족(高砂族)으로 대만 원주민을 통칭하였고, 고사족에는 9개의 민족, 즉 태아, 포농, 아미(阿美), 배만, 추족 등이었고, 약 14만 명이었다. 이러한 고사족이라는 새로운 명칭은 일본경찰이 이번인(理番人)을 낮추어 부르는 것이었다. 고사(高砂)라는 명칭은 옛날 일본전설의 봉래선도(蓬萊仙島)의 고사(高砂)의 신화와 같다.[311]

한편, 영혜림(靈惠林)은 "항일전쟁, 대만수복 이후 대체적으로 일본인의 분류에 의거하여 대만토착민을 '고산족' 혹은 '산지동포'라 불렀다. 고산족이라는 이 명칭은 나는 시종 그다지 동의하지 않는다. 왜냐하면 나는 이 명칭의 내력을 알기 때문이다. 고사(高砂)의 '사(砂)'를 '산(山)'으로 바꾸었다. 그래서 이러한 명칭변경의 최초는 신문지상에 번역되면서이다. 후에 관방에서도 이러한 명칭을 사용하였다. 이후 통속적으로 대만토착민을 산지동포라 불렀다. 평지에 사는 사람은 평지산포라 하였다. 나는 이러한 명칭이 모두 타당하지 않다고 생각한다. 1936년 나는 대만에 가서 통지관에서 민족지 편찬작업을 이끌었다. 이때 대만토착민족에 대한 조사를 실시하였는데, 나는 '대만토착민'을 '대만토착족'이라 불렀다."고 하였다. 영혜림은 고산족이라는 명칭은 일본인이 칭한 고산족이라는 이름에서 한 글자를 바꾼 후에 생겨난 것이라고 주장하였다.[312]

1953년 중국은 민족식별조사를 실시하였는데, 제1차 민족식별에서 공인된 29개와 기존의 9개를 포함하여 38개를 인정하였는데, 그중의 하나가 고산족

---

309) 許良國. "臺灣省少數民族名稱與族別問題淺議". 『民族學研究』第5輯. 1983. p.257.

310) http://tw.knowledge.yahoo.com/question/question?qid=1305100500705 (검색일: 2007. 6.30.)

311) http://www.japanresearch.org.tw/twhistory-17.asp#02 臺灣日本綜合研究所(검색일: 2007. 6. 30.)

312) 張崇根(2002). p.7.

이었다. 이후 학술연구 혹은 여러 매체 선전보도에서 이 명칭을 통일해서
사용하기 시작하였다. 이후 해협양안학술대회와 인적교류가 전개됨에 따라
고산족이라는 법적으로 정해진 호칭 이외에도 광의의 고산족, 협의의 고산
족, 대만토착, 산포, 평포족, 로개족, 배만족, 아미족, 소족, 갈마란족, 파재해
족 등의 명칭 또한 학술서적 혹은 잡지에서 보였다. 이것은 법적으로 정해
진 명칭을 파괴하였을 뿐만 아니라, 사람들에게 대만에 사는 소수민족은 결
코 단일민족이 아니라 약간의 여러 민족이 있다고 인식하도록 하였다.[313]

한편, 학자들은 대만 고산족을 평지고산족과 산지고산족으로 분류하고 있
다. 그리고 평지고산족을 '평포족', 산지고산족을 '원주민'이라 칭하고 있다.[314]
1954년 대만 당국에서는 고산족을 태아(泰雅)·새하(賽夏)·포농(布農)·조
족(曹族)·로개(魯凱)·배만(排灣)·비남(卑南)·아미(雅美)·아미(阿美) 등 9
개 족군으로 규정하였다. 그 밖의 일부는 평원에 정착하여 거주하며 한족과
융합하였으며, 언어, 풍속, 습관 등 원래의 민족특징과 확연하게 다른 '평포
인'은 '숙번(熟番)'이라 칭하였는데, 이 민족은 한족과 차이가 크게 없어서,
대만 당국에서는 고산족인구를 통계 처리할 때 포함하지 않았다.[315]

대만학자들의 고산족에 대한 연구는 3단계로 나눌 수 있다. 제1단계는
1950~1965년까지로서 고산족연구의 고조기라 할 수 있다. 1956년 창간된
≪민족학연구소집간≫에 56편의 조사보고와 연구논문이 발표되었다. 그들
은 '민족지'의 방법, 즉 현지조사를 통해서 방문, 관찰, 측량 등의 직관수단
을 통해서 고산족의 사회조직, 생산방식, 친속구조, 가정혼인, 언어, 종교신
앙, 생활습속 등의 정황을 조사하여 보고서를 발표하였고, 종합연구논문이
있다. 제2단계는 1966~1975년까지로, 고산족 연구의 소원기이다. ≪민족학
연구소집간≫에 발표된 고산족에 관한 연구는 27편에 불과하였다. 제3단계
는 1976년 이후이다.[316]

---

313) 張崇根(2002). p.8.

314) http://gb1.chinabroadcast.cn/chinaabc/chapter10/chapter100202.htm 中國百科(검색일: 2005. 7. 30.)

315) http://www.cbe21.com/zhuanti/minzujy/minzujydg/minzujys/0009.htm 林恩. "灣原住民的教育"
梁玉潔 정리(검색일: 2005. 7. 26.)

316) 張崇根. 『臺灣世居少數民族研究』. pp.258-260.

한편, 1954년(민국 43년) 대만정부는 '府民4字11197호령'에서 '臺灣省山地身分認定標準'을 제정하여 산지동포의 범위를 공포하였다. 규정에는 "원적이 산지행정구역내에 있고, 그 본인 혹은 부계직계친속(아버지가 평지로 간 사람, 그 엄마를 따른다)이어야 하고, 광복 전 일제시대 호적부에 고산족(혹은 각족 각 명칭으로 된 자)으로 기재된 사람은 '산지동포'라 칭한다."고 하였다. 초기 대만정부는 광복 전 원적에 산지행정구역 내에 있어야만, 그리고 호적부에 고산족(혹은 고사족, 생번)으로 등재된 사람만이 원주민신분으로 인정하였다. 또 대만 정부는 민국45년에 '臺灣省平地山胞認定標準'을 제정하였다. 규정에는 "일제시대에 평지행정구역 내에서 거주하고, 원적에 고산족이고 평지산포로 기재되어야 한다."고 하였다. 이러한 이유로 평지산포는 일제시대에 '고사족, 생번'이라 불리는 범위 내에 있었다. 그리고 일제시대에 생번으로 회복되었다 하더라도 호적에 산지행정구역 이외의 지역에 거주하는 사람이고, 또 일제시대에 '숙번, 평포'로 회복된 민족은 산지동포 혹은 평지산포의 신분을 취득할 수 없었다.[317]

2) 평포족의 분류

광복 이후의 학자들은 과거 이분법에 따라 대만 원주민을 분류하였다. 인류학자들은 '평포족'을 다시 7종, 9종, 10종으로 나누기도 하였다. 1990년대 초에 어떤 사람은 7족 14지로 나눈다고 주장하기도 하였다. 현재에는 이역원(李亦園)의 분류를 주로 따르고 있다. 이역원(1955)의 주장에 따르면, 평포족은 갈마란족(噶瑪蘭族, kavalan), 뢰랑족(雷朗族, luilang), 개달가란족(凱達加蘭族, ketagalan), 도잡사족(道卡斯族, Taokas), 파칙해족(巴則海族, Pazeh), 파포랍족(巴布拉族, Papora), 묘무송족(貓霧悚族, Babuza), 화안아족(和安雅族, Hoanya), 서랍아족(西拉雅族, Siraya: 서랍아(西拉雅), 대만(大滿)·사사숙번(四社熟蕃)·마잡도삼(馬卡道三) 3개 어족으로 나뉨), 소족(邵族, sao)으로 나누고 있다. 중화민국(대만)행정원 원주민족위원회의 표준에 근거하여 인정된

---

317) http://www.wretch.cc/blog/muffle/21235655 (검색일: 2007. 6.30.)

대만 원주민족은 총 12개이다. 전통적으로 인정된 고산족의 9개 족군 이외
에도 '소족', '갈마란족', 태아족의 아족인 태로각족이다.[318]

<그림 - 11> 평포족의 분포도[319]

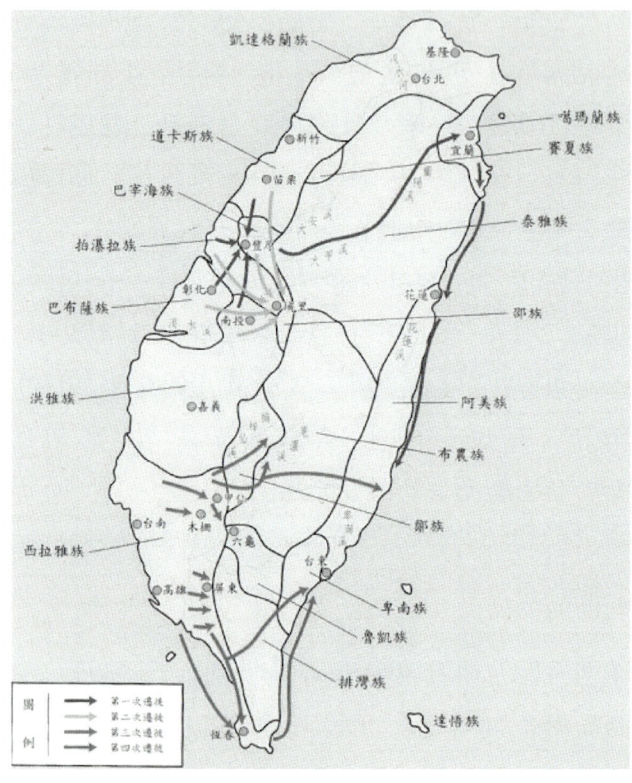

최근 학자들이 분류한 대만 평포족은 다음과 같다. 먼저, 일본언어학자인
토전자(土田茲)는 1985년의 분류에서 평포족을 12족으로 분류하였다. 갈마란
(噶瑪蘭, Kavalan), 마새(馬賽, Basay), 개달격란(凱達格蘭, Ketagalan), 구륜
(龜崙, Kulon), 도잡사(道卡斯, Taokas), 박재해(拍宰海, Pazeh), 박폭랍(拍瀑拉,
Papora), 파포살(巴布薩, Babuza), 홍아(洪雅, Hoanya), 서랍아(西拉雅, Siraya),

318) http://www.lib.nthu.edu.tw/library/hslib/subject/an/native.htm 張雪眞. "臺灣原住民硏究資源"(검색일:
2005. 5. 30.)

319) http://www3.nccu.edu.tw/~g1259501/maps/map_tw_pinpu - 2.htm 國立政治大學(검색일: 2007.
6. 31.)

마잡도족(馬卡道族, Makattao) 및 대무롱(大武壠, Taivoan)이다.

한편, 대만 언어학자인 이임계(李壬癸)는 "대만평포족적종류급기상호관계분류(臺灣平埔族的種類及其相互關係分類)"(1992)라는 글에서, 7족 14지(支)라고 주장하였다. 7족에는 잡와란(卡瓦蘭, Kavalan), 개달격란(凱達格蘭, Ketagalan), 파포란(巴布蘭, Baburan), 박재해(拍宰海, Pazeh), 홍아(洪雅, Hoanya), 서랍아(西拉雅, Siraya), 소(邵, Thao)족이 있다. 개달격란에는 마새(馬賽, Basay), 뢰랑(雷朗, Luilang), 다라미(多囉美, Trobian)로 다시 나뉘고, 파포란에는 도잡사(道卡斯, Taokas), 박폭랍(拍瀑拉, Papora), 묘무(貓霧, Babuza), 비불랑(費佛朗, Favoran)으로 나뉘며, 서랍아에는 서랍아(西拉雅, Siraya), 마잡도족(馬卡道族, Makattao) 및 대무롱(大武壠, Taivoan)으로 분류한다고 하였다.[320] 광복 이후의 학자들의 평포족에 대해서 분류한 것을 정리하면 <표-13>과 같다.

〈표-13〉 광복 이후의 평포족 분류

	Siraya		Hoanya	Babuza	Pazeh	Papora	Taokas	Ketagalan		Kavalan		Thao
洪敏麟 1972	西拉雅	四社平埔	洪雅	巴布拉	巴則海	貓霧棟	道卡斯	凱達格蘭		噶瑪蘭		—
洪敏麟 1972	西拉雅		洪雅	巴布拉	巴則海	貓霧棟	道卡斯	凱達格蘭		噶瑪蘭		—
衛惠林 1981	西拉雅	馬卡道	洪雅	巴布拉	巴則海	貓霧棟	道卡斯	凱達格蘭		噶瑪蘭	卡列溫	—
李亦園 1982	西拉雅		洪雅	巴布拉	巴則海	貓霧棟	道卡斯	凱達格蘭	雷朗	噶瑪蘭		—
李亦園 1982?	西拉雅		洪雅	巴布拉	巴則海	貓霧棟	道卡斯	凱達格蘭	雷朗	噶瑪蘭		邵
土田滋 1982	西拉雅		洪雅	巴布拉	巴則海	貓霧棟	道卡斯	凱達格蘭		噶瑪蘭	猴猴	邵
土田滋 1991	西拉雅		洪雅	巴布拉	巴則海	貓霧棟	道卡斯	凱達格蘭	龜崙	噶瑪蘭	猴猴	

---

320) http://www.bses.tnc.edu.tw/vernacular/vernacular16.htm(검색일: 2007. 6. 31.)

5. 대만 원주민족의 정체성 회복

1) 대만 원주민족의 정명운동

1990년대 중반 이후, 대만에서는 '원주민족'의 범위를 과거에 지칭되던 '고산족'과 '평포족'을 모두 포함하였다. 앞에서 이미 언급하였지만, 국민당이 대만으로 건너온 뒤, 그동안 '고사족'이라 불리던 대만 토착민을 중국민족식별과정에서 확정된 명칭인 '고산족'을 사용하였다. 현재 대만 원주민족의 정체성과 관련하여 대만에서는 2004년(민국 93년)에 대만에 거주하는 원주민의 신분을 인정하는 법안을 발표하였다. 이 법안은 총 12조항으로 되어 있고, 법안의 제2조에서 인정하는 원주민족은 아미족(阿美族), 태아족, 배만족, 포농족, 비남족, 로개족, 추족, 새하족, 아미족(雅美族), 소족, 갈마란족, 태로각족 및 기타 행정원이 정한 민족을 가리키고 있다.[321]

2000년대에 들어와 공인된 소족과 갈마란족, 태로각족과 살기래아족(撒奇萊雅族) 등은 정명운동과 밀접한 관련이 있다. 정명운동이란 이름을 바로잡는다는 의미로 해석할 수 있으며, 민족정체성의 회복이라는 의미를 지니기도 한다. 대만에서 발생하였던 정명운동 과정을 살펴보면 다음과 같다.[322]

대만에서의 정명운동의 시작은 1984년(민국 73년)에 첫 번째로 성립된 원주민족운동단체인, 즉 대만원주민권리촉진회(臺灣原住民權利促進會)가 원주민족정명운동(原住民族正名運動)을 펼치기 시작하면서부터이다. 20년에 걸친 정명운동의 결과로 매년 8월 1일은 '원주민정명기념일(原住民正名紀念日)'로 정해지기도 하였는데, 1980년대에서 1990년대에 이르기까지 정명운동은 주로 란서반핵(蘭嶼反核), 원주민정명운동, 제1차 토지반환운동, 제2차 토지반환운동, 제3차 토지반환운동의 원주민정명운동 등으로 펼쳐졌다.

1987년 대만에서 산지동포에 대한 명칭조사를 하였을 때 '대만인', '원주민', '선주민', '산포(山胞)' 네 개의 명칭을 선호하였다. 1989년 3월 대만기독

---

321) http://www.shinying.gov.tw/uan-zu-mine.htm 臺灣縣新營市戶政事務所(검색일: 2005. 8. 15.)
322) http://www.pts.org.tw/~web02/name/p6.htm 蕃名史(검색일: 2007. 7. 11.) http://www.sinica.edu.tw/~shungye/newname.htm 中央研究院原住民族正名運動攝影暨史料展(검색일: 2007. 7. 11.)

장로교회 제36차 총회에서 통상연회에서 상관법규조문, 공문, 행문 속에 '산포'를 '원주민'으로 바꾸기로 결정하였다. 1991년 2월 22일 화련지방법원법관인 임화염은 피고가 스스로 원주민이라 불렸기 때문에, 판결문에서는 '산포'를 '원주민'으로 불렀다. 동년 4월 8일 정명운동이 일어나기 시작하면서, 헌법에 산포를 원주민으로 수정해 주기를 요구하였다. 1992년 5월 15일 이등휘 총통이 35명의 각 족 대표를 접견할 때, 다수의 대표가 정명(正名)에 대해 의견을 내었을 때, 총통부는 산포 대신에 '소수민족'을 채용하기로 표명하였다.

1994년 6월 1일 입법원수헌위원회(立法院修憲委員會)는 '산포'를 '대만 원주민족'으로 이름을 바꾸는 안을 통과시키며, 국대수헌(國大修憲)에 보냈다. 1994년 7월 29일 원주민헌법운동연맹(原住民憲法運動聯盟)은 ≪원주민'족' 정명(原住民'族'正名)≫에 관한 성명을 발표하였다. 그리고 동년 8월 1일에, 국대수헌에서는 헌법수정조문에서 '산포'를 '원주민(原住民)'으로 수정하였다. 또 동년 10월 20일, 내정부(內政部)에서는 ≪산포신분인정표준(山胞身分認定標準)≫을 ≪원주민신분인정표준(原住民身分認定標準)≫으로 바꾸었다.

1995년 1월 15일에는 ≪성명조례수정안≫이 통과되면서, 원주민족은 자신들의 전통적인 이름을 사용할 수 있게 되었다. 그리고 1997년 7월 21일에는 헌법을 수정하여 '원주민(原住民)'을 '원주민족(原住民族)'으로 바꾸었다. 2001년 1월 17일에는 대만총통부에서는 ≪원주민신분법(原住民身分法)≫ 13조가 발표되었고, 2001년 1월 1일부터 시행하기로 결정하였다.

2) 민족정체성 회복의 사례

(1) 평포족의 정체성 회복

대만에서 한화되었다는 평포족 역시 최근 대만국가 제창과 더불어 자신들의 정체성 회복에 대해서 많은 관심을 갖고 있다. 한족으로 동화되었다고 여기는 평포족의 정체성 회복 운동, 즉 정명운동도 일어나고 있다. 이는 대만의 정명운동과도 관련이 있다고 보아야 할 것이다. 왜냐하면 중국대륙의 시각에서 비롯된 대만의 민족과 문화에 대한 해석에서 벗어나, 대만의 시각으로 해석하자는 좋은 예라 할 수 있기 때문이다. 특히 평포족학회 설립을 통한 평포족에 관한 연구는 매우 고무적이라 할 수 있다.

대만 내의 족군의 관계는 매우 밀접하다. 족군의 경계선 또한 변동하고 있고, 족군의 경계와 족군의 승인 또한 복잡하다. 1990년대 이래로 평포족은 대만 내 족군정치와 본토문화운동 기치하에 족군의 복명(復名) 혹은 정명(正名)의 목소리가 끊임없이 일고 있다. 예를 들면, 갈마란족(噶瑪蘭族), 개달격란족(凱達格蘭族), 파칙해족(巴則海族, 파재족(巴宰族)), 도잡사족(道卡斯族), 마잡도족(馬卡道族), 대만족(大滿族, 대무롱(大武壟)), 서랍아족(西拉雅族) 등이다. 이후에 대만원주민족헌법운동연맹(臺灣原住民族憲法運動聯盟)에 참여하였다. 평포족군운동과 족군인식의 문제는 소위 '전통문화'와 '역사기억'이 매우 깊게 관련이 있음을 알 수 있다. 확실히 족군운동과 본포문화운동의 분위기 속에서, 전통문화와 과거의 역사는 고고유적지와 역사문헌, 노인기억을 통해서 새롭게 만들어 갔다. 이러한 것은 일종의 '근본(根本)'과 '원두(源頭)'의 추적이라고 할 수 있다. 10여 년 동안의 대만 원주민운동이 추구하는 목표는 대체적으로 귀납으로써 정명하는 것이고, 자신들의 땅을 되찾는 것이며, 자치라는 3대 임무였다.[323]

갈마란족의 후예는 언어방면에서 가르치는 활동을 위해 노력하고 전통문화활동을 위해 노력할 뿐만 아니라 1991년에는 더욱 솔선수범하여 후산(後山) 갈마란족을 이끌고, 의란(宜蘭)으로 돌아가는 활동을 하였다. 1993년에도 갈마란족의 풍년제를 시작하였고, 1994년에는 더욱더 적극적으로 족군의 복명운동을 벌였다. 이 밖에도 여러 족군의 전통적인 문화회복활동을 벌였다. 1996년 대무롱족(大武壟族)의 후예는 고웅(高雄) 갑선향(甲仙鄉) 소림촌(小林村)에서 평포족문물관(平埔族文物館)을 세웠다. 1995년 마잡도족의 후예는 병동현(屏東縣) 고수향(高樹鄉) 태산촌(泰山村)에서 노인들의 회상을 서술한 것을 통해서 전통적인 연도의식을 회복하였고, 게다가 1996년에는 마잡도(馬卡道) 문화를 재현하는 활동을 전개하였다. 1997년 이래로, 또 도잡사족의 후예는

---

323) http://tw.myblog.yahoo.com/jw!9dOv3CabHx6a9HjUiaHfcRl - /article?mid=337&prev=340& next=321 平埔族與臺灣的關係(검색일: 2007. 3. 26.)

자신들의 역사를 기록하였고, 1998년에는 파칙해족의 후예 또한 자신들이 작성한 역사를 출판하였다. 그리고 1998년 9월 20일, 대만평포족의 후예와 평포족학자 간의 모임이 개최되면서 평포족학회가 설립되었고, 이들에 의해서 평포족의 민족정체성이 연구되고, 평포족의 사료가 발굴되고 있다.[324]

평포족에 속하다가 하나의 독립된 민족으로 인정받은 민족체는 소족과 갈마란족이다. 먼저 소족은 원래는 추족(鄒族, Tsou)의 평지에 사는 원주민으로 여기다가 2001년에 정식으로 승인된 10번째 원주민족이 되었다. 일월담(日月潭)에 거주하던 소족(邵族) 원주민은 외지로 사냥을 나가는 정형적인 소족(邵族, Ita Thao, 원래의 의미는 '사람(人)'이다.)으로 대만 원주민의 지계로 간주되었다. 인구가 매우 적다는 이유로, 학계에서는 이 민족이 추족의 지계인지 줄곧 논쟁이 되었다. 그 밖에 한족과의 접촉이 매우 빠른 시기에 이루어졌기 때문에 평포족으로 분류되었다. 그러나 어떠한 게 고산족 혹은 평포족에 속하는지 학계에서는 정해진 의견이 없었다. 문화, 복식, 체질 등에서 보았을 때, 소족과 추족 사람들은 다르지 않다는 것이다. 그러나 소족사람들은 자신들이 추족이라고 부인할 뿐만 아니라 정명운동을 벌이기 시작하였다. 그러다가 2001년(민국 89) 8월 8일 행정원은 소족을 11번째 원주민으로 공인하였다. 그리고 9월 22일 진수편 총통은 「2001년대만원주민인권혼례기선달소족원주민족제십족전례(2001年臺灣原住民人權婚禮暨宣達邵族原住民族第十族典禮)」에서 정식으로 의달(宣達) 소족을 대만 원주민으로 천명하였다.

다음은 갈마란족이다. 갈마란족은 평포족(平埔族)에 속해 있다가 2002년에 정식으로 11번째 원주민으로 승인되었다. 그동안 갈마란족은 대만 원주민의 지계로서 주로 의란(宜蘭), 라동(羅東), 소오(蘇澳) 일대 등지에 거주하였는데, 원래는 란양평원(蘭陽平原)에 거주하였다. 후에 한인들 때문에 점점 남쪽으로 옮겼는데, 가장 뒤에 한화된 평포족으로 간주되어 왔다.[325] 1980년대부터 갈마란족의 원주민은 곧 정명운동을 벌이기 시작하였다. 2002년 12월 25

---

324) http://german.china.org.cn/chinese/zta/440812.htm 中國網(검색일: 2005. 7. 26.)

325) http://zh.wikipedia.org/wiki/%E5%99%B6%E7%91%AA%E8%98%AD%E6%97%8F 維基百科, 噶瑪蘭族(검색일: 2007. 7. 4.)

일 행정원회에서는 '인정갈마란족위원주민족(認定噶瑪蘭族爲原住民族)'안을 통과시키면서, 갈마란족을 대만의 11번째 원주민족으로 인정하였다.[326]

(2) 고산족의 정체성 회복

흔히 고산9족이라 하여 많이 알려져 있는데, 학자에 따라 시기에 따라 고산9족에 포함되는 원주민이 조금씩 다르다. 2000년대 이후에 독립된 민족으로 인정받은 민족체로는 태로각족(太魯閣族)과 살기래아족(撒奇萊雅族)이 있다. 먼저 태로각족은 원래 남투현(南投縣) 인애향(仁愛鄉) 정관(靜觀)마을에 거주하였는데, 17세기에 중앙산맥을 넘어서 화련현 북부로 이주하였다. 인구는 약 2만여 명으로, 일제시대에는 일본문화인류학자들은 태로각족을 태아족(泰雅族)의 아족으로 분류하였다. 그러다가 2004년 1월 14일에, 12번째의 원주민족으로 공인받았다.[327]

다음은 살기래아족이다. 살기래아족은 2007년 1월 17일 중화민국정부가 13번째로 공인한 대만 원주민족이다. 살기래아족은 화련(花蓮)의 기래평원(奇萊平原)에서 조상대대로 거주해 왔으며, 인구는 약 1만여 명이다.[328] 지금은 화련시(花蓮市), 신성향(新城鄉), 고안향(吉安鄉), 수풍향(壽豐鄉), 서수향(瑞穗鄉)과 풍빈향(豐濱鄉) 등지에 흩어져 살고 있다. 다른 지역으로 이주한 이후에는 도원현(桃園縣)·대북현(臺北縣)과 기륭시(基隆市)에 비교적 많이 분포하고 있다. 살기래아족에 관한 자료는 1636년 전후로 해서 스페인의 문헌에 출현한다. 청대 광서 연간, 스페인군대는 청 군대와 대규모의 전투(가례완 사건)를 벌일 때, 이들은 아미족(阿美族)의 영역으로 와서 숨어 살았다. 일본강점시기에는 아미족의 지계로 포함되었다.[329] 17년간의 정명운동, 즉 민족정체성 회복운동을 통해서 하나의 독립된 민족체가 되었다.

---

326) http://www.wufi.org.tw/dbsql/efcontent1.php?id=2 認識臺灣(검색일: 2007. 6. 7.)

327) http://big5.chinataiwan.org/web/webportal/W5269871/Uzhanglx/A357185.html(검색일: 2007. 7. 4.)

328) http://tw.knowledge.yahoo.com/question/?qid=1007020703474(검색일: 2007. 7. 4.)

329) http://news.yam.com/bcc/politics/200701/20070118850734.html中廣新聞 撒奇萊雅族正名成功, 臺灣第十三個原住民族(검색일: 2007. 7. 4.)

6. 결 론

　앞에서 대만 원주민족의 기원설, 분류, 정명운동에 대해서 살펴보았다. 한국의 많은 사람들은 고산9족이라는 용어로 인해서 대만에는 9개의 민족이 있다는 편견과 선입견을 갖고 있었다. 그러나 오늘날 대만에서는 고산족이라는 명칭 대신에 원주민족을 사용하고 있고, 2007년 현재 13개의 원주민이 있다. 고산족이라는 명칭은 1953년 민족식별 이후 사용되다가 1994년에 원주민, 1997년에 원주민족으로 부르고 있다.

　원주민족이라는 명칭을 사용하기 이전에 많은 학자들은 대만의 원주민을 고산족과 평포족으로 구분하여 사용하였다. 이때 고산족은 고산지역에 사는 원주민으로 한화(漢化)되지 않은 사람들이고, 평포족은 평지에 사는 원주민으로 청대 중국대륙에서 건너온 사람들과 섞여 살면서 점점 한화된 사람이다. 그리고 평포족의 정체성은 이미 한족에게 동화되어 소멸한 것으로 학자들은 해석해 왔다. 그러한 이유로 많은 사람들은 고산9족이라며, 대만에는 9개의 고산족이 있는 것으로 알고 있었다. 그런데 고산족은 대만 고산지역에 사는 사람들을 통칭하는 것이었고, 고산족 이외에 평지에 사는 평포족도 분명하게 존재하고 있었다. 최근 평포족으로 분류된 민족 중 2개의 민족이 공식적으로 독립된 민족으로 인정받았고, 다른 민족들의 정명운동도 있을 것으로 전망된다.

　대만 원주민족에 관한 분류는 일제시기에 일본 학자들에 의해 이루어졌고, 이 시기에 연구된 민족분류는 대만이 광복한 이후에 원주민족을 연구할 때 많은 영향을 주었다. 학자들 중 일부는 대만 원주민족이 아주 오래전에 중국대륙에서 건너온 이주민으로 백월민족과 관련이 있는 것으로 보았다.[330] 또 어떤 학자는 남도민족의 일부로 간주하거나 대만에서 살던 토착민으로 간주하기도 한다. 그러나 많은 학자들은 고대 문헌에 등장하는 용어들 중 '이주(夷州)'와 '도이(島夷)' 등이 대만을 지칭한 것으로 여기면서, 대

---

330) 史式·黃大受, 『臺灣先主民史』, 九州出版社, 2006, p.89.

만이 오래전부터 중국에 포함되었다고 간주하였지만, 이는 한족 중심의 역사관에서 비롯되었고, 대만의 토착민이 보는 시각과는 많은 차이가 있다.

사실, 대만이 언제부터 중국의 영토로 귀속되었는가에 대해서는 정확하게 밝혀진 바가 없다. 그러나 지금까지 밝혀진 분명한 사실은 명청 이래로 중국대륙과 대만의 교류가 이루어졌다는 점이다. 즉 중국대륙에서 대만으로 건너갔다는 기록이 확인되고 있다. 그리고 명청대 이후, 중국대륙 사람들과 대만의 토착민들이 서로 접촉하면서 정체성의 변화가 일어난 것으로 보았고, 특히 평포족의 경우는 한족과 가까이 살면서 점점 한화되었다고 보았다.

이러한 관점의 분류는 일제시기 학자들에게서도 보이고 있고, 광복 이후 중국인 학자들에 의해서 드러나고 있다. 아래 <도표-1>은 명청 시기부터 1945년까지 사용된 대만 원주민족에 관한 명칭이다.

〈도표-1〉 명청 시기부터 1945년까지의 원주민족 명칭

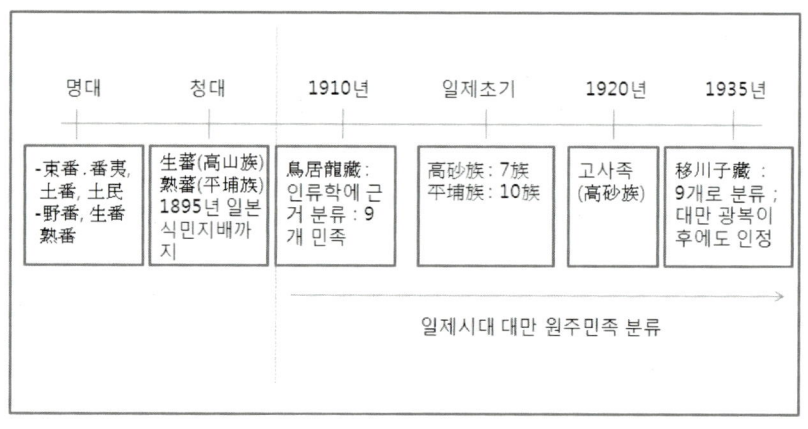

<도표-1>에서 알 수 있듯이 청대에는 대만의 원주민을 생번과 숙번으로 분류하였고, 이러한 명칭은 일본식민지시기까지 이어진다. 일제시기에는 7족, 9족, 10족 등으로 분류되었는데, 조거룡장이 분류한 9족은 대만이 광복한 이후 토착민을 분류하는 데 근거자료가 되었다.

한편, 일제시기에 접어들어 대만 원주민족의 정체성에 대해서 많은 연구가 이루어졌는데, 이 시기에 분류된 고사족과 평포족에 대한 연구는 1945년 일

본이 패망한 이후 중국공산당과 국민당의 민족연구에 많은 영향을 주었다.

대만에서는 1954년도에 대만 소수민족 중 토착민을 고산족으로 명칭하면서 고산9족이라 칭하였다. 그러다가 1994년 원주민으로 바꾸면서 평포족도 원주민으로 포함되었다. 그리고 대만에서 정명운동이 실시된 이후 2007년까지 4개의 민족이 새로운 원주민으로 인정되면서 현재 총 13개의 원주민이 있게 되었다. 이를 도표로 정리하면 아래 <도표-2>와 같다.

〈도표-2〉 대만 원주민족의 민족명칭 변화

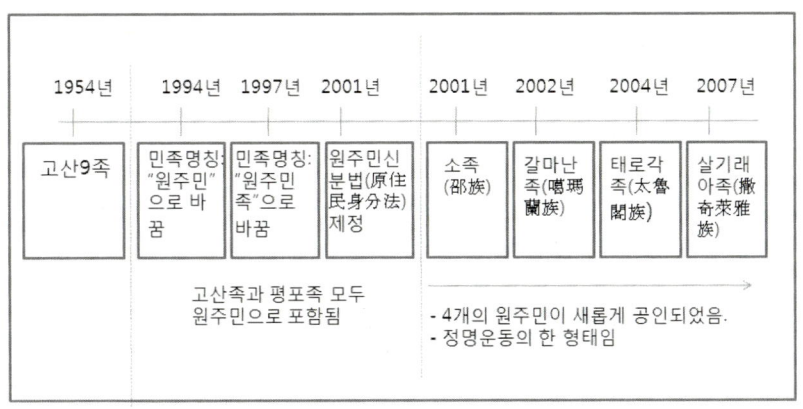

대만에서는 지난 1998년 9월에 평포족학회를 설립하면서 평포족의 후예와 평포족에 대한 연구를 대대적으로 실시하면서 평포족의 정체성을 재해석하고자 하고 있을 뿐만 아니라, 과거 고산족으로 분류되었다가 이후에 제외된 민족 중에서도 하나의 독립된 민족정체성을 회복하였다. 최근 대만에서는 대외적으로는 대만의 국가 정체성을 회복하고자 하고, 대내적으로는 원주민족의 정체성 회복과 관련된 정명운동이 일고 있다. 그런 점에서 2000년대에 들어와 4개의 민족이 정부로부터 독립된 민족으로 인정받은 것은 매우 중요한 의의를 갖는다고 하겠다. 대만에서의 정명운동은 중국에서 1980년대에 실시되었던 소수민족의 민족명칭변경과 회복과 같은 민족정체성 회복이라는 중요한 의의를 갖는다고 할 수 있다.

제4장 동아시아 민족문제의 해결방안*

1. 서 론

　최근 일본의 신사참배와 역사왜곡 및 일련의 역사적 문제는 한국인과 중국인들로 하여금 민족주의와 애국주의를 불러일으키도록 하였다. 그리고 중국의 동북공정은 중국 한족우월주의에서 나온 민족주의 행태로서, 한국의 역사와 민족정체성을 왜곡하고 부정하고 있을 뿐만 아니라 동아시아의 역사와 민족을 왜곡하고 있다.

　이러한 일본과 중국의 행동에 대해서 국가 차원에서 이에 대응해야 하지만, 여러 학자들의 연구도 활발하게 진행이 되어야 할 것이다. 사실, 한 국가가 자국의 역사와 민족정체성이 왜곡되고 부정된다면 매우 심각한 문제이다. 따라서 한국에서는 이를 해결해기 위한 방법을 모색하지 않는다면, 앞으로 한국의 역사와 민족정체성은 계속해서 위협을 받게 될 것이다. 특히 중국에서 한족우월주의에서 비롯된 민족주의와 애국주의에 대해서 한국에서는 반드시 대처할 방안을 찾아야만 한다.

　중국은 동북공정과 단대공정 및 탐원공정을 통해서 적나라하게 한족(漢族) 중심의 역사관과 세계관을 드러내고 있다. 동북공정은 한국의 고대 역사를 왜곡하고 있을 뿐만 아니라, 1948년 이전의 한국 역사까지도 부정하고 있다. 그리고 高麗를 세운 왕건이 한족의 후예라면서 민족의 정체성까지 왜

---

* 이 글은 경남대학교 극동문제연구소 『동북아연구』 제 10집(2005.12)에 실렸던 논문을 수정 보완한 것이다.

곡하고 있다. 나아가서는 단대공정과 탐원공정을 통해서 고대 중국의 역사를 확대시키면서 한족의 민족기원을 확대하고 있다.[329]

역사와 민족을 해석하는 문제에 있어서는 누가 어떤 시각에서 접근하느냐에 따라 나타나는 결과는 현저하게 차이가 난다. 역사 해석은 각국마다 현재의 관점에서 자국 중심으로 해석한다. 그런데 중국은 한족 중심으로 역사를 확대 해석하는 편이라면, 한국은 오히려 축소해서 해석하는 편이다. 한국이 이렇게 자국의 민족사를 축소해서 해석하는 이유는 일본 식민지시기에 일본에 의해 해석된 역사를 그대로 받아들이고 있기 때문이다. 사실, 한국과 관련된 역사 사료를 해석하면, 현재 알려진 한국 역사와는 많은 차이가 있다. 그리고 한국의 역사와 관련하여 기존에 알려진 것과 다르게 해석하는 연구자들이 많이 있지만, 학계에서 받아들여지지 않고 있다.[330]

한편, 중국은 중국대륙에서 발생하였던 모든 역사를 한족 중심으로 해석하고 있다. 그리고 한족이 아닌 다른 민족의 역사를 한족의 '곁들린 역사'로 간주하고 있다. 즉 한족은 역사적으로 항상 '중심부'에 속해 있었고, 다른 민족은 설사 중국대륙을 지배하였다 할지라도 '주변부'로 간주되었다. 뿐만 아니라 중국은 고대민족과 역사민족 대부분이 역사발전과정 중에서 한족에게 동화되었다고 해석하였다. 한족으로 동화된 민족은 자신들의 민족정체성이 소멸하여, 오늘날에는 존재하지 않는 것으로 간주하였다. 또 고대민족과 역사민족 중에는 역사발전과정에서 다른 민족과 왕래하면서 새로운 민족으로 융합되었다고 하면서, 현재 55개 소수민족 중 일부가 되었다고 간주하였다. 물론 55개 소수민족 중에서 몽고족, 만주족, 묘족, 강족 등 몇몇 민족들은 고대민족 혹은 역사민족의 명칭을 그대로 갖고 있지만, 사료에 등장하는

---

329) "중국 光明日報의 고구려 역사 연구의 몇 가지 문제에 대한 試論" http://bluecabin.com.ne.kr/data_store/gogooryohistory_china3.htm. 『신동아』 2003년 9월호(검색일: 2005. 10. 4.)

330) 안호상, 오재성, 정용석 등의 연구자는 고대 한국의 역사와 문화를 기존에 알려진 것과 다르게 해석하고 있다. 안호상. 『배달 동이는 동아文化의 발상지』. 서울: 한뿌리. 1992; 안호상. 『겨레 역사 6천년』. 서울: 기린원. 1992. 오재성. 『「삼국지」 동이전은 황해 서쪽 기록』. 서울: 리민족사연구회. 1994; 오재성. 『우리는 동이민족이다』. 서울: 리민족사연구회. 1995; 오재성. 『숨겨진 역사를 찾아서』. '중국25사 동이원문'. 서울: 리민족사연구회. 1991; 오재성. 『광개토경평안호태왕비 연구』. 서울: 리민족사연구회. 1991; 정용석. 『고구려・백제・신라는 한반도에 없었다』. 동신출판사. 서울: 동신출판사. 1994. 등.

많은 민족들이 오늘날에는 보이지 않는다. 이렇게 고대민족이나 역사민족의 정체성을 결정한 것은 중국 건국 이후 당과 정부가 주도하여 실시하였던 민족식별에 의해서이다. 그리고 현재 중국에서 한족의 비율이 총인구의 약 93%를 차지하고 있다고 알려져 있는데, 이 역시 민족식별 과정에서 대부분이 한족으로 분류되었기 때문이다.

그러나 민족식별을 할 당시에는 한족의 민족특징이 정해지지 않았을 뿐만 아니라, 아직까지 한족에 대한 연구가 미흡하다. 뿐만 아니라 한족으로 분류된 많은 사람들 중에서는 자신들이 한족이 아닌 독립된 민족이라고 주장하고 있기 때문에, 이에 대해서는 좀 더 연구가 이루어져야 할 것이다. 최근 중국 내에서 민족식별의 결과를 비판적으로 접근하는 학자들이 증가하고 있고, 민족정체성 연구를 위한 새로운 방법이 동원되고 있다. 이러한 변화는 동아시아의 민족정체성을 연구하는 데 있어서 새로운 인식을 갖도록 한다. 그동안 민족식별의 결과로 민족정체성을 연구하였는데, 민족식별이 정치적 목적하에 실시되었고, 민족식별과정에서 문제점이 발생하였으며, 이후 많은 민족들이 자신들의 민족성분과 명칭의 회복과 변경을 요구하였다면, 각 민족의 민족정체성을 재고해 보아야 할 것이다.

실질적으로 동아시아의 고대민족이나 역사민족의 후예들이 중국대륙이나 중국 인접 국가들에 여전히 존재하고 있음에도 불구하고, 중국민족식별의 결과로 인해 서로 다른 민족으로 인식하고 있었다. 왜냐하면 민족식별의 결과로 민족명칭이 달리 사용되었고, 고대민족이나 역사민족이 동화되었거나 새로운 민족으로 융합되었다고 해석하였기 때문이다. 또 민족식별의 결과를 오늘날 아무런 의문 없이 그대로 받아들였기 때문이다.

한편, 동아시아의 민족정체성 연구에 있어서 한국 고대민족인 동이족에 대한 인식은 매우 중요하다. 왜냐하면 동아시아의 역사와 문명이 한족 중심으로 해석되는 것을 막을 수 있기 때문이다.[331] 하지만 동이족에 대해서 일

---

331) 공봉진·이홍종. "중국 화이사상에서의 華夷개념의 재해석". 『세계지역연구논총』 제15집. 한국세계지역학회. 2000. 12; 공봉진. "고대 동아시아의 동이족 연구를 통한 지역연구의 새로운 틀 모색". 부산외국어대학교 석사학위논문. 1997. 2.

반적으로 춘추전국시대와 진한(秦漢) 시기를 거치면서 한족에게 동화되어 소멸한 것으로 인식하고 있다. 특히 춘추전국시대를 거쳐서 통일왕조인 진한 시기에 이르러서 한족에게 완전히 동화된 것으로 해석하였다. 그리고 중국학자들은 한족의 민족기원의 한 갈래로 간주하고 있다. 그러나 역사적으로 진한 시기에는 한족이 존재하고 있지 않았기 때문에, 이러한 해석은 잘못된 것이라 할 수 있다. 이렇게 중국에서 한족 중심의 역사 해석은 청말 '민족'이라는 용어가 유입되면서 한인 중심의 상상적 공동체가 형성되면서 한족민족주의가 나타났고, 1930년대에 이르러서 학자들이 민족주의와 애국주의 관점에서 중국대륙의 역사를 한족 중심으로 해석하기 시작하였다.

따라서 동아시아의 민족정체성을 연구하기 위해서는 우선적으로 중국의 민족식별에 대한 재검토가 이루어져야 하고, 각 민족의 정체성에 대한 재해석이 필요하다. 아울러 한족에 대한 연구가 병행되어야 한다. 오늘날 중국에서 한족에 관한 연구가 이루어지고 있다는 것은 매우 고무적인 일이다.[332] 또한 동아시아의 문명을 해석하기 위해서는 고대 동이족에 대한 연구가 필요하다. 특히 한국 고대 문명을 밝히기 위해서는 동이족에 대한 왜곡된 관점을 제거해야 할 것이다.

이 글에서는 동아시아의 민족문제와 중국의 민족식별과의 관계에 대해서 살펴보고자 한다. 동아시아에서의 민족문제를 해결할 수 있는 방안을 제시하고자 한다. 일반적으로 민족문제란 민족이론과학의 기본개념 중의 하나이다. 본 연구에서의 민족문제는 각 민족의 정체성과 관련한 내용을 다룬다.

---

332) 근래 중국 각 지역의 한족에 관한 연구가 이루어지고 있다. 근래 중국 신문 기사에 따르면, 중국의 한족은 한 핏줄이 아닌 다종족의 문화적 형성체라는 결론이 내려졌다. 중국과학원의 연구 조사팀이 남북 각 지역 한족의 혈액을 종합적으로 조사한 결과다. 北京科技報는 8일 중국과학원의 발육생물학연구소 袁義達 연구원의 최근 저서『中國姓氏 : 群體遺傳和人口分布』를 소개하면서 "중국 남부와 북부 한족 사이에는 유전자 구조상 차이가 존재함이 밝혀졌다. 이 차이는 남북 한족과 인근 소수민족 간의 차이보다도 크다는 사실이 드러났다."고 소개했다. 신문은 연구 결과를 인용하면서 "생물 유전자학의 관점에서 말하자면 중국의 한족은 단지 문화적인 공동체일 뿐 혈연적인 연대는 없는 집단이라는 사실이 확인됐다."고 전했다.
http://find.joins.com/joinsdb_content_f.asp?id=DY01200409090152&keyword=&s_startyear=2004&s_₩startmonth=09&s_startday=09&s_endyear=&s_endmonth=&s_endday=&pagenum=1&s_year=2004&s_month=09&s_day=09&re_keyword=&re_search=&re_keyword2=&re_search2=&s_field=&list_type=2&sv=text 중앙일보 게재일: 2004년 09월 09일[16면](검색일: 2004. 10. 15.)

연구방법은 문헌연구를 중심으로 하는데, 우선 동아시아의 민족정체성이 어떻게 결정되었는가를 살펴보고, 이러한 과정에서 어떤 문제가 발생하였으며, 그 결과가 동아시아의 민족정체성을 연구하는 데 어떤 영향을 미치는지에 대해서 살펴본다.

2. 동아시아의 민족문제

1) 민족문제의 개념

민족문제의 정의에 대해서는 학자마다 다른 의견을 제시하고 있는데, 대체적으로 세 가지로 나눌 수 있다. 첫째는 민족압박으로 인해 민족불평등과 파생적으로 나타나는 민족 간의 관계문제, 둘째는 민족과 직접적으로 관련 있는 모든 현상과 문제의 총칭, 셋째는 민족 간의 모순문제이다.[333]

본 연구에서는 서론에서 밝혔듯이 민족문제를 민족정체성과 관련지어서 접근하고자 한다. 이와 관련하여, 민족정체성의 문제를 크게 세 가지로 나누어서 살펴보고자 하는데, 첫째는 고대민족에 관한 것이고, 둘째는 역사민족에 관한 것이고, 셋째는 현대민족에 관한 것이다. 여기서 고대민족은 진한 시기 전후의 민족, 역사민족은 이후 역사발전과정에서 중요한 역사적 활동을 한 민족, 현대민족은 1949년 이후 중국민족식별과정에서 하나의 독립된 민족으로 공인받은 민족을 지칭하기로 한다. 현재 55개 소수민족의 명칭을 살펴보면, 고대민족 혹은 역사민족과 관련이 있기 때문이다. 그리고 중국은 민족식별을 할 때, 민족기원을 소홀히 다루었기 때문에, 기존의 민족식별을 보완하기 위해서는 고대민족과 역사민족에 대한 해석을 중요시해야 할 것이다. 고대민족에 해당하는 민족으로는 한국과 관련 있는 '이족(夷族)' 혹은 '동이족'을 예로 들 수 있고, 역사민족에 해당되는 민족으로는 요나라를 건국하였던 '거란족'을 들 수 있다.

---

333) 王希恩. 『當代中國民族問題解析』. 民族出版社. 2002. p.4.

먼저, 동이족에 대해서 살펴보면, 고대 동아시아의 역사와 문명의 중심민족이라 할 수 있는 동이족은 한국의 고대민족에 속한다. 하지만 대부분의 사람들은 고대 동이족은 한국과 관련이 없다고 한다. 또 사료에 등장하는 '동이'는 민족의 개념으로서 해석하기보다는 방위적 개념으로서 '중국대륙의 동쪽에 사는 사람'으로 해석함으로써, 한국과는 관계가 없다는 것이다. 뿐만 아니라, 고대 동이는 중국대륙에서 활동하였던 사람들로서, 한반도에서 활동하였던 동이와는 민족정체성이 다른 것으로 해석하고 있다. 이러한 해석은 한국과 관련 있는 고대 국가들이 한반도를 중심으로 역사적 활동을 하였다고 인식하였기 때문이다. 하지만 사료에 의하면 한국의 고대 국가들은 한반도에서만 역사적 활동을 한 것이 아니라 중국대륙에서도 왕성한 활동을 한 것으로 되어 있다. 그리고 오늘날 일부 학자들은 동이족과 한국의 고대 국가들의 활동범위를 한반도에서 벗어나 중국대륙까지 확대하고 있다.

그러나 진한 시기에 한족에게 동화되었다는 기존의 인식이 고정되어 있기 때문에, 기존의 해석과는 다른 해석이 나오더라도 신뢰하지 않는 경향이 있다. 또 일부 학자들은 고대 동아시아에서 역사적 활동을 한 사람들을 민족으로 간주하지 않고, 부족 혹은 종족으로 간주하는 경향이 있다. 서구에서 근대 국민국가가 등장하던 시기에 '민족'이라는 것이 등장하였기 때문에, 동아시아의 고대민족은 서구의 민족특징을 갖추고 있지 않다는 것이다. 하지만 근대민족의 특징을 모두 갖추지 않더라도 동아시아에서는 서구와는 별개의 특징을 갖고 있으면서 고대부터 역사적 활동을 하고 있었던 것이다.

둘째, 역사민족에 해당하는 민족으로 요나라를 건국하였던 거란족을 들 수 있다. 오늘날 중국에서는 거란족은 역사발전과정에서 한족이나 주변 민족에게 동화되었고, 오늘날에는 소멸한 것으로 해석하고 있다. 그래서 민족식별과정에서 스스로 거란족의 후예라고 하는 사람들이 있었지만, 그들을 거란족으로 분류하지 않았다. 그들을 민족식별과정에서 달알이족으로 칭하였다. 하지만 최근 민족연구자 중 이러한 해석에 의문을 제기하면서, 기존의 연구방법과는 달리 DNA 조사들을 동원하여, 달알이족은 거란족의 후예라고 주장하고 있다. 그리고 민족식별을 할 때, 거란족이 한족에게 동화되어 소멸하였

다는 선입견과 편견으로 인해 거란족의 정체성이 왜곡되었다는 것이다.[334]

셋째, 중국의 민족식별에 의해 결정된 소수민족들이다. 그런데 중국의 변경지역에 거주하는 민족들 중 일부는 인접하고 있는 국가들의 민족과 정체성이 동일하다. 특히 러시아, 베트남, 태국, 중앙아시아의 국가 등을 들 수 있다. 러시아의 어벤키 민족과 중국의 악온극족과 악륜춘족, 베트남의 몽족과 중국의 묘족, 태국의 태족과 중국의 태족, 태국의 아카족과 중국의 합니족, 중앙아시아의 여러 국가와 중국 내 이슬람교를 믿고 있는 민족은 대표적인 예이다. 특히 러시아의 어벤키족과 중국의 악온극족과 악륜춘족의 정체성에 대해서는 이미 이강원 박사의 연구에서 중국이 소련과의 영토분쟁과 민족분쟁을 막기 위해서 민족명칭을 달리한 것으로 밝히고 있다. 이러한 연구는 중국의 민족식별이 소수민족의 정체성에 커다란 영향을 주었다는 것을 밝히는 것이다. 따라서 민족의 정체성 연구를 하기 위해서는 우선적으로 민족식별에 관해서 연구해야 한다.[335]

한편, 중국은 중국 내 재중동포를 조선족이라고 부르고 있는데, 중국 소수민족 중에는 조선족 이외에도 한국의 고대 왕조와 관련이 있는 민족이 있는 것으로 주장하는 학자들이 있다. 특히 운남지역에 주로 거주하는 율속족, 랍호족, 이족, 묘족, 요족 등이 그러하다. 사실, 민족식별 과정에서 이들 민족과 한국의 관계를 언급한 바가 없었기 때문에 지금까지 대부분의 학자들이 이들 민족에 대한 관심을 갖고 있지 않았다. 그렇지만 일부 학자들은 이들 민족과 한국의 관계를 입증하려고 연구하고 있다. 특히 김병호 박사는 미얀마 고산지역에 사는 라후족이 高句麗의 후예라고 주장하면서, 직접 현지에 가서 그들에게 高句麗의 역사를 가르치고 있는데, 이 민족은 운남성에 거주하고 있는 랍호족과 동일한 민족이기 때문에, 운남성의 랍호족은 高句麗와 관련이 있다고 보아야 할 것이다.[336]

334) 공봉진·이중희. "중국의 민족식별연구:達斡爾族을 중심으로". 『인문사회과학논총』. 부경대 인문사회과학연구소. 2002. 2.

335) 이강원. "중국 변강에서 민족과 공간의 사회적 구성: 어룬춘족 사회의 다민족화와 정체성의 정치". 『지리학논총』 별호 37호. 서울대 사회과학대학 지리학과. 2000.

336) 김병호 박사는 랍호족이 高句麗의 후예로 여기고 있다. 이뿐만 아니라, 중국의 율속족, 이족, 묘족, 요족

그런데 민족식별의 결과로 55개 소수민족의 특징은 국가로부터 공인되었고, 이러한 내용은 고대민족이나 역사민족을 연구하는 데 있어서 기본적인 자료가 되었다. 하지만 이러한 특징은 오히려 민족의 정체성을 연구하는 데 있어서 선입견과 편견을 갖도록 하는 부작용을 초래하였다.

2) 중국의 고대민족과 역사민족에 대한 관점

중국대륙에서 활동하였던 고대민족과 역사민족은 사료에서 많이 찾을 수 있다. 중국에서는 이러한 민족을 시기별로 정리하였는데, 이러한 분류는 1930년대 중국대륙에서 한족 중심의 역사관과 세계관이 형성되는 과정에서 이루어졌기 때문에 고대민족이나 역사민족을 연구할 때 많은 도움이 되지만, 한편으로는 고대민족과 역사민족을 잘못 해석하는 경향이 나타나고 있다. 아래에서 소개하고 있는 내용은 중국대륙에서 활동하였던 민족들을 역사적 순서대로 중국에서 분류한 것이다.[337]

먼저 중국 동북지역에서 활동하였던 민족을 살펴보면, 진한 시기에는 숙신(肅慎)계통의 민족군체, 동호(東胡)계통의 민족군체,[338] 예맥(穢貊)계통의 민족군체[339]가 있다. 위진남북조(魏晋南北朝) 시기에는 숙신계통의 민족군체,[340] 동호계통의 민족군체,[341] 예맥계통의 민족군체[342]가 있다. 수당오대(隋唐五代) 시기에는 숙신계통의 말갈(靺鞨)군체, 다원합류의 발해인(渤海人), 동호계통이 주체가 된 민족군체,[343] 다원합류의 달단인(韃靼人)이 있다. 요송금원(遼宋金元) 시기에는 숙신계통의 민족군체,[344] 발해인, 동호계통의

등은 한국의 고대민족과 관련이 있고, 몽고족과 만주족 등 일부 북방민족들도 한국의 고대국가와 관련이 있다는 주장을 하는 학자들도 늘어나고 있다.

337) 王文光, 『中國古代的民族識別』. 雲南大學出版社. 1999.

338) 선비(鮮卑), 오환(烏桓), 흉노(匈奴)의 일부.

339) 예(穢), 맥(貊), 부여(夫余), 高句麗, 옥저(沃沮)를 포함시키고 있다.

340) 읍루(挹婁), 물길(勿吉)을 포함시키고 있다.

341) 고막해(庫莫奚), 거란(契丹), 실위(室韋), 오락후(烏洛侯)를 포함시키고 있다.

342) 부여, 高句麗, 기타 민족군체를 포함시키고 있다.

343) 실위족군(室韋族群), 거란(契丹), 해인(奚人)을 포함시키고 있다.

344) 여진인(女眞人), 말갈인(靺鞨人)을 포함시키고 있다.

민족군체[345]가 있다. 명청(明淸) 시기에는 알타이어계 만주퉁구스어족 만어지(滿語支) 각 족,[346] 알타이어계 만주퉁구스어족 퉁구스어지 각 족,[347] 알타이어계 몽고어족의 달알이족(達斡爾族), 조선족(朝鮮族)이 있다.

북방지역에서 활동하였던 민족들을 살펴보면, 진한 시기에는 흉노, 정령이 있다. 위진남북조 시기에는 흉노, 선비, 유연(柔然), 돌궐(突厥), 철륵(鐵勒, 정령)이 있고, 수당오대 시기에는 철륵 족군, 회을인(回紇人), 돌궐, 힐알사(黠戛斯)가 있다. 요송하금원 시기에는 돌궐인, 달단·조복(阻卜), 실위와 가까운 관계의 오고(烏古), 어골리(於骨里), 적열(迪烈), 복록인(伏鹿人)을 들수 있고, 그 밖에 극렬부(克烈部), 내만부(內蠻部), 왕고부(汪古部), 찰자역아부(札剌亦兒部), 알역자척부(斡亦剌惕部), 몽고부와 몽고민족의 형성을 들수 있다. 명청 시기에는 몽고족(蒙古族)이 있다.

서북지역에서 활동하였던 민족들을 살펴보면, 선진(先秦) 시기에는 융(戎), 강(羌), 저(氐)가 문헌에 나타나고,[348] 진한 시기에는 대월씨(大月氏), 소월씨(小月氏), 오손(烏孫), 서역의 성곽 여러 국가(서역남도10국, 서역북도12국, 서역 천산(天山) 이북 여러 국가, 서역 총령(葱嶺)의 여러 국가, 서역 총령서의 4국), 강, 저가 있다. 위진남북조 시기에는 저족, 강족, 토곡혼족(吐谷渾族), 서역 여러 족이 있다. 수당오대 시기에는 강족, 토곡혼, 서역 여러 족인서돌궐(西突厥), 고창(高昌), 언기(焉耆), 구자(龜玆), 어전(於闐), 소륵(疏勒)이 있다. 송원 시기에는 강족, 서하인(西夏人), 회골(回鶻),[349] 외올아(畏兀兒), 토곡혼(吐谷渾), 할알사(轄戛斯), 걸아길사(乞兒吉思), 오늘날 가이극자족(柯爾克孜族))가 있다. 명청 시기에는 위구르족(維吾爾族, 외올아), 회족, 가이극자족, 합살극족(哈薩克族), 유고족(裕固族), 동향족(東鄉族), 보안족(保安族), 토족(土族), 살랍족(撒拉族), 탑길극족(塔吉克族)이 있다.

서남지역에서 활동하였던 민족들을 살펴보면, 선진 시기에는 저강(氐羌)

---

345) 거란(契丹), 해인(奚人), 실위(室韋)를 포함시키고 있다.

346) 여진(女眞)－만주(滿洲, 만족), 혁철족(赫哲族), 석백족(錫伯族)을 포함시키고 있다.

347) 악온극족(顎溫克族), 악륜춘족(鄂倫春族)을 포함시키고 있다.

348) http://www.nmonline.com.cn/online/bfylmz/mcjs.asp?flag＝3&id＝2(검색일: 2003. 10. 24.)

349) 하서회골(河西回鶻), 서주회골(西州回鶻), 총령서회골(葱嶺西回鶻)이 있다.

과 관련 있는 민족군체, 백월 계통에 속하는 민족군체가 있다. 진한 시기에는 저강 계통의 민족군체인 강족, 북인(僰人), 수족(叟族), 곤명족(昆明族), 마사족(摩沙族), 종인(賨人)이 등장하고, 백월 계통의 민족군체인 월상(越裳), 전월(滇越), 탄(撣)이 있고, 그 밖에 포만(苞滿)과 민복(閩濮) 민족군체가 있다. 위진남북조 시기에는 저강 계통의 민족군체인 강족, 북인, 곤명족, 수족, 마사족이 있고, 백월 계통의 민족군체인 요족(僚族), 구료(鳩僚)가 있으며, 그 밖에 민복(閩濮)이 보인다. 당송 시기에는 저강 계통민족이 주체가 되어 발전한 민족군체인, 강족, 토번족(吐蕃族), 백만(白蠻), 오만(烏蠻), 시만(施蠻), 순만(順蠻), 화만(和蠻), 마사만(磨些蠻), 과좌만(鍋銼蠻), 심전만(尋傳蠻)이 있고, 백월 계통민족이 주체가 되어 발전해 온 민족군체인 요족(僚族), 금치(金齒)·망만(茫蠻) 등 백의(白衣)가 있으며, 근현대 맹고면(孟高棉) 민족의 선민인 박자만(朴子蠻), 망만(望蠻)이 있다. 원명청 시기에는 저강 계통민족이 주체가 되어 발전해 온 각 민족인 강족, 토번, 서번(西蕃), 장번(藏蕃, 장족(藏族)), 락파족(珞巴族), 문파족(門巴族), 서번(西蕃),[350] 노만(盧蠻), 속사(栗些),[351] 노인(怒人),[352] 구인(俅人),[353] 아창(峨昌)·아창(阿昌),[354] 경파족(景頗族), 화니(禾泥)·와니(窩泥),[355] 나흑(倮黑),[356] 삼찰모(三撮毛),[357] 북인(僰人)·민가(民家)·백자(白子),[358] 말사(末些)·마사(麼些)·마사(摩些),[359] 라라(羅羅)[360]가 보이고, 백월 계통민족이 주체가 되어 발전해 온 각 민족군체인 금치(金齒)·백이(百夷)·파이(擺夷),[361] 중가(仲

---

350) 오늘날에는 보미족(普米族)이라 불린다.
351) 오늘날에는 율속족(傈僳族)이라 불린다.
352) 오늘날에는 노족(怒族)이라 불린다.
353) 오늘날에는 독룡족(獨龍族)이라 불린다.
354) 오늘날에는 아창족(阿昌族)이라 불린다.
355) 오늘날에는 합니족(哈泥族)이라 불린다.
356) 오늘날에는 랍호족(拉祜族)이라 불린다.
357) 오늘날에는 기낙족(基諾族)이라 불린다.
358) 오늘날에는 백족(白族)이라 불린다.
359) 오늘날에는 납서족(納西族)이라 불린다.
360) 오늘날에는 이족(彝族)이라 불린다.
361) 오늘날에는 태족(傣族)이라 불린다.

家),[362] 흘료족(仡佬族)이 있으며, 그리고 남아어계 맹고면 어족의 민족인
고자(古剌)·알자(戛剌)·잡와(卡瓦),[363] 포인(蒲人),[364] 포인(蒲人)·붕룡(崩
龍)[365]이 있다.

남방지역에서 활동하였던 민족들을 살펴보면, 선진 시기에는 월(越)민족군
체, 묘만(苗蠻)과 관련 있는 군체가 있다. 진한 시기에는 백월 계통의 민족
인 민월(閩越), 동구(東甌), 남월(南越), 서구(西甌), 낙월(駱越), 산월(山越),
이주인(夷州人)이 보이고, 묘만(苗蠻)계통의 민족인 반호(槃瓠)를 숭배하는
민족, 름군(廩君)을 숭배하는 민족이 보인다. 위진남북조 시기에는 백월이 주
체가 되어 발전해 온 민족인 이료(俚僚, 오호(烏滸)), 산월이 있으며, 묘만이
주체가 되어 발전해 온 민족인 예주만(豫州蠻), 형(荊)·옹주(雍州)의 여러
만(蠻), 막요만(莫徭蠻)이 있다. 수당에서 명청 시기에는 백월이 주체가 되어
발전해 온 각 민족인 이인(俚人), 요족(僚族), 동인(僮人, 장족(壯族)), 려족
(黎族), 동인(峒人),[366] 수족(水族), 모난(毛難),[367] 목료(木佬),[368] 유구(流
求)·동번(東番)·번족(番族)[369]이 있고, 묘만이 주체가 되어 발전해 온 민족
인 묘족, 요족(瑤族), 사족(畲族)이 있으며, 그리고 토가족(土家族)이 있다.

이렇게 중국대륙에서 활동한 고대민족과 역사민족을 분류할 때, 한족 중
심의 시각에서 분류하였기 때문에, 많은 민족들의 명칭이 오늘날 중국 소수
민족에게는 보이지 않는다. 왜냐하면 중국에서 민족식별을 할 때, 대부분의
고대민족이나 역사민족들이 한족으로 동화되었거나, 다른 민족과 융합되어
새로운 민족이 된 것으로 해석하였기 때문이다. 그런데 중국에서 민족식별
을 할 때 스탈린의 민족특징을 민족식별의 기준으로 삼으면서, 민족기원을
중요시 여기지 않았다.

---

362) 오늘날에는 포의족(布依族)이라 불린다.
363) 오늘날에는 와족(佤族)이라 불린다.
364) 오늘날에는 포랑족(布朗族)이라 불린다.
365) 오늘날에는 덕앙족(德昂族)이라 불린다.
366) 오늘날에는 동족(侗族)이라 불린다.
367) 오늘날에는 모남족(毛南族)이라 불린다.
368) 오늘날에는 마료족(仫佬族)이라 불린다.
369) 오늘날에는 고산족(高山族)이라 불린다.

민족기원은 민족정체성에 많은 영향을 미칠 뿐만 아니라, 고대민족과 역사민족의 역사와 문화를 해석할 때에도 중요한 역할을 한다. 그런데 중국에서는 중국대륙에서 존재하였던 많은 민족들을 한족으로 동화되거나 새로운 민족으로 융합되었다고 해석하면서, 그들의 역사와 문화를 한족의 '주변부'로 만들었다. 이로 인해 많은 민족들은 자신들의 민족정체성을 상실하였고, 자신들과 동일한 민족정체성을 갖고 있음에도 불구하고 민족명칭이 다르다보니, 서로 다른 민족이라 인식하고 있다.

3. 동아시아 민족문제의 해결방안

1) 중국민족식별에 관한 재검토

민족식별로 인해 현존하는 소수민족의 정체성과 이들 민족과 관련 있는 고대민족 그리고 역사민족 간의 정체성이 단절되는 결과가 초래되었고, 인접하고 있는 국가들의 민족과는 마치 다른 민족인 것처럼 인식하도록 하였다. 특히 민족기원이 동일함에도 불구하고 서로 다른 지역에서 거주하고, 서로 다른 문화를 갖고 있다고 해서 다른 민족으로 간주하였다. 이는 한족으로 분류된 많은 인간공동체 중에서 한족의 기원을 갖고 있다고 해서 한족으로 분류한 것과는 대조적인 것이라 할 수 있다.

따라서 동아시아의 민족문제를 해결하기 위해서는 우선적으로 민족식별에 관한 연구가 반드시 필요하다. 이러한 문제를 해결하지 않고서는 민족기원과 역사, 문화 등을 연구할 때 선입견과 편견을 그대로 가진 채 연구하게 되므로, 결과는 예측 가능해져 버린다. 왜냐하면 중국 당국은 민족식별을 할 때, 모든 식별 대상자들에게 민족식별기준을 동일하게 적용하지 않았기 때문이다. 뿐만 아니라 한족의 특징이 정해지지 않았음에도 불구하고 민족식별 대상자들을 한족인지 아닌지 판별하였고, 민족정체성에 있어서는 민족기원이 중요함에도 불구하고 민족기원을 적용하지 않았기 때문이다.

중국 내 소수민족에 대한 민족정체성을 올바르게 하기 위해서는 다음과 같은 전제조건이 필요하다. 첫째, 정치적인 개입이 배제되어야 한다. 둘째, 한족에 대한 선입관과 편견을 제거하고, 한족과 고대민족 그리고 역사민족에 대한 정확한 인식이 필요하다. 셋째, 민족의 족원과 지계에 대한 인식의 변화가 필요하다. 넷째, 민족정체성 연구를 위한 새로운 접근방법의 모색이 필요하다. 특히 고대민족과 역사민족에 관한 선입견과 편견을 제거하는 것이다. 또 한족에 관한 선입견과 편견을 제거하는 것인데, 한족이 오랜 역사 기간 동안 중국대륙에서 주인공이었고, 다른 민족을 동화하고 융합시켰다는 판단을 중지해야 한다. 현재 중국에서는 한족에 관해서 활발하게 연구를 하고 있는데, 대체적으로 각 지역마다 한족들의 특색이 다르다고 보고 있다. 그리고 고대에는 티베트인과 동일하였는데, 서로 다른 지역에서 역사적 활동을 하면서 서로 다른 문화를 갖고 있는 것으로 주장하는 사람도 있다. 따라서 한족에 관한 선입견과 편견을 제거하고, 한족에 관한 판단을 중지한 뒤, 한족에 관한 여러 자료를 검토하여, 한족을 새롭게 해석해야 한다.

그 다음은 중국 내 소수민족에 관한 인식이다. 오늘날 대부분의 사람들이 각 소수민족에 관한 민족기원, 민족적 특징, 문화적 소양 등이 '모두 맞다'라는 판단을 중지해야 한다. 현재 중국 내 소수민족의 역사와 문화적 특징은 민족식별의 결과에 의해서 결정된 것이다. 따라서 현재 중국 내 소수민족의 정체성에 관해서 조사하고 연구하고자 한다면 민족식별에 관해서 반드시 연구를 해야만 할 것이다. 만약 현존하는 소수민족의 민족성분과 명칭이 잘못 판별된 채 연구가 된다면 역사적인 접근을 통해서 민족을 연구할 때 정체성의 연속성이 단절될 수가 있다. 대표적인 예가 앞에서 언급하였던 달알이족에 관한 것이다. 현존하는 소수민족들 간의 문헌 연구와 족제 간의 연구가 시급하다.

2) 한족과 동이족에 대한 연구

(1) 한족에 대한 연구

일반적으로 중국 인구 중 93%를 차지하는 민족이 한족으로 알고 있다. 그리고 오랜 역사 기간 동안 중국대륙을 지배해 왔고, 많은 왕조들이 한족이 세웠다고 인식하고 있다. 그렇다면 한족이 중국 인구의 약 93%를 차지하고 있는 것일까? 민족식별과정을 살펴보았을 때, 한족으로 분류된 인간공동체 중에서 스스로 한족이 아닌 다른 민족임을 주장하는 사람들이 많이 있었다. 뿐만 아니라 고대민족과 역사민족 중 역사발전과정 중 한족으로 동화되었고, 현재에는 존재하지 않는 것으로 해석하고 있다.[370] 이렇게 중국정부 주도하에 국정 안정과 영토 보존을 위한 한족 중심으로 민족정체성을 분류한다면, 늘 이와 같을 것이다. 하지만 정치적 목적이 개입되지 않고, 연구한다면 한족의 비율은 훨씬 줄어들 것이다.

중국이 건국하고 민족식별을 할 시점에는 한족의 민족기원에 대해서는 정확하게 결정된 바가 없었다. 최근 중국에서는 한족이 각 지역마다 다르다는 연구결과가 나왔는데, 한족은 실질적으로는 상상의 공동체라고 해야 할 것이다. 즉 청말 외세의 침략이 심해질 때, 민족주의가 고조되었고, 이때 지배층이었던 만족에 항거하는 한인 민족주의가 형성되었다.

한족의 유래는 한(漢)나라와 관련이 있다. 후한 시기에 한나라를 구성하던 사람들을 북방민족들이 '진인(秦人)' 혹은 '한인'이라고 불렀다. 한나라가 망한 이후에도 여전히 중원의 사람들을 '진인' 혹은 '한인'이라 부르다가, 문학작품 등에서 '한인'이라는 용어가 자주 사용되었다. 또 중국에서는 한족의 민족기원을 '화하족(華夏族)'으로 간주하였는데, 중국에서는 '화하족'을 한족의 선민족으로 간주하면서, 한족의 역사를 확대하였다.

한족의 민족정체성과 관련하여, 임혜상은 한족의 구성으로 화하계, 동이계, 형오계(荊吳系), 백월계(百月系) 등의 13가지라는 것으로 보았다. 이 중에서도 화하계를 한족의 근원으로 삼았다.[371] 또 그는 화하계가 한족의 주

---

370) 공봉진. 박사학위논문 참조.

류를 이루었다고 주장하였다. 하지만 한족의 기원에 관하여 학자들마다 서로 다른 주장을 하였다.[371]

한족의 선민족이라는 화화족과 관련하여 문헌을 살펴보면, '화·하'라는 명칭은 주나라 무왕 때에 "화하와 만맥(蠻貊)이 따라오지 않음이 없다."라는 글에서 처음 등장하고 있다.[373] 장태염은 화하의 '화'에 관해 "화는 화초(華山)의 산 이름을 따서 된 것인데, 여러 '화'들의 이름은 그 민족이 처음으로 도착한 땅이름을 따서 되었다."고 하였으며[374] '하'란 이름은 "'하수(夏水)'라는 강물 이름을 따서 되었다."고 하였다.[375] 사실, 중국학자들은 한족의 민족기원을 찾기 위해서 화하족을 거론하고 있지만, '화족'이나 '하족'이나 화하족과 관련하여, 문화적·정치적 수준에 대해서 언급된 기록들이 많이 나타나지 않고 있다. 뿐만 아니라 한족이란 명칭도 허신의 ≪설문해자(說文解字)≫나 범엽의 ≪후한서(後漢書)≫에는 나타나지 않는다.

한족의 정체성에 관한 연구를 하고자 한다면, 청말 이후부터 1950년대 민족식별을 할 때까지의 역사를 연구해야 할 것이다. 예를 들면, '청말 서구의 민족개념이 유입되면서 형성하기 시작한 한인중심의 민족주의 → 손문의 오족공화론 → 1912년 이후의 중국대륙에서 국민당과 공산당의 소수민족에 대한 정책과 민족에 관한 연구 → 1930년대 중국민족사 연구 서적에 관한 연구 → 중국의 건국과 민족식별'과 같이 역사를 연구하면서, 한족 중심의 역사관과 민족관이 형성되는 과정을 살펴보아야 할 것이다. 이러한 연구를 통해서, 한족 중심으로 역사관과 세계관 및 민족관의 기술 시점을 찾게 될 것이다.

현재까지 분명한 것은 한족은 한나라와 관련이 있기 때문에, 한나라 시기와 한나라가 망한 뒤의 이민족이 한나라 사람들을 지칭하던 명칭들에 대해서 살펴보고, 당시의 문학작품에서 등장하는 한인에 관한 연구가 필요하다.

---

371) 안호상. 『배달·동이는 동아 문화의 발상지』. p.42.

372) 학설로는 (1) 바빌로니아학설 혹은 옛서래설 (2) 애급설 (3) 인도설 (4) 중앙아시아설 (5) 신강설 (6) 감숙설 (7) 몽고설 (8) 토착설이 있다.

373) ≪書傳≫. 卷六. 周書. 武成. 華夏蠻貊 罔不率俾 .

374) 章太炎. 太炎文錄初篇. 中華民國解. 華由華山得名 諸華之名 因其民族初至之地 而爲言.

375) 夏之爲名 實因夏水而得: 章太炎. 太炎文錄初篇. 中華民國解; 안호상. 같은 책. p.109. 재인용.

그리고 최근 중국 내 각 지역에 거주하는 한족에 대한 연구가 이루어지고 있는데, 각 민족 간의 DNA 조사와 역사 시기에 전쟁으로 인해 피난을 갖던 중원의 사람들의 이주 경로를 검토할 필요가 있다. 한족에 관한 연구는 동아시아의 역사뿐만 아니라 민족정체성을 연구하는 데 있어서 매우 중요한 작업이다. 한족에 관한 연구가 선행되지 않는다면, 사실상 민족정체성 연구는 쉽지 않을 것이다.

(2) 동이족에 대한 인식의 변화

중국대륙의 역사와 민족을 한족 중심으로 해석하여, 고대민족과 역사민족을 한족의 '곁들린 민족'으로 해석해 버렸다. 이렇게 한족의 곁들린 민족으로 간주되어 버린 민족 중의 하나가 한국민족(한민족)의 선민족이라 할 수 있는 동이족이다. 동이족에 관한 연구는 한국 고대민족과 민족문명을 연구하는 데 매우 중요할 뿐만 아니라, 중국대륙에서 발생하였던 고대문명의 주인공이 누구인지 밝히는 데 있어서도 매우 중요하다. 오늘날 한국에서는 동이족을 '동쪽의 오랑캐' 혹은 방위적 개념으로서 '동쪽의 사람들'로 해석하는 것이 일반화되어 있다. 하지만 동이족은 하나의 국가를 이루면서 독립된 인간공동체로서 활동하였을 뿐만 아니라 고대 문명의 주인공인 것으로 사료에서 밝히고 있다. 사료에서 동이를 가리키는 국가를 살펴보면, 아래와 같다.

≪후한서≫ <동이전>에는 '부여(夫餘)·읍루(挹婁)·高句麗·동옥저(東沃沮)·예(濊)·한(韓)'을 동이에 포함시키고 있다. ≪풍속통(風俗通)≫에서는 '현토, 낙랑, 高麗, 만식(滿餙, 물길), 부여, 색가(索家), 동도(東屠, 동호), 왜(倭), 천비(天鄙, 선비)' 등 9개로 나누었다. ≪삼국지≫에서는 '부여, 高句麗, 동옥저, 읍루, 예, 한, 왜인', ≪진서(晉書)≫에서는 '부여, 마한, 진한, 숙신씨, 왜인, 비리국 등 10국', ≪남제서(南齊書)≫ <동남이>에서는 '高麗國, 백제국, 가라국, 왜국', ≪양서(梁書)≫에서는 '高句麗, 백제, 신라, 왜', ≪위서(魏書)≫ 열전에서는 '고구려, 백제국, 물길국, 거란국', ≪수서(隋書)≫에서는 '高麗, 백제, 신라, 말갈, 왜국', ≪북사(北史)≫ 열전에서는 '고구려, 백제, 신라, 물길국, 거란국, 왜국', ≪구당서(舊唐書)≫에서는 '高

麗, 백제국, 신라국, 왜국, 일본국', ≪당서(唐書)≫에서는 '高麗, 백제, 신라, 일본', ≪남사(南史)≫에서는 '高句麗, 백제, 신라, 왜', ≪통전(通典)≫에서는 '조선, 예, 마한, 진한, 변진, 백제, 신라, 왜, 부여'로 정리하고 있다.

그런데 동이에 속하는 대부분은 한국의 고대국가와 관련이 있지만, 일부는 한국에서 오랑캐로 간주하는 민족이 세운 국가도 있다. 예를 들면, 말갈, 왜국, 일본국, 물길국, 거란국 등인데, 이들을 제외한 이유는 중국과 일본과 관련이 있기 때문이다. 왜와 일본은 오늘날 일본으로 간주하고 있고, 읍루와 물길은 청을 건국한 만주족과 관련이 있는 것으로 해석하고 있다. 한국에서는 이들을 모두 오랑캐로 간주해 왔기 때문에 제외시켰을 것으로 보인다. 그런데 왜와 일본이 동시에 존재하고 있기 때문에, 이들 국가가 오늘날 일본과 직접적인 관련이 있는지 없는지는 연구해야 할 과제이다. 지금까지 한국에서는 사서에 등장하고 있는 동이에 포함되고 있는 국가를 선별적으로 한국민족에 포함시키거나 제외시켰다. 이는 한국의 민족사를 축소하는 우를 범하게 되었을 뿐만 아니라 중국에서 동북공정과 단대공정 및 탐원공정을 통해서 한족의 역사와 민족관을 확대시키도록 하는 빌미를 제공해 주었다. 한국에서 이렇게 해석하고 있는 것은 일본식민지시기에 결정되었던 역사 해석을 그대로 답습해 오고 있기 때문이다. 그리고 고대민족을 연구하면서, 일반적으로 알려져 있는 '방위적 개념'과 '동쪽의 오랑캐'라는 인식이 고정되어 있었기 때문이다. 선입견과 편견으로 인해 동이족의 역사와 문명을 왜곡하게 되었고, 동이족의 민족정체성에 대해서 잘못 알고 있었다. 문헌에 등장하는 '동이'는 고대 중국대륙에서 활동하였던 주요 민족 중의 하나이며, 오늘날 중국문명 속에 포함되어 있는 문화의 주인공이기도 하였다.

동이족과 관련하여 문헌에 나와 있는 것을 살펴보면, '이(夷)' 자에 대해서 ≪설문해자≫에서는 '夷平也從大從弓 東方人也'라 하고, 단옥재(段玉裁)는 ≪설문해자주≫에서 '夷東方之人也從大從弓'이라고 하였다. 즉 "'이'는 동쪽의 사람을 가리키고 있으며, 대인으로서 활을 따른다."라고 하였다. 이 외에도 '이'를 '어질다, 인자하다, 착하다' 등으로 해석하고 있다. ≪시경≫에서는 '편안하다, 떳떳하다, 평탄하다, 기쁘다'라는 의미로, '군자국, 대인

국’이라 하였다.[376)

양계초는 "진 이후부터 동이족이 흩어져 화하족에 동화되었고, 한족의 민족기원의 하나가 되었다."고 하면서 동이족을 한족에 포함시켰다. 임혜상은 "'동이'는 한족의 민족기원의 하나이고, 동이는 진(秦)나라 이전에는 산동성, 안휘성 및 회(淮)지역에 거주하였고, 그 갈래로는 우이(嵎夷), 회이(淮夷), 서융(西戎), 동이(東夷), 래이(萊夷), 개이(介夷), 근모이(根牟夷) 등이 속한다."고 하였다. 그리고 이들은 하상주 때부터 춘추 시기에 이르기까지 한족의 선민족으로 불리는 화하 계통과 자주 왕래하면서 점점 한족에게 동화되었다고 간주하고 있다.[377)

그런데 우리나라에서 동이족에 대한 인식은 중국에서 연구된 결과를 그대로 받아들이고 있기 때문이다. 또한 한국에서 진한 시기 이전의 동이족과 이후의 동이족을 정체성이 다른 민족이라고 해석하였기 때문이다. 중국학자들은 동이족을 한족의 민족기원 중의 하나로 해석하고 있고, 한국 대부분의 학자들은 진한 이전의 동이족을 중국문명의 주인공으로서 중국대륙의 동부지역에 거주하던 민족으로 간주하고 있으며, 한국과는 관련이 없다는 것이다.

대체적으로 중국학자들은 동이가 한족에게 동화되어 사라졌다고 하지만, 이러한 관점은 청나라 말기 '한족'이라는 상상의 공동체를 만들 때 한족중심의 민족주의에 의해 고대민족 대부분을 한족의 민족기원으로 포함시켰고 한족의 역사와 문명을 확대하면서 생겨났다. 그리고 1930년대에 많은 학자들이 중국민족사를 편찬하는 과정에서 한족 중심으로 중국대륙의 역사를 기술하였고, 한족 이외의 민족은 한족의 주변부로 해석하였다. 뿐만 아니라 동이족을 포함한 대부분의 고대민족과 역사민족이 한족에게 동화되어 소멸한 것으로 해석해 버렸다.

하지만 동이에 대한 사료들을 살펴보면, 진한 이전의 동이와 이후의 동이는 동일하다. 중국대륙에 거주하던 일부는 중국대륙에 성립되었던 국가의 구성원이 되었고, 그 이외의 사람들은 다른 지역에서 역사활동을 하였던 것

---

376) 라동현. 『中國北方夷族과 朝鮮上古史』. 서울: 弘文堂. 1994. pp.10.−11.
377) 林惠祥. 中國民族史. 上海文藝出版社. 1990. 第一章 第三節 各系族略說 (二) 東夷系漢族來源之一.

을 알 수 있다. 또한 신화전설에 등장하는 인물 중 동이와 관련이 있는 사람들도 있고, 당시 동이의 문명에 대해서 언급하고 있는 사료들도 볼 수 있다. ≪사기≫에서는 신화전설에 등장하는 '순임금은 동이의 사람이다(舜東夷之人).'고 되어 있고, "려는 동이의 국가명이다(黎東夷國名也)."고 하였다. ≪후한서≫에서는 "동방을 이(夷)라고 하고 이(夷)는 모든 것의 근본이다(東方曰夷夷者柢也)."라고 하였다. 동이족에 관한 사료는 대체적으로 한족에 비해서 명확하게 나타나고 있다. 단지 오늘날 한족 중심의 사관과 민족관에서 다른 민족을 해석하다 보니, 동이족을 한족의 민족기원으로 해석하면서 동이의 역사와 문명을 왜곡하였을 뿐만 아니라 한국의 역사와 문명을 축소시켜 버렸다.

동이족의 민족정체성을 올바르게 해석하려면, 사료를 검토하는 과정에서 기존의 동이족에 관한 인식과 한국의 고대사에 대한 인식을 제거해야 한다. 그리고 주의해야 할 것은 한국사에서 오랑캐라고 배웠던 많은 민족들에 대한 판단도 제거해야 할 것이다. 만약 기존의 동이족에 대한 선입견과 편견을 갖고 동이족을 연구한다면, 중국에서는 계속해서 동북공정과 같이 한국의 고대사를 왜곡할 뿐만 아니라 한국민족의 정체성까지도 완전히 부정하거나 한족으로 포함시킬 수 있게 될 것이다. 특히 동북공정에서 성씨 연구를 실시하고 있는데, 왕건을 한족의 후예로 해석하듯이 다른 성씨들도 중국민족의 하나로 해석될 가능성은 매우 높다.

사료에 등장하는 동이족과 한국고대사와 관련된 천문 기록, 지진 기록, 생태계에 대한 기록, 무역분쟁, 특산물, 지명 등에 대한 정확한 고증이 필요하다. 이러한 사료를 해석하는 과정에서 고대 국가들의 활동에 대한 해석이 기존에 알고 있는 역사 해석과 다르다고 해서, 사료의 오류 혹은 잘못된 해석으로 판단해서는 안 될 것이다. 오늘날 중국과 한국이 지배하는 영토가 고대국가들도 그대로 지배하고 있다고 인식하여서는 안 될 것이다.

문헌에 등장하고 있는 동이족에 대한 해석을 올바르게 하게 되면, 잘못 알려져 있는 동아시아의 역사와 민족에 대해서 바로잡을 수 있게 될 것이다. 그리고 한국 고대민족의 역사적 활동 범위가 확대될 뿐만 아니라, 한국민족의 기원도 보다 더 확실하게 알 수 있게 될 것이다. 아울러 중국에서 주장하는 한족 중심의 민족관과 역사관 및 세계관을 재해석할 수 있을 것이다.

4. 결 론

동아시아의 민족문제는 각 국가의 민족정체성과 중국 내 소수민족의 정체성에 지대한 영향을 미치고 있으므로, 간과하여서는 안 될 것이다. 특히 최근 중국의 동북공정뿐만 아니라 단대공정과 탐원공정은 중국의 민족우월주의에서 비롯되었고, 이로 인해 한국의 역사와 민족정체성에 영향을 주고 있기 때문에 동아시아의 역사와 민족정체성에 대한 연구는 매우 중요하다. 한국에서는 안호상, 오재성, 정용석 등의 연구자들은 이미 오래전부터 한ㆍ중국의 문화와 역사 해석에 있어서 기존의 해석과는 달리하고 있다.[378] 그리고 박창범은 천문학, 지진 등과 같은 연구를 통한 고대 동아시아를 새롭게 접근하고 있다.[379] 따라서 학계에서는 다양한 분과학문에서 연구되는 결과에 대해서 관심을 가져야 할 것이다.

동아시아 지역의 민족문제에서 가장 영향을 주고 있는 것은 한족 중심의 역사관과 세계질서관이다. 즉 한족은 역사와 세계질서의 중심부에 속하고, 한족 이외의 민족은 한족의 주변부에 불과하다는 인식은 다른 민족의 역사와 문화를 해석하는 데 많은 편견과 선입견을 갖도록 한다.

오늘날 소멸하였다는 많은 고대민족과 역사민족들을 중국에서는 한족으로 동화되었거나 혹은 새로운 민족으로 융합되었다고 주장하고 있다. 그리고 중국 문명의 주인공을 한족으로 삼고 있는데, 이로 인해 고대민족 중 왕성

---

378) 안호상. 『배달 동이는 동아文化의 발상지』. 서울: 한뿌리. 1992; 안호상. 『겨레 역사 6천년』. 서울: 기린원. 1992; 오재성. 『「삼국지」 동이전은 황해 서쪽 기록』. 서울: 리민족사연구회. 1994; 오재성. 『우리는 동이민족이다』. 서울: 리민족사연구회. 1995; 오재성. 『숨겨진 역사를 찾아서』. '중국25사 동이원문'. 서울: 리민족사연구회, 1991; 오재성. 『광개토경평안호태왕비 연구』. 서울: 리민족사연구회. 1991; 정용석. 『고구려ㆍ백제ㆍ신라는 한반도에 없었다』. 서울: 동신출판사. 1994 등.

379) 박창범. 『하늘에 새긴 우리역사』. 김영사. 2002; 박창범ㆍ라대일. 『한국과학사학회지』. "삼국시대 천문현상 기록의 독자 관측사실 검증" 제16권, 제2호. 1994.

하게 문명을 이루었던 많은 민족들의 역사와 문명을 숨기고 있다. 특히 한국과 관련이 있는 동이족의 역사와 문명을 숨기고 있다. 이는 중국의 동북공정과 단대공정 및 탐원공정을 통해서 이미 한족 중심의 역사관과 민족관을 보여주고 있다.

따라서 한족 중심의 역사관과 민족관으로 동아시아의 역사와 민족을 해석하게 된 근간을 찾는 게 매우 중요하다. 이를 본 연구자는 우선적으로 민족식별에서 찾았다. 왜냐하면 근대국민국가의 형태로서 출현한 중국이 성립된 뒤, 중국 당과 정부가 주도적으로 실시하였던 민족식별로 인해 오늘날 한족과 소수민족의 정체성이 확정되었다고 보기 때문이다. 그리고 많은 고대민족과 역사민족들은 역사과정에서 한족에게 동화되었거나 다른 민족으로 융합되어 새롭게 생겼다고 간주하였기 때문이다.

한족과 각 소수민족의 민족특징은 1953년 이후 당과 정부 차원에서 국정과 영토의 안정을 위해서 실시된 민족식별에 의해 확정되었던 것이다. 그런데 민족식별을 할 당시에는 한족의 특징이 결정되지 않은 상태였다. 그럼에도 불구하고 민족식별을 할 때, 한족인지 아닌지를 판별하고 분류한 것으로 대단히 모순적이다. 게다가 민족식별의 기준으로 삼았던 과학의거, 민족의원, 명종주인을 제대로 적용하지 않았던 것도 이미 1980년대에 중국 여러 학자들로부터 비판을 받았던 것이 사실이다. 1980년대에 여러 민족들의 민족성분과 명칭의 변경과 회복이 실시되었을 때, 많은 민족들이 자신들의 민족성분을 회복하였고, 명칭을 변경하였다. 이러한 것을 볼 때, 민족식별의 과정에서 많은 문제점이 드러났고, 실질적으로 오늘날에는 민족식별을 할 당시에 소홀히 다루었던 민족기원, 족제 간의 연구, DNA 분석 등 다양한 연구방법을 통해서 각 민족들의 정체성에 대해서 재확인하고 있다. 다만 1950년대 이후의 민족식별은 국가적 차원에서 실시되었다면 오늘날에는 학자들의 연구에 의해서 밝혀지고 있다는 것이다. 따라서 설령 국가적 차원에서 지금 당장은 민족성분과 명칭의 회복과 변경이 이루어지지 않다 하더라도, 시간이 흐르고 지속된 연구가 진행된다면, 학문적 차원에서 새로운 민족식별을 할 수도 있을 것이다. 그러한 연구 결과로서 국가적 차원에서 민족성분의 회복과 변경 작업이 다시 일어날 수 있을 것이다.

만약 지금과 같이 한족의 시각에서 동아시아의 역사와 민족을 해석한다면, 다른 민족은 계속해서 한족의 주변부에 속하는 결과를 초래하게 될 것이고, 중국에서 주장하는 중화민족의 중심에는 늘 한족이 자리 잡고 있게 될 것이다. 따라서 민족식별의 오류와 문제점을 찾아서 바로잡는 것이 급선무라 할 수 있다.

최근 한족과 관련한 연구보고 중에서 중국 남부와 북부 지역에 거주하는 한족은 유전자 구조상 차이가 존재함이 밝혀졌다. 그리고 장족(藏族)과 민족기원이 동일하다는 주장도 있다. 한족에 대한 민족기원과 문화적 특징 등을 연구하고 새롭게 해석하기란 쉽지 않다. 왜냐하면 이미 '한족'에 대한 선입견과 편견이 고정화되어 있기 때문이다. 그래서 새로운 해석이 나온다 하더라도 쉽게 받아들이지 못할 것이다. 하지만 동아시아의 민족문제를 해결하기 위해서는 우선적으로 선행되어야 할 것이 한족에 관한 해석을 어떻게 할 것이냐 하는 것이다.

그리고 각 소수민족의 민족기원과 정체성은 민족식별에 의해서 연구되었지만, 현재 민족식별과정에서 많은 오류와 문제점이 있었다는 것이 제기되고 있기 때문에 각 소수민족의 정체성에 대한 연구는 반드시 필요하다. 오늘날 중국 내 소수민족의 민족정체성은 자연적으로 형성되었다기보다는 민족식별에 의해 국가로부터 공인받은 것이다. 따라서 국가가 어떤 의도를 갖고 민족식별을 하느냐에 따라 민족의 정체성이 달라질 수 있다. 앞에서 언급하였던, 러시아의 어벤키민족과 중국의 악륜춘족과 악온극족의 민족정체성은 동일한데, 중국이 민족분쟁으로 인한 영토 위협을 피하기 위해서 민족명칭을 달리하였던 것이다.

한국과 관련된 민족으로 현재 중국에는 재중동포인 조선족이 거주하고 있다. 그런데 고대 조선과 高句麗, 발해, 高麗 그리고 百濟를 구성하였던 민족들 중 중국 내 소수민족과 관련 있는 민족이 있다는 것을 밝혀내고 있는 학자들이 있다. 그리고 한국과 관련된 역사와 문화에 대해서 살펴보면, 중국과 한국에서는 진한 시기 이전에 역사활동을 하였던 동이족을 잘못 인식하고 있다. 대부분의 학자들은 동이족을 민족개념으로 포함시키지 않으면서 고대 동이족의 활동을 부정해 왔다. 그리고 진한 시기를 거치는 동안에 한족에게 동화되어 소멸하였고, 진한 이후의 한국과 관련 있는 것으로 해석하고 있는 동이족은 그 이전의 동이족과는 별개라고 하였다. 그런데 동이족에 관한 문헌을 조사하고 분석해 보면 '중국의 문명＝한족의 문명'인 것처럼 간주하는 것에서 많은 문제점이 발견되고 있음을 알 수 있다. 한자, 유가사상의 일부 등에 관한 자료를 살펴보면, 한족의 문명이라기보다는 동이족의 문명에 속하는 것임을 알 수 있다.

참고문헌과 읽을거리

한국 문헌

姜命相. 1988. 『中共의 少數民族政策』. 서울: 隆盛出版社.

계순애. 2000. "중국조선족의 형성과 발전." 『地域社會』. Vol.2000. No.3.

고구려연구재단 편. 2004. 『중국의 동북변강연구』. 서울: 고구려문화재단.

공봉진. 2009. "중국의 소수민족: 다양성과 통합사이." 공봉진 외 9명. 『현대중국사회』. 세종출판사.

공봉진. 2008. "중국 애국주의와 신(新)중화주의." 전기원 외 6명. 『쟁점으로 본 동아시아 협력과 갈등』. 오름출판사.

공봉진. 2007. 『중국지역연구와 현대중국의 이해』. 오름출판사.

공봉진. 2007. "중국의 신(新)중화주의에 관한 연구." 『국제지역논총』 제4권 1호. 부경대학교 국제지역연구소.

공봉진. 2007. 8. "대만 원주민족의 정명운동(正名運動)." 『중국학』 28집. 대한중국학회.

공봉진. 2007. 2. "'중화민족' 용어의 기원과 정체성에 관한 연구." 『CHINA연구』 제2집. 부산대학교 중국연구소.

공봉진. 2006. 8. "漢族의 민족정체성에 관한 연구." 『CHINA연구』 창간호. 부산대학교 중국연구소.

공봉진. 2005.12. "동아시아민족문제와 중국민족식별의 관계연구." 『동북아연구』 제10집. 경남대학교 극동문제연구소.

공봉진. 2005. "중국 '民族識別'에 관한 비판적 고찰." 부경대학교 박사학위논문.

공봉진. 2005. 6. "동아시아 역사 왜곡의 해결방안 모색." 『국제지역논총』 제2권 제1호. 부경대학교 국제지역연구소.

공봉진. 2004. 12. "중국의 동북공정. 단대공정. 탐원공정에 관한 소고." 『국제지역・통상연구』 제1권. 국제지역・통상학회.

공봉진. 2004. 6. "중국민족식별과 소수민족의 정체성에 관한 연구." 『국제정치연구』. 동아시아국제정치학회.

공봉진. 1997. 2. "고대 동아시아의 동이족 연구를 통한 지역연구의 새로운 틀 모색." 부산외국어대학교 석사학위논문.

공봉진・이중희. 2002. 2. "중국의 민족식별연구:達斡爾族을 중심으로." 『인문사회과학논총』. 부경대 인문사회과학연구소.

공봉진·이홍종. "중국 화이사상에서의 華夷개념의 재해석." 『세계지역연구논총』 제15집. 한국세계지역학회. 2000. 12.

권중달. 2000. "중국인과 한국인의 민족관 차이." 『民族發展硏究』 Vol.2000. No.4. 中央大學校 民族發展硏究院. 2000.

김기봉. 1998. "21세기 중국선교에 관한 연구: 소수민족을 중심으로." 한세대 신학대학원 석사학위논문.

김대광. 1994. "중국의 소수민족정책의 변화과정에 관한 연구." 동아대대학원 박사학위논문.

김동화. 1993. "중국조선족에 대한 중국공산당의 민족정책의 력사적 고찰." 『당대중국조선족연구』. 집문당.

김병호. 1999. "중국의 민족이론정책과 법률에 있어서의 연변 조선족의 지위." 『평화연구』 제8호.

김병호. 1996. 『중국의 민족문제와 조선족』. 서울: 學古房.

김병호. 1993. "중국의 소수민족정책과 민족문제" 『한중소연구』.

김병호. 1993. 12. "中國民族學硏究與民族·國家的發展." 『민족과 문화』 제1집. 한양대학교 민족학연구소.

김상철·장재혁. 2003. 『연변과 조선족』. 백산서당.

김영신. 2001. 『대만의 역사』. 지영사.

김용만. 2004. "중국의 고구려사 연구와 대한족주의 비판 – 고구려와 수·당 전쟁사를 중심으로." 『대고구려역사 중국에는 없다』. 예문당.

김인영·김소중·금희연. 1995. "중국의 소수민족정책: 간부충원과 경제지원정책을 중심으로." 『중소연구』.

김재기. 2005. "중국 조선족 농촌 집거구 해체위기와 '집중촌' 건설론." 『통일문제연구』. 평화문제연구소.

김재기. 2002. "중국 조선족 집거구 해체위기와 대응." 『재외한인연구』 제12집. 재외한인학회.

김한규. 2005. 『천하국가』. 소나무.

김형보. 1998. "개혁개방이후 중국 소수민족정책 연구: 티벳 자치구를 중심으로." 서강대학교 석사학위논문. 1998. 12.

김형찬. 1991. "미국과 소련의 소수민족정책비교." 『미소연구』 제5집. 단국대학교 미소연구소.

김호성. 1985. "Marxist의 민족론 비판; 한국민족사적 시점에서." 『학생지도연구』 제12집. 서울교육대학 학생지도 연구소.

김홍주. 2003. "中國의 少數民族 政策과 在中僑胞의 正體性." 서강대학교 공공정책대학원 석사학위논문.

남정휴. 1995. "중국에서의 민족과 민족국가: 정치문화와 맑시즘에서 바라본 민족문제."『한국정치학회보』 29집 3호. 한국정치학회.

남정휴. 1996. "중국민족주의 기원과 역사: 중국의 왕조시대를 중심으로." 노태구·김부기·안현수·장동신·표영삼·허경일 외. "민족주의와 사회주의"『민족문제연구』 제4집. 경기대학교 부설 민족문제연구소.

남정휴. 1996. "中國의 少數民族政策: 그 變化와 永續性." 산업연구 Vol.7. No.1. 京畿大學校 韓國産業經濟硏究所.

두팡친(2002). "여성연구(Women's Research)에서 여성 - 젠더학(Women - Gender's Studies)으로: 중국 여성학의 등장과 발전."『여성학논집』 제19집. 이화여자대학교 한국여성연구원.

羅開會 외 6명. 2003.『中國少數民族革命史』. 中國社會科學出版社.

라동현. 1994.『中國北方夷族과 朝鮮上古史』. 서울: 弘文堂.

마대정. 2004. 이영옥 옮김.『중국의 동북변강연구』. 서울: 고구려연구재단.

모수봉. 1994. 8. "중국의 소수민족에 관한 연구: 연변 조선족 자치주를 중심으로." 인하대 교육대학원 석사학위논문.

목준균. 1989. "중국의 소수민족정책." 연세대대학원 석사학위논문.

문광삼. 1997. "민족구역자치법과 조선족."『한국민족문화』 10. 부산대 한국민족문화연구소.

박광학. 1993. "舊蘇聯의 民族紛糾에 관한 연구 - 그 원인과 유형을 중심으로 -." 경희대학교 행정대학원 석사학위논문.

박대현. 1985. "소련과 中共의 少數民族政策에 關한 比較硏究." 서울대학교 대학원.

박병광. 2000. "중국 소수민족정책의 형성과 전개: 민족동화와 융합의 변주곡에 관하여."『국제정치논총』. 제40집 4호. 국제정치학회.

박병석. 1999.『중화제국의 재건과 해체』. 서울: 교문사.

박병석. 2004.「중국의 국가. 국민 및 민족명칭 고찰」.『사회이론』 2004 가을/겨울. 한국사회이론학회.

박상범. 1999. "진독수의 국민국가론."『동양사학연구』 제68집. 동양사학회.

박선영. 2004. "동북프로젝트와 중국의 소수민족문제 - 다민족통일국가의 일원화와 다원화 사이."『대고구려역사 중국에는 없다』. 예문당.

박장배. 1992. "중화민족개념의 형성에 대한 소고: 청말·민족기전(1899 - 1928)를 중심으로." 서강대석사학위논문.

박창범. 2002.『하늘에 새긴 우리역사』. 김영사.

박창범·라대일. 1994.「한국과학사학회지」. "삼국시대 천문현상 기록의 독자 관측사실 검증" 제16권. 제2호.

박치정. 1993. 12. "중국의 소수민족정책과 조선족의 장래."『중소연구』 제12집.

박홍수. 1990. "중국의 인구 및 소수민족정책." 김달중 외 『중국의 개혁정치와 정책』. 법문사.

방수옥. 2000. "中國의 少數民族政策과 延邊朝鮮族社會." 『民族發展研究』 4. 中央大學校 民族發展研究院.

배경환. 2000. "19세기말 20세기 초 중화체제의 위기와 중국민족주의." 『역사비평』 통권 51. 역사문제연구소. 여름.

배경환. 2000. 2. "신해혁명 직후 몽골독립에 대한 손문과 혁명파의 대응." 『인문과학』 제30집. 성균관대학교 인문과학연구소.

백영서. 1995. "중국의 국민국가와 민족문제: 형성과 변용" 한국사연구회 편. 『근대국민국가와 민족문제』. 지식산업사.

백영서. 1999. "20세기형 동아시아 문명과 국민국가를 넘어서." 『창작과 비평』 106. 가을.

설용수. 2004. 『재중동포 조선족이야기』. 미래문화사.

소치형. 1985. "중공의 소수민족정책과 중공내 한민족." 『중국연구』 제4집. 건국대 중국문제연구소.

시정일. 1997. "中國發展民族經濟的理論與實踐." 『민족과 문화』 제5집. 한양대 민족학연구소.

신승철 외 3명. 1992. "중국 길림성 조선족의 민족 정체감에 관한 연구." 『신경정신의학』 제31권 제2호.

신주식. 2003. "중국 소수민족의 정체성 약화 현상에 대한 연구." 『중소연구』 제32권.

안호상. 1992. 『겨레 역사 6천년』. 서울: 기린원.

안호상. 1992. 『배달 동이는 동아文化의 발상지』. 서울: 한뿌리.

오일환. 2000. "모택동시기 소수민족정책의 실행과 변화에 관한 연구." 『중국연구』 제25권. 한국외국어대학교 외국학종합연구센터 중국연구소.

오재성. 1994. 『「삼국지」동이전은 황해 서쪽 기록』. 서울: 리민족사연구회.

오재성. 1991. 『광개토경평안호태왕비 연구』. 서울: 리민족사연구회.

오재성. 1991. 『숨겨진 역사를 찾아서』. '중국25사 동이원문'. 서울: 리민족사연구회.

오재성. 1995. 『우리는 동이민족이다』. 서울: 리민족사연구회.

윤휘탁. 2006. 『新중화주의』. 서울: 푸른역사.

이강원. 2000. "중국 변강에서 민족과 공간의 사회적 구성: 어룬춘족 사회의 다민족화와 정체성의 정치." 『지리학논총』 별호 37호. 서울대 사회과학대학 지리학과.

이강원. 2002. "중국의 민족식별과 민족자치구역 설정: 공간적 전략과 그 효과." 『대한지리학회지』. 대한지리학회.

이경아. 2006. "중국 계획경제시기 가부장제의 변형." 『국제지역연구』 제10권 제
　　3호. 한국외국어대학교 외국학종합연구센터.

李倂島. 1992. "中國의 民族問題 硏究." 한국외국어대학교 석사논문.

이성규. 1995. "중화사상과 민족주의", 정문길·최원식·백영서·전형준. 『동아
　　시아. 문제와 시각』. 문학과 지성사.

이성규. 1992. "중화사상과 민족주의." ≪철학≫ 제37집. 봄.

이은구. 1997. "국제소수민족정책에 관한 비판적 고찰: U.N. 및 유럽평의회를 중
　　심으로." 『地域社會開發論叢』. 연세대학교 도시문제연구소.

이정희. 1998. "중공의 소수민족정책과 연변조선족 자치주에 관한 연구." 영남대
　　대학원 박사학위논문.

이정희·송해영. 1988. "중국의 소수민족 문제에 관한 연구." 『평화연구』 제13
　　집. 경북대 평화문제 연구소.

이진영. 2002. "중국의 소수민족정책." 『민족연구』 9집. 한국민족연구원.

이진영. 2002. "조선인에서 조선족으로: 중국공산당의 연변지역 장악과 정체성
　　변화." 『중소연구』 통권 95호. 한양대학교 아태지역연구소.

이진영. 2000. "중국공산당의 조선족 정책의 기원에 대하여(1927 – 1949)." 『재외
　　한인연구』. 재외한인학회.

이진영. 1999. "중국 소수민족정책의 이론적 기초에 대한 연구" 『아태연구』
　　Vol.6. No.2. 경희대학교 아태지역연구원.

이현정. 2001. "조선족의 종족 정체성 형성 과정에 관한 연구." 『비교문화연구』
　　제7권 2집.

임채완·김경학. 2002. "중국 연변조선족의 민족정체성 조사 연구." 『대한정치학
　　회보』 10집 1호.

정신철. 2000. 『중국조선족』. 신인간사.

정신철. 2004. 『한반도와 중국 그리고 조선족』. 모시는 사람들.

정신철. 1996. "중국의 애국주의와 민족주의." 노태구·김부기·안현수·장동
　　신·표영삼·허경일 외. "민족주의와 사회주의" 『민족문제연구』 제4집.
　　경기대학교 부설 민족문제연구소.

정용석. 1994. 『고구려·백제·신라는 한반도에 없었다』. 동신출판사. 서울: 동
　　신출판사.

정재남. 2007. 『중국소수민족연구』. 한국학술정보.

정재호. 2006. "중국 동북지역 진흥정책과 발전전략." 전국경제인연합회. 2006.

정종복. 1992. 「중국한족기원설의 연구」. 『교육과학연구』 제6집. 청주대학교 교
　　육문제연구소.

조성환. 1990. "중국근대민족주의의 이론 형성과 정치전략." 한국사회사연구회. ≪중국・소련의 사회사상≫. 문학과 지성사.

조점환. 1990. "중국의 소수민족교육정책"『한성대학교 논문집』제14집.

조정남. 1998. 『중국의 민족문제』교양사.

조흥윤. 1997. 6. "중국소수민족 종교문화의 성격."『민족과 문화』제5집. 한양대 민족학연구소.

천용수. 1996. 12. "중국 소수민족정책의 변천에 관한 연구." 인하대학교 석사학위논문.

최갑수. 1995. "서구에서 근대 국민국가의 형성과 민족주의." 한국사연구회 편.『근대민족국가와 민족문제』. 지식산업사.

최영관 외 3명, "한국통일과 중국 동북 3성 조선족에 관한 연구",『한국동북아논총』제20집, 2001. p.90.

최우길. 2005.『중국조선족연구』. 선문대학교중한번역문헌연구소.

최우길. 2000. "현대중국민족에 관한 소고."『세계지역연구논총』제14집. 한국세계지역학회.

한국사연구회 편. 1995. "중국의 국민국가와 민족문제: 형성과 변용."『근대민족국가와 민족문제』. 서울: 지식산업사.

한창수. 1983. "중공의 소수민족정책."『明大』Vol.14. 명지대학교 교지편집위원회.

허원. 2000. "사회주의 중국의 민족연구와 민족개념."『인문과학연구』9권 2호. 서원대학교 인문과학연구소.

허종국. 1999. "신민주주의 혁명시기 중국공산당의 민족정책과 주요내용(1921 – 1949)."『영산논총』제4집. 영산대학교.

허종국. 2000. "모택동 시기 중국민족정책의 주요 내용과 실천과정 연구(1949 – 1976)(상)."『영산논총』Vol.6. No.1. 영산대학교.

허종국・방종영. 1998. "인간공동체種族民族그리고 中華民族."『한국과 국제정치』. Vol.14. No.1. 경남대학교 극동문제연구소.

허평길. 1997. "중국 소수민족정책의 사상 – 중화사상(이화관)의 형성과 변화."『한국민족문화』10. 부산대 한국민족문화연구소.

홍석준. 1998. "도시내 종족연구의 이론과 방법: 문화인류학을 중심으로." IMPAC. 겨울 제2호.

중국문헌

顧潮. 1993.『顧詰剛年譜』. 中國社會科學出版社.

顧頡剛.『益世報・邊疆周刊』.

"貴州省黔東南舟溪地區苗族的生活習俗." 1963. 中國科學院民族研究所・貴州

少數民族社會歷史調查組·中國科學院貴州分院民族研究所.

郭大烈. 1998. "我國民族學的'本土化'及其未來." 『民族學研究』第12輯. 民族出版社.

郭志超. "高山族來源管探." 『華僑大學學報』 第1期. 1988

廣西壯族自治區編輯組. 1985. "廣西瑤族社會歷史調查."第八冊. 廣西民族出版社.

廣西壯族自治區編輯組. 1986. "湖南瑤族社會歷史調查."第八冊. 廣西民族出版社.

廣西壯族自治區編輯組. 1987. "廣西瑤族社會歷史調查."第六冊. 廣西民族出版社.

歐光明. 2000. 『中華民族凝聚力的形成與發展』. 民族出版社.

歐潮泉. 1999. 『基礎民族學』. 貴州人民出版社.

邱澤奇. 1993. "湘鄂西山居民族的社會與經濟:土家族社區發展調查." 施正一. 『關
    於民族科學與民族問題研究』. 中央民族學院出版社. 10.

江應梁. 1992. 『中國民族史』. 民族出版社.

簡況. 1986. "種族與民族理論問題國際會議." 『民族研究動態』 2. 中國社會科
    學院民族研究所·中國民族研究團體聯合會.

江華. 1987. "我國門巴.珞巴.僜 人社會歷史研究概況." 『民族研究動態』 2. 中
    國社會科學院民族研究所·中國民族研究團體聯合會.

敬東. 1980. "關於民族一詞的概念問題." 『民族研究』. 第4期.

谷苞. 1983. "我國社會主義民族關係的三個基本特征." 『民族研究動態』 3. 中國
    社會科學院民族研究所·中國民族研究團體聯合會.

貴州省編輯組. 1986. "苗族社會歷史調查 一." 貴州民族出版社.

貴州省編輯組. 1987. "苗族社會歷史調查 二." 貴州民族出版社.

貴州省編輯組. 1987. "苗族社會歷史調查 三." 貴州民族出版社.

金炳鎬. 2000. 『民族理論研究二十年』. 北京: 中央民族大學出版社.

金炳鎬. 1984. "馬克思民族形成理論及其在中國的傳播." 『內蒙社會科學』 第6期.

納日碧力戈. 1998. "21世紀: 實踐的社會文化人類學." 『民族學研究』 第12輯.
    民族出版社.

唐嘉弘. 1983. "'畬田制'及其社會形態初探." 『民族學研究』 第5輯. 民族出版社.

≪當代中國≫叢書編輯委員會. 1993. "第8章 民族識別" 『當代中國的民族工作
    (上)』. 當代中國出版社.

<當代中國的民族工作>編輯委員會, 1993.

黨的民族定策文獻資料選編. 1981. 中國社會科學院民族研究所 民族問題理論
    研究室. 1981(2권).

戴慶厦 외 3명. 2000. 『中國少數民族語言文字應用研究』. 雲南民族出版社.

都永浩. 1993. "民人間共同體的形成. 演變和發展" 『黑龍江民族歷史與文化』.
    中央民族學院出版社.

都永浩. 1990. "論民族概念" 『北方民族』 第1期.

杜榮坤·華祖根. 1984. "建國以來中國民族史學的發展" 『民族研究動態』 第3期. 中國社會科學院民族研究所·中國民族研究團體聯合會.

杜玉亭. 1996. "基諾族籍迷失現象及有關理論思考." 『民族研究動態』 第4期. 中國社會科學院民族研究所·中國民族研究團體聯合會.

鄧小平. 2002. "關於西南少數民族問題."(1950) 『中國共產黨關於民族問題的基本觀點和政策』. 民族出版社.

羅日澤·過竹·過偉. 1993. 『⊠佬族風俗志』. 中央民族學院出版社.

羅康隆. 1998. 『族際關係論』. 貴州民族出版社.

羅開雲 외 6명. 2003. 『中國少數民族革命史』. 中國社會科學出版社.

≪珞巴族簡史≫編輯組. 1987. 『珞巴族簡史』. 西藏人民出版社.

魯忠慧. 2003. 『中國民族政策之研究』. 民族出版社.

龍中. 2001. 『雲南民族史』. 雲南大學出版社.

劉鍔·何潤. 1993. 『民族理論和民族政策綱要(修訂本)』. 中央民族大學出版社.

劉金明. 1993. "達斡爾族族名含意芻議." 『黑龍江民族歷史與文化』. 中央民族學院出版社.

凌純聲·芮逸夫. 2003. 『湘西苗族調查報告』. 民族出版社.

凌純聲·林耀華. 2004. 『20世紀中國人類學民族學研究方法與方法論』. 民族出版社.

馬戎. 2001. 『民族與社會發展』 民族出版社.

馬戎·潘乃谷·周星. 2001. 『中國民族社區發展研究』. 北京大學出版社.

馬戎·周星. 2001. 『中華民族凝集力形成與發展』. 北京大學出版社.

馬寅. 1983. "關於民族定義的幾個問題." 『中央民族學院學報』. 第3期.

馬汝珩. 2001. 『清代西部歷史論衡』. 山西人民出版社.

馬天鐸. 「三民主義與回教青年」, 『回教論壇』 半月刊 第2卷 第9期.

莫家仁. 1985. "毛難族史研究綜述." 『民族研究動態』 3. 中國社會科學院民族研究所·中國民族研究團體聯合會.

方德昭. 1963. "關於民族和民族形成問題的一些意見." 『學術研究』. 7期.

白壽彝. "關於中國民族關係史上的幾個問題." 「中國民族關係史研究」.

白壽彝. 2001. 『民族宗教論集』. 河北教育出版社.

白振聲. 1998. "談文化與民族關係." 『民族學研究』 第12輯. 民族出版社.

白壽彝. 1954. "學習馬克思主義關於民族共同體的理論改進我們的歷史研究工作." 『新建設』 1月號.

範文瀾. 1954. "自秦漢以來中國成爲統一國家的原因." 『歷史研究』 第3期.

范榮春·李延貴. 1994. 『民族問題學說』. 貴州民族出版社.

費孝通. 2003. 『中華民族多元一體格局』 中央民族大學出版社.

費孝通. 1998. 『費孝通學術論文集』. 三聯書店.

費孝通. 1995. "關於我國民族的識別問題." 『中國的民族識別』. 民族出版社.

費孝通. 1983. 『社會學的探索』. 天津人民出版社.

史式・黃大受. 2006. 『臺灣原住民史』. 九州出版社.

≪畲族簡史≫編寫組. 1979. "≪畲族簡史≫編寫組工作中的幾點體會." 『經驗編』.(1993) 中央民族出版社.

謝重光. 2002. 『畲族與客家福佬關係史略』. 福建人民出版社.

徐杰舜. 1997. "20世紀中國漢民族研究述略." 『民族研究動態』 2. 中國民族研究團體聯合會.

西藏社會歷史調查資料叢刊編輯組編. 1989. 『珞巴族社會歷史調查』(2). 西藏人民出版社.

石建中. "盤瓠文化研究綜述." 『民族研究動態』 4. 中國社會科學院民族研究所・中國民族研究團體聯合會.

成崇德. 2002. 『清代西部開發』. 山西古籍出版社.

蕭君和. 2001. 『中華民族史』 上卷. 黑龍江教育出版社.

蕭君和. 2001. 『中華學』. 民族出版社.

邵靖宇. 2001. 『漢族祖源試說』. 浙江省: 浙江大學出版社.

孫青. 1986. "對斯大林民族定義的再認識." 『民族研究』 第2期.

宋濤. 1998. "中國民族學的現狀及發展趨勢." 『民族學研究』 第12輯. 民族出版社.

宋本眞澄 著. 魯慧忠 譯. 2003. 『中國民族政策之研究』. 民族出版社.

宋蜀華・滿都爾圖. 2004. 『中國民族學五十年』 人民出版社.

宋蜀華・陳克進. 2002. 『中國民族概論』 中央民族大學出版社.

施聯朱 외 3명. 1986. "浙江景寧縣東衕村畲民情況調查"(1953). 『畲族社會歷史調查』. 福建人民出版社.

施聯朱. 1979. "高山族族源考略." 『民族研究』 第3期. 1979.

施聯朱. 1979. "略談臺灣歷史地理中的幾個問題 – 兼與周維衍同志商榷." ≪中央民族學院學報≫ 第3期.

施正一. 1993. 『關於民族科學與民族問題研究』. 中央民族學院出版社.

施正一. 1985. "談談斯大林的'社會主義民族'理論." 『民族學研究』 第6輯. 民族出版社.

施正一. 1984. 『民族辭典』. 四川民族出版社.

施正一. 1964. "論原始民族." 『學術研究』 第1期.

楊堃. 1992. 『民族學調查方法』. 中國社會科學出版社.

楊堃. 1984. "論民族概念和民族分類的幾個問題" 『中國社會科學』 第1期.

楊堃. 1964. "關於民族和民族共同體的幾個問題 – 兼與牙含章同志和方德昭同志商榷." 『學術研究』 第1期.

楊策・彭武麟. 1999. 『中國近代民族關係史』. 中央民族大學出版社.

楊德華. 1992. "中國西南民族史研究的回顧與展望."『民族研究動態』 4. 中國
　　社會科學院民族研究所・中國民族研究團體聯合會.

楊成志 외 11명. 1986. "廣東畲民識別調查"(1955).『畲族社會歷史調查』. 福建
　　人民出版社.

楊荊楚. 1990. "牙含章同志對民族問題理論的貢獻."『民族研究動態』 2. 中國
　　社會科學院民族研究所・中國民族研究團體聯合會.

楊懷英. 1994.『涼山彝族奴隸社會法律制度研究』. 四川民族出版社.

嚴汝嫻. 1982. "哈尼族簡介."『哈尼族社會歷史調查』. 雲南民族出版社.

呂光天. 1984. "三十五年來我國馬極思主義民族學的發展."『民族研究動態』.
　　中國社會科學院民族研究所・中國民族研究團體聯合會. 第3期.

呂思勉. 1987.『中國民族史』. 中國大百科全書出版社.

吳仕民. 1998.『中國民族政策讀本』中央民族大學出版社.

吳永章. 2002.『畲族與瑤苗比較研究』. 福建人民出版社.

吳永章. 1992.『中南民族關係史』. 民族出版社.

伍雄武.『中華民族的形成與凝聚新論』. 雲南人民出版社. 2000.

王柯. 2001.『中國與國家: 中國多民族統一國家思想的系譜』. 中國社會科學出版社.

王建民. 1997.『中國民族學史』上卷. 雲南教育出版社.

王建民・張海洋・胡鴻保. 1998.『中國民族學史』下卷. 雲南教育出版社.

王文光. 1999.『中國古代的民族識別』. 雲南大學出版社.

王紅曼. 2000.『新中國民族政策概論』. 中央民族大學出版社.

王希恩. 2002.『當代中國民族問題解析』. 民族出版社.

容關琼. 2001. "廣東畲族族源問題觀見", 廣東畲族古籍資料滙編. 廣東省少數
　　民族古籍整理辦公室 廣東省民族研究所.

于曉飛・黃任遠. 2002.『赫鐵族與阿伊努文化比較研究』. 黑龍江人民出版社.

雲南省編輯委員會. 1982. "孟海縣布朗山章加寨布朗族社會調查(1964)."『布朗
　　族社會歷史調查』(2). 雲南人民出版社.

雲南省編輯委員會. 1983. "梁河縣丙盖鄉芒展村阿昌族社會歷史調查(1958)."『阿
　　昌族社會歷史調查』. 雲南民族出版社.

雲南省編輯委員會. 1983. "戶腊撒阿昌族社會經濟調查(1958)."『阿昌族社會歷
　　史調查』. 雲南民族出版社.

雲南省編輯組. 1981.『布朗族社會歷史調查』(1). 雲南人民出版社.

熊錫元. 1986. "對斯大林民族定義的一點看法."『民族研究』 第4期.

熊錫元. 1983. "略論民族共同心理素質."『民族研究動態』 3. 中國社會科學院
　　民族研究所・中國民族研究團體聯合會.

阮西湖. 1987. "關於民族概念的幾個問題"『雲南社會科學』 第1期.

魏忠. 2004. 『中國的多種民族文字及文獻』. 民族出版社.

章東超・王瑞蓮. 2000. 『中國民族流變史』. 湖北人民出版社.

魏明經. 1956. "論民族定義及民族的實質" 『歷史研究』 第4期.

李森. 1999. 『突厥語言研究文集』. 中央民族大學出版社.

易謀遠. 2000. 『彝族史要』 上, 下. 社會科學文獻出版社.

李星星. 1994. "川滇邊'納日'人族稱問題的由來與現狀." 『民族研究動態』 1. 中國社會科學院民族研究所・中國民族研究團體聯合會.

李紹明. 1998. "我國民族識別的回顧與前瞻." 『民族學研究』 第12輯. 民族出版社.

李紹明. 1992. 『民族研究論文選』 第2輯. 四川省民族研究室編.

李紹明. 1988. "四川省民族研究綜述." 『民族研究動態』 4. 中國社會科學院民族研究所・中國民族研究團體聯合會.

李亦園. 2001. "臺灣高山族研究回顧與前瞻." 『民族發展與社會變遷』. 民族出版社

李一夫. 1983. "≪中國大百科全書・民族≫卷 世界民族詞目初審工作已基本完成." 『民族研究動態』 3. 中國社會科學院民族研究所・中國民族研究團體聯合會.

李紅傑. 2000. "中國 小數民族女性과 漢族女性의 文化的 比較研究" 『民族과 文化』. Vol.9. 漢陽大學校 民族學研究.

林耀華. 2002. 『民族學通論』. 中央民族大學出版社.

林惠祥. 1990. 『中國民族史』. 上海文藝出版社.

章魯. 1982. "談談民族同化和民族融合區別問題." 『中國民族關係史論文集』. 下集. 民族出版社.

章魯. 1962. "關於民族－詞的使用和飜譯情況." 『人民日報』. 1962. 6. 14.

蔣建農・肖杰. 『當代中國統戰思想史』. 河南大學出版社.

張公瑾. 1997. 『民族古文獻概覽』 民族出版社.

張達明. 1996. "斯大林民族定義的歷史地位局限性及其修改問題." 『東北師範大學學報』. 第5期.

張碧波・黃國堯. 1993. 『中國古代北方民族文化史』. 黑龍江人民出版社.

蔣炳釗. 2002. 『東南民族研究』. 廈門大學出版社.

蔣炳釗 외 3명. 1986. "福建羅源縣八井村畬族社會情況調查"(1958). 『畬族社會歷史調查』. 福建人民出版社.

蔣炳釗. 1985. "解放前畬族封建社會形態." 『民族學研究』 第6輯. 民族出版社.

張崇根. 2004. 『臺灣四百年前史』. 九州出版社.

張崇根. 2002. 『臺灣世居少數民族研究』. 民族出版社.

張崇根. 1987. "明代臺灣東番人族屬芻議." 『臺灣民族歷史與文化』.

張崇根. 1981. "島夷. 東鯷補證." 『貴州社會科學』 第3期.

張崇根. 1979 . "毗舍邪 － 宋代臺灣之別稱." 『中央民族學院學報』 第4期.

張養吾. 1993.『經驗編』. 中央民族出版社.

蔣永萍. 2005.「兩種體制下的中國城市婦女就業」. 鄭必俊. 陶主編.『中國女性的過去. 現在與未來』. 北京: 北京大學出版社.

張爾駒. 1995.『中國民族區域自治史綱』. 民族出版社.

張天路. 1983. "我國少數民族人口的過去・現狀和發展趨勢."『民族學研究』第5輯. 民族出版社.

鄭杭生 主編. 2003.『社會學概論新修』(第三版), 中國人民大學出版社.

齊犁. 1991. "近年來民族理論研究綜述."『民族研究動態』 1. 中國社會科學院民族研究所・中國民族研究團體聯合會.

趙嘉文・馬戎. 2001.『民族發展與社會變遷』. 民族出版社.

曹成章. 1998. "跨世紀民族學的重要課題."『民族學研究』 第12輯. 民族出版社.

曹學群. 1998.『湖南少數民族』. 湖南教育出版社.

朱洪・李筱文. 2001.『廣東畬族古籍資料滙編』. 中山大學出版社.

周光大. 1981. "建立與發展中國式的馬克思主義民族學的幾個問題."『民族學研究』 第1輯.

周德清. 2000.『民族知識問答』. 中央民族大學出版社.

朱學淵. 2002.『中國北方諸族籍源流』. 中華書局.

"中國共產黨第二次全國大會宣言(1922年 7月)", 1981.

中國共產黨第六次代表大會底決議案. 1981.

中國西南民族研究學會. 1987.『西南民族研究』. 四川民族出版社.

中央民族學院≪土家族簡史≫編輯組. 1981. "對土家族歷史幾個具體問題的看法."『經驗編』.(1993) 中央民族出版社.

中央民族學院研究部. "關於民族識別工作的意見."『中央民族學院研究部檔案』

中央民族學院研究部. "畬民調查需要解決的幾個主要問題."『中央民族學院研究部檔案』.

≪中華民族凝集力的形成與發展≫編輯組. 2000. ≪中華民族凝集力的形成與發展≫. 民族出版社.

中華工農兵蘇維埃第一次全國代表大會.

曾思奇. 2005.『臺灣南島語民族文化概論』. 民族出版社.

陳國強. 1988. "臺灣高山族的名稱和劃分問題."『臺灣高山族研究』.

陳國強. 1988. "中國南方越族與東南亞民族的關係"『臺灣高山族研究』. 三聯書店.

陳國強. 1988.『百越民族史』. 中國社會科學出版社.

陳國強. 1985. "臺灣的古代越族"『百越民族史論叢』. 廣西人民出版社.

陳國強. 1980. "<臨海水土誌>之夷州卽臺灣考."『活頁文史叢刊』 總 89期.

陳國強. 1963. "高山族名稱沿革考."『廈門大學學報』 第4期.

陳國强. 1961. "高山族來源的探討." 『厦門大學學報』 第3期.

陳國强·郭志超. 1991. "1949年以來我國高山族研究簡述." 『民族研究動態』 1. 中國社會科學院民族研究所·中國民族研究團體聯合會.

陳克進. 1992. "關於民族定義的新思考." 『雲南社會科學』 第6期.

陳連開. 1994. 「華夏族/漢民族的形成」. 『中國民族研究初探』. 北京: 知識出版社.

陳碧笙. 1981. "論臺灣土着居民非一族. 且不能稱爲'高山族'." 『臺灣研究動態』.

陳育寧. 2001. 『民族史學槪論』. 寧夏人民出版社.

詹承緒. 1998. "略說新時期的中國民族學." 『民族學研究』 第12輯. 民族出版社.

淸格爾泰. 1998. 『民族研究文集』. 民族出版社.

肖家成. 1985. "1984年民族學研究槪述" 『民族研究動態』 1. 中國社會科學院民族研究所·中國民族研究團體聯合會.

秋浦. 1983. "民族學與現代化." 『民族學研究』 第5輯. 民族出版社.

≪土家族簡史≫討論會領導小組. 1983. "≪土家族簡史≫(初稿)討論在長沙擧行." 『經驗編』(1993). 中央民族出版社.

≪土家族簡史≫編寫組. 『土家族簡史』. 湖南人民出版社

佟克力. 1999. "錫伯族研究槪況." 『民族研究動態』 第3期. 中國社會科學院民族研究所·中國民族研究團體聯合會.

波·少布. 1993. 『黑龍江民族歷史與文化』. 中央民族大學出版社.

彭官章. 1985. "土家族的封建農奴制." 『民族學研究』 第6輯. 民族出版社.

河叔濤. 1984. "論社會主義時期的民族自我意識." 『民族研究動態』 第3期. 中國社會科學院民族研究所·中國民族研究團體聯合會.

許良國. 1983. "臺灣省少數民族名稱與族別問題淺議." 『民族學研究』 第5輯.

胡起望·華祖根. 1985. "瑤族研究槪述." 『民族研究動態』 第3期. 中國社會科學院民族研究所·中國民族研究團體聯合會.

華辛芝. "談談列寧是怎樣提出民族自決權這個口號的." 『民族問題理論文集』. 中國民族理論研究會編.

黃光學. 1995. 『中國的民族識別』 民族出版社.

黃淑娉. 1999. 『廣東族群與區域文化研究』. 廣東高等教育出版社.

『尙書 周書』 「武成」 篇.

『左傳』 「襄公26年」.

『後漢書』 「西羌傳」.

"顎西民族" 2001. 恩施土家族苗族自治州民族事務委員會·恩施土家族苗族自治州民族研究學會. 總 第 四十八期.

인터넷자료

Gladney. Dru C. "The Making of a Muslim Nationality in China: Dialogue and Contestation." http://www2.hawaii.edu/~dru/dialogic.htm(검색일: 2004. 8. 20.)

Wang Ming-ke. "From the Qiang Barbarians to the Qiang Nationality:The Making of a New Chinese Boundary." http://ultra.ihp.sinica.edu.tw/~origins/pages/barbarbook4.htm

滕星(2002). "中國云南瀾滄縣拉祜族山區. 女童失學輟學問題研究(縮略報告)." http://cyc90. cycnet.com/othermis/xibu/wenzhang.jsp?id=8343&s_code=1802 (검색일: 2008. 12. 5.)

鄧習贛. 2005. "從客家文化的多元因素看漢, 畬民族交融." http://www.shezu.net/list.asp?unid=206(검색일: 2005. 6. 4.)

劉麗平(2005). "甘肅少數民族貧困地區女子教育發展的對策."『教育評論』 2005年 第2期   http://www.bjaes.cn/XXLR1.ASP?ID=7987(검색일: 2008. 11. 20.)

李翁堅(2007). "略論婚姻法在邊疆少數民族地區的适用", http://www.studa.net/minfa/080330/1409 3567-2.html(검색일: 2008. 11. 20.)

方維規. "論近代思想史上的'民族'. 'Nation'與'中國'." http://www.sis.pku.edu.cn/wanglian/mzzhy/readings/fangweigui.htm 北京大學國際關係學院(검색일: 2003. 11. 30.)

謝重光. 2005. "客家與畬族早期關系史述略." http://pic.kkly.com/zjly/kjwh/2005/02/2315490599.html(검색일: 2005. 6. 4.)

孫秋雲: 費孝通 "中華民族多元一體格局"理論之我見 http://soci.hust.edu.cn/cn/ReadNews.asp?NewsID=932 (2006. 12. 10)

岳天明·郝世亮(2008). "現代化進程中少數民族婦女社會化研究及其意義－以新疆游牧少數民族婦女爲研究重点." http://www.westwomen.org/xueshu/2008/0809/article_36.html (검색일: 2008. 11. 20.)

王聯. 1999. "關于民族和民族主義的理論." http://www.chinasociology.com/ZLK2/XM002.TXT. 中國社會學網(검색일: 2003. 11. 30.)

王印堂. 2001. "青海省回族女子基础教育現狀及對策."『青海民族研究』 2001. 3. http://www.islambook.net/xueshu/list.asp?id=453(검색일: 2008. 11. 28.)

張建松. "漢藏同根" http://www.56-china.com.cn/china1-12/3q/zgmz-nw1m20.htm2001. 3. (검색일: 2002. 12. 24.)

張岱年. "深入研究中華民族和中華民族精神的力著."－簡評『中華民族的形成與凝聚新論』 http://libweb.zju.edu.cn:8080/renwen/site/GuoXue/discord/sryj.htm (검색일: 2006. 12. 5.)

張雪眞. "台灣原住民研究資源." http://www.lib.nthu.edu.tw/library/hslib/subject/an/native.htm (검색일: 2005. 5. 30.)

趙薇. 2004. "56个少數民族的識別過程." http://www.lvwo.com/article/print.php/50
　　(검색일: 2005. 4. 30.)

周衛·張鐵道·劉文璞 "中國西部女童敎育的困境与出路", http://www.bjaes.cn/xxlr1.asp?id
　　=6708 2004年 10月 20日(검색일: 2008. 12. 5.)

周潤健(2008). "早婚會給未成年人的成長帶來4方面不利影響" http://www.ce.cn/xwzx/gnsz
　　/gdxw/200801/27/t20080127_14376717.shtml(검색일: 2008. 12. 26.)

胡岩. 2003. "民族與民族槪念的發展." http://www.dxpll.com/hysq/xstt/h30054.htm.
　　≪學習時報≫(검색일: 2003. 11. 30.)

黃興濤. 「'中華民族'觀念萌生與確立的歷史考察(三)」(原載 『中國社會科學評論』(香
　　港) 2002年 2月 創刊號) http://www.iqh.net.cn/wenhua_jygn_show.asp?column_id
　　=3376(검색일: 2006. 11. 29.)

http://big5.chinataiwan.org/web/webportal/W5269871/Uzhanglx/A357185.html(검색
　　일: 2007. 7. 4.)

http://bkso.baidu.com/view/176295.htm 中華民族(검색일: 2006. 12.)

http://blog.tom.com/blog/read.php?bloggerid=308221&blogid=39018"中華民族"當
　　儀(검색일: 2006. 11. 29.)

http://bluecabin.com.ne.kr/data_store/gogooryohistory_china3.htm. 신동아 2003년 9
　　월호(검색일: 2005. 10. 4.)

http://cafe.daum.net/zhongwentianxia/5ISy/329?docid=
　　D0zL|5ISy|329|20030527092329&q=%BC%AD%BA%CE%B4%EB%B0%B3%
　　B9%DF%B0%FA%20%BC%D2%BC%F6%B9%CE%C1%B7&srchid=
　　CCBD0zL|5ISy|329|20030527092329(검색일: 2005. 4. 30.)

http://china.joins.com/portal/article.do?method=detail&total_id=3654909(검색일:
　　2009. 8. 20.)

http://club.dayoo.com/read.dy?b=cantonese&i=557222&t=557222(검색일: 2006. 8. 3.)

http://edit.ndcnc.gov.cn/datalib/2004/Nation/DL/DL-163594(검색일: 2006. 8. 1.)

http://find.joins.com/joinsdb_content_f.asp?id=DY01200409090152&keyword=
　　&s_startyear=2004&s_startmonth=09&s_startday=09&s_endyear=&s_endmonth
　　=&s_endday=&pagenum=1&s_year=2004&s_month=09&s_day=
　　09&re_keyword=&re_search=&re_keyword2=&re_search2=&s_field=&list_type
　　=2&sv=text2004년 09월 09일 중앙일보 [16면](검색일: 2004. 10. 15.)

http://gb1.chinabroadcast.cn/chinaabc/chapter10/chapter100202.htm 中國百科(검색일:
　　2005. 7. 30.)

http://german.china.org.cn/chinese/zta/440812.htm中國網(검색일: 2005. 7. 26.)

http://kr.dic.yahoo.com/search/enc/result.html?pk＝19290600&p＝태평천국%20&field
　　＝id&type＝enc(검색일: 2006. 8. 1.)

http://media.daum.net/foreign/asia/view.html?cateid＝1042&newsid＝
　　20080314224905513&cp＝hankooki 한국일보, "티베트 독립시위 유혈사태"
　　(검색일: 2008. 3. 18.)

http://news.khan.co.kr/kh_news/khan_art_view.html?artid＝200907071807225&code
　　＝970204(검색일: 2009. 8. 26.)

http://news.nate.com/view/20090716n00408(검색일: 2009. 8. 20.)

http://news.yam.com/bcc/politics/200701/20070118850734.html(검색일: 2007. 7. 4.)

http://no119.com/minzu/minzhujianjie/mulu/jianjie.htm 민족사(검색일: 2004. 3. 5.)

http://service.gmw.cn/listMessage.jsp?forumID＝21&threadID＝27523(검색일: 2006. 8. 3.)

http://taiwanus.net/history/1/01.htm 臺灣海外網(검색일: 2007. 4. 25.)

http://tw.knowledge.yahoo.com/question/?qid＝1007020703474(검색일: 2007. 7. 4.)

http://tw.knowledge.yahoo.com/question/question?qid＝1305100500705 (검색일: 2007.
　　6.30.)

http://tw.knowledge.yahoo.com/question/?qid＝1405121021444(검색일: 2007. 6. 28.)

http://tw.myblog.yahoo.com/jw!9dOv3CabHx6a9HjUiaHfcRI－/article?mid＝
　　337&prev＝340&next＝321 平埔族與臺灣的關係(검색일: 2007. 3. 26.)

http://www.1911－10－10.com/Article/lsxk/zggds/200506/403.html(검색일: 2006. 8..3.)

http://www.3miao.net/?uid－126－action－viewspace－itemid－35122(검색일: 2009. 8. 20.)

http://www.56－china.com.cn/xin－zy/sd－17.htm(검색일: 2003. 7. 25.)

http://www.2000888.com/www/shancansh/gzrq/51916.html 中國殘疾人眼務網 七, 少
　　數民族的權利保障(검색일: 2003. 11. 3.)

http://www.amc.seoul.kr/～diag－imm/etcstudent/HLAagab.htm. 서울아산병원(검색일:
　　2005. 6. 3.)

http://www.apc.gov.tw/official/govinfo/lawsearch/lawsearch_result.aspx?no＝112 行政院
　　原住民委員會(검색일: 2005. 7. 30.)

http://www.apc.gov.tw/official/govinfo/lawsearch/lawsearch_result.aspx?no＝112 行政院
　　原住民委員會(검색일: 2005. 7. 30.)

http://www.bses.tnc.edu.tw/vernacular/vernacular16.htm 臺南縣麻豆鎭北勢國民小學
　　(검색일: 2007. 6. 31.)

http://www.bupt.edu.cn/news/lou1/liaowangviewds.asp?id＝16165 "中華民族" 槪念
　　爲梁啓超最先提出 具有重要意義(검색일: 2006. 11. 30.)

http://www.cbe21.com/zhuanti/minzujy/minzujydg/minzujys/0009.htm(검색일: 2005. 7. 26.)
　　林恩. "灣原住民的敎育" 梁玉潔 정리.

http://www.ccdy.cn/pubnews/492533/20060802/498109.htm "中華民族"是誰首提的?
　　　(검색일: 2006. 11. 29.)
http://www.ccnt.com.cn/tradition/minzhu/mz030.htm 中華文化信息網(검색일: 2005. 7. 25.)
http://www.chinalaw.gov.cn/jsp/contentpub/browser/contentpro.jsp?contentid=
　　　co3133715313 延邊朝鮮族自治州朝鮮語言文字工作條例(검색일: 2006. 5. 30.)
http://www.china.org.cn/ch－shaoshu/index7.htm. 中國網(검색일: 2002. 10. 30.)
http://www.chinanews.com.cn/gn/news/2007/03－29/902867.shtml(검색일: 2009. 8. 20.)
http://www.china－stemmata.com/gdmz/YS.htm(검색일: 2003. 10. 24.)
http://www.chinawestnews.net/big5/westnews/xbfq/mzjj/userobject1ai4435.htm 中國
　　　西部網(검색일: 2005. 5. 30.)
http://www.cn5612.com/Untitled－fb.html(검색일: 2009. 8. 20.)
http://www.cqzg.cn/html/200506/295495.html(검색일: 2006. 8. 1.)
http://www.e56.com.cn/minzu/Nation_Policy/Policy_detail.asp?Nation_Policy_ID＝158
　　　東方民族網民族識別及我國民族識別的基本原則(검색일: 2003. 11. 20.)
http://www.e56.com.cn/minzu/Nation_Policy/Policy_detail.asp?Nation_Policy_ID＝
　　　389(검색일: 2003. 7. 30.)
http://www.e56.com.cn/minzu/Nation_Policy/Policy_detail.asp?Nation_Policy_ID＝614 民族
　　　出版社 東方民族网五十年散雜居民族工作與民族政策[２](검색일: 2003. 11. 3.)
http://www.e56.com.cn/minzu/Nation_Policy/Policy_detail.asp?Nation_Policy_ID＝6146, 民
　　　族出版社 東方民族网 保障少數民族宗教信仰自由政策(검색일: 2003. 11. 20.)
http://www.e56.com.cn/system_file/minority/she/she－index.htm(검색일: 2003. 7. 21.)
http://www.e－nujiang.com/article/176.html. 怒江(검색일: 2004. 7. 28.)
http://www.globalwindow.org/wps/portal/gw2/kcxml/04_Sj9SPykssy0xPLMnMz0vM0Y
　　　_QjzKLd423CDQASYGZAR76kehiXiYIsSB9b31fj_zcVP0A_YLc0IhyR0dFAH
　　　PA0Kw!/delta/base64xml/L3dJdyEvd0ZNQUFzQUMvNElVRS82X0VfOEw1?
　　　1＝1&workdist＝read&id＝1106791(검색일: 2009. 8. 20.)
http://www.guxiang.com/dili/fq/fenqing/mingzhufenqing/bulangzu/jianjei.htm(검색일:
　　　2004. 4. 30.)
http://www.gytouch.com.cn/tour/minzu/4_8.asp(검색일: 2003. 10. 15.)
http://www.han－tang.org/php/bbs/archiver/?tid－1590.html(검색일: 2006. 8. 2.)
http://www.humanrights－china.org/china/rqxz/x5112001111591152.htm.中國人權研
　　　究會56個少數民族的識別過程(검색일: 2003. 7. 30.)
http://www.japanresearch.org.tw/twhistory－17.asp#02 臺灣日本綜合研究所(검색일: 2007. 6. 30.)
http://www.kepu.com.cn/gb/civilization/nation/feeling/fee1702.html "追根溯源話高山",
　　　中國科普博覽(검색일: 2005. 7. 31.)

http://www.lib.nthu.edu.tw/library/hslib/subject/an/native.htm 張雪眞. "臺灣原住民研究資源."(검색일: 2005. 5. 30.)

http://www.literature.idv.tw/society/member/Topic.asp?topic_id＝1203&forum_id＝87&cat_id＝20傳統中國文學(검색일: 2007. 6. 25.)

http://www.nmonline.com.cn/online/bfylmz/mcjs.asp?flag＝3&id＝12(검색일:2003. 10. 24.)

http://www.nmonline.com.cn/online/bfylmz/mcjs.asp?flag＝3&id＝2(검색일:2003. 10. 24.)

http://www.nmonline.com.cn/online/bfylmz/mcjs.asp?flag＝3&id＝21(검색일:2003. 10. 24.)

http://www.nmonline.com.cn/online/bfylmz/mcjs.asp?flag＝3&id＝41(검색일: 2003. 10. 24.)

http://www.nmonline.com.cn/online/bfylmz/mcjs.asp?flag＝3&id＝43(검색일: 2003. 10. 24.)

http://www.nmonline.com.cn/online/bfylmz/mcjs.asp?flag＝3&id＝59(검색일:2003. 10. 24.)

http://www.nmonline.com.cn/online/bfylmz/mcjs.asp?flag＝3&id＝70(검색일: 2003. 10. 24.)

http://www.nmonline.com.cn/online/bfylmz/mcjs.asp?flag＝3&id＝71(검색일:2003. 10. 24.)

http://www.nmonline.com.cn/online/bfylmz/mcjs.asp?flag＝3&id＝8(검색일:2003. 10. 24.)

http://www.nmp.gov.tw/enews/no7/5.htm 日治時期的臺灣原住民研究槪況(검색일: 2007. 7. 9.)

http://www.pcgames.com.cn/pcgames/gl/d/0304/155657.html(검색일: 2006. 8. 3.)

http://www.pep.com.cn/200410/ca530558.htm(검색일: 2006. 11. 29.)

http://www.pep.com.cn/200212/ca39829.htm 學科教育(검색일: 2003. 9. 29.)

http://www.pouchoong.com/cgi－bin/topic.cgi?forum＝36&topic＝33(검색일: 2003. 7. 20.)

http://www.pts.org.tw/～web02/name/p6.htm 番名史(검색일: 2007. 7. 11.)

http://www.shezu.cw88.com/ 中華畲族網(검색일: 2003. 9. 10.)

http://www.shinying.gov.tw/uan－zu－mine.htm 臺灣縣新營市戶政事務所(검색일: 2005. 8. 15.)

http://www.sinica.edu.tw/～pingpu/museum/introduction/02/02.htm 中央研究院(검색일: 2007. 6. 31.)

http://www.sis.pku.edu.cn/wanglian/mzzhy/readings/fangweigui.htm 北京大學國際關係學院(검색일: 2003. 11. 30.)

http://www.sit.edu/publications/docs/ops03cschina.pdf(검색일: 2005. 5. 20.)

http://www.sm.gov.cn/rmht0/0154.htm中國三明. 政府門戶網站(검색일: 2003. 7. 15.)

http://www.sulps.ptc.edu.tw/new_page_13_3_4.htm 臺灣原住民與平埔族之認識(검색일: 2005. 7. 31.)

http://www.singtaonet.com/arts/t20061023_369150_1.html "中華民族"只有一百多年歷史 梁啓超首倡此槪念(검색일: 2006. 11. 29.)

http://www.sinica.edu.tw/～shungye/newname.htm中央研究院 原住民族正名運動攝影暨史料展(검색일: 2007. 7. 11.)

http://www.szer.edu.cn/upfile/8t/dili/xueshengzuopin05.htm(검색일: 2009. 8. 25.)

http://www.tianshannet.co.cn./GB/channel16/115/200306/01/34227.html(검색일: 2003. 9. 30.)

http://www.turpantours.com/guan2.htm(검색일: 2003. 10. 24.)

http://www.wikilib.com/wiki/%E5%BB%B6%E8%BE%B9(검색일: 2006. 7. 29.)

http://www.wretch.cc/blog/muffle/21235655 (검색일: 2007. 6.30.)

http://www.wufi.org.tw/dbsql/efcontent1.php?id＝2 認識臺灣(검색일: 2007. 6. 7.)

http://www.xauat.edu.cn/igsz/xsc/read.php?id＝304 "愛國主義教育實施綱要"(검색일: 2008. 4. 30.)

http://www.9tour.cn/Wiki_Map/City3/26032/1/(검색일: 2009. 8. 25.)

http://www2.hawaii.edu/～dru/dialogic.htm.Dru C. Gladney. 1994. "The Making of a Muslim Minority in China: Dialogue and Contestation." Etudes OrientalNo. 13/14: 113－142.(검색일: 2003. 7. 20.)

http://www3.nccu.edu.tw/～g1259501/maps/map_tw_pinpu－2.htm 國立政治大學(검색일: 2007. 6. 31.)

http://zh.wikipedia.org/wiki/%E5%99%B6%E7%91%AA%E8%98%AD%E6%97%8F 維基百科, 噶瑪蘭族(검색일: 2007. 7. 4.)

http://zldx2.stock.cnfol.com/090821/149,1287,6391491,00.shtml(검색일: 2009. 8. 25.)

색 인

공봉진

▌약 력

墨兒 孔鳳振(공민규로 불림)
부산외국어대학교 중국어과 졸업
부경대학교 국제지역학박사(중국지역학 전공)
墨兒중국연구소 소장
국제지역통상연구원 부원장
국제지역통상학회 회장 역임
동아시아국제정치학회 편집이사(2008)
한국시민윤리학회 편집이사(2009)
부산외국어대학교, 부경대학교, 부산여자대학 외래교수

▌주요논문 및 저서

『중국지역연구와 현대중국의 이해』(오름, 2007)
『세계변화 속의 갈등과 분쟁』(공저, 세종출판사, 2008)
『쟁점으로 본 동아시아 협력과 갈등』(공저, 오름, 2008)
『현대중국사회』(공저, 세종출판사, 2009)
『이슈로 풀어본 중국의 어제와 오늘』(이담 Books)
「중국 '民族識別'에 관한 비판적 고찰」
「漢族의 민족정체성에 관한 연구」
「'중화민족' 용어의 기원과 정체성에 관한 연구」 외 다수

중국민족의 이해와 재해석

초판인쇄 | 2010년 2월 19일
초판발행 | 2010년 2월 19일

지 은 이 | 공봉진
펴 낸 이 | 채종준
펴 낸 곳 | 한국학술정보(주)
주   소 | 경기도 파주시 교하읍 문발리 파주출판문화정보산업단지 513-5
전   화 | 031) 908-3181(대표)
팩   스 | 031) 908-3189
홈페이지 | http://www.kstudy.com
E-mail | 출판사업부 publish@kstudy.com
등   록 | 제일산-115호(2000. 6. 19)

ISBN   978-89-268-0740-8 93330 (Paper Book)
        978-89-268-0741-5 98330 (e-Book)

내일을여는지식 ▌은 시대와 시대의 지식을 이어 갑니다.